新中國經濟週期的演變
機制、因素和趨勢研究

徐志向 著

財經錢線

摘要

新中國成立以來，中國宏觀經濟運行總體呈現出週期性波動的一般規律，成功實現了由改革開放之前的古典型週期到改革開放之後的增長型週期的轉變。這既得益於經濟制度趨於完善和全球化水準日漸提升所帶來的巨大推動作用，同時也與自主創新能力的不斷提高以及產業結構的優化調整等因素休戚相關。然而，自 2014 年 5 月習近平在河南考察時首次提出中國經濟正處於「新常態」階段之後，經濟發展逐步進入了「三期疊加」的新時期，加之近年來國際政治經濟形勢雲譎波詭，形成了「危和機」同生共存的發展背景。一方面，黨的十九大報告中明確指出當前國內經濟發展仍然存在諸如發展不平衡、不充分、不協調，發展質量和效益還不高，創新能力不夠強，實體經濟水準有待提高等一系列突出問題；另一方面， 2018 年 4 月 10 日的博鰲亞洲論壇上對國際經濟形勢做了系統闡釋，放眼全球,當今世界正在經歷新一輪大發展大變革大調整，人類面臨的不穩定不確定因素依然很多。新一輪科技和產業革命給人類社會發展帶來新的機遇，也提出了前所未有的挑戰。緊接著，2018 年 12 月 19 日至 21 日的中央經濟工作會議上又明確了宏觀經濟政策要強化逆週期調節的政策導向，從而為加快經濟週期方面的研究提出了更高的要求。鑒於此，本書試圖在厘清新中國社會發展階段和經濟週期演變歷程的基礎上，通過探索新中國經濟週期的演變機制，對新中國經濟週期演變的影響因素和波動趨勢做出進一步研究，以期為新時期構建系統完備的逆週期經濟政策體系提供有意義的參考。

本書以馬克思辯證唯物主義的哲學思想為指導，借鑑「方法研究→波動描述→波動解釋→理論構造→現實檢測→修改方法→修正對波動的解釋及其分

析理論」①的分析思路，按照「認識世界」到「改造世界」的邏輯範式來開展。全書共包含九章內容。前兩章為緒論、理論基礎和文獻綜述，是本書的基礎部分，主要介紹了經濟週期理論的歷史演變過程及研究現狀。第3章是中國經濟週期演變的機制分析。本章屬於全書的立論部分，在對新中國經濟週期演變進行重新認識的基礎上，為新中國經濟週期的演變機制構建了一個理論分析框架。第4章是對具體經濟週期演變歷程的考察，從短週期、中週期、中長週期以及長週期四個維度分別闡述了中國經濟週期性波動的歷史過程，並與美國、英國、日本的經濟週期演變歷程進行比較，總結了中國經濟週期波動的一般性和特殊性。第5章是關於經濟週期影響因素的詳細研究，並從制度變革、對外開放及技術創新三個方面出發，深入探討了各因素對中國經濟週期演變的影響。第6章在第5章研究結論的基礎上構建了相應的模型，對新時代中國經濟週期演變的短期和長期趨勢做出預測。第7章通過對「二戰」以後美國、英國、日本逆週期政策的變化以及中國改革開放以來逆週期政策的演變進行梳理歸納，總結國際逆週期政策的經驗教訓，為第8章中國逆週期經濟政策的建構與運用提供參考。第九章是總結與研究展望。整體來看，全書各個章節、各個部分的結構安排緊密相連、層層遞進。

　　通過以上分析，本書主要得出以下幾點結論：①新中國經濟週期的演變機制主要體現為「三位一體」的時空轉換。本書通過對新中國社會發展階段與經濟週期階段進行「匹配」，發現新中國成立以來中國經濟社會發展階段的變化與經濟週期的演變表現出鮮明的耦合性，且新中國經濟週期的演變機制主要體現為「三位一體」的時空轉換，即政治週期、經濟機制內部調節週期以及創新週期三種經濟週期類型統一於新中國經濟社會發展的全過程，同時，又突出表現為從改革開放前以政治週期為主導到改革開放後以經濟機制內部調節週期為主導再到新時代以創新週期為主導的內在演變規律——「中式週期」演變規律。②新中國經濟週期的演變與西方發達國家經濟週期演變之間既存在一般性也具有特殊性。一般性著重體現在無論是中國還是西方發達國家的經濟週期中都包含有短週期、中週期、中長週期以及長週期四種類型，這四種週期的共同作用形成了宏觀經濟週期的演變。特殊性則主要體現在中長週期以及長週期的演變特徵和演變趨勢上。例如，新中國成立以來的四次產業結構的調整，都帶來了人均 GDP 增速的顯著提升；而伴隨「第一次人口紅利」作用的日益

---

① 劉明遠. 對中國社會主義經濟週期理論的回顧與反思 [J]. 政治經濟學評論，2007（0）：228-270.

消退,「第二次人口紅利」,即「高精尖」人才的作用開始逐漸增強;此外,20世紀90年代以後中國科技創新水準顯著提升的同時也存在著創新結構「畸形化」等問題。③新中國經濟週期演變的影響因素既有國內因素,也有國外因素;既包含需求側因素,也包含供給側因素,但總體體現為「制度+開放+創新」發展模式的綜合作用。一是新中國成立70年來,影響中國經濟週期性波動的首要因素是投資波動,而投資波動的變化又體現為投資源動力、投資形式以及投資流向變化三個方面。二是改革開放以來消費水準成為影響經濟波動的第二大因素,人口撫養比也是主要因素之一。三是制度因素大約能解釋新中國約30%的經濟週期波動,制度變革主要按照影響微觀、中觀、宏觀的邏輯路徑並最終反應於宏觀經濟的波動。四是美國和日本對中國經濟的貢獻率大致為20%,且日本高於美國;而中國對美國和日本的經濟貢獻度更高,尤其是中國對日本的經濟貢獻率可達30%。五是中國技術創新與經濟增速之間存在較強關聯,而且在繁榮階段比在衰退階段的關聯度更高。④新時代下雖然短期內中國仍然面臨著嚴峻的經濟下行壓力,但長期來看,實現創新、協調、綠色、開放、共享統籌發展的可能性很大。⑤新時代中國逆週期政策的選擇與運用必須從中國的國情出發。本書通過對「二戰」以後美國、英國、日本三個代表性發達國家以及中國改革開放以後的逆週期經濟政策的演變歷程進行梳理發現:一是政府適度、有效干預是實施逆週期經濟政策的首要前提,二是需求側的短期刺激計劃需根據國情度身訂造,三是供給側結構性改革是實現經濟長期可持續發展的關鍵選擇,四是推進高質量發展是提升國家競爭優勢的必由之路。

　　本書的研究主要實現了四個方面的創新:第一,新中國經濟週期的演變機制突出體現為「三位一體」的時空轉換過程。本書通過對新中國歷來經濟數據與經濟社會發展現實進行考察研究,發現儘管從單個經濟週期來看,週期形態可能取決於不同時期經濟系統內要素的相互配置狀況,但新中國成立以來經濟週期的總體演變機制,卻呈現出一種動態的演化過程——「三位一體」的時空轉換過程。筆者將這一規律稱為「中式週期」的演變規律,這也是本書最主要的創新點所在。第二,新中國「制度+開放+創新」的獨特發展模式內在規定了「三位一體」時空轉換的週期演變機制。通過研究,本書認為新中國經濟週期演變的影響因素既有國內因素,也有國外因素;既包含需求側因素,也包含供給側因素,但總體體現為「制度+開放+創新」發展模式的綜合作用。也就是說,「制度+開放+創新」的經濟發展模式同時也內在規定了新中國「三位一體」時空轉換的週期演變機制。第三,新時代下雖然短期內中國仍然面臨著嚴峻的經濟下行壓力,但長期來看實現創新、協調、綠色、開放、

共享統籌發展的可能性很大。本書通過運用熵值法與均等賦權法分別對「十三五」時期與「十四五」時期省際經濟發展質量的變動趨勢進行預測對比發現，新時代中國省際經濟發展質量在呈現出向好趨勢的同時，儘管省際間異質性仍將存在，但體現統籌發展的均等賦權方式將利於差異的有效緩解。

Abstract

　　Since the founding of the People's Republic of China, China's macroeconomic operation has generally shown the general law of cyclical fluctuations, and successfully realized the transformation from the classical cycle before the reform and opening up to the growth cycle after the reform and opening up. Among them, it not only benefits from the enormous impetus brought by the improvement of economic system and the increasing level of globalization, but also is closely related to the continuous improvement of independent innovation ability and the optimization and adjustment of industrial structure. However, since General Secretary Xi Jinping first put forward that China's economy was in the 「new normal」 stage during his visit to Henan Province in May 2014, the economic development has gradually entered a new period of institutional transformation, structural transformation and speed-up shift. In addition, the unpredictable international political and economic situation in recent years has formed the background of coexistence of 「danger and opportunity」. On the one hand, the report of the Nineteenth National Congress clearly points out that there are still a series of outstanding problems in the current domestic economic development, such as unbalanced, inadequate and uncoordinated development, low quality and efficiency of development, inadequate innovation capacity and the need to improve the level of the real economy. On the other hand, on April 10, 2018, General Secretary Xi gave a systematic explanation of the international economic situation at the Boao Forum for Asia, that is, 「Looking at the world, the world is undergoing a new round of great development, change and adjustment, and there are still many unstable and uncertain factors facing mankind. A new round of technological and industrial revolution has brought new opportunities and unprecedented challenges to the development of human society. Then, at the Central Economic Working Conference from December 19 to 21,

2018, it was clearly pointed out that macroeconomic policies should strengthen the policy orientation of counter-cyclical adjustment, thus putting forward higher requirements for accelerating the study of the economic cycle. In view of this, this paper attempts to clarify the stage of social development and the course of economic cycle evolution in New China, through exploring the evolution mechanism of the new China's economic cycle, to further study the influencing factors and fluctuating trends of the new China's economic cycle evolution, with a view to providing meaningful reference for the construction of a systematic and complete counter-cyclical economic policy system in the new era.

This study attempts to use the philosophical thought of Marx's dialectical materialism as a guide, and draws on the analysis of the methodological research, volatility description, volatility interpretation, theory construction, reality detection, modification method, revision of the interpretation of volatility and its analysis theory. According to the logical paradigm of 「knowing the world」 to 「reforming the world」. The full text contains nine chapters. The first two chapters are introduction, theoretical basis and literature review. As the basic part of the article, the paper mainly introduces the historical evolution process and research status of economic cycle theory. The third chapter is the analysis of the mechanism of China's economic cycle evolution. This chapter belongs to the theoretical part of the full text. Based on the re-recognition of the evolution of the new China's economic cycle, it constructs a theoretical analysis framework for the evolution mechanism of the new China's economic cycle. The fourth chapter is the investigation of the evolution of the specific economic cycle. It reveals the historical process of the cyclical fluctuations of China's economy from the short, medium, medium and long periods and passes through the United States, Britain, and Japan. The evolution of the economic cycle is compared to explore the generality and particularity of China's economic cycle fluctuations. The fifth chapter is a detailed study on the factors affecting the economic cycle. From the three aspects of institutional reform, opening up and technological innovation, the paper deeply discusses the impact of various factors on the evolution of China's economic cycle. The sixth chapter is based on the conclusions of the fifth chapter, and the corresponding models are constructed to predict the short-term and long-term trends of China's economic cycle evolution in the new era. The seventh chapter summarizes the changes in the countercyclical policies of the United States, Britain and Japan after the Second World

War and the evolution of the countercyclical policies since China's reform and opening up, sums up the experience and lessons of the international countercyclical policy, and concludes that the eighth chapter is China's countercyclical economy. Provide reference for the construction and application of policies. The ninth chapter is the summary and research outlook. On the whole, the structure of each chapter and each part of the full text is closely linked and progressive.

Through the above analysis, this paper mainly draws the following conclusions: (1) The evolution mechanism of the New China economic cycle is mainly reflected in the 「three-in-one」 time-space conversion. Through the 「matching」 between the stage of social development and the stage of economic cycle in New China, this paper finds that the changes in China's economic and social development stage and the evolution of the economic cycle have shown a clear coupling since the founding of New China, and the evolution mechanism of the new China's economic cycle. It is mainly embodied in the 「three-in-one」 transformation of time and space, that is, the political cycle, the internal adjustment cycle of the economic mechanism, and the innovation cycle. The three types of economic cycles are unified in the whole process of economic and social development in New China, and they are also prominent in the political cycle before the reform and opening up. In order to lead the internal evolutionary cycle of the economic mechanism after the reform and opening up to the new era, the law of internal evolution dominated by the innovation cycle¾¾ 「Chinese cycle」 evolution law. (2) There is both generality and particularity between the evolution of the New China economic cycle and the evolution of the economic cycles of Western developed countries. On the one hand, the general emphasis is on the economic cycle of both China and Western developed countries, including short-term, medium-period, medium-long and long-term cycles. The combination of these four cycles forms the evolution of the macroeconomic cycle. On the other hand, the particularity is mainly reflected in the evolution characteristics and evolution trend of the medium and long period and the long period. For example, the adjustment of the four industrial structures since the founding of New China has brought about a significant increase in the average GDP growth rate. With the diminishing effect of the 「first demographic dividend」, the role of 「second demographic dividend」 and 「high-precision」 talents began to increase. In addition, after the 1990s, China's scientific and technological innovation level has significantly improved, and there are also problems such as the 「deformation」 of the innovation structure. (3) The influencing factors of the economic cycle of New China include both domestic factors and foreign factors, including both demand side and supply side factors, but the overall effect is the comprehensive effect of the 「institutional + open + innovation」development model. First, since the founding of New China 70 years ago, the primary factor affecting the cyclical fluctuations of China's economy is investment volatility, and the change of investment volatility is reflected in three aspects: investment source power, investment form and investment flow change. Second, Since the reform and opening up, the consumption level has become the second most important factor affecting economic fluctuations, and the population dependency ratio is also one of the main factors. Third, the institutional factors can explain about 30% of the economic cycle fluctuations in New China, and the institutional changes mainly follow the influence of micro, meso and macro. The logical path is ultimately reflected in macroeconomic fluctuations、Fourth, the contribution rate of the United States and Japan to the Chinese economy is roughly 20%, and Japan is higher than the United States. China's economic contribution to the United States and Japan is even higher, especially China's economic contribution rate to Japan can reach 30%. Fifth, there is a strong correlation between China's technological innovation and economic growth, and it is more prosperous than in recession. The degree of relevance is higher. (4) In the new era, although China is still facing severe economic downward pressure in the short term, it is highly probable that it will achieve innovation, coordination, green, openness and shared development in the long run. (5) The choice and application of China's counter-cyclical policy in the new era must proceed from China's national conditions. Through the review of the evolution of the three representative developed countries of the United States, the United Kingdom, and Japan, after the Second World War and the counter-cyclical economic policies after China's reform and opening up, the paper finds that the moderate and effective intervention of the government is the primary prerequisite for implementing countercyclical economic policies; the short-term stimulus plan on the demand side needs to be tailor-made according to the national conditions. Third, the supply-side structural reform is the key choice for realizing long-term sustainable economic development. Fourth, promoting high-quality development is the only way to enhance the country's competitive advantage.

  Throughout the study of this paper, we focus on four aspects of innovation: First, the evolution mechanism of the New China economic cycle is highlighted by the 「three-in-one」 transformation process. After reviewing the historical data of New China's economic data and the reality of economic and social development, this paper shows that although the decision of the periodic pattern may depend on the mutual allocation of factors in the economic system in different periods from the perspective of a single economic cycle, the economy since the founding of New China The overall evolution mechanism of the cycle presents a dynamic evolution process, the 「three-in-one」 time-space transformation process. At the same time, the author refers to this law as the evolution of the 「Chinese cycle」, which is also the main innovation point of this article. Second, the unique development model of New China's 「institution + open + innovation」 inherently defines the cyclical evolution mechanism of the 「trinity」 space-time transformation. Through the research, the author thinks that the influencing factors of the economic cycle of New China have both domestic and foreign factors, including both the demand side factor and the supply side factor, but the overall effect is the comprehensive effect of the 「institutional + open + innovation」 development model. In other words, the economic development model of 「institution + open + innovation」 also internally stipulates the cyclical evolution mechanism of the 「trinity」 of the new China. Third, although the new era is still facing severe economic downward pressure in the short term, it is highly probable that it will achieve innovation, coordination, green, openness and shared development in the long run. By using the entropy method and the equal weighting method to predict the trend of the inter-provincial economic development quality during the 「13th Five-Year Plan」 period and the 「14th Five-Year Plan」 period, we find that the quality of China's inter-provincial economic development is showing up in the new era. At the same time, although the inter-provincial heterogeneity will still exist, the equal weighting method that reflects the overall development will facilitate the effective mitigation of differences.

目 錄

1 緒論 / 1

  1.1 研究背景 / 1

  1.2 研究目的與研究意義 / 3

      1.2.1 研究目的 / 3

      1.2.2 研究意義 / 4

  1.3 研究內容與研究框架 / 5

      1.3.1 研究內容 / 5

      1.3.2 研究框架 / 8

  1.4 研究方法 / 10

      1.4.1 分析與綜合相結合的方法 / 10

      1.4.2 從抽象上升到具體的方法 / 10

      1.4.3 歷史與邏輯相統一的方法 / 11

      1.4.4 數量分析法 / 11

      1.4.5 比較分析法 / 12

  1.5 創新與不足 / 12

      1.5.1 存在的創新 / 12

      1.5.2 研究中的不足 / 14

2 理論基礎與文獻綜述 / 15

2.1 經濟週期的概念與類型 / 15

2.1.1 經濟週期的概念界定 / 15

2.1.2 經濟週期的類型劃分 / 16

2.2 經濟週期理論回顧 / 21

2.2.1 馬克思和恩格斯的經濟週期理論 / 22

2.2.2 西方經濟學中的經濟週期理論 / 25

2.2.3 蘇聯經濟學家的經濟週期理論 / 29

2.2.4 簡要評述 / 29

2.3 經濟週期理論模型與測度方法 / 30

2.3.1 經濟週期理論模型 / 30

2.3.2 經濟週期的數量分析 / 36

2.3.3 經濟週期衡量指標與預測方法 / 38

2.3.4 簡要評述 / 41

2.4 國內外文獻綜述 / 42

2.4.1 國外文獻綜述 / 43

2.4.2 國內文獻綜述 / 48

2.4.3 簡要評述 / 55

2.5 本章小結 / 56

3 新中國經濟週期的演變機制：一個理論分析框架 / 59

3.1 新中國經濟週期演變研究的指導思想 / 59

3.2 關於新中國經濟週期演變的再認識 / 60

3.2.1 新中國經濟週期波動的客觀必然性 / 60

3.2.2 新中國經濟週期波動的一般性與特殊性 / 63

3.2.3 新中國經濟週期波動對經濟發展作用的兩重性 / 69

3.3 新中國經濟週期演變機制的理論分析 / 71

3.3.1　新中國社會發展階段的劃分／72

　　3.3.2　新中國經濟週期演變與社會發展階段的耦合／75

　　3.3.3　新中國經濟週期的演變機制：「三位一體」的時空轉換／78

3.4　本章小結／94

4　**新中國經濟週期的演變歷程與國際比較**／96

4.1　新中國經濟週期的演變歷程／96

　　4.1.1　新中國宏觀經濟總體指標的週期性波動／96

　　4.1.2　新中國不同長度經濟週期的演變歷程／101

　　4.1.3　新中國創新週期的演變歷程／124

　　4.1.4　新中國貨幣週期與利率週期的變化歷程／135

4.2　新中國經濟週期演變的國際比較／136

　　4.2.1　美國經濟週期的演變歷程與特徵／139

　　4.2.2　英國經濟週期的演變歷程與特徵／148

　　4.2.3　日本經濟週期的演變歷程與特徵／155

4.3　本章小結／161

5　**新中國經濟週期演變的影響因素**／163

5.1　新中國經濟週期演變影響因素的實證分析／164

　　5.1.1　新中國經濟週期演變影響因素的主成分分析／167

　　5.1.2　新中國經濟週期演變影響因素的因子分析／171

　　5.1.3　新中國經濟週期演變影響因素的迴歸分析／178

　　5.1.4　研究結論／182

5.2　制度變遷與新中國經濟週期的演變／183

　　5.2.1　馬克思主義制度觀及其對發展的解釋／183

　　5.2.2　新中國成立以來的制度變遷歷程／185

　　5.2.3　制度變遷對新中國經濟週期演變的影響／186

5.3 對外開放與新中國經濟週期的演變 / 189

 5.3.1 馬克思的世界市場理論和開放發展觀 / 189

 5.3.2 新中國成立以來在世界經濟中地位的轉變 / 192

 5.3.3 對外開放對新中國經濟週期演變的影響 / 196

5.4 技術創新與新中國經濟週期的演變 / 202

 5.4.1 馬克思的技術創新理論及其對經濟週期運行的解釋 / 203

 5.4.2 新一輪技術創新革命的新特點 / 205

 5.4.3 新時期技術創新對中國經濟週期的影響 / 206

5.5 本章小結 / 209

6 新時代中國經濟週期的演變趨勢 / 212

6.1 新時代中國經濟週期演變的短期趨勢預判 / 212

 6.1.1 基於 Verhulst 模型的各週期趨勢預測 / 212

 6.1.2 基於景氣指數法的趨勢預測 / 216

 6.1.3 基於 ARMA 模型的總體趨勢預測 / 219

 6.1.4 短期趨勢預測結果分析 / 220

6.2 新時代中國經濟週期演變的長期趨勢預判 / 223

 6.2.1 關於經濟高質量發展的研究現狀 / 223

 6.2.2 新時代中國經濟發展質量的測度 / 225

 6.2.3 中國經濟發展質量的評析 / 229

 6.2.4 新時代中國經濟高質量發展的長期趨勢預判 / 234

6.3 本章小結 / 236

7 國際逆週期經濟政策的經驗借鑑 / 238

7.1 國際逆週期經濟政策的演變歷程 / 238

 7.1.1 美國逆週期經濟政策的演變歷程 / 238

 7.1.2 英國逆週期經濟政策的演變歷程 / 244

  7.1.3 日本逆週期經濟政策的演變歷程 / 250

  7.1.4 中國逆週期經濟政策的演變歷程 / 256

7.2 國際逆週期經濟政策的經驗借鑑 / 263

  7.2.1 政府有效干預是實施逆週期經濟政策的首要前提 / 263

  7.2.2 需求側的短期刺激計劃需根據國情度身訂造 / 264

  7.2.3 供給側結構性改革是實現經濟長期可持續發展的關鍵選擇 / 266

  7.2.4 推進高質量發展是提升國家競爭優勢的必由之路 / 267

7.3 本章小結 / 269

8 新時代優化逆週期政策的對策建議 / 271

8.1 新時代逆週期政策的優化思路 / 271

8.2 新時代優化逆週期政策的對策建議 / 273

  8.2.1 新時代中國經濟高質量發展的基本前提是控制總量增速 / 273

  8.2.2 新時代中國經濟高質量發展的根本遵循是深入貫徹新發展理念 / 275

8.3 本章小結 / 280

9 總結與研究展望 / 282

9.1 全書總結 / 282

9.2 研究展望 / 284

致謝 / 287

1 緒論

1.1 研究背景

新中國成立以來，在社會主義根本政治制度和經濟制度的保障下，從計劃經濟體制時期到計劃與市場並存的「雙軌期」，再到市場經濟體制起決定性作用的「三期疊加」時期，中國社會主義經濟發展經歷了 70 年的風雨滄桑。從恢復調整到改革開放，從「貿然奮進」到「穩中求進」，從追求速度到追求質量，不僅體現了無論是政治社會制度的完善和國際政治經濟環境的轉變，還是國家本身的經濟體制機制的變革、技術創新水準的提高、產業結構的優化演進等因素所發揮的複雜而巨大的效能與作用，還蘊含著中國社會主義經濟週期性波動的客觀規律和本質特徵。黨的十九大報告明確提出了中國特色社會主義新時代的到來，貫徹新發展理念、建設現代化經濟體系已然成為強化中國特色社會主義道路自信和理論自信的必然要求。特別是在當前階段，在中國經濟已由高速度增長轉向高質量發展的新時代背景下，中國經濟的週期性波動特徵和發展態勢必然也會發生新的轉變。此外，在 2017 年 12 月 18 日至 20 日的中央經濟工作會議上，黨中央再一次強調了形成推動高質量發展的指標體系是今後一個時期國家宏觀調控的根本要求之一，充分表明國家層面對經濟轉型發展研究給予了高度關注和殷切期望。

熊彼特曾指出：「經濟體系並不是連續地和平滑地向前運動，大多數不同種類的逆運動、退步、事變的出現，阻礙著發展的道路。」[1] 如是所言，中國社會主義經濟運行同樣不會也不可能是一帆風順的，經濟的前進發展與「絆腳石」的逆向衝擊總是相伴而生的。具體要從當前國際、國內兩個維度的發

---

[1] 約瑟夫·熊彼特. 經濟發展理論 [M]. 何畏, 易家詳, 等, 譯. 北京: 商務印書館. 2017: 247.

展背景和經濟形勢來看。

　　首先，從全球視角來看。2018年4月10日，習近平總書記在博鰲亞洲論壇上對當前的全球經濟形勢做了系統闡釋，並強調：「放眼全球，當今世界正在經歷新一輪大發展大變革大調整，人類面臨的不穩定不確定因素依然很多。新一輪科技和產業革命給人類社會發展帶來新的機遇，也提出了前所未有的挑戰。」① 這意味著，作為資本全球性擴張的過程和結果，全球化不僅表現了生產力的迅速發展，而且也體現了生產關係的相應變化。一方面，國際金融危機以後的世界經濟復甦乏力，發達經濟體在較長時期內難以擺脫經濟低迷狀態，而新興經濟體的奮起直追正在逐漸縮小南北差距，各國受競爭壓力增加的影響，都在試圖尋求生產力與科學技術層面的突破與創新。另一方面，政治全球化呈現出了主權由民族國家向超國家的世界性組織手中轉移的趨勢，美國霸權地位的相對衰弱促使國際政治結構深度調整，世界體系進入了「多極化」時期。此外，隨著國際競爭加劇與協調難度加大，非傳統安全的威脅也逐漸「浮出水面」，地區性衝突、海洋權益衝突、資源能源危機等現象時有發生。

　　其次，從國內視角來看。「十三五」規劃明確指出當前中國經濟發展的隱患主要表現為「發展方式粗放，不平衡、不協調、不可持續問題仍然突出，經濟增速換擋、結構調整陣痛、動能轉換困難相互交織，面臨穩增長、調結構、防風險、惠民生等多重挑戰」②。據此，理論界對中國經濟週期的階段展開了熱烈的討論。部分學者認為，「十三五」時期有可能進入新常態下的新一輪上升週期。也有學者對此並不樂觀，認為中國依然面臨著經濟下行的風險。隨著當前國內社會發展主要矛盾的變化，新時期中國的經濟發展將何去何從，是當前全中國人民最為關切的問題，等待理論界進行深刻研判和預測。

　　總之，在這一新的歷史時期，在新一輪全球性的技術變革滾滾向前的同時，國際政治經濟形勢愈發雲譎波詭，南北關係撲朔迷離，不確定性風險也逐漸增強，「逆全球化思潮」、貿易保護主義傾向抬頭以及地區衝突不斷增加等現象頻發，中國作為世界最大貿易國能否繼續保證穩定的進出口貿易尚且存疑。另外，伴隨著中國經濟進入「新常態」階段，人口結構、勞動力結構、社會結構、對外關係以及經濟增速與經濟結構都發生了顯著的變化。因此，如何深刻認識這些變化，並通過構建系統完備的週期指標以準確判斷中國經濟發展階段和發展趨勢已然成為新時代中國經濟發展亟須解決的重大課題，而結合

---

① 參見：《習近平在博鰲亞洲論壇2018年年會開幕式上的主旨演講》，http://news.sina.com.cn/o/2018-04-10/doc-ifyuwqez8123281.shtml.

② 參見：《中華人民共和國國民經濟和社會發展第十三個五年規劃綱要》。

新中國社會主義經濟的發展軌跡和演變歷程歸納厘清週期演變的一般規律自然也屬題中應有之意。

1.2 研究目的與研究意義

1.2.1 研究目的

縱然歷史事實已經無可辯駁地證明了中國經濟週期的存在性與複雜性，然而迄今為止，以馬克思唯物主義研究範式為根本方法論原則，以中國社會主義經濟週期的歷史演變為研究對象，對中國社會主義經濟週期的一般性與特殊性進行歸納總結，對中國社會主義經濟週期演變的來龍去脈與內在客觀規律進行深入剖析的文章並不很多。基於此，筆者在導師的悉心指導下，經過數月的深思熟慮，產生了對新中國經濟週期的演變進行研究的想法，以期通過對新中國經濟週期演變的研究為構建具有中國特色的週期理論貢獻綿薄之力。

首先，筆者試圖從經濟週期的概念、類型、影響因素、機制、模型、預測方法以及逆週期政策等多個維度，對19世紀以來國內外關於經濟週期理論的研究歷程和研究進展進行系統梳理和評述，從而厘清世界經濟週期理論發展的內在邏輯，探尋現存經濟週期理論的特點和缺陷，為歸納中國社會主義經濟週期與西方資本主義經濟週期的共性與個性提供參考，並在秉持「擇優而用」的態度來分析中國經濟實踐的同時，深化對於中國社會主義經濟週期本質的再認識。

其次，筆者試圖以新中國經濟週期的演變事實和歷史經驗數據為依託，結合新中國社會發展階段的不斷更替，在理論上論證和闡明新中國經濟週期演變的內在機制和一般規律，並在此基礎上提出「中式週期」的概念，以突出中國作為社會主義國家經濟週期演變機制所表現出的特殊性，從而與資本主義國家或其他社會主義國家進行區分，為準確判斷新中國經濟週期波動的影響因素以及新時代經濟週期的演變趨勢提供基本的理論支撐和引導方向。

再次，筆者試圖從國際、國內兩個視角對中國、美國、英國、日本的宏觀經濟運行週期性波動歷程以及短週期、中週期、中長週期、長週期的演變趨勢和演變特徵進行比較分析，從而探尋中國經濟週期演變特徵與西方部分發達國家之間的共性與個性，並通過詳細考察各種週期類型所包含的經濟運行的各個領域長期以來的變化規律，為整體把握宏觀經濟運行狀況提供參考。此外，筆者還試圖通過對新中國經濟週期演變影響因素的實證研究，找到新中國經濟週

期性波動的根源，論證「制度+開放+創新」發展模式在中國經濟週期演變過程中所發揮的主導作用。

最後，筆者試圖從短期和長期的角度對新時代經濟週期的演變趨勢進行預判。一方面，通過採用多種預測方法對短期中國各類經濟週期的演變趨勢及GDP自身的波動趨勢進行分析，為準確把握中國當前所處的週期階段提供依據；另一方面，遵循由單一的國民收入週期轉向總體經濟週期的研究思路，結合經濟發展質量的內涵，依託國家「五大發展理念」的指導思想，對中國經濟週期衡量指標進行重構，並在此基礎上對長期經濟運行做出判斷。

1.2.2　研究意義

新時代，在黨中央提出「建設現代化經濟體系」的戰略背景下，本書擬將中國社會主義經濟週期的演變作為研究對象，試圖從理論創新的角度出發，討論中國經濟週期波動的內在機制、一般規律與衡量指標的重構問題；同時，從實證檢驗的角度出發，對中國經濟週期波動的階段性特徵進行深入剖析。並在此基礎上對新時代中國經濟週期的波動趨勢做出合理預判，以期為新時代中國宏觀經濟的預警和政策制定提供切實的幫助和指導。

首先，從理論意義來看。一是本書在對世界週期理論的發展歷程和研究動態進行系統綜述的基礎上，分析了現有研究的不足之處以及在指導中國社會主義經濟實踐方面的適用性，並結合中國的週期歷史探索出中國經濟週期演變的特殊規律，從而為其他週期研究者的後續理論研究提供了一定的參考。二是「中式週期」概念的界定突破了理論界關於中國社會主義經濟週期研究的固有的「無序性」。筆者在對現有文獻進行梳理的過程中發現，大部分學者在對中國經濟週期進行研究時，都照搬了傳統西方經濟週期的概念，對於中國經濟週期的特徵，尤其是在週期階段的劃分標準上並沒有突出中國社會主義經濟週期的特殊性。三是週期衡量指標的重構與模型的創新充分回應了國家「貫徹新發展理念，構建現代經濟體系」的戰略要求。因此，本書的理論意義與價值彰明較著。

其次，從歷史意義、現實意義與時代意義來看。研究中國社會主義經濟週期的演變有利於實現以史為鑒，認清中國社會主義經濟發展的階段性特徵，為黨和國家制定正確的逆週期政策提供一定的依據。本書對中國社會主義經濟週期演變歷史、現狀和趨勢的研究，一方面能夠加深對中國計劃體制與轉軌體制時期經濟週期性波動的認識，理性看待經濟週期波動的歷史，有利於探索中國經濟週期波動的一般規律，具有一定的歷史意義；另一方面，能夠為準確判斷

新時代中國社會主義市場經濟運行的「小階段」與「大階段」提供一個週期維度的標準和依據，強化從週期範疇分析和預測中國經濟運行實際和波動趨勢的意識，存在一定的現實意義與時代意義。

最後，從實踐意義來看。根據現有關於中國反週期經濟政策（主要以財政政策和貨幣政策為主）效應分析的文獻可以看出，分析結果並非異口一言，由此提出的對策建議既顯寬泛又缺乏一定的具體性和統籌性。本書在「新時代中國反週期政策體系的建構與運用」部分，在對中國的反週期政策效應進行重新分析的基礎上，提出了中國經濟週期預警與防範的方案，並在批判和揚棄西方經濟學逆週期理論的局限性的前提下，探索和構建了中國社會主義逆週期政策體系的框架，對於幫助國家制定準確的逆週期政策具有一定的實踐意義。

1.3　研究內容與研究框架

1.3.1　研究內容

本書共包含 9 章內容。前 2 章為緒論、文獻綜述和理論基礎，是本書的基礎部分，主要介紹了經濟週期理論的歷史演變過程及研究現狀。第 3 章是中國經濟週期演變的機制分析。本章屬於全書的立論部分，明確提出了作者的觀點，包括中國經濟週期的演變機制及判斷標準。第 4 章是對具體經濟週期演變歷程的考察，在針對第 3 章所提出觀點進行驗證的基礎上，揭露了中國社會主義經濟週期性波動的歷史過程，並對經驗事實進行了歸納總結，為後面的研究提供了現實材料。第 5 章是關於經濟週期影響因素的具體研究，並從制度變革、對外開放以及技術創新三個維度出發，深入研究了各因素對中國經濟週期演變的貢獻度。第 6 章在第 5 章研究結論的基礎上構建相應的模型，對新時代中國經濟週期演變的短期和長期趨勢做出預測，通過對預測結果的分析探索新時代中國經濟週期演變過程中存在的主要問題。第 7 章針對第 6 章中所提出的主要問題，總結國際經驗教訓，歸納中國經濟週期演變的一般性和特殊性，為第 8 章中國逆週期經濟政策的建構與運用提供參考。第 9 章是總結與研究展望，在系統總結了全書研究結論與研究觀點的基礎上，闡明未來中國社會主義經濟週期的研究前景以及理論分析和數量分析可能存在的突破之處。其中，第 3 章為本書的「靈魂」所在，創造性地提出了中國社會主義經濟週期的判斷標準。

第 1 章是緒論。本章主要包括研究背景、研究目的與意義、研究方法、研究內容與路徑圖以及可能存在的創新點與不足幾個方面。首先，揭示了當前研究中國社會主義經濟週期演變的時代背景和現實要求。其次，明確了本研究所採用的根本方法，即馬克思主義唯物辯證法，以及分析與綜合相結合的方法、從抽象上升到具體的方法、歷史與邏輯相統一的方法、數量分析方法、比較分析法等其他具體方法。最後，對本書在研究過程中存在的創新與不足進行了說明。

　　第 2 章是理論基礎與文獻綜述。本章主要按照時間先後與發展階段更替的順序，從國內外兩個空間維度對世界範圍內關於經濟週期的相關研究進行了總結。首先，對中國社會主義經濟週期的概念進行了界定，並根據不同的標準對經濟週期的類型進行了詳細劃分。其次，依次闡述了馬克思恩格斯經濟週期理論、西方經濟學中的週期理論以及蘇聯經濟學家的週期理論的深刻內涵，同時對經濟週期理論模型與測度方法、週期衡量指標、預測方法的演變做了系統介紹，並在此基礎上對各種不同的理論與方法進行了對比分析。最後，對 21 世紀以來國內外關於經濟週期的研究現狀進行了綜述。

　　第 3 章是新中國經濟週期演變機制的理論分析。本章首先針對中國社會主義經濟週期的認識論和方法論進行了探討，論證了中國社會主義經濟週期波動的客觀必然性，不論是社會主義市場經濟體制還是計劃經濟體制都存在經濟週期現象。同時，通過對中國社會主義經濟週期與西方資本主義經濟週期進行比較研究，深化了關於中國社會主義經濟週期的一般性與特殊性、經濟週期波動對經濟發展影響的雙重性的認識。其次，在對新中國社會發展階段進行劃分的基礎上，研究了經濟週期階段與社會發展階段之間的耦合關係。最後，從理論與實踐相結合的角度提出了新中國經濟週期的演變機制——「三位一體」的時空轉換。

　　第 4 章是新中國經濟週期的演變歷程與國際比較。本章主要對中國、美國、英國、日本四個國家的總體宏觀經濟週期的波動趨勢以及短週期、中週期、中長週期、長週期四種類型的週期波動特徵做了全面系統分析，且主要以中國為主。首先，對新中國宏觀經濟總體指標的週期性波動進行了概括性描述，詳細梳理了新中國不同長度經濟週期的演變歷程，包括存貨週期、房地產週期、投資週期、建築週期、產業結構變遷、創新週期、人口結構的變化以及貨幣週期和利率週期等。其次，分階段地對美國、英國、日本的實際 GDP 波動特徵進行了探討和比較。最後，簡要梳理了美國、英國、日本三個國家的不同長度經濟週期的演變歷程，並對其規律性特徵進行了總結。

第 5 章是新中國經濟週期演變的影響因素分析。本章主要對影響新中國經濟週期演變的主要因素進行了研究，並在此基礎上論證了「制度+開放+創新」發展模式對中國經濟週期演變的影響。首先，通過將影響中國經濟週期波動的所有可能因素劃分為國內因素和國際因素兩個方面，並利用主成分分析法和因子分析法對主導因素進行提取。其次，採用逐步迴歸法對 1953—2016 年、1953—1978 年、1984—2016 年三個階段中所有可能影響中國經濟週期波動的因素進行了多元線性迴歸分析。最後，運用 Blinder-Oaxaca 分解法度量了制度因素對中國經濟週期波動的影響程度；通過構建 SVAR 模型並採用方差分解法分析了美國、中國、日本三個國家之間經濟的相互影響關係；以數據包絡分析得出的全要素生產率增速作為技術創新水準的衡量指標，通過採用灰色系統分析法和脈衝回應函數法研究了技術創新對中國經濟週期波動的影響。

第 6 章是新時代中國經濟週期的演變趨勢分析。本章著重從短期和長期的角度實現了對新時代經濟週期波動趨勢的預測。一方面，基於經濟週期影響因素的研究框架對當前中國經濟週期所處階段進行了預判：首先，通過構建 Verhulst 模型對各類經濟週期的趨勢進行了預測；其次，通過對月度數據指標構造合成領先指數的分析，實現了關於未來經濟總體變化傾向的景氣預測；最後，通過構建 ARMA 模型對 GDP 自身的波動態勢進行了預測。另一方面，基於新時代推動經濟高質量發展的戰略要求實現了對長期經濟高質量發展趨勢的預判：首先，從總量、創新、協調、綠色、開放、共享六個維度對衡量中國省際經濟發展質量水準的指標體系進行了重構；其次，採用熵值法測算了 1999—2016 年中國省際經濟發展質量綜合指數，並對測算結果做了綜合評介；最後，運用熵值法和均等賦權法分別對「十三五」時期和「十四五」時期中國省際經濟發展質量的變動趨勢進行了預測。

第 7 章是國際逆週期經濟政策的經驗借鑑。本章主要對美國、英國、日本和中國四個國家在不同經濟發展階段所採取的逆週期政策進行了歸納總結，擬為新時期中國逆週期政策體系的構建提供可參考的經驗。首先，依次分析了「二戰」以後美國、英國、日本三個國家逆週期經濟政策的演變歷程。其次，分階段地對改革開放以來 1978—1996 年、1997—2012 年以及 2013 年至今中國自身逆週期政策的演變歷程進行了梳理。最後，通過對各國短期和長期逆週期政策實施效果的比較，總結了四點可以借鑑的經驗。

第 8 章是新時代中國優化逆週期政策的對策建議。本章主要是在基於前文分析的基礎上，綜合考慮了新中國經濟週期的演變機制、演變特徵、影響因素、演變趨勢以及國際逆週期政策效果以後，從進一步加大改革力度的視角對

新時代中國逆週期政策體系的構建提出了幾點建議。首先，厘清了新時代中國提升經濟發展質量的改革邏輯。其次，為新時代中國如何控制經濟總量增速提供了相應的對策。最後，從創新、協調、綠色、開放、共享的角度提出了新時代中國推動經濟高質量發展的具體路徑。

第 9 章是總結與研究展望。一方面，本章對全書的主要研究結論進行了系統總結和梳理。另一方面，在對本研究存在的不足進行說明的基礎上，對未來經濟週期方面的主要研究方向提出了幾點拙見。

1.3.2 研究框架

既然以新中國經濟週期的演變作為研究對象，就必須堅持馬克思主義唯物辯證的研究思維。劉明遠曾將中國經濟週期的研究路徑概括為「方法研究→波動描述→波動解釋→理論構造→現實檢測→修改方法→修正對波動的解釋及其分析理論」[①]。因此，本節試圖在借鑑這一研究思路的基礎上，以馬克思辯證唯物主義的哲學思想為指導，闡明本書關於新中國經濟週期演變的研究邏輯。

全書主體包括理論基礎與文獻綜述、週期的演變機制、週期的演變歷程與國際比較、週期的影響因素、週期的演變趨勢、國際逆週期政策經驗借鑑以及新時代優化逆週期政策的對策建議七個部分。這七個部分總體上是按照從「認識世界」到「改造世界」的馬克思主義辯證思維前後呼應、層層遞進的，前五部分屬於「認識世界」的過程，第六和第七部分則屬於「改造世界」的過程。其中，對週期的認識又採用了經驗研究、理論研究、實證研究相結合的方法。一方面，對週期理論的發展以及週期的演變歷程進行了經驗研究。另一方面，在經驗研究的基礎上通過理論分析提出了「中式週期」的概念——具有中國特色的社會主義經濟的運行週期。此外，以「中式週期」的一般規律為指導，採用實證分析的方法，對週期演變的影響因素和波動趨勢進行了研判。最後，在總結了「二戰」以後美國、英國以及日本逆週期經濟政策經驗和教訓的基礎上，為新時代中國逆週期政策體系的建構與運用提出了一些參考建議。整體來看，全書各個章節、各個部分的結構安排緊密相連，環環相扣。具體邏輯框架如圖 1-1 所示。

---

① 劉明遠. 對中國社會主義經濟週期理論的回顧與反思 [J]. 政治經濟學評論，2007（0）: 228-270.

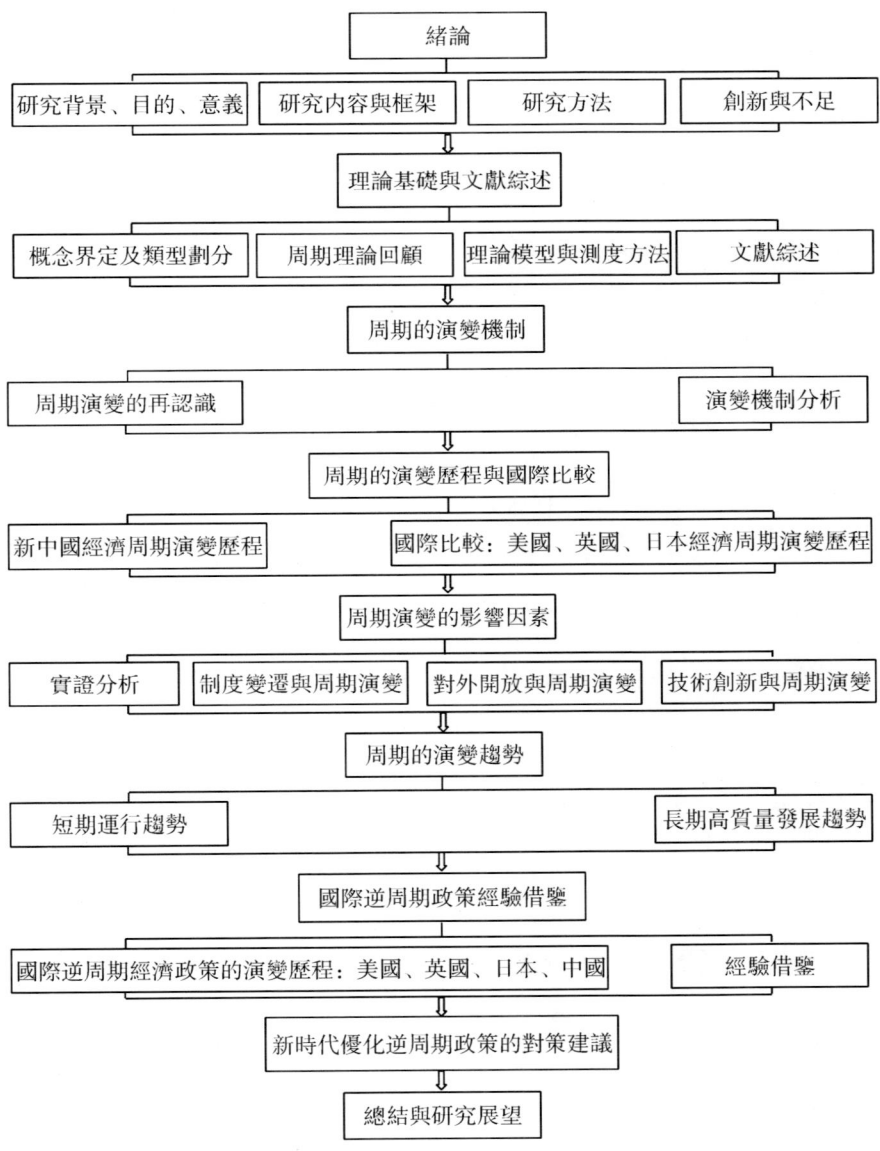

圖 1-1　新中國經濟週期演變研究的邏輯框架

1.4 研究方法

本書關於新中國經濟週期演變研究所採用的核心方法是馬克思主義政治經濟學的研究方法，始終遵循唯物辯證法的根本原則，一以貫之地堅持實踐是檢驗真理的唯一標準。具體包括分析與綜合相結合的方法、從抽象上升到具體的方法、歷史與邏輯相統一的方法、數量分析方法以及比較分析法五個部分。

1.4.1 分析與綜合相結合的方法

分析與綜合相結合的方法作為馬克思主義辯證思維的基本方法，既蘊含著歸納與演繹的一般方法，又比歸納和演繹更能夠深刻地揭示事物的內在本質。一方面，考慮到歸納的不完全性質，通過歸納得出的結論常常帶有一定的或然性，存在著被新的發現推翻的可能。因此，只有運用分析的方法才能為演繹提供可靠的前提。分析是把整體分解為各個部分、方面、要素，以便逐個加以研究的思維方法，主要包括定性分析、定量分析、因果分析、系統分析以及結構分析等多種形式。另一方面，要想為演繹提供可靠的前提還必須將分析與綜合辯證地結合起來，綜合過程是將事物的各個方面的本質聯繫有機結合在一起的過程。本書對新中國經濟週期演變的研究採用了分析與綜合相結合的方法，首先將新中國成立以來的經濟運行整體劃分為幾個階段，然後又對每個階段內的每次週期波動的特徵、影響機制以及逆週期政策效果逐一進行了分析研究，並在此基礎上實現了對各週期之間的本質特徵、共同屬性以及內在聯繫的綜合。

1.4.2 從抽象上升到具體的方法

馬克思曾將科學的思維規定為兩條道路，並認為「在第一條道路上，完整的表象蒸發為抽象的規定；在第二條道路上，抽象的規定在思維形成中導致具體的再現」[1]。抽象的規定到具體的再現作為「具體—抽象—具體」的否定之否定的過程本質上又蘊含著分析與綜合的過程，即從具體到抽象主要運用了分析的方法，而從抽象到具體則主要體現了綜合的方法。具體又包含兩種形態，一種是「感性具體」，另一種是「理性具體」，因此，「具體—抽象—具體」的方法實際上就是「感性具體—抽象—理性具體」的研究方法。本書充

---

[1] 馬克思恩格斯．馬克思恩格斯選集：第 2 卷 [M]．北京：人民出版社，1972：103.

分運用了「感性具體—抽象—理性具體」的方法實現了對新中國經濟週期的研究。一方面，從與中國經濟週期性波動相聯繫的、表面的、感官能直接感覺到的歷史經驗事實即感性具體出發，通過對經濟運行過程中的經濟變量所呈現出的波動表象即經驗數據的波動採用定性分析、定量分析以及因果分析等科學的分析方法，抽象出各經濟週期之間相互關聯的本質特徵。另一方面，將反應經濟週期本質的抽象規定綜合起來，構成關於新中國經濟週期的整體認識，並用以指導分析中國的經濟週期特性與趨勢，從而形成理性具體。

1.4.3 歷史與邏輯相統一的方法

歷史與邏輯相統一的方法是科學研究的主要方法和基本原則。恩格斯曾指出：「歷史常常是跳躍式地和曲折地前進的，如果必須處處跟隨著它，那就勢必不僅會注意許多無關緊要的材料，而且也會常常打斷思想進程……因此，邏輯的研究方式是唯一適用的方式。」[①] 也就是說，在考察一定歷史時期內的經濟問題時，既不能犯「管中窺豹」的狹隘錯誤而混淆事物的內在邏輯，也不能因「只見樹木，不見森林」而忽略了事物發展的歷史性。正確的研究範式應該是在參照歷史事實和經驗材料的基礎上，經過抽象概括和加工改造，剔除經濟發展過程中的部分細節與偶然性因素，把握經濟週期的邏輯線索和基本方向。本書就是在充分考察新中國成立以來社會主義經濟運行的整段歷史時期的經驗事實的基礎上，對各週期特徵進行了深入剖析，撇開了影響各週期波動的細枝末節與偶然性因素，以「純粹」的理論形態總結概括出了新中國經濟週期性波動的內在機制和一般規律。

1.4.4 數量分析法

隨著計算機等網絡信息技術的迅速發展，結合現有數據運用計算機對所構建模型進行模擬測算的數量分析方法在學術界得到了廣泛的普及和應用。本研究在對經濟週期的影響因素以及趨勢研判的分析中同樣採用了一些如迴歸分析法、數據包絡分析法以及灰色系統分析法等數量分析方法。在對經濟週期演變影響因素的研究過程中，一是採用主成分分析和因子分析對 1953—2016 年、1953—1978 年、1984—2016 年三個階段經濟週期波動的主導因素進行了提煉；二是採用迴歸分析法研究了影響三個階段經濟週期性波動的主要因素；三是採用 Blinder-Oaxaca 分解法研究了制度變遷對經濟週期波動的影響；四是通過構

---

① 馬克思，恩格斯. 馬克思恩格斯選集：第 2 卷 [M]. 北京：人民出版社，1972：122.

建 SVAR 模型以及脈衝回應函數和方差分解研究了中國、美國、日本三個國家之間的經濟週期波動關係；五是在對技術創新與經濟週期的關係進行研究時，採用數據包絡分析法對中國及八大經濟區域的全要素生產率進行了測算。在對經濟週期演變趨勢進行預測時，一是考慮到統計數據有限、數據灰度較大的問題，運用灰色系統分析法中的 Verhulst 模型實現了對各週期類型的短期預測，並運用灰色關聯分析實現了對週期指標類型（先行類指標、同步類指標、滯後類指標）的確定。此外，通過構建 ARMA 預測模型對短期趨勢預測結果進行了驗證。二是運用熵值法對新時代中國省際經濟發展質量進行了測度研究。

1.4.5　比較分析法

比較分析法也叫對比分析法，屬於社會科學研究中的常用方法之一，主要包括橫向比較和縱向比較。一方面，本書在對新中國經濟週期演變機制、演變歷程、影響因素、演變趨勢以及逆週期經濟政策變化的研究過程中大量使用了縱向比較的方法，具體體現在通過將新中國經濟社會發展階段進行劃分，分別比較各階段的經濟週期演變機制、演變特徵和主要影響因素的變化，以更好地把握新中國經濟週期的演變規律和逆週期經濟政策的變化特徵。另一方面，在對中國經濟週期演變歷程的國際比較和國際逆週期政策的經驗借鑑部分，著重採用了橫向比較的研究方法。一是在對中國、美國、英國、日本四個國家的演變歷程進行梳理的同時，分別對比了四個國家短週期、中週期、中長週期以及長週期波動的異同點，為準確判斷中國作為社會主義國家經濟週期波動所呈現的特殊性提供了經驗參考；二是在對國際逆週期經濟政策經驗借鑑的提取過程中，分別對比了美國、英國、日本以及中國自身的逆週期政策變化特點及政策效果，為新時代構建系統完備的逆週期政策提供了有益指導。

1.5　創新與不足

1.5.1　存在的創新

本書存在的創新點主要有三點。

第一，新中國經濟週期的演變機制突出體現為「三位一體」的時空轉換過程——「中式週期」演變規律。

本書以改革開放為「分水嶺」將社會發展階段劃分為 3 個「大階段」和 13 個「小階段」，並與經濟週期階段進行「匹配」，發現新中國成立以來中國

經濟社會發展階段的變化與經濟週期的演變表現出了鮮明的耦合性，且由改革開放前的「基本耦合」轉變為改革開放後的「完全耦合」。進一步對新中國歷來經濟數據與經濟社會發展現實考察研究表明，儘管從單個經濟週期來看，週期形態的決定可能取決於不同時期經濟系統內要素的相互配置狀況，但新中國成立以來經濟週期的總體演變機制，卻呈現出一種動態的演化過程——「三位一體」的時空轉換過程，即政治週期、經濟機制內部調節週期以及創新週期三種經濟週期類型統一於新中國經濟社會發展全過程的同時，又突出表現為從改革開放前的政治週期為主導，到改革開放後經濟機制內部調節週期為主導，再到新時代以創新週期為主導的內在演變規律。同時，筆者將這一規律稱為「中式週期」的演變規律，這也是本書最主要的創新點所在。

第二，新中國「制度+開放+創新」的獨特發展模式內在規定了「三位一體」時空轉換的週期演變機制。

本書研究認為，新中國經濟週期演變的影響因素既有國內因素，也有國外因素，既包含需求側因素，也包含供給側因素，但總體體現為「制度+開放+創新」發展模式的綜合作用。也就是說，「制度+開放+創新」的經濟發展模式同時也內在規定了新中國「三位一體」時空轉換的週期演變機制。通過實證分析發現，一方面，制度因素大約能解釋新中國約30%的經濟週期波動，而且制度變革主要按照影響微觀、中觀、宏觀的邏輯路徑並最終反應於宏觀經濟的波動。另一方面，改革開放以後，美國和日本對中國經濟的貢獻率大致為20%，且日本高於美國。而中國對美國和日本的經濟貢獻度更高，尤其是中國對日本的經濟貢獻率可達30%。此外，中國技術創新與經濟增速之間存在著很強的關聯性，特別是在繁榮階段比在衰退階段的關聯度更高。技術創新對中國經濟增長的促進作用大概為期7~8年。

第三，新時代雖然短期內中國仍然面臨著經濟下行壓力，但長期實現創新、協調、綠色、開放、共享統籌發展的可能性很大。

一方面，本書綜合運用灰色系統理論中的Verhulst模型預測法、景氣指數法中的合成領先指數法以及時間序列預測法中的ARMA模型預測法對短期內中國各類經濟週期的演變趨勢以及GDP自身的波動趨勢進行研究，發現短期內中國宏觀經濟波動仍然處於繼續衰退的態勢。另一方面，本書從總量、創新、協調、綠色、開放、共享六個維度對中國省際經濟發展質量指標體系實現了重構，並採用熵值法測算了1999—2016年中國省際經濟發展質量綜合指數。結果表明，以往時期中國省際經濟發展質量在逐步上升的同時存在著發展不穩定、不充分、不協調、不平衡等異質性問題。另外，運用熵值法與均等賦權法

分別對「十三五」時期與「十四五」時期省際經濟發展質量的變動趨勢進行預測對比，發現新時代中國省際經濟發展質量在呈現出向好趨勢的同時，儘管省際異質性仍將存在，但體現統籌發展的均等賦權方式將利於差異的有效緩解。

1.5.2 研究中的不足

本書的不足之處主要體現在四個方面。一是關於馬克思主義經濟週期理論的研究尚存不足。馬克思主義經濟週期理論內涵豐富、思想深邃、大含細入，僅從《馬克思恩格斯全集》的 50 卷裡便可窺見一斑。然而，囿於畢業期限，筆者在學習期間只是對《馬克思恩格斯全集》的第 19 卷、23 卷、25 卷、26 卷、30 卷、31 卷、46 卷以及《資本論》等馬克思主義的部分著作進行了粗淺的閱讀和總結，深知對馬克思主義經濟週期理論的認識依然存在諸多不足，這也是筆者在以後的學術生涯中立志實現的重大理論突破點。二是關於前沿數量統計分析工具的運用尚存不足。受部分微觀經濟數據的可獲得性以及本人學術水準的局限，書中所採用的部分數量統計分析工具相對而言可能存在些許滯後。但是，需要澄清的一點是，本書在方法的選擇上秉持的是適用的原則，而並非是一味地盲目追求前沿。因此，並不會對分析結果產生較大的影響。三是在研究新中國經濟週期演變歷程與國際比較時，筆者通過對相關資料和歷史數據進行整合分析發現，還有很多關於西方發達國家與中國經濟週期的波動規律尚待挖掘。四是新時代經濟發展質量的衡量指標的重構仍然存在著一定的不足。本書雖然已經實現了對省際經濟發展質量衡量指標的初步構建，但是受限於部分數據的可獲得性，仍然還有一些重要的指標出現了遺漏。因此，今後隨著數據的逐步更新和完善，新時代中國經濟週期的衡量指標依然還有很大的研究空間。

2 理論基礎與文獻綜述

2.1 經濟週期的概念與類型

2.1.1 經濟週期的概念界定

馬克思和恩格斯早在19世紀40年代就已經開始了對資本主義經濟危機週期性爆發的關注。馬克思在《資本論》中曾指出：「正如天體一經投入它們的軌道就會無限地圍繞著軌道旋轉一樣，社會生產一經投入這個膨脹和收縮的交替，也會由於機制的必然性不斷重複這一運動。」① 恩格斯在《「英國工人階級狀況」序言》裡寫道：「每經十年，生產的進程就被商業總危機強迫地停止住，在危機以後，經過長期的蕭條，跟著有一個短暫的繁榮時期，這個繁榮時期每一次都因瘋狂的生產過剩而結束，最後就是新的破產。」② 他認為，工業發展過程中「個別的小危機」將「匯合起來，逐漸形成一連串的定期重演的危機」，這一危機的週期階段可以歸納為危機、蕭條、繁榮、新的危機，並且危機每十年爆發一次。此外，馬克思在其創作的第一部政治經濟學著作《哲學的貧困》中明確了資本主義生產的週期階段，指出工業生產是「接連地經過繁榮、生產過剩、停滯、危機諸階段而形成的一種反覆循環的週期」③。後來，馬克思主義政治經濟學把經濟週期的概念簡化為危機、蕭條、復甦以及繁榮四個階段。此後，隨著資本主義經濟的不斷發展，關於經濟週期概念的認識在深化過程中也逐漸得到精煉。目前西方經濟學理論界對於經濟週期概念界定

---

① 馬克思. 資本論：第1卷 [M]. 北京：人民出版社，2004：730.
② 恩格斯.「英國工人階級狀況」序言 [M]. 北京：人民出版社，1954：10.
③ 馬克思. 哲學的貧困 [M]. 北京：人民出版社，1961：162.

大致可簡化為兩種：一種是把產出與就業的短期波動稱為經濟週期①，另一種則將經濟週期歸結為圍繞實際 GDP 趨勢波動的經濟現象②。總而言之，我們認為，儘管關於經濟週期概念的界定尚不統一，但各方觀點著實大同小異，並不會對本書的研究產生影響。因此，本書姑且將中國社會主義經濟週期的概念系統化定義為：國民經濟運行過程中循環出現的一種包括繁榮、衰退、低潮、復甦四個階段的波動現象③。

2.1.2 經濟週期的類型劃分

關於經濟週期的類型，雖然在經濟週期的概念及理論中並沒有對其進行詳細的描述，但是人們通過對所處的不同歷史時期的經濟週期現象的觀察，按照不同的分類方法對經濟週期進行了形式上的劃分。

（1）按週期長度劃分

經濟週期長度是指從一個波峰（波谷）到下一個波峰（波谷）的時間跨度。經濟週期的長度並不是固定不變的，而是隨著環境和制度等因素的變化而變化的。扎爾諾維茲（Zarnowitz, 1985）曾指出：「經濟週期不具有唯一的週期長度，它僅表明對週期存在著的重要規律性的一種認識。」④ 因此，此處及下文中所提及的「週期長度」主要是指一般意義上的時間概念，按照這種時間長度來劃分，通常有四種類型的經濟週期。

①康德拉季耶夫（Kondratieff）週期。1925 年俄國經濟學家尼古拉·康德拉季耶夫通過對 140 多年的主要資本主義國家經濟發展過程中的 36 種價格、價值額以及產品生產量指標的時間序列進行研究，發現在資本主義經濟中存在著長達 50 年的長週期⑤。另外，在承認資本主義經濟存在長波的前提下，當代西方長波學派對於導致經濟長期波動的原因做出了多種解釋。趙濤（1988）在《經濟長波論》中將當代西方長波學派劃分為三大流派：現代長波技術論流派、經濟機制內部調節長波論流派以及非經濟原因長波論流派，並指出：

---

① N.格里高利·曼昆. 宏觀經濟學 [M]. 7 版. 盧遠矚, 譯. 北京：中國人民大學出版社, 2011：223.

② 斯蒂芬·D·威廉森. 宏觀經濟學 [M]. 3 版. 郭慶旺, 譯. 北京：中國人民大學出版社, 2010：73.

③ 如此界定的具體原因下文將給予解釋。另外，關於波動和週期的區別在此不再贅述，可參考：王志偉. 中國經濟週期及其理論的比較研究 [M]. 北京：經濟科學出版社, 1998：214.

④ Victor Zarnowitz. Political economy, growth, and business cycles [J]. Business History Review, 1993, 67 (2).

⑤ Nikolai Kondratieff. The long wave cycle [M]. New York, 1984.

「長波學派的理論五花八門，各循其道，並不受西方正統經濟學理論的指導，其原因在於西方正統經濟學對指導長波研究無能為力」①。此外，由於康德拉季耶夫所考察的週期時間跨度較長，因此又叫長週期。

②庫茲涅茨（Kuznets）週期。1930 年美國經濟學家西蒙·庫茲涅茨提出了著名的庫茲涅茨週期理論，這一理論主要是在對當時美國和歐洲部分國家的主要產品的產量和價格波動進行研究時發現的。庫茲涅茨在其著作《生產和價格的長期運動》中明確表示，在西方資本主義國家中存在著一種「長波」或「長期消長」的經濟週期②，且該週期的時間跨度一般為 15～20 年。此外，考慮到庫茲涅茨週期的主要影響機制在於建築業增加值的週期性波動，因此有時也叫作「建築週期」。

③朱格拉（Juglar）週期。1862 年法國經濟學家朱格拉通過對部分資本主義國家的銀行數據進行研究發現，設備工器具的投資情況存在著一定的週期性波動，而且這種波動與經濟增速波動、物價波動等宏觀經濟指標的波動之間存在著很大程度的耦合關係，故此提出了著名的朱格拉週期理論。也就是說，在朱格拉週期理論中投資因素是影響經濟週期波動的主要因素和關鍵因素，因此後來經過西方眾多經濟學家的研究，認為朱格拉週期屬於為期 9～10 年的投資週期。另外，由於在時間跨度上屬於中等長度的週期，故也稱為中週期。

④基欽（Kitchin）週期。這種週期最初是由美國的經濟學家基欽和克魯姆在 1923 年通過對英國和美國的銀行清算和批發物價進行考察時所發現的，長度大約為 40 個月（2～4 年）。基欽週期的理論內核在於存貨的波動，即認為企業存貨的週期性增加與減少形成了經濟週期性波動的主要根源，而且受市場經濟的影響，存貨數量的變動比較頻繁，大約 2～4 年的時間就可以完成一次「循環」，所以基欽週期通常既被稱為存貨週期，也被稱為短週期。

（2）按經濟危機類型劃分

經濟危機類型的劃分主要是建立在馬克思和恩格斯對經濟危機中間性、補充性和局部性區分的基礎上的。然而，儘管馬克思和恩格斯對於不同類型的危機特點給予了一定的論述，但是並沒有為各種危機類型的劃分提供一個具體的標準。下面我們根據 A. H. 別爾丘克（1987）在《現代資本主義經濟危機》一書中將經濟危機分為週期性危機、中間性危機、結構性危機這一順序進行逐一描述。

---

① 趙濤. 經濟長波論 [M]. 北京：中國人民大學出版社，1988：63.

② S. Kuznets, Secular movements in production and Prices [M]. Boston: Houghton Mifflin, 1930.

①週期性危機。週期性危機又被稱為普遍性危機或生產過剩的總的危機，馬克思和恩格斯認為，週期性的生產過剩商業危機是資本主義生產方式矛盾運動的產物，它越來越危及到資產階級社會的存在①。同時指出「這種危機是由於工人人口中這個或那個部分在他們原來的就業方式上成為過剩所引起的」②。儘管資產階級試圖採取一些克服辦法，比如：「一方面不得不消滅大量生產力，另一方面奪取新的市場，更加徹底地利用舊的市場。」③ 但是，「這不過是資產階級準備更全面更猛烈的危機的辦法，不過是使防止危機的手段越來越少的辦法。」④ 儘管馬克思和恩格斯對於週期性經濟危機的理論描述相對分散，但是我們仍能看出這一危機是整個經濟從高漲階段到蕭條階段的轉折（或者是從高漲到谷底的持續下降）過程。

②中間性危機。А. А. 馬努基揚曾在《戰後週期和危機的特點》中寫道：「中間性危機能夠席捲整個國家的經濟，但其規模要比週期性危機小一些，它們往往帶有局部性。」⑤ 同時，他還指出：「中間性危機的特點在於，它不是世界工業週期中定期出現的現象，不是一個週期的結束和另一個週期的開端。」⑥ 另外，А. А. 馬努基揚還將中間性危機、補充性危機以及局部性危機進行了詳細的區分，他認為，補充性危機可能在週期性危機之後不久發生，它們能夠「做完」週期性危機沒來得及做的事，而它們不如週期性危機深刻，並將局部性生產過剩危機等同於部門生產過剩危機⑦。在此基礎上，別爾丘克又從危機的影響範圍、震盪幅度、具體地位以及地區局限性四個方面對週期性危機和中間性危機進行了系統的區分。

③結構性危機。別爾丘克指出「結構性危機是指某一重要部門或囊括某一經濟領域的許多同類部門的持續性的危機」⑧。他認為：「在資本主義所固有

---

① 劉明遠. 馬克思主義經濟危機理論的形成與發展 [J]. 政治經濟學評論，2005（1）：64-87.
② 馬克思，恩格斯. 馬克思恩格斯全集：第25卷 [M]. 北京：人民出版社，1974：293.
③ 馬克思，恩格斯. 馬克思恩格斯選集：第1卷 [M]. 北京：人民出版社，2012：406.
④ 馬克思，恩格斯. 馬克思恩格斯選集：第1卷 [M]. 北京：人民出版社，2012：406.
⑤ А. А. 馬努基揚. 戰後週期和危機的特點//現代週期和危機 [M]. 莫斯科：思想出版社，1967：80.
⑥ А. А. 馬努基揚. 戰後週期和危機的特點//現代週期和危機 [M]. 莫斯科：思想出版社，1967：80.
⑦ А. А. 馬努基揚. 戰後週期和危機的特點//現代週期和危機 [M]. 莫斯科：思想出版社，1967：80.
⑧ А. Н. 別爾丘克. 現代資本主義經濟危機 [M]. 雒嵤、許宏治、潘德禮譯. 北京：東方出版社，1987：184.

的經濟危機中，結構性危機佔有顯著的地位。如果週期性危機囊括全部經濟，結構性危機則包括它的一部分。但是，它們之間的區別不僅在於包括範圍的大小；它們產生的原因可能各不相同，它們展開的性質及其發展過程本身也各有差異。」①

（3）按週期的影響因素劃分

關於經濟週期影響因素的研究一直以來備受國內外學術界青睞，在研究國際經濟週期時，諾賓（Norrbin）和施拉格豪夫（Schlagenhauf）（1996）等將多國經濟波動的具體原因分為共同衝擊、特定國家衝擊、特定產業衝擊以及特定衝擊四個類型。在此劃分基礎上，中國經濟學家宋玉華等（2007）又將世界經濟週期的生成原因概括為外部衝擊和內部衝擊兩類，並且強調：「所謂外部和內部，是對世界經濟體系而言的。」② 另外，在對經濟長波的研究過程中，美國經濟學家羅森堡（Rosenborg）與弗里希塔克（Frichettak）將西方長波學派劃分為兩大類，一類是長波技術論，另一類是長波內部調節機制論③。基於此類劃分方法，趙濤（1987）則將當代西方的長波學派歸納為三種：現代長波技術論流派、經濟機制內部調節長波論流派以及非經濟原因長波論流派④。基於此，我們按照影響因素的差異將週期的類型劃分為創新週期、經濟機制內部調節週期與非經濟因素週期三種類型。

①創新週期⑤。創新週期理論最早是由美國經濟學家熊彼特在20世紀30年代研究經濟的長期波動時提出的，他認為技術創新是影響經濟長期波動的最主要因素⑥。之後，在熊彼特長波技術論的基礎上，美國經濟學家格・門施（G. Mensch）於20世紀70年代提出了長波變形模式論，通過進一步的論證得出了經濟的長期波動並不是連續的波形而是斷續的「S」型的結論⑦。隨後，荷蘭經濟學家馮・丹因（Von danine）提出了創新壽命週期長波論，他把基礎

---

① A. H. 別爾丘克. 現代資本主義經濟危機 [M]. 雒堞、許宏治、潘德禮譯. 北京：東方出版社，1987：184.
② 宋玉華，等. 世界經濟週期理論與實證研究 [M]. 北京：商務印書館，2007：15-16.
③ 內森・羅森堡，克勞迪奧・弗里希塔克，蔣慶中，徐宏偉. 長期波動和經濟增長：批判性的評價 [J]. 國際經濟評論，1984（4）：2-6.
④ 趙濤. 經濟長波論 [M]. 北京：中國人民大學出版社，1988：61-62.
⑤ 在此之所以將創新週期單獨分為一類不僅僅是因為技術創新相對於經濟機制內部的衝擊而言是屬於外部衝擊的一種，而且是為了突出創新週期對於經濟週期影響的重要性。
⑥ 約瑟夫・熊彼特. 資本主義、社會主義和民主主義 [M]. 絳楓（顧準）譯. 北京：商務印書館，1979：86.
⑦ G. Mensch. Stalemate in Technology: Innovations Overcome the Depression [M]. New York: Ballinger, 1979.

技術創新看作經濟波動的主要動因，認為基礎技術創新的介紹、擴散、成熟、衰落階段分別與經濟週期波動的復甦、繁榮、衰退、危機階段相對應，繁榮和衰退形成上升階段，危機和復甦形成下降階段①。英國經濟學家克·弗里曼（Freeman）在《失業和技術創新》中提出了勞工就業長波理論，指出長波與技術創新、勞工就業具有很大的關係。從長遠的角度看，政府的科學技術政策可以起到促成創新、擴大就業的效果②。

②經濟機制內部調節週期。最早從經濟機制內部調節的角度來研究經濟週期的經濟學家是馬克思和恩格斯。馬克思主義經濟週期理論是根據資本主義生產方式的內部矛盾運動和資本主義經濟規律提出的，主要論述了資本主義經濟危機的必然性、週期性以及週期的階段性。馬克思對經濟危機和週期的分析主要集中於資本主義經濟運行過程中各種矛盾的現實綜合和強制平衡，是從資本主義經濟發展的內在本質層面上加以深化的。自馬克思和恩格斯之後對經濟機制內部調節因素影響經濟週期的論斷層出不窮，俄國經濟學家康德拉季耶夫（1925）在提出長波週期理論的同時，指出經濟長波正是由於經濟生活中的固定資本產品更新換代所引起的，而且反對長波週期是由於偶然的外在因素誘發的③。20世紀70年代末，美國經濟學家羅斯托（Rostow）提出了相對價格理論，認為相對價格是影響經濟長期波動的主要槓桿④。另外，1975年以福雷斯特為代表的美國經濟動態系統模型研究者們從經濟運行的微觀層次出發對美國經濟的週期波動進行了考察，他們極力認為行為決策是由微觀經濟層面做出的，無數行為決策錯綜複雜的相互作用決定了宏觀經濟層次動態的盲目和失控性質。除此之外，1983年日本經濟學家筱原三代平還提出了影響經濟波動的四個動力理論，即「合力論」⑤。總之，主張由經濟機制內部調節因素引致經濟週期性波動的理論研究者還有很多，比如貨幣決定論、自然資源供求失衡論、投資決定論、消費不足論、調節失靈論、經濟發展不平衡論等，在此不再贅述。

③非經濟因素週期。非經濟因素主要是指除經濟因素以外的，包括自然、

---

① David S. Landes. The unbound prometheus—technological change and industrial development in Western Europe from 1750 to the present [M]. Cambridge: Cambridge University Press, 1981.

② Christopher Freeman, John Clark, Luc Soete. Unemployment and technical innovation [J]. London: Frances Printer, 1982.

③ 尼古拉·康德拉季耶夫長波週期 [M]. 紐約：紐約出版社，1984.

④ 羅斯托. 康德拉季耶夫週期的第五個上升階段與第四次產業革命 [J]. 經濟學譯叢，1984 (4).

⑤ 筱原三代平. 康德拉季耶夫波與世界經濟 [J]. 世界經濟譯叢，1983 (6).

政治以及人們的心理等因素。自然因素引起經濟週期的主要理論是「以太陽運動為中心的氣候變化」論。英國經濟學家杰文斯（Jevons）在 19 世紀用「太陽黑子」11 年左右的循環週期運動來解釋經濟週期，這一理論認為氣候的變化對於經濟活動的週期性變化影響較大。政治週期主要是針對資本主義國家領導人換屆對經濟週期性波動的影響而言的，因而費雷（Frey）和諾德豪斯（Nordhaus）將大選和經濟政策重點變化而引起的經濟週期稱為「政治週期」。心理因素引起的週期主要包括「兩代人心理變化週期」「信心週期」等，這一理論的主要代表人物是庇古（Pigou）。「兩代人心理變化週期」又稱「隔代重返的心理變化週期」，主要是指人們在價值觀、期望、偏好和行為等方面存在的隔代變化週期。「信心週期」則是由英國經濟學家蘭格里什（Languish）提出的，他認為在工程技術人員中存在一種「信心週期」[①]。

（4）按經濟總量下降情況劃分

每一次經濟的週期循環波動都要經過上升與下降階段，按照週期處於衰退階段時經濟總量所出現的絕對下降或相對下降可以將週期類型分為古典型經濟週期與增長型經濟週期。

①古典型經濟週期。所謂古典型經濟週期是指在經濟週期的衰退階段，國民經濟產出總量的絕對下降，即出現負增長的情況。

②增長型經濟週期。與古典型週期相對應的增長型經濟週期則是指經濟的增長率不會下降到負值的週期，在經濟週期的衰退階段，如果國民經濟產出總量並不絕對下降，而是經濟增長速度明顯減緩，則稱之為增長型週期。

2.2 經濟週期理論回顧

19 世紀初期以來，國際上對經濟週期理論的研究層出不窮，尤其是 1825 年英國爆發了第一次週期性經濟危機以後，經濟危機和經濟週期問題更是引起了人們的廣泛關注。為了解釋危機的週期性存在以及尋找避免或緩解危機帶來巨大破壞的方法，不同的經濟學家從不同的研究視角提出了多種經濟週期理論。中國著名經濟學家劉詩白教授在《經濟週期論》的「序」中指出，從總體上看，經濟週期理論研究可以分為三大板塊：一是馬克思和恩格斯的經濟週

---

① 宋玉華. 世界經濟週期理論與實證研究 [M]. 北京：商務印書館，2007：4-8.

期理論；二是西方經濟學中的經濟週期理論；三是蘇聯經濟學家的經濟週期理論①。下面我們將基於這一順序對各經濟週期板塊進行系統詳細梳理，以突出各週期理論之間的繼承和發展。

2.2.1 馬克思和恩格斯的經濟週期理論

馬克思和恩格斯的經濟週期理論是以經濟危機為中心的。馬克思主義經濟危機理論的起源最早可以追溯到恩格斯1843年的經濟學著作《國民經濟學批判大綱》。馬克思的經濟危機理論散見於《共產黨宣言》《剩餘價值理論》《資本論》及其他著作和許多書信中，內容十分廣泛，具體包括經濟危機爆發的可能性與現實性、週期性和階段性、成因、根源和實質等。

（1）危機爆發的可能性與現實性

馬克思在寫作《（1857—1858年）經濟學手稿》時從李嘉圖對發生普遍危機可能性的否定出發提出了資本主義經濟危機在形式上存在兩種可能性：一是貨幣在執行流通手段職能時商品買和賣的分離存在危機發生的第一種可能性；二是貨幣在執行支付職能時債務鏈條放大或縮小實體經濟的行為存在危機發生的第二種可能性。但是，這兩種可能性並非現實性，馬克思指出「這種可能性要發展為現實，必須有整整一系列的關係，從簡單商品流通的觀點來看，這些關係還根本不存在」②。而只有當這種可能性「在那種取得典型發展的、與自身概念相符合的流通的各種基本條件已經存在的地方，才有可能成為現實」③。由此可以看出經濟危機從一般可能性轉變為資本主義經濟危機的現實性是在商品生產轉變為資本主義商品生產的條件下實現的。在這裡，我們將這些「基本條件」同時歸結為危機爆發的成因。

（2）危機爆發的週期性與階段性

馬克思根據工業時期英國幾個五年期間和1866年的相關數據分析結果，認為資本主義工業生產具有週期性和階段性的特徵。他說：「現代工業具有十年一次的週期，每次週期又有各個週期性的階段，而且這些階段在累積進程中被越來越頻繁地相繼發生的不規則的波動所打斷。」④ 同時指出「工業的生命

---

① 劉崇儀. 經濟週期論 [M]. 北京：人民出版社，2006：1.
② 馬克思. 資本論：第1卷 [M]. 北京：人民出版社，2004：135-136.
③ 馬克思，恩格斯. 馬克思恩格斯全集：第46卷上冊 [M]. 北京：人民出版社，1979：147.
④ 馬克思，恩格斯. 馬克思恩格斯全集：第23卷 [M]. 北京：人民出版社，1972：699.

按照中常活躍、繁榮、生產過剩、危機、停滯這幾個時期的順序而不斷地轉換」①。在此，需要明確的是，儘管馬克思表明資本主義工業生產具有週期性，但是並沒有主觀地將週期的長度確定為十年，而是特別強調「絕不應該把這個數字看成是固定不變的。相反，根據我們以上闡述的資本主義生產的各個規律，必須得出這樣的結論：這個數字是可變的，而且週期的時間將逐漸縮短」②。眾目昭彰，馬克思將嚴謹的學術態度和唯物辯證的研究方法體現得淋漓盡致。

（3）危機爆發的成因

馬克思在其著作中從資本主義社會的商品生產、交換、分配和消費四個環節到社會經濟制度層面對經濟危機的成因進行了系統全面的分析。首先，在生產方面，馬克思指出：「當機器工業如此根深蒂固，以致對整個國民生產產生了絕對的影響時……才開始出現不斷重複的週期，它們的各個相繼的階段都為時數年，而且它們總是以一場普遍危機的爆發而告終。」③ 其次，在交換方面，馬克思認為：「如果貨幣執行流通手段的職能，危機的可能性就包含在買和賣的分離中。如果貨幣執行支付手段的職能，貨幣在兩個不同的時刻分別起價值尺度和價值實現的作用——危機的可能性就包含在這兩個時刻的分離中。」④ 再次，馬克思從資本主義的對抗性分配關係方面對危機進行了考察，他說：「社會消費力既不是取決於絕對的生產力，也不是取決於絕對的消費力，而是取決於以對抗性的分配關係為基礎的消費力；這種分配關係，使社會上大多數人的消費縮小到只能在相當狹小的界限以內變動的最低限度。」⑤ 由此必然導致社會上有支付能力的消費需求相對縮小，從而引發生產相對過剩和經濟危機。另外，在消費方面，馬克思指出：「一切現實的危機的最後原因，總是群眾的貧窮和他們的消費受到限制。」⑥ 除此之外，馬克思還從固定資本及信用制度的發展等方面對危機的成因進行了闡述，一方面，馬克思指出「危機是以固定資本的生產過剩，因而，是以流動資本的相對的生產不足為基礎的」⑦；另一方面，馬克思認為「信用的最大限度，等於產業資本的最充分的運用，

---

① 馬克思，恩格斯.馬克思恩格斯全集：第 23 卷 [M].北京：人民出版社，1972：497.
② 馬克思，恩格斯.馬克思恩格斯全集：第 23 卷 [M].北京：人民出版社，1972：695.
③ 馬克思，恩格斯.馬克思恩格斯全集：第 23 卷 [M].北京：人民出版社，1972：695.
④ 馬克思.剩餘價值理論：第 2 冊 [M].北京：人民出版社，1975：587.
⑤ 馬克思.資本論：第 3 卷 [M].北京：人民出版社，2004：273.
⑥ 馬克思.資本論：第 3 卷 [M].北京：人民出版社，2004：548.
⑦ 馬克思，恩格斯.馬克思恩格斯全集：第 26 卷第 2 冊 [M].北京：人民出版社，1973：590.

也就是等於產業資本的再生產能力不顧消費界限而達到極度緊張」①。但是「只要信用突然停止，只有現金支付才有效，危機顯然就會發生」②。

(4) 危機爆發的根源與實質

馬克思在對經濟危機的產生原因進行了層層分析之後，得出了經濟危機的根源在於資本主義生產方式內部矛盾運動的結論。他指出：「在資本主義生產方式內發展的、與人口相比顯得驚人巨大的生產力，以及雖然不是以此按同一比例的、比人口增加快得多的資本價值（不僅是它的物質實體）的增加，同這個驚人巨大的生產力為之服務的、與財富的增長相比變得越來越狹小的基礎相矛盾，同這個日益膨脹的資本的價值增殖的條件相矛盾。危機就是這樣發生的。」③ 同時馬克思又從生產的連續與均衡關係上對危機的本質屬性做了更加深入的論述，他說：「危機無非是生產過程中已經彼此獨立的階段強制地實現統一。」④ 此外馬克思把世界市場危機同樣看作是資本主義各種矛盾充分展開後的結果，是資產階級經濟一切矛盾的現實綜合和強制平衡。之後，恩格斯在《反杜林論》中對危機的本質又做了精辟的闡述，他把資本主義基本矛盾的具體表現形式描述為「個別工廠中的生產的組織性和整個社會的生產的無政府狀態之間的對立」⑤，並認為「資本主義生產方式在它由於自己的起源而固有的矛盾的這兩種表現形式中運動著，它毫無出路地進行著早已為傅立葉所發現的『惡性循環』」⑥。最後，馬克思從危機的一般意義上指出：「危機永遠只是現有矛盾的暫時的暴力的解決，永遠只是使已經破壞的平衡得到瞬間恢復的暴力的爆發。」⑦

繼馬克思與恩格斯之後，西方世界出現了一批被稱作馬克思主義學者的人，主要以比利時經濟學家曼德爾（Mandel）、德國經濟學家庫欽斯基（Kochanski）以及南斯拉夫經濟學家阿爾瓦特（Arviat）等為代表。他們以馬克思和恩格斯的政治經濟學為基礎，從不同的角度對資本主義經濟危機進行了深入的研究和探索，主要包括利潤率下降理論、消費不足理論、過度累積理論、比例失調理論等。儘管他們從各自的角度對經濟危機的產生給予了一定的解釋，並推動了馬克思經濟危機理論的進一步發展，但是這些理論仍然存在著一些片面性與不足，最

---

① 馬克思. 資本論：第3卷 [M]. 北京：人民出版社, 2004：546.
② 馬克思. 資本論：第3卷 [M]. 北京：人民出版社, 2004：555.
③ 馬克思, 恩格斯. 馬克思恩格斯全集：第25卷 [M]. 北京：人民出版社, 1974：296.
④ 馬克思, 恩格斯. 馬克思恩格斯全集：第26卷第2冊 [M]. 北京：人民出版社, 1973：581.
⑤ 馬克思, 恩格斯. 馬克思恩格斯全集：第19卷 [M]. 北京：人民出版社, 1963：235.
⑥ 馬克思, 恩格斯. 馬克思恩格斯全集：第19卷 [M]. 北京：人民出版社, 1963：235.
⑦ 馬克思. 資本論：第3卷 [M]. 北京：人民出版社, 2004：277.

為突出的就是忽視了資本主義經濟危機週期性爆發的基本事實。

2.2.2 西方經濟學中的經濟週期理論

西方經濟學中對經濟週期的研究主要是在資本主義制度下進行的，自17~18世紀西方各國爆發資產階級革命以來，資本主義經濟的發展業已經歷了兩百餘年。在此期間，西方學者對經濟週期性波動的研究做了長期大量的工作，形成了諸多經濟週期理論。我們以哈伯勒（Haberl）和凱恩斯對經濟週期理論研究所做的貢獻以及他們所處的時代背景為基礎，將西方經濟學中的週期理論主要劃分為三個部分：早期西方經濟週期理論（哈伯勒及其之前的經濟週期理論）、凱恩斯主義經濟週期理論、當代西方經濟週期理論（凱恩斯以後的經濟週期理論）。

（1）早期西方經濟週期理論

①消費不足理論。消費不足理論的早期代表人物是西斯蒙第（Sismondi）和馬爾薩斯（Malthus）。西斯蒙第（1818）在《政治經濟學新原理》中認為，經濟危機是由生產與消費相脫節而產生的消費不足引起的。他將生產脫離消費的原因主要歸為兩個方面：一是資本主義大生產代替手工生產引起小生產者破產，從而造成收入減少，消費能力降低；二是資本家在激烈的競爭中為了獲得更多的剩餘價值而對勞動者工資的壓榨，使得勞動者的收入出現下降[①]。之後，英國的霍布森（Hobson）、美國的福斯特（Forster）和凱金斯（Catching）又對這一理論進行了發展。他們將消費不足的主要原因歸結為過度儲蓄，認為國民收入並不是全部用於個人消費，而是將其中一部分儲蓄起來以形成新的資本，而用於儲蓄的那一部分收入如果超過了一定的比例，就會使得用於購買消費品的部分減少，從而引起消費不足。

②外部因素理論。所謂外部因素主要是指經濟制度以外的某些引起經濟週期波動的因素，其中以英國經濟學家傑文斯的「太陽黑子說」為主要代表。傑文斯認為農業生產很大程度上受到季節週期性變化的影響，而季節的週期變化明顯依存於太陽的運動週期，因此太陽黑子的出現將會引起農業產量的下降。由於農產品是人們生活必需品和某些工商業原料的主要來源，因而農業產量下降必將影響到工商業，進而波及宏觀經濟的整個方面，造成蕭條。

③純貨幣因素理論。這一理論的主要代表人物是英國經濟學家霍特里（Hartery）。霍特里認為非貨幣因素的變動是沒有週期性的，能夠影響經濟週

---

① 宋玉華.世界經濟週期理論與實證研究［M］.北京：商務印書館，2007：4.

期性波動的只有貨幣因素。在經濟擴張階段，銀行體系通過採取降低利率和再貼現率等措施來激勵商人增加借款以擴大生產規模，進而引起居民的收入增加和信用擴張。但是信用的擴張並不是無限的，銀行為了避免過度的通貨膨脹以及貨幣制度的崩潰必然會增加利率來緊縮信用，由此便會引起生產下降，引致經濟進入衰退階段。如此反覆，即使沒有其他因素存在，貨幣供應量的變化也足以使得經濟形成週期性波動。

④投資過度理論。該理論主要是基於投資的視角來分析經濟週期的形成原因，它將引起經濟週期的根源歸結為投資的波動，投資的波動所引起的消費者收入的變化最終會導致經濟的週期性波動。投資過度理論又分為貨幣投資過度論和非貨幣投資過度論。貨幣投資過度論的代表人物包括奧地利學派的經濟學家哈耶克（Hayek）、米塞斯（Mises）以及英國倫敦經濟學院羅賓斯（Robbins）等。該理論與純貨幣因素論的主要區別在於認為雖然貨幣是導致經濟週期波動的主要原因，但並不是唯一因素。如果銀行的利率政策有利於刺激投資，則必將引起對資本品需求的增加以及價格的上升，而資本品生產的增長是以消費品生產的下降為代價的，從而將引起生產結構失衡，使經濟從繁榮階段步入衰退。非貨幣過度投資論的代表人物有杜岡－巴拉諾夫斯基（Dugano-Baranovsky）、斯匹托夫（Spartot）、卡塞爾（Cassel）、維克塞爾（Wicksell）以及熊彼特和庇古（Pigou）等。相比於貨幣過度投資論，非貨幣投資過度論者並不把貨幣因素視為引起經濟週期波動的主要因素，而將週期根源歸結為資本品生產的相對過剩和消費品生產的相對不足。他們認為，內生的投資因素與外生的技術革新、新市場的開拓以及利率的下降是引起經濟從衰退到復甦的主要原因。

⑤心理因素理論。該理論以庇古為主要代表，他認為經濟行為取決於經濟決策，而經濟決策依賴於人們對未來經濟形勢的心理預期，從而指出心理因素對經濟週期的各個階段的循環波動起到了決定性的作用。在經濟的繁榮階段，人們對未來的經濟往往持樂觀心態，高估產品的需求和價格，盲目擴大投資，最終必將引發蕭條。而當這種樂觀的情緒轉變為對未來悲觀的預期以後，可以一定程度上緩和經濟衰退的影響，進而使悲觀所產生的錯誤逐漸轉變為對未來的樂觀預期。如此反覆循環，就會導致經濟的週期性擴張與收縮，因此在經濟週期的波動過程中，心理因素變化的作用不容忽視。

⑥創新週期理論。這一理論最初是由奧地利政治經濟學家約瑟夫·熊彼特提出的。1917年熊彼特通過研究發現，資本主義國家中存在著一種由於創新水準的不斷起伏而引致的經濟週期性波動現象。具體地，他將所謂的「創新」過程劃分為了三個階段，即新的發明階段、創新階段以及模仿階段，而每一個

階段都恰巧對應著經濟週期的復甦、高漲與衰退階段。也就是說，新發明的市場應用，必然會帶來大量的市場需求，從而推動經濟的發展。當具有首創精神的企業家的超額利潤達到最高點時，經濟也就進入了高漲階段，而此時必定會吸引越來越多的新企業家來模仿這一發明。當大多數企業家掌握了該項技能以後，市場需求逐漸趨於疲軟，企業利潤隨之下降，進而使得經濟出現衰退，經濟危機爆發成為可能。最終，經濟蕭條又激發了新企業家的新一輪創新激情，如此周而復始便形成了有規律的創新週期。

（2）凱恩斯主義經濟週期理論

凱恩斯雖然沒有提出一個系統的經濟週期理論模型，但是他所建立的「國民收入決定模型」證明了週期性生產過剩和失業是資本主義社會的常態[1]。圖2-1就是對凱恩斯經濟週期理論所做的通俗化概括。凱恩斯認為造成經濟週期波動的主要原因是有效需求不足，而有效需求不足是由「邊際消費傾向遞減規律」「資本邊際效率遞減規律」以及「流動性偏好規律」這三大規律引起的。同時他將資本邊際效率的循環性變動作為商業週期循環的根本原因。在凱恩斯看來，資本邊際效率的斷崖式下跌才是導致資本主義經濟危機的罪魁禍首，而並非利率。因為只有當資本邊際效率集聚大幅度下降的時候，微觀主體才會產生強烈的流動性偏好。而且資本邊際效率的循環變動根源於市場中投資者的心理變化，人們並不能對這種變化進行準確預期。因此，凱恩斯認為克服或緩解經濟週期波動的唯一方法就是政府的政策。政府應該對經濟進行干預、控制和管理，以便調節投資，恢復經濟的正常狀態。

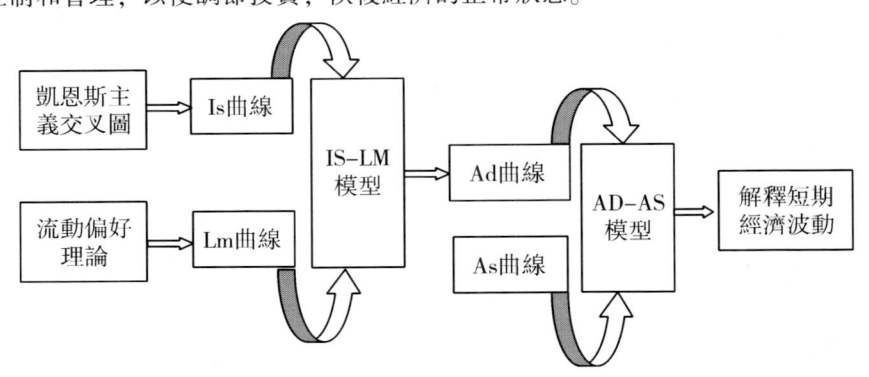

圖2-1 凱恩斯主義週期理論

---

[1] J M Keynes. The general theory of employment, interest and money [M]. London：Macmillan, 1936.

（3）當代西方經濟週期理論

20世紀70年代西方國家經濟「滯脹」現象的出現，從根本上動搖了凱恩斯主義經濟週期理論的主流地位。當代西方經濟學家紛紛在古典主義和凱恩斯主義的基礎上對經濟週期理論進行了發展和完善，主要包括貨幣主義的經濟週期理論、理性預期學派的經濟週期理論、實際經濟週期理論以及金融週期理論。

①貨幣主義的經濟週期理論。這一理論的主要代表人物是美國經濟學家弗里德曼（M. Friedman）和施瓦茨（A. J. Schwartz），他們繼承和發展了休謨（Hume）與費雪（Fisher）的傳統貨幣數量理論，將經濟週期波動的原因歸結為外生的貨幣數量的變動。在《美國貨幣史1867—1960》中，弗里德曼認為經濟系統長時期通過價格的調整能夠使產出達到充分就業的水準，具有內在穩定性，而政府的短期經濟政策（特別是貨幣政策）的不穩定必然會引起經濟的不穩定。由此，貨幣學派反對凱恩斯主義運用政策的變動來避免經濟波動的思想，而提倡政府採取「單一規則」的貨幣政策，即將貨幣供應量的增長率固定在一定的範圍之內以實現均勻、穩定的貨幣增長。

②理性預期學派的經濟週期理論。理性預期學派的主要代表人物有美國經濟學家盧卡斯（R. Lucas）、薩金特（T. J. Sargent）、華萊士（N. Wallace）以及巴羅（R. J. Barro）等。理性預期學派對經濟週期的分析是建立在古典主義兩個假設前提基礎上的：一是市場出清，二是個體追求最優化。在具體分析過程中又引入了理性預期和短暫替代兩個假說，即經濟主體會盡可能地掌握所有信息來預期未來的經濟波動。但是經濟信息本身的不對稱和不完全使得個人無法準確區分一般性價格變動與他所生產產品的相對價格變動，從而可能按照總價格水準做出錯誤的預期，進而引起經濟的週期波動。由此，該理論認為政府偶然的寬鬆政策可以在一定程度上推動經濟的擴張，但是持續採取這樣的政策是不可行的。

③實際經濟週期理論。以基德蘭德（F. E. Kydland）和普雷斯科特（E. C. Prescott）等為主要代表人物的實際經濟週期理論否定了貨幣等名義因素衝擊對經濟週期的影響，認為經濟的週期性波動是由以技術進步為代表的實際因素引起的，將供給衝擊作為經濟週期波動的主要根源。實際經濟週期理論將新古典增長模型作為基準模型，在此基礎上進行了創新分析，得出了導致經濟週期波動的原因：技術進步的正向衝擊將增加產出、收入、消費和投資，從而使得資本存量增加，進而推動經濟的持續增長，然而當技術衝擊消失以後，生產者將會減少投資，經濟增長趨緩。

④金融週期理論。費雪早在 1933 年就曾指出金融因素在經濟週期波動過程中的重要性。特別是在 1980 年之後，伴隨著網絡的發展，金融行業呈現出了新的發展態勢，金融衍生品和新的金融工具應運而生，金融業的服務範圍也隨之發生了變化，廣度和深度上的影響都較以前更加廣泛和深遠。虛擬經濟作為實體經濟的「紙質副本」的重要性也已不言而喻。美國經濟學家米什金（Mishkin）在 2000 年通過研究發現，金融週期的存在很大程度上是由資產價格的規律性起伏波動引起的。一方面，當資產價格呈現上升趨勢時，微觀主體的財富會增加，從而推動投資的大幅度上漲，以致價格與價值相分離，進而產生資產泡沫。另一方面，當資產泡沫的體量過大時，必然會發生破裂，而資產泡沫的破裂又會衝擊到企業之間的正常債務鏈條關係，最終引發金融危機，乃至經濟危機①。

2.2.3 蘇聯經濟學家的經濟週期理論

蘇聯經濟學家對經濟週期理論的研究主要是以馬克思和恩格斯的經濟週期理論為主，較少從西方資本主義國家一般性的經濟週期現象出發來分析經濟週期的特徵與影響因素。其中，具有代表性的週期研究者包括康德拉季耶夫、門德爾遜、別爾丘克、瓦爾加以及雷馬洛夫等。康德拉季耶夫在 1925 年提出的長波週期理論，直到現在都是備受學術界關注的焦點，他在《長波週期》中認為：「在經濟運動中同這類週期並存的，明顯的有另一類大約 48~55 年的週期，我稱之為長經濟週期」「長週期的存在是極其可靠的」②。同時，他還明確指出：「我不應用我的結論到其他經濟制度。」③ 由此可以看出康德拉季耶夫所說的經濟長波運動特指資本主義經濟的長期波動，而對於社會主義市場經濟是否存在經濟長波現象仍有待考究。

2.2.4 簡要評述

綜上所述，儘管每一個週期理論都對經濟週期的產生原因以及傳導機制提出了自己的觀點和看法，但是受到每個理論提出者所處的歷史環境以及特定經濟發展階段的局限，各週期理論均存在或多或少的缺陷與不足。馬克思和恩格斯是最早從經濟危機的角度出發來研究經濟週期波動的學者，但是，馬克思突破了以往資本主義經濟學家那種從經濟危機產生的表象中去尋找危機根源的一

---

① 宋玉華. 世界經濟週期理論與實證研究 [M]. 北京：商務印書館，2007：149-150.
② 尼古拉·康德拉季耶夫. 長波週期 [M]. 紐約：紐約出版社，1984：101, 103.
③ 尼古拉·康德拉季耶夫. 長波週期 [M]. 紐約：紐約出版社，1984：27.

般性做法，而是從資本主義經濟制度所具有的矛盾本身去挖掘資本主義發生經濟危機的必然性。馬克思把經濟危機概括為資本主義再生產過程中週期性出現的生產相對過剩的危機。然而，囿於時間和精力所限，馬克思對於社會主義國家經濟危機存在的可能性與現實性以及危機的表現形式等內容提及甚少。但是，我們可以通過馬克思的「六冊結構」體系，並結合他的辯證唯物主義與歷史唯物主義方法論，對馬克思危機理論的完整內容做出合乎邏輯的推測與發展，大部分蘇聯經濟學家就是通過這種研究方法實現了對西方經濟週期現象的批判。

西方經濟學中的週期理論是在資本主義制度將永久持續下去的假設前提下提出的，而有關資本主義制度對經濟週期與危機的深層次影響的論述則顯得相對含糊，也就是否認了資本主義制度下國家爆發經濟危機的必然性。西方週期理論提出的主要目的是發掘引起經濟週期波動的原因，以採取有效措施盡量避免或者緩解經濟週期波動和危機給社會經濟生活帶來的破壞。早期的西方經濟週期理論大多是從投資、消費、技術、自然現象、政治以及心理等在內的外部因素來研究經濟的週期波動。儘管這些理論在當時都能夠從某個角度對經濟變化給予一定的解釋，但是它們並沒有對危機如何避免以及危機發生後如何實現經濟復甦等問題提出科學有效的政策建議。直到1929年大危機的到來，凱恩斯主義經濟週期理論才逐漸將視野轉向了從經濟運行的內部機制來尋求週期波動的成因，並為國家的經濟穩定發展提出了相應的政策建議。但是，由於凱恩斯主義者在承認均衡是經濟運行常態的同時，又提倡運用政策來熨平經濟的波動，從而最終導致了20世紀70年代的「滯脹」現象。當代西方經濟週期理論則主要從貨幣因素與技術創新因素兩個層面展開了對於資本主義經濟週期性波動原因的研究。然而，這幾種理論都存在著「顧此失彼」的痼疾，貨幣主義者與理性預期主義者忽略了技術進步的影響，實際經濟週期理論者忽視了貨幣因素，且將除資本和勞動以外的其他投入要素均歸為殘差項中，這無疑會影響估計結果的科學性。

2.3 經濟週期理論模型與測度方法

2.3.1 經濟週期理論模型

一直以來，經濟週期的研究者並沒有將視角局限於單純的週期理論的研究，而同時從數理經濟的角度建立了眾多的數學模型以解釋經濟週期的循環波

動。在此，我們以 G. 加比希、H. W. 洛倫茲（1991）在《經濟週期理論——方法和概念通論》中對近代西方經濟學家關於經濟週期模型研究的分類方法為基礎，將經濟週期的模型分為三種：依賴外生衝擊的經濟週期模型、不依賴外生衝擊的經濟週期模型以及動態隨機一般均衡（DSGE）模型[①]。

（1）依賴外生衝擊的經濟週期模型

所謂依賴外生衝擊的經濟週期是指週期的產生依賴於不能為模型本身所揭示的外生刺激。對於依賴外生衝擊的經濟週期模型，我們又可以按照時間的離散與連續以及線性與非線性將其進行劃分，具體包括的模型如圖 2-2 所示。

$\left\{\begin{array}{l}\text{依賴衝擊的離散時間模型}\left\{\text{線性週期模型}\left\{\begin{array}{l}\cdot\text{基本薩繆爾森模型}\\ \cdot\text{希克斯線性加速數模型}\\ \cdot\text{引入庫存因素的週期模型}\\ \cdot\text{引入貨幣因素的週期模型}\end{array}\right.\right.\\ \text{依賴衝擊的連續時間模型}\left\{\begin{array}{l}\cdot\text{希克斯非線性乘數-加速數模型}\\ \cdot\text{菲利普斯早期連續經濟週期模型}\\ \cdot\text{引入技術限制的卡萊茨基週期模型}\\ \cdot\text{差分—微分混合週期模型}\end{array}\right.\\ \text{典型依賴外生衝擊的週期模型}\left\{\begin{array}{l}\cdot\text{政治經濟週期模型}\\ \cdot\text{隨機經濟週期模型}\\ \cdot\text{理性預期的經濟週期模型}\\ \cdot\text{實際經濟週期（RBC）模型}\end{array}\right.\end{array}\right.$

圖 2-2　依賴外生衝擊的經濟週期模型分類

對於早期的乘數—加速數模型上文已有提及，在此不再贅述。下面主要對四種典型依賴外生衝擊的週期模型進行分析。

①政治經濟週期模型。最先構建這一模型的是美國經濟學家諾德豪斯，他在 1975 年的一篇論文中首先研究了政府行為的選擇對經濟週期的影響。諾德豪斯將執政黨為了在新一輪選擇中繼續連任而面臨的最大化問題模型構建為：

$$\text{Max } V(\theta) = \int_0^\theta g(\pi_t, u_t) e^{\mu\tau} dt \tag{2.1}$$

$$s.\ t.\ \ \pi_t = f(u_t) + \chi\pi_t^e$$

[①] 參見加比希 G，洛倫茲 H W. 經濟週期理論：方法和概念通論 [M]. 薛玉煒、高建強，譯. 上海：三聯書店，1991.

$$\Pi_t^e = \gamma(\pi_t - \pi_t^e) \quad \gamma > 0 \tag{2.2}$$

其中，θ 為選舉日，π_t、u_t、π_t^e 分別表示的是 t 時的通貨膨脹率、失業率以及預期通貨膨脹率。價格膨脹的預期由適應性預期假說所確定。基於此，要使選舉期的選舉函數 $V(\theta)$ 達到最大化並得到確切的結果，諾德豪斯假定了所涉及的函數形式分別為：

$$g(\pi_t, u_t) = -u^2 - \beta\pi \quad \beta > 0$$
$$f(u) = \alpha_0 - \alpha_1 u \tag{2.3}$$

因此將（2.3）式代入（2.2）式並建立哈密爾頓方程求解可得線性微分方程：

$$\hat{U} = Au + B, \ A = \gamma(1 - \lambda) - u, \ B = -1/2\alpha_1\beta(\gamma - u) \tag{2.4}$$

當 $t = \theta$ 時，諾德豪斯論證了 $\hat{U} < 0$，即失業率是單調下降的。因此，他認為：由於失業率不可能永遠下降（前邊假定了線性菲利普斯曲線），並且失業率僅在選舉期的終點才降至其最小值，即 $u_\theta = \alpha_1\beta/2$，所以執政黨如果在開始執政時使失業率升高而在執政期內使之逐步降低，則就可以獲得最多的選票。另外，如果政府確實能夠把失業率控制在預期的程度，政府就能使真正非波動的經濟產生週期行為①。

②隨機經濟週期模型。首先對經濟週期行為的隨機原因進行統計研究的是斯魯茨基（Slurtski）。受他的啓發，卡萊茨基（Kalecki）於 1952 年也開始從事經濟週期隨機影響的研究，但他只是簡單地將隨機影響加了確定的模型結構上而並沒有進行徹底分析。後來克羅拉（Corolla）在 1959 年研究增長經濟中的隨機影響後果時對其進行了詳細分析。克羅拉假定經濟的增長軌跡為：

$$Y_t = (1 + \alpha_t) Y_{t-1} \tag{2.5}$$

其中，α_t 為增長率，$\alpha_0 > 0$ 表示均衡增長率，並假定存在最大增長率 $\tilde{a}$。且 α_t 滿足：

$$\alpha_t = \alpha_t(\alpha_{t-1}, \alpha_0, \mu_t) \tag{2.6}$$

其中，μ_t 為零均值的正態分佈，並假設 $d\alpha_t/d\mu_t \geq 0$。當經濟處於擴張階段時，將 α_t 對 α_{t-1} 的偏微分進行分段定義：

$$d\alpha_t/d\alpha_{t-1} = \begin{cases} \geq 1 & \text{如果 } (\alpha_{t-1} - \alpha_0) > 0 \text{ 且 } d\alpha_{t-1} \geq 0 \\ < 1 & \text{如果 } (\alpha_{t-1} - \alpha_0) > 0 \text{ 且 } d\alpha_{t-1} < 0 \end{cases} \tag{2.7}$$

如果增長率在前期已經增長，即 $d\alpha_{t-1} > 0$，那麼這一上漲在時刻 t 將被放

---

① 加比希 G，洛倫茲 H W. 經濟週期理論：方法和概念通論 [M]. 薛玉煒、高建強，譯. 上海：上海三聯書店，1991：86-87.

大,在到達其最大增長率之後,將開始以適度的方式減少。在衰退的情況下,對於 $\alpha_t < \alpha_0$ 亦有類似的推理,如此反覆進行,從而解釋了經濟的週期循環波動。

③理性預期的經濟週期模型。這一模型的典型代表是盧卡斯(Lucas)1975 年的均衡經濟週期模型①,此模型將總供給函數表述為:

$$Y_t^s = Y^* + \delta(P_t - P_{t,t-1}^e) \quad \delta > 0 \tag{2.8}$$

從(2.8)式可以看出,當預期價格等於實際價格時,產品的總供給 Y_t^s 就等於產量的一般均衡水準 Y^*。

另外,將總需求函數設定為具體的線性形式:

$$Y_t^d = \alpha X_t - \beta P_t \quad \alpha, \beta > 0 \tag{2.9}$$

其中 X_t 表示自發需求,並令經濟處於均衡狀態的條件為:

$$Y_t^s = Y_t^d \tag{2.10}$$

則由方程(2.8)、(2.9)、(2.10)以及理性預期假說 $P_{t,t-1}^e = E_{t-1}(P_t^*)$,可以構成一個具有 5 個未知數的 4 個方程系統,並假定 X_t 為給定的已知量,則可求得均衡價格為:

$$P_t^* = (\delta P_{t,t-1}^e + \alpha X_t - Y^*)/(\beta + \delta) \tag{2.11}$$

再由理性預期假說 $P_{t,t-1}^e = E_{t-1}(P_t^*)$ 可以得出上一期對於現期的價格預期 $P_{t,t-1}^e$ 為:

$$P_{t,t-1}^e = (\alpha E_{t-1}(X_t) - Y^*)/\beta \tag{2.12}$$

進而由(2.8)、(2.11)、(2.12)式即可得出:

$$Y_t^s = Y^* + \delta\alpha(X_t - E_{t-1}(X_t))/(\beta + \delta) \tag{2.13}$$

從上式可以看出 Y_t^s 與 Y^* 的偏離程度取決於 X_t 的實際值與期望值的差別,假設 $X_t = E_{t-1}(X_t) + \mu_t$(其中 μ_t 符合零均值隨機變量的假定),則有:

$$Y_t^s = Y^* + \delta\alpha\mu_t/(\beta + \delta) \tag{2.14}$$

因而,μ_t 的隨機衝擊就解釋了產量如何隨著均衡水準進行隨機波動,進而解釋了經濟的週期波動現象②。實際上,這一結果同時也顯示了理性預期宏觀模型的政策無效性的基本性質。

④實際經濟週期(RBC)模型。這一模型的主要代表人物是基德蘭德和普

---

① Robert E L. An equilibrium model of the business cycle [J]. Journal of Political Economy, 83 (1975), 1113–1144.

② Robert E L. Understanding business cycle [J]. Journal of Monetary Economics, Supplement, Carnegie Rochester Conference Series, 1997 (5).

雷斯科特，他們首先假設一個經濟由大量相似的、無限壽命的家庭構成，且這些家庭在時刻 t 面臨的目標函數為：

$$E_t \left[\sum_{j=0} \beta^j u(c_{t+j}, l_{t+j}) \right] \text{ 且 } u' > 0, \ u'' < 0, \ u'(0) = \infty, \ u'(\infty) = 0 \quad (2.15)$$

其中，c_t 和 l_t 分別代表家庭在時刻 t 的消費和閒暇，而 β 為貼現因子並且滿足 $0 < \beta < 1$，同時每個家庭面臨的生產函數如下：

$$y_t = z_t f(n_t^d, k_t^d) \quad (2.16)$$

其中，n_t^d，k_t^d 分別代表家庭在 t 時期使用的勞動和資本數量，變量 z_t 是反應技術水準的一個隨機變量在 t 時期的實現。

另外，假設經濟體擁有競爭性勞動和資本服務市場，且工資率和租賃率分別為 w_t 和 r_t，因此典型家庭在 t 時期面臨的預算約束為：

$$c_t + k_{t+1} = z_t f(n_t^d, k_t^d) + (1 - \delta) k_t - w_t(n_t^d - n_t) - r_t(k_t^d - k_t) \quad (2.17)$$

基於上述三個方程進行逐步分析，基德蘭德得出了封閉經濟的 RBC 模型，該模型顯示在 AR（1）技術衝擊下，模型中重要的數學變量將表現出二階 AR 過程的時間序列性質①。此後，基德蘭德等學者又在此模型基礎上進行了拓展，構建了 I-RBC 模型以研究兩國經濟波動的協動關係。

（2）不依賴外生衝擊的經濟週期模型

所謂不依賴外生衝擊是指經濟波動的產生不是由外生力量所導致的，而是由經濟系統內部結構所決定的。從週期的模型而言，是指週期是由數學模型本身的構造決定的。對於這類模型，占主導地位的主要是非線性數學結構和方法。在此簡要介紹兩種：戈德溫（Goodwin）的擬非線性加速數模型、卡爾多（Kaldor）模型。

①戈德溫的擬非線性加速數模型。戈德溫模型作為第一個擬非線性模型，在無需對涉及的特殊參數值賦予任何要求的前提下，依然可以解釋經濟週期的內部生成原因。令 K 為任一時點上的實際資本存量，K^d 為計劃資本存量，且存在一個線性消費函數與收入函數滿足：

$$C = a + bY \quad (2.18)$$

$$Y = C + K', \ K' = \frac{dK}{dt} \quad (2.19)$$

同時假定計劃資本存量與相應於產出的實際收入水準成比例，且淨投資 I^n 等於總投資 I 減折舊 D，即：

$$K^d = \delta K, \ \delta > 0 \text{ 且 } \delta \text{ 為常數} \quad (2.20)$$

────────
① 羅伯特·J. 巴羅. 現代經濟週期理論 [M]. 方松英, 譯. 北京：商務印書館，1997.

$$I^n = I - D \tag{2.21}$$

另外，假設在每一時點上工業的生產能力為 $\hat{I}$，戈德溫則通過分析將淨投資分段表示為：

$$I^n = \begin{cases} \hat{I} - D & \text{如果 } K < K^d \\ 0 & \text{如果 } K = K^d \\ -D & \text{如果 } K > K^d \end{cases} \tag{2.22}$$

將式（2.18）~（2.22）構建聯立方程組，就可以得到作為收入的比例函數的計劃資本存量：

$$K^d = \begin{cases} \delta\alpha/(1-b) + \delta(\hat{I}-D)/(1-b) & \text{如果 } K < K^d \\ \delta\alpha/(1-b) & \text{如果 } K = K^d \\ \delta\alpha/(1-b) + \delta(\hat{I}-D)/(1-b) & \text{如果 } K > K^d \end{cases} \tag{2.23}$$

正是因為這一分段定義的投資函數使得戈德溫模型成為擬非線性的模型，基於此模型戈德溫認為實際資本存量的任意變動 $\Delta K > 0$，都將使得實際資本存量與計劃資本存量相背離，並將進行一定的循環波動。

②卡爾多模型。卡爾多模型的核心在於他的非線性投資和儲蓄函數，他假設在每一個時點上投資和儲蓄都是實際收入的非線性函數：

$$I = I(Y), \frac{dI}{dY} > 0 \tag{2.24}$$

$$S = S(Y), \frac{dS}{dY} > 0 \tag{2.25}$$

基於此，卡爾多系統概括了產生週期的四個必要假設前提：

前提1：$I(Y, K) > 0$，$\forall Y \geq 0$ 且滿足 $\frac{dI}{dY} \geq 0$，$\forall Y \geq 0$。$\exists Y_1$ 使得 $\frac{\partial^2 I}{\partial Y^2} > 0$，$\forall 0 < Y < Y_1$；$\frac{\partial^2 I}{\partial Y^2} \leq 0$，$\forall Y \geq Y_1$

前提2：$S(Y, K) > 0$，$\forall Y \geq 0$ 且滿足 $\frac{dS}{dY} \geq 0$，$\forall Y \geq 0$。$\exists Y_2$ 使得 $\frac{\partial^2 S}{\partial Y^2} < 0$，$\forall 0 < Y < Y_2$；$\frac{\partial^2 S}{\partial Y^2} \geq 0$，$\forall Y \geq Y_2$

前提3：$\frac{dI}{dK} < 0, \frac{dS}{dK} > 0$

前提4：$\exists Y_E$ 使得 $S(Y_E, K) = I(Y_E, K)$ 且 $I^n = I(Y_E, K) - \delta K = 0$

正是前提4使得戈德溫模型成為第一個內生經濟週期模型，在系統沒有遭到任何初始衝擊的情況下，這一模型仍然能夠產生持久的週期。

(3) 動態隨機一般均衡 (DSGE) 模型

馬丁 (Martin, 2011) 曾指出動態隨機一般均衡模型已經成為宏觀經濟分析中主要的分析模型,尤其在中央銀行領域的研究中起著至關重要的作用。其中政府與銀行的政策分析、政策模擬以及預測大都是以此模型為基礎的①。弗蘭克 (Frank, 2011) 也認為,動態隨機均衡模型在宏觀經濟的實證分析、政策的定量分析以及全球中央銀行的政策預測方面都得到了廣泛的應用和發展②。目前作為研究經濟週期最前沿的動態系統理論一般包括分叉理論、突變論以及「混沌理論」等。其中,「混沌」是指運動的不規則,「分叉」主要是指一個動態系統的解所發生的定性變化,該理論對經濟週期研究最有影響的內容是 Hopf 分岔定理,對於這一定理的應用正在逐步引起全球經濟學家的重視。中國經濟學者李佼瑞 (2012) 將已有的動力學經濟週期模型推廣到隨機情形和帶有時滯的情形,並對推廣的隨機非線性經濟週期模型採用了多種方法分析其系統回應、經濟分岔、經濟混沌、系統首次穿越等複雜的動力學行為和系統的最優經濟控制,從而使得非線性動力學方法在經濟週期研究中的應用更進了一步③。

2.3.2 經濟週期的數量分析

任何經濟的時間序列數據都表現出循環波動的特徵。人們只有通過採用一系列統計方法對這些數據的內在波動規律進行準確的數量分析,才能對經濟的未來發展動向進行預測。而這一分析方法主要包括譜分析方法、濾波分析方法以及經濟週期波動的分解和模擬方法等。

(1) 譜分析方法

譜分析方法最初是用於研究物理和天文學中具有類似波動現象的一種方法。直到 20 世紀中期,美國經濟學家圖基 (John Tukey) 才開始嘗試將其應用於經濟數據的分析中。其中,譜函數主要分為數據譜、功率譜、交叉譜三種類型,它們能夠從不同角度和側面反應出經濟波動時間序列的頻域。另外,由於譜密度估計的複雜性和不確定性,一般僅將其用於定性分析或者用於相似條件

---

① Summer Martin. Analyzing the macro economy: dynamic stochastic general equilibrium modeling versus agent-based modeling [J]. Monetary Policy and the Economy. 3rd Quarter 2011.

② Frank Schorfheide. Estimation and evaluation of DSGE models: progress and challenges [R]. NBER Working Paper, 2011.

③ 李佼瑞. 概述隨機非線性動力系統在經濟週期研究中的運用 [J]. 統計與信息論壇,2012,27 (4): 36-44.

下所獲譜曲線的比較以探究譜曲線的峰、谷、傾斜等特徵。

（2）濾波分析方法

濾波分析方法主要包括 Kalman 濾波、HP 濾波、BK 濾波以及 CF 濾波。Kalman 濾波最初是 Beveridge 和 Nelson（1981）在分析含有單位根的時間序列趨勢和循環要素分離問題時，用來估計狀態空間模型所採用的分析方法①。由於 Kalman 濾波過於複雜，因此 Hedrick 和 Prescott 提出了一種新的濾波方法，即 HP 濾波法，用於分解經濟時間序列的長期趨勢。此後這一方法在實際經濟週期的研究中得到了廣泛的採納②。另外，Baxter 和 King（1999）在 HP 濾波的基礎上構造了一種帶通濾波（band-pass filter）方法，即 BK 濾波③。Christiano 和 Fitzgerald（2003）進一步提出了更靈活的帶通濾波方法，簡稱 CF 濾波④。濾波分析的基本思想是：通過設計適當的系統使頻率回應函數在某個頻帶上為零或接近零，這樣就可以將輸入中的所有此頻帶分量過濾掉，從而只保留下其他的頻率成分。而根據被保留下來的頻率所處的位置可以將其分為「低通型」濾波、「高通型」濾波、「帶通型」濾波。

（3）經濟週期波動的分解和模擬方法

由於大多數經濟指標都是以月份或者季度為單位的，這些指標組成的時間序列均可以分解成趨勢成分、季節成分、隨機成分等幾個部分，因此這些指標所表現出的週期性往往受到季節因素的影響。而季節因素通常又是掩蓋經濟運行內在本質的主要因素，所以必須對經濟時間序列進行季節調整。季節調整過程就是去掉序列中季節因子的過程，最早是由 W. M. Persons 1919 年提出的，1954 年由 J. Shiskin 設計了季節調整程序，並創建了 X-11 調整的統計方法⑤。季節調整的分解模式主要包括乘法模式和加法模式，通過這一調整可以使數據之間在經濟意義上具有可比性，從而準確估計當前趨勢以進行短期預報。

---

① Daniel A, Stewart L, Lam-Po-Tang P R, et al. Growth induction in cystic fibrosis fibroblasts with low dexamethasone concentrations. Experience with application to genotyping. [J]. Human Genetics, 1981, 57 (1).

② Hedrick J L, Labadie J W, Hofer D C. Solid state properties of phenylquinoxaline-arylene ester copolymers [J]. Polymer Bulletin, 1987, 18 (5).

③ Carroll J, Boisson F, Teyssie J L, et al. Distribution coefficients (Kd's) for use in risk assessment models of the Kara Sea. [J]. Applied radiation and isotopes: including data, instrumentation and methods for use in agriculture, industry and medicine, 1999, 51 (1).

④ Christiano L J, Fitzgerald T J. The Band Pass Filter * [J]. International Economic Review, 2003, 44 (2).

⑤ 項靜怡. 經濟週期波動的監測和預警 [M]. 北京：中國標準出版社, 2000.

2.3.3 經濟週期衡量指標與預測方法

研究經濟週期的主要目標是為了提高政府的決策效率，使政府更好地對國民經濟的運行進行適時、適度的調控，從而達到經濟增長、充分就業、物價穩定的目標。而這一決策必須依賴於政府對經濟週期波動的準確預測和分析。上文關於經濟週期的一般理論及模型的分析等內容，主要是為了尋找經濟週期的產生原因，以便選取關鍵的經濟指標，提高經濟預測的準確度。由於每個國家的具體統計技術狀況及經濟發展程度不同，不同國家所採用的測度經濟週期的方法也不盡相同。因此本書主要對景氣指數選取法與經濟預測法兩個方面進行簡單介紹。

（1）景氣指數選取法

經濟發展動向的預測是通過選取正確的景氣指數方法實現的。目前為止不同國家所採用過的國別景氣指數一般有四種，分別為哈佛指數、擴散指數（DI）、合成指數（CI）以及 SWI 指數。世界經濟週期的測度所採用的景氣指數方法主要有兩種：合成領先指數（CLI）、全球採購經理指數（GPMI）。

①哈佛指數。哈佛指數又叫「哈佛晴雨表」或者「哈佛 ABC 曲線」，最初是由美國經濟學家 W. M. 皮爾遜斯（1919）提出的，他在廣泛收集和分析了美國 1903—1914 年 12 年的大量經濟統計資料的基礎上，對經濟的景氣預測進行了研究。哈佛指數主要包含有 17 個經濟指標，並將其分為三類並標以「A」「B」「C」組。其中，A 組為投機曲線，主要提供與股票市場活動相關的指標；B 組為商情曲線，主要提供與企業生產、商品價格以及貿易活動等有關的指標；C 組為金融曲線，主要提供與金融市場相關的經濟指標[1]。同時，皮爾遜斯認為 A 組曲線代表了經濟的先行變動，B 組曲線代表了經濟的同步變動，C 組曲線代表了經濟的滯後變動。通過刻畫這三條曲線不僅能夠測量過去和現在的經濟週期，而且還可以預測未來的經濟變動。然而，儘管哈佛指數詳細說明了一個合適的經濟週期測度指標所應具備的性能，但是它並沒有準確地預測出 1929 年的經濟大危機，因此逐漸退出了人們的視野。

②擴散指數（DI）。擴散指數是由伯恩斯和米歇爾（1946）提出的與經濟指標的先行、同步、滯後序列相關的指數。其主要含義是指「在任一時點，特定集合中的一些序列向上運動，而其餘的序列則向下運動。如果向上運動的

---

[1] 孫瑾. 經濟週期測度與逆週期經濟政策效應研究 [M]. 北京：經濟科學出版社，2013.

時間序列的數目所占比重大於（或小於）50%，則經濟表現為擴張（或收縮）」①。伯恩斯（1954）收集了包括生產、價格、利率、庫存等將近 700 個美國經濟序列指標，並通過進一步測算推導出了一個擴散指數，作為一般經濟活動的指數。擴散指數用公式可以表示為：

$DT_t = t$ 時期序列中表現為擴張的個數 / 序列總數 × 100% （2.26）

根據擴散指數構造方法的不同，可以分為「歷史」擴散指數、「當前」擴散指數。歷史擴散指數主要是根據對事後的經濟數據的認識所構造的指數，而當前擴散指數是指根據當前經濟數據構造的用來準確預測經濟週期動向的指數。另外，在此基礎上衍生出了「累計」擴散指數，累計擴散指數是將每月的擴散指數減去 50 後進行逐月累加得到的指數，主要用來反應經濟的長期運動趨勢。

③合成指數（CI）。合成指數是由希斯金（Sisley）和穆爾（Moore）在擴散指數的基礎上加以修改制定的用於測度經濟波動狀況的一種方法，主要採用了形成加權平均值的簡單的綜合規則。合成指數也是按照先行、同步、滯後三種指標進行分別編製的。合成指數與擴散指數的主要區別在於指數構建方法的不同。由於合成指數與擴散指數具有各自的優缺點，一般情況下都是同時使用這兩種指數以確定經濟的動向。目前，採用這兩種指數的國家有美國、日本及中國等。

④SWI 指數。該指數是由美國經濟學家斯托克和漢森於 1988 年利用狀態空間模型所構建的。斯托克和漢森認為，不應該僅從 GNP 的變動情況來考察經濟的波動，而應該將研究指標擴展到包括資本市場、商品市場以及勞動市場等在內的總體經濟運行過程中②。為了反應這些方面的經濟指標的共同變動，必須尋找衡量這些指標共同變動的共同因素，這一因素可以是單一的、不可觀測的基本變量。於是他們構建了 Stock-Watson 型景氣指數，簡稱 SWI 景氣指數。目前日本、中國等部分國家均已編製了適合自己國家經濟的 SWI 景氣指數，並已將其應用於經濟運行的分析與預測。

⑤合成領先指數（CLI）。隨著經濟全球化的不斷發展，區域經濟一體化的進程不斷擴大和加快，建立科學有效的世界經濟週期指標體系顯得尤為重要。合成領先指數就是經濟合作與發展組織（OECD）於 20 世紀 80 年代構建的區域經濟景氣衡量指數。該指數是由一個加總的時間序列構成的，主要目的是為了在經濟運行發生轉折之前能夠做出準確的預測，以幫助 OECD 的各成員

---

① 加比希 G，洛倫茲 H W. 經濟週期理論——方法和概念通論 [M]. 薛玉煒，高建強，譯. 上海：上海三聯書店，1991：11.

② James H. Stock, Mark W. Watson. A Probability Model of The Coincident Economic Indicators [J]. NBER Working Paper, 1988.

正確預測經濟形勢。然而，CLI 只是一個方向變量，只能預測出經濟的走勢，而不是水準變量，不能準確地預測經濟的實際數量。

（6）全球採購經理指數（GPMI）。托馬斯（Thomas）和赫爾（Hull）在 1897 年為了使企業能夠快速制定採購決策設計了全球採購指標，全球採購經理指數是對該指標的改進，並於 2003 年由美國摩根公司、美國管理供應協會以及國際採購和供應管理聯合會共同合作進行了完善。這一指數包括製造業、建築業和服務業等諸多行業的各種經濟活動，涵蓋了近 85% 的私人經濟部門。GPMI 的指標主要來源於企業採購經理每個月的實際採購情況報告，涉及產出、就業、貿易等各類經濟指標。企業通過為指標制定一定的權重並進行「去勢」調整，結合數據統計分析方法以實現企業發展狀況的準確預測。目前，GPMI 所包含的指標已經涵蓋全球 80% 左右的國家和地區，為分析全球經濟的週期變化提供了一個強有力的工具。

（2）經濟預測法

經濟預測是指根據經濟事物的過去和現在的確切數據來科學分析和估計經濟未來的發展動向。根據經濟預測的時間、範圍、對象以及所選取的經濟指標的不同，可以採用不同的預測方法。目前大多數國家採用的方法有時間序列預測法、馬爾科夫預測法、投入產出預測法、增長率預測法。

①時間序列預測法。時間序列預測主要分為平均值預測、指數平滑預測、趨勢曲線預測以及隨機型時間序列預測四類。平均值預測主要是指移動平均值預測，就是將某一產品過去的實際銷售量按時間順序進行排列，並制定一定的跨越期由遠而近逐一求得移動平均值，然後將接近預測期的最後一個移動平均值作為確定預測值的過程。指數平滑預測區別於平均值預測的關鍵在於前者保留了所有數據，且在平均時賦予了 t 期以前每一數據一個單調遞減的權重。趨勢曲線預測主要是通過選取適當的數學曲線來準確描繪經濟變量隨著時間變化而發生的變化，主要包括多項式曲線、對數曲線、指數曲線以及成長曲線等。隨機型時間序列預測最早是由美國經濟學家博克斯（G. Box）和英國統計學家詹金斯（G. M. Jenkins）提出的，它與確定型時間序列預測方法不同的是把時間序列過程當作隨機過程進行分析和研究，以提高經濟變化的預測精度。

②馬爾可夫預測法。漢密爾頓（Hamilton）在 1989 年提出了馬爾可夫區域轉換模型分析美國經濟週期波動不同狀態下實際 GNP 季度增長率序列的不同運行機制，為研究經濟週期波動提供了一種簡單高效的方法。21 世紀以來這一模型在經濟預測方面得到了更加廣泛的應用。馬爾科夫預測法主要研究的是隨機型時間序列未來時間某事件發生的概率，這一方法的核心是狀態轉移概

率矩陣的準確制定。

③投入產出預測法。投入產出法是由美國經濟學家瓦西里‧列昂惕夫（Wassillie Leontief）在1936年提出的。投入主要包括企業生產過程中所需要的原材料、勞動力以及固定資本折舊等內容，產出主要包括產品生產的總量以及產品的去向和數量等內容。目前，世界上很多國家都制定了適合自己國家經濟預測的投入產出表，包括美國、日本及中國等。

④增長率預測法。增長率預測法主要是通過預測經濟指標增長率的變化來預測未來經濟指標的具體數值，包括等增長率預測法與變增長率預測法。等增長率法的基本思想是在經濟增長比較穩定時，即經濟波動變化不大的情況下，假定預測月的同比增長率與其前一個月的同比增長率近似相等。而變增長率則是運用三次樣條函數插值的方法求出增長率序列並進行季節調整以預測經濟指標。一般情況下，大多數國家都是同時使用等增長率與變增長率兩種方法，並將二者求得的預測值加在一起取平均以作為增長率的最終預測值。

2.3.4 簡要評述

上文對於經濟週期的分析主要是從模型分析和數量分析兩個角度進行的，不同時期的經濟週期理論都有其各自的解釋模型。儘管這些模型都曾為經濟運行的數量分析及預測提供了重要的模型支撐，但是至今為止尚不存在完美的經濟週期分析模型。另外，關於週期的測度也是在近些年才逐漸被理論界所重視。經濟週期的測度是一項複雜的工程，不僅包含各種各樣的景氣指數，而且對經濟週期預測方法的選擇和運用也存在著一定的困難。

按照經濟週期波動對外生衝擊的依賴性可以將經濟週期模型分為依賴外生衝擊的經濟週期模型與不依賴外生衝擊的經濟週期模型。其中，依賴外生衝擊的經濟週期模型分為兩類：一類是依賴貨幣衝擊的週期模型；另一類是實際經濟週期模型。實際經濟週期模型相比於早期的均衡分析模型而言，更加重視經濟週期波動的傳導機制（即影響週期的程度隨時間逐步擴散的機制）。而且實際經濟週期模型強調引起波動的根源是實際的而非「貨幣的」，尤其是將週期的主要驅動力量歸結為技術的衝擊，而不是強調貨幣政策和財政政策的干擾。同時，RBC模型並不像其他模型一樣假定經濟的運行是社會最優的。因此，我們有理由認為，實際經濟週期模型在分析中國經濟發展變化的問題上將更加適用。而且我們必須在此基礎上繼續探索非線性一般均衡模型的動態性質以及抽調時間序列數據趨勢的各種不同方法。另外，不依賴外生衝擊的戈德溫模型雖然建立了包含消費函數和投資函數的非線性週期模型，但是它忽視了凱恩斯

主義關於有效需求不足的假定以及貨幣政策、財政政策在經濟週期運行過程中所起的重要作用。而卡爾多模型的不足之處主要表現在對儲蓄函數以及投資函數的假設上，這一假設並不能反應經濟的實際運行狀態，從而使得模型的解釋力度不夠。目前，隨著計算機技術在經濟學中的應用與發展，部分經濟學家開始將研究方向轉向對動態隨機一般均衡模型的構建上。儘管在大多數情況下還不能把這一模型直接運用到經濟的數量分析中，但它至少說明了隨著大數據時代的來臨，在面對大量複雜的經濟行為與數據時，傳統的經濟週期模型或多或少都存在著一定的局限性。

經濟週期的數量分析主要包括譜分析、濾波分析以及經濟時間序列的分解和模擬等方法。其中，譜分析是經濟週期波動的頻域分析的主要方法。由於譜分析包含了線性時間序列週期特徵的全部信息，在經濟週期的測度中具有其他方法無可替代的作用。而且三種較為常用的濾波技術（HP 濾波、BP 濾波以及 CF 濾波）的理論基礎均是時間序列的譜分析方法，因此由濾波技術和譜分析方法得到的週期譜圖在中國的經濟週期數量分析中得到了廣泛的應用。

目前，在對經濟週期波動的預測過程中，如何選取最合適的方法，採用盡可能及時和完整的數據，從而構造準確有效的景氣指數，一直是各個國家所面臨的共同難題。無論是擴散指數、合成指數還是 SWI 指數等都顯得不盡人意，它們都面臨著數據缺失、指標過時等問題。因此，國家在預測經濟走向時，可以綜合運用各種景氣指數，同時要努力做到對數據和指標的及時更新和完善。一方面，對於缺失的指標要採用動態調整法予以補足；另一方面，由於同樣的指標在不同的歷史時期具有不同的權重，對經濟指標的選取也應該採取動態調整的方法。另外，關於經濟週期的預測所採用的方法，通常意義上都是時間序列預測法。時間序列預測法又分為確定型時間序列預測與隨機型時間序列預測，儘管二者預測的計算量都較大，但是目前已完全實現了通過專門的計算機軟件（如 Stata、Eviews、SPSS 等）進行預測。除此之外，其他的預測方法（如馬爾可夫預測法、投入產出預測法以及增長率預測法等）都可以作為輔助方法進行預測，從而提高預測的準確度。

2.4　國內外文獻綜述

通過上文對經濟週期理論的起源與發展所進行的系統詳細的歸納總結可以看出，經濟週期理論的提出和創新主要集中於 19 世紀與 20 世紀。自馬克思與

恩格斯關於資本主義經濟危機的思想問世以後，東、西方學者對於資本主義經濟週期的研究層出不窮，學術成果早已汗牛充棟。但是，直到20世紀60年代才逐漸開始關於社會主義國家經濟週期性問題的討論，中國更是滯後。自跨入21世紀以來，針對全球金融危機對國別影響的差異性，國內外學者們將研究視角逐步轉向了經濟週期波動的特徵、影響因素、測算方法以及反週期政策有效性等方面。因此，考慮到本書的研究主題，我們試圖按照時間順序對2008年金融危機以後世界範圍內近十年關於經濟週期研究的具有代表性的相關文獻做出進一步的梳理，以實現對國內外關於經濟週期問題的研究現狀和研究走向的準確、全面的認識與把握。

2.4.1 國外文獻綜述

（1）關於經濟週期的波動特徵

Petra Gerlach-Kristen（2009）利用1962—2003年的年度數據檢驗了中國各省的商業和通貨膨脹週期是否因經濟自由化和現代化而變得更加相似。結果證明，除主要西北部省份外，其餘省份的商業週期之間都表現出了高度的相似性，且香港的商業和通貨膨脹週期同樣呈現出與內地同步的特徵[①]。Ilse Botha（2010）通過將主成分分析（PCA）應用於代表各國經濟週期的產出、消費和投資的數據，對發達國家與發展中國家的經濟波動是否與世界經濟週期波動同步進行了考察，發現自全球化以來，發展中經濟體與世界經濟週期之間的協動性有所增加[②]。Michael D. Bradley 等（2011）調查了26個國家的經濟週期動態，採用非線性模型對實際GDP進行估算判斷出各國實際產出增長的動態存在很大差異[③]。Silvia（2012）將經濟週期的演變納入一個簡單的統計模型，同時考慮到政治和意外變化的穩定性增加，將黃金價格選為經濟指標，並採用卡方檢驗確定了經濟週期每個階段的正確分佈。得出的結論與正態分佈普遍有效的觀點相悖，從而指出所選變量在經濟週期的不同階段遵循著不同的統計分佈[④]。Boriss Siliverstovs（2013）運用即時數據對瑞士經典商業週期年表的修訂

[①] Petra Gerlach-Kristen. Business cycle and inflation synchronisation in mainland china and Hong Kong [J]. International Review of Economics and Finance, 2009, 18 (3).

[②] Ilse Botha. A comparative analysis of the synchronization of business cycles for developed and developing economies with the world business cycle [J]. South African Journal of Economics, 2010, 78 (2).

[③] Michael D. Bradley, Dennis W. Jansen. Are business cycle dynamics the same across countries? Testing Linearity around the Globe [J]. Studies in Nonlinear Dynamics & Econometrics, 2011, 4 (2).

[④] Silvia Palașcǎ. Statistical evaluations of business cycle phases [J]. Procedia Economics and Finance, 2012, 3.

與週期階段的確定之間的關係進行研究，發現國民帳戶的若干基準修訂很大程度上影響了瑞士古典經濟週期階段的確定。在沒有基準修訂的情況下，年份到年份的變化對經典商業週期階段確定的影響相對較小[1]。Aziz N. Berdiev（2015）使用小波分析調查了中國、日本、美國和其他亞太國家之間的增長週期同步問題，推斷雖然中國、日本和美國的增長週期與其他亞太經濟體同步，但經濟週期同步的強度隨著時間和頻率而波動。總體而言，中國和其他亞太國家對長期發展表現出高度的共鳴[2]。Khurshid M. Kiani（2016）採用18個美國宏觀經濟時間序列變量對經濟週期波動中可能存在的不對稱現象進行探索，發現所有系列樣本數據的統計結果均表明該系列中的經濟週期波動具有不對稱性[3]。Linyue Li（2017）則從貿易發展的角度研究了週期波動。研究結果表明，經濟週期的聯動性受產業內貿易渠道的影響大於受貿易總量的影響。隨著亞洲國家之間貿易一體化的增加，這些國家之間的貿易週期的同步性預計將通過貿易傳輸擴大。且行業間貿易會導致企業經濟週期的同步性下降，而產業內貿易會導致企業週期同步性的提高[4]。

（2）關於經濟週期的影響機制

Jarko Fidrmuc（2009）應用動態相關性研究方法分析了2008年全球金融危機的傳導對中國和印度經濟週期的衝擊，發現新興亞洲國家和經合組織國家的貿易關係與國內生產總值增長率的動態相關性之間存在著重要聯繫[5]。Qing He等（2009）利用具有時變摩擦的標準新古典開放經濟模型研究了影響中國改革開放以來經濟週期波動的因素，即效率、勞動力、投資、外債，認為生產率最能解釋整個1978—2006年中國經濟總量變化[6]。James Laurenceson（2010）認為歷年來關於中國經濟週期的研究均以商業週期為主，然而，商業週期只是發生在特定頻段內的宏觀經濟波動的一個子集。他通過將各種宏觀經

---

[1] Boriss Siliverstovs. Dating business cycles in historical perspective: evidence for Switzerland [J]. Jahrbücher für Nationalökonomie und Statistik, 2013, 233 (5-6).

[2] Aziz N. Berdiev, Chun-Ping Chang. Business cycle synchronization in Asia-Pacific: new evidence from wavelet analysis [J]. Journal of Asian Economics, 2015, 37.

[3] Khurshid M. Kiani. On business cycle fluctuations in USA macroeconomic time series [J]. Economic Modelling, 2016, 53.

[4] Linyue Li. The impact of intra-industry trade on business cycle synchronization in East Asia [J]. China Economic Review, 2017, 45.

[5] Jarko Fidrmuc, Iikka Korhonen. The impact of the global financial crisis on business cycles in Asian emerging economies [J]. Journal of Asian Economics, 2009, 21 (3).

[6] Qing He, Terence Tai-Leung Chong, Kang Shi. What accounts for Chinese business cycle? [J]. China Economic Review, 2009, 20 (4).

濟系列進行頻率分解，發現在低於商業週期頻率時會出現大量波動，進而明確了從需求方面和商業週期以外的視角探索中國經濟週期波動本質的必要性[①]。Shi Chen 等（2012）將中國經濟數據應用於實際經濟週期理論模型中，設置適合中國的具體參數進行考察，發現中國的投資波動比美國更加強烈，投資是影響中國 GDP 增長波動的主要因素[②]。Laurenceson（2013）結合研究成果指出中國的經濟週期是由多重因素導致的。一方面反應了商業週期，這是由總需求的衝擊造成的。另一方面也反應了伴隨中國向市場經濟轉型的結構性轉變。另外，還發現各省產出增長的持續性特徵存在顯著的異質性[③]。Thomas Nitschka（2014）實證研究了新興市場股票收益對經濟週期變量的可預測性以及發達市場商業週期動態在這方面的作用，證據表明，新興市場之間經濟週期與未來股票市場回報之間的聯繫比發達市場弱得多[④]。Piotr Dzikowski（2015）以波蘭為例解釋了經濟週期不同階段對中高端技術行業創新活動影響的差異，認為經濟復甦階段的影響是積極的，而停滯和衰退階段都會降低創新活動的可能性[⑤]。Tatsuyoshi Okimoto 等（2017）對信用利差期限結構對預測日本經濟週期的有用性進行了分析，結果提供了明確的證據證明信用利差的期限結構比政府債券收益具有更強的預測能力[⑥]。Tryphon 等（2018）以 21 個經合組織成員組成的動態小組為樣本，發現公共部門工資溢價以及「自雇」稅收差距對經濟週期的影響存在著明顯的國別差距[⑦]。

（3）關於經濟週期的測度

Junhai Ma 等（2009）通過構建具有離散延遲的商業週期模型，在驗證了平衡點的穩定性和 Hopf 分支的存在性的基礎上，用法則形式理論和中心流形

[①] James Laurenceson, Danielle Rodgers. China's macroeconomic volatility — how important is the business cycle? [J]. China Economic Review, 2010, 21 (2).

[②] Shi Chen, Weiqing Luo. Real business cycles: data from China [J]. Canadian Social Science, 2012, 8 (1).

[③] Laurenceson. Interpreting fluctuations in output growth in China [J]. China Economic Journal, 2013, 6 (1).

[④] Thomas Nitschka. Developed markets』 business cycle dynamics and time-variation in emerging markets』 asset returns [J]. Journal of Banking and Finance, 2014, 42.

[⑤] Piotr Dzikowski. Business cycle and innovation activity in medium-high and high technology industry in Poland [J]. Management, 2015, 19 (2).

[⑥] Tatsuyoshi Okimoto, Sumiko Takaoka. The term structure of credit spreads and business cycle in Japan [J]. Journal of the Japanese and International Economies, 2017, 45.

[⑦] Tryphon Kollintzas, Dimitris Papageorgiou, Efthymios Tsionas, Vanghelis Vassilatos. Market and political power interactions in Greece: an empirical investigation [J]. IZA Journal of Labor Policy, 2018, 7 (1).

理論得到了分叉週期解的方向和穩定性準則①。Mario J. Crucini 等（2010）運用動態因子模型，將生產力、財政和貨幣政策措施、貿易條件以及油價四種因素引入經濟週期模型中，考察了影響七國集團經濟波動的主要驅動力，證明了生產力是共同的關鍵推動力，而其他因素的影響作用則是各國特定的或階段性的②。Monica Billio（2010）基於時間非均勻馬爾科夫轉換模型提出了一種新的檢測經濟週期的轉折點並預測週期中的經濟活動水準的方法。他利用重合指標以及非線性和非高斯潛變量模型，實現了非線性模型與經濟週期的不對稱特徵的有機結合。其中，轉移概率由 beta 分佈的隨機分量和一組外生變量驅動③。Ricardo A. Queralt 等（2011）為預測週期不對稱的國家的商業週期衰退和復甦提供了規則。他們基於 Schumpeterian 框架，通過將波動趨勢與頻域中的偽頻譜的低頻相關聯，定義了具有特定屬性的主觀長度趨勢。同時，展示了如何利用這些屬性來預測商業週期轉折點。這一程序對美國「二戰」後的 GNP 季度數據以及另一組歐洲國家都表現出了高度適用性④。JaeHyun Park 等（2012）使用三態馬爾可夫轉換模型分析了美國、英國、韓國三個國家的建築業週期。研究結果表明，該模型不僅可用於確定建築業的週期階段，並且能夠對超過平均四分之一個週期長度的時間跨度進行預測，從而為各國確定和預測商業週期提供了一種可行性方法⑤。James Morley 等（2013）在單變量線性模型的基礎上提出了多元線性模型以分析經濟週期的特徵，模擬結果顯示即使這些模型包含諸如失業率、通貨膨脹率、利率和 GDP 等變量，具有明顯「反彈」效應的特定非線性馬爾可夫轉換依然優於線性模型⑥。Benjamin Keddad（2014）通過構建時變馬爾科夫區制轉換模型，分析了東盟五國經濟週期之間

---

① Junhai Ma, Qin Gao. Stability and Hopf bifurcations in a business cycle model with delay [J]. Applied Mathematics and Computation, 2009, 215 (2).

② Mario J. Crucini, M. Ayhan Kose, Christopher Otrok. What are the driving forces of international business cycles? [J]. Review of Economic Dynamics, 2010, 14 (1).

③ Monica Billio, Roberto Casarin. Identifying business cycle turning points with sequential Monte Carlo methods: an online and real-time application to the Euro area [J]. Journal of Forecasting, 2010, 29.

④ Antonio García-Ferrer, Ricardo A. Queralt. Using long-, medium-, and short-term trends to forecast turning points in the business cycle: some international evidence [J]. Studies in Nonlinear Dynamics & Econometrics, 2011, 3 (2).

⑤ JaeHyun Park, SeungChul Ham, TaeHoon Hong. Construction business cycle analysis using the regime switching model [J]. Journal of Management in Engineering, 2012, 28 (4).

⑥ James Morley, Jeremy Piger, Pao-Lin Tien. Reproducing business cycle features: are nonlinear dynamics a proxy for multivariate information? [J]. Studies in Nonlinear Dynamics and Econometrics, 2013, 17 (5).

的關係以及經濟週期同步的性質，發現某些區域和全球領先商業週期中的信號可能會影響東盟五國的經濟週期①。Chetan Ghate 等（2016）通過將財政政策嵌入標準新興市場經濟週期模型中進行研究，推斷財政政策能夠使實際利率呈現出週期性或順週期性②。Thomas Gries 等（2017）通過引入非參數趨勢估計方法解決了趨勢和週期分解中的困難，並將其應用於分析 1850—2015 年的西班牙 GDP 數據，表現出了良好的適用性③。

（4）關於反週期政策的效應

Michel 等（2011）通過對盧卡斯和普雷斯科特週期理論的演變歷程進行梳理，同時對大蕭條的真實商業週期模型進行評估，認為儘管大蕭條均衡模型構成了一種方法論的突破，然而，就實質而言，真正的商業週期理論對大蕭條的貢獻是渺茫的，並沒有在經濟史學家的工作上占上風④。C. H. Kwan（2013）分析了雷曼事件以後中國宏觀經濟政策、經濟增長和通貨膨脹之間的相互作用關係及其對利率、匯率以及股票價格的影響，指出中國政府在經濟衰退階段採取的刺激措施以及經濟過熱階段採取的緊縮措施有助於減少經濟週期的波動，而且政府當局傾向於更多地依靠調整匯率而不是利率來穩定經濟⑤。Fabrizio（2013）利用省際數據對中國財政政策的週期性特徵進行了探索發現，中國的財政政策通常具有「凱恩斯主義」效應，並且中國的財政政策大多具有週期性⑥。這也就意味著中國的財政政策更像是一個不穩定的因素，而不是穩定的工具在發揮著反週期的作用。Zied（2014）選取 1997—2008 年 50 個新興國家中的 740 家代表性商業銀行為樣本數據，對經濟週期、市場力量以及銀行業穩定性之間的關係進行了研究，發現銀行資本緩衝和貸款違約風險與經濟週期呈顯著的負相關關係，且市場力量對這一關係具有一定的削弱作用，從而提出了

---

① Gilles Dufrénot, Benjamin Keddad. Business cycles synchronization in East Asia: A Markov-switching approach [J]. Economic Modelling, 2014, 42.

② Chetan Ghate, Pawan Gopalakrishnan, Suchismita Tarafdar. Fiscal policy in an emerging market business cycle model [J]. The Journal of Economic Asymmetries, 2016, 14.

③ Thomas Gries, Marlon Fritz, Yuanhua Feng. Slow booms and deep busts: 160 years of business cycles in Spain [J]. Review of Economics, 2017, 68 (2).

④ Michel R De Vroey, Luca Pensieroso. Real business cycle theory and the great depression: the abandonment of the abstentionist viewpoint [J]. Contributions in Macroeconomics, 2011, 6 (1).

⑤ C. H. Kwan. Business cycle in China since the Lehman Crisis: interaction among macroeconomic policy, economic growth and inflation [J]. China & World Economy, 2013, 21 (5).

⑥ Fabrizio Carmignani, James S. Laurenceson. Provincial business cycles and fiscal policy in China [J]. Economics of Transition, 2013, 21 (2).

新興國家可以選擇採用「巴塞爾」反週期的政策審慎工具的觀點①。Yong Ma 等（2016）通過將金融週期引入聯立方程模型來研究金融週期、經濟週期和貨幣政策之間的聯繫和相互作用。結果顯示，金融週期在經濟週期中起著重要作用，金融週期衝擊已成為宏觀經濟波動的主要推動力，從而表明貨幣政策在維護金融體系中發揮重要作用②。Kamila（2017）探討了中歐和東歐國家在不同經濟週期階段兼職就業率的發展情況，發現經濟週期的波動對東歐的兼職就業率影響較高，說明對非自願兼職工作而言，反週期效應更為明顯③。

2.4.2 國內文獻綜述

（1）關於經濟週期的波動特徵

①關於中國經濟週期波動的一般特徵。隨著全球金融危機衝擊的逐漸退卻，中國經濟的短期階段性波動特徵成為學者們的主要研究焦點。劉金全等（2009）通過研究，發現隨著世界經濟週期波動幅度的減弱，中國經濟的週期性波動也呈現出了趨於穩定的態勢④。而張連成、周明生（2010）則發現後金融危機時期國內外經濟環境的紛繁複雜勢必會導致中國短期的經濟週期存在下滑風險⑤。另外，劉恒、李皞宇（2012）從經濟週期的基本特徵出發，認為進入21世紀以來，中國經濟週期波動的擴張階段持續時間存在逐漸延長的趨勢，且轉入衰退階段後表現出了明顯的深「V」形特徵⑥。陳樂一等（2012）則對中國各地區的經濟週期的差異性做了詳細研究。結果顯示，改革開放後中國各地區經濟週期在長度上的差異程度逐步增大，而在深度與形態方面，差異程度則趨於減小⑦。之後，王少平、孫曉濤（2013）將 Nelson 的「週期之謎」應

---

① Zied Saadaoui. Business cycle, market power and bank behaviour in emerging countries [J]. International Economics, 2014, 139.

② Yong Ma, Jinglan Zhang. Financial cycle, business cycle and monetary policy: evidence from four major economies [J]. International Journal of Finance & Economics, 2016, 21 (4).

③ Kamila Fialová. Part-time employment and business cycle in central and Eastern Europe [J]. Review of Economic Perspectives, 2017, 17 (2).

④ 劉金全，李楠，劉漢. 中國經濟週期波動率的成分分解及穩定性研究 [J]. 財經研究，2009, 35 (11)：135-143.

⑤ 張連城，周明生. 短期經濟存下滑風險 長期增長穩定可持續：中國經濟增長與週期（2010）國際高峰論壇綜述 [J]. 經濟研究，2010, 45 (8)：155-160.

⑥ 劉恒，李皞宇. 中國經濟週期深「V」型波動態勢分析 [J]. 管理世界，2012 (12)：169-170.

⑦ 陳樂一，彭曉蓮，李玉雙. 中國地區經濟週期的差異性研究 [J]. 經濟學家，2012 (10)：81-87.

用於中國的週期實踐，證明每輪週期的持續時間存在著明顯的差異性①。在此基礎上，劉金全等（2015）將2015年所處階段的經濟指標與1996年「軟著陸」時期的各項數據進行對比，發現從「十二五」後期開始中國經濟將形成再一輪的「軟著陸」，著陸面將明顯低於上輪，且持續時間較長②。然而，隨著中國經濟增長進入「新常態」，理論界又將研究視角轉向了週期波動的長期特徵。劉慧悅、劉漢（2016）認為「新常態」階段中國經濟週期將呈現出平均位勢下移、波動程度降低、非對稱性減弱的「L」形態勢③。譚海鳴等（2016）則通過構建中國「長週期」可計算一般均衡（CGE）模型，分析人口老齡化和人口遷移兩大因素對中國2015—2050年經濟增長的中長期影響，發現中國的經濟增速在2021—2025年可能會出現臺階式下行④。

②關於國別經濟週期波動的協動性特徵。王悅（2011）從中美關係變動的角度研究了中國經濟週期的同步性特徵，一方面，採用譜分析方法對美國經濟週期的波動進行了分析⑤；另一方面，經過進一步研究發現在不同的經濟發展階段，中美雙邊貿易變化對兩國經濟週期的同步性的影響存在顯著的差異⑥。李昒等（2013）則以世界經濟不確定性加強為研究背景，著重分析了各國經濟週期運行所表現出的新特徵，得出了新時期各國經濟週期聯動性加強且非週期因素對經濟波動的影響增強的結論⑦。與此相反，歐陽志剛（2013）的研究結果卻顯示中國、美國、歐盟、日本等主要經濟體的週期協同程度存在下降的態勢⑧。陳智明等（2014）將全球經濟體區別為發達經濟體、新興經濟體與其他經濟體三個類別，對此進行了進一步研究，推斷全球經濟週期與發達經

---

① 王少平，孫曉濤. 中國通貨膨脹的相依性週期［J］. 中國社會科學，2013（5）：106-124，206-207.

② 劉金全，劉達禹，張都. 中國經濟週期波動的「軟著陸」態勢與持續期估計［J］. 經濟學家，2015（6）：48-57.

③ 劉慧悅，劉漢. 經濟新常態下中國經濟週期階段性的非對稱特徵［J］. 當代經濟研究，2016（6）：62-68，97.

④ 譚海鳴，姚餘棟，郭樹強，寧辰. 老齡化、人口遷移、金融槓桿與經濟長週期［J］. 經濟研究，2016，51（2）：69-81，96.

⑤ 王悅. 譜分析方法及其在經濟週期研究中的應用——以美國經濟週期波動（1930—2009）的譜分析為例［J］. 財經科學，2011（11）：34-43.

⑥ 王悅. 中美雙邊貿易變動對兩國經濟週期同步性的影響：1979—2010［J］. 經濟學家，2011（11）：90-98.

⑦ 李昒，李天德，陳少煒. 當前世界經濟週期波動的新特徵及中國的對策［J］. 經濟學家，2013（10）：94-102.

⑧ 歐陽志剛. 中國經濟增長的趨勢與週期波動的國際協同［J］. 經濟研究，2013，48（7）：35-48.

濟體的週期協同性較高，與新興經濟體及其他經濟體的協同性較低，同時發達經濟體之間的經濟週期表現為顯著的趨同，新興經濟體則存在著「脫鈎」現象①。此外，蔡群起、龔敏（2017）將中國與主要發達國家的經濟週期波動特徵進行比較，發現中國經濟週期波動的「黏持性」與發達經濟體相似，但波動性顯著偏高②。

（2）關於經濟週期的影響機制

①關於政府行為與政府體制機制的影響。陳杰、譚天明（2011）認為改革開放以來體制轉軌是影響中國經濟週期波動的根源，尤其是國有企業在國民經濟中的控制力大小與週期波動率呈明顯正相關③。基於此，孫寧華、曾磊（2013）對中國轉型期間歇式的制度變遷對經濟週期的影響進行了動態隨機一般均衡分析，結果表明，間歇式的制度創新最大程度地解釋了週期波動④。之後，陳冬等（2016）則對國有企業避稅程度對經濟週期波動的影響進行研究，發現在經濟週期衰退階段，國有企業減少避稅的行為存在著顯著的「逆經濟週期支持效應」，而且中央國有企業的這一效應明顯弱於地方國有企業⑤。此外，郭慶旺、趙旭杰（2012）認為地方政府在非政府投資規模上的競爭加劇了全國經濟週期的波動，而在政府投資規模上的競爭對經濟波動卻起到了一定的緩解作用⑥。譚之博、周黎安（2015）則首次突破性地從中國官員任期的視角出發，解釋了中國政治經濟週期波動的內在機制⑦。

②關於政府行為與政府體制機制以外的影響。袁富華等（2009）通過對1996—2008年中國與美國、日本以及歐盟三大經濟體的週期關聯性的研究，發現存在兩種反向力量影響著中國與世界經濟週期的協同：一是對外開放的廣度和深度推動了中國經濟週期趨同於世界經濟週期；二是中國特殊的投資與消

---

① 陳智明，郭永濤，李鵬. 全球經濟週期趨同，亦或「脫鈎」——動態分層因子模型的實證分析 [J]. 財經科學，2014（8）：59-71.

② 蔡群起，龔敏. 中國經濟週期的波動特徵：典型事實與國際比較 [J]. 財貿研究，2017，28（9）：1-17.

③ 陳杰，譚天明. 體制轉軌與經濟週期波動：一個理論分析框架 [J]. 經濟學家，2011（9）：70-76.

④ 孫寧華，曾磊. 間歇式制度創新與中國經濟波動：校準模型與動態分析 [J]. 管理世界，2013（12）：22-31，187.

⑤ 陳冬，孔墨奇，王紅建. 投我以桃，報之以李：經濟週期與國企避稅 [J]. 管理世界，2016（5）：46-63.

⑥ 郭慶旺，趙旭杰. 地方政府投資競爭與經濟週期波動 [J]. 世界經濟，2012，35（5）：3-21.

⑦ 譚之博，周黎安. 官員任期與信貸和投資週期 [J]. 金融研究，2015（6）：80-93.

費模式又驅使中國經濟週期與世界週期發生背離①。陳曉光和張宇麟（2010）使用創新的 RBC 模型對中國 1978—2007 年的數據進行模擬，發現信貸約束的波動是中國宏觀經濟週期性波動的主要傳導機制，而政府消費衝擊則是引起週期波動的重要源泉②。彭興韵等人（2014）的研究同樣證明信貸市場的波動對經濟週期的影響不容忽視③。此外，許志偉等（2012）對構成存貨總投資的產成品存貨投資和原材料存貨投資與經濟週期的關係進行研究，指出中國經濟週期的波動受制於產成品存貨投資逆週期性與原材料存貨投資順週期性的共同作用④。而何青等（2015）則認為過去 20 年間房地產市場和借貸約束的相互影響增強了各種經濟衝擊的力度，成為中國經濟週期性波動的關鍵驅動力⑤。盧鋒等（2015）則從「奧肯定律」在中國的適用性出發，對勞動力市場與宏觀經濟波動的關係做了進一步研究，發現農業勞動力轉移相對其長期趨勢的短期變動與宏觀經濟的週期性波動存在著密切的關係⑥。陳昆亭（2015）從利率衝擊的角度研究了中國經濟週期波動的機制，認為持續的利率扭曲導致了居民收入的錯配，而居民收入差距的擴大引致了經濟的週期性波動⑦。丁任重、徐志向（2018）基於馬克思與熊彼特關於技術創新的週期理論，認為在新一輪技術革命趨勢下，技術創新是新時期中國經濟週期波動的重要根源⑧。

（3）關於經濟週期的測度

①關於模型的創新與應用。袁江、張成思（2009）在傳統宏觀經濟分析模型的框架下，通過引入代表產能過剩和結構失衡特徵的因素構建了一個新的

---

① 袁富華，汪紅駒，張曉晶. 中國經濟週期的國際關聯［J］. 世界經濟，2009，32（12）：3-14.

② 陳曉光，張宇麟. 信貸約束、政府消費與中國實際經濟週期［J］. 經濟研究，2010，45（12）：48-59.

③ 彭興韵，胡志浩，王劍鋒. 不完全信息中的信貸經濟週期與貨幣政策理論［J］. 中國社會科學，2014（9）：75-87.

④ 許志偉，薛鶴翔，車大為. 中國存貨投資的週期性研究：基於採購經理人指數的動態視角［J］. 經濟研究，2012，47（8）：81-92.

⑤ 何青，錢宗鑫，郭俊杰. 房地產驅動了中國經濟週期嗎？［J］. 經濟研究，2015，50（12）：41-53.

⑥ 盧鋒，劉曉光，姜志霄，張杰平. 勞動力市場與中國宏觀經濟週期：兼談奧肯定律在中國［J］. 中國社會科學，2015（12）：69-89，206.

⑦ 陳昆亭，周炎，黃晶. 利率衝擊的週期與增長效應分析［J］. 經濟研究，2015，50（6）：59-73.

⑧ 丁任重，徐志向. 新時期技術創新與中國經濟週期性波動的再思考［J］. 南京大學學報（哲學·人文科學·社會科學），2018，55（1）：26-40，157-158.

總供給—總需求模型①。呂朝鳳、黃梅波（2011）將居民的消費習慣和借貸約束引入 RBC 模型，採用動態隨機一般均衡（DSGE）的方法研究了消費習慣形成與借貸約束對中國經濟週期的影響②。周炎、陳昆亭（2012）在包含銀行部門的 DSGE 框架下構建了金融經濟週期理論模型，對中國經濟週期的季度數據進行了校正檢驗③。鄧創、徐曼（2014）採用時變參數向量自迴歸模型同樣對中國金融週期波動與經濟週期之間的關係進行了研究，並證實了金融週期先行於宏觀經濟週期的判斷④。鄭挺國、王霞（2013）在一般「區制轉換」模型的基礎上構建了一種能夠綜合利用中國季度數據和月度數據的經濟週期計量模型，即「混頻數據區制轉移動態因子模型」，為更好地識別中國經濟週期的變化提供了可能⑤。陳磊、張軍（2017）運用 Scalar-BEKK 模型測算了 1996 年第二季度以來金磚國家經濟週期協同性的動態演化路徑，並採用面板聯立方程模型對金磚國家經濟週期協同性的傳導機制進行了考察⑥。王金明（2018）通過構建時變轉換概率的馬爾可夫區制轉換模型（MS-TVTP），判斷國債期限利差的波動對經濟週期階段轉換具有顯著的預警作用⑦。

②關於方法的選擇與改進。謝攀、李靜（2010）運用系統廣義矩估計的方法，構建了中國勞動者報酬的週期性反應函數，並運用全國分區域的面板數據對勞動報酬份額對經濟週期的反應力度進行了估計⑧。蔡曉陳（2012）則運用原核算與對偶核算的方法測算了全要素生產率之間的差異，檢驗了不同因素

---

① 袁江，張成思．強制性技術變遷、不平衡增長與中國經濟週期模型［J］．經濟研究，2009，44（12）：17-29．

② 呂朝鳳，黃梅波．習慣形成、借貸約束與中國經濟週期特徵：基於 RBC 模型的實證分析［J］．金融研究，2011（9）：1-13．

③ 周炎，陳昆亭．金融經濟週期模型擬合中國經濟的效果檢驗［J］．管理世界，2012（6）：17-29，187．

④ 鄧創，徐曼．中國的金融週期波動及其宏觀經濟效應的時變特徵研究［J］．數量經濟技術經濟研究，2014，31（9）：75-91．

⑤ 鄭挺國，王霞．中國經濟週期的混頻數據測度及即時分析［J］．經濟研究，2013，48（6）：58-70．

⑥ 陳磊，張軍．金磚國家經濟週期協同性及其傳導機制［J］．數量經濟技術經濟研究，2017，34（3）：95-111．

⑦ 王金明．利差能否預警中國經濟週期的階段轉換？L 基於 MS-TVTP 模型的實證分析［J］．吉林大學社會科學學報，2018，58（1）：85-93，205．

⑧ 謝攀，李靜．勞動報酬、經濟週期與二元勞動力市場：基於週期性反應函數的估計［J］．數量經濟技術經濟研究，2010，27（9）：107-117，146．

對中國 1979—2009 年全要素生產率週期性波動的影響①。黃晶（2013）結合 Lomb 週期分解法，對五種常用濾波在測度中國經濟週期時的適用性進行了再驗證，結果證明，HP 濾波依然是當前最科學的消除趨勢方法②。徐曉莉（2014）基於中國經濟週期波動性較強的特徵，在非線性狀態空間模型的框架內，構建了擴展卡爾曼濾波估算時變參數。通過與常規卡爾曼濾波、UC、HP 濾波進行對比發現，在經濟週期波動率較高的情況下，擴展卡爾曼濾波的測算結果較為精確③。歐陽志剛、張潔（2015）對經濟週期的協動性研究提出了非平穩面板數據的非線性共同週期的檢驗方法④。李拉亞（2016）則通過構建通貨緊縮的測度指標體系為更好地防範經濟週期提供了可能⑤。

（4）關於反週期政策的效應

①關於反週期財政政策的效應分析。財政政策的作用效果一直以來都備受學術界關注，王立勇、紀堯（2015）曾對財政政策波動性研究的國際動態做過系統綜述⑥，在此我們基於本書的研究目的再進行進一步梳理。王志剛（2010）對改革開放以來中國財政政策的反週期性效果進行研究，發現儘管財政政策對社會生產力的發展起到了一定的促進作用，但是在熨平經濟週期方面的效果卻差強人意⑦。周波（2014）的研究同樣證實了這一觀點⑧。與此不同，巫建國（2010）則是從「後危機」時代的視角出發，研究了中國反週期財政政策和貨幣政策的有效性和協調性，並針對政策協調的矛盾構建了協調性指標⑨。劉金全等（2014）同樣對「後危機」時期中國的財政政策進行了研究，

---

① 蔡曉陳. 中國二元經濟結構變動與全要素生產率週期性：基於原核算與對偶核算 TFP 差異的分析 [J]. 管理世界，2012（6）：8-16，59.

② 黃晶. 濾波方法提取週期信息的比較研究 [J]. 數量經濟技術經濟研究，2013，30（7）：131-147，160.

③ 徐曉莉. 中國經濟週期測算：基於擴展卡爾曼濾波分析 [J]. 經濟學動態，2014（10）：58-65.

④ 歐陽志剛，張潔. 非平穩面板數據的非線性共同週期檢驗 [J]. 數量經濟技術經濟研究，2015，32（9）：119-134.

⑤ 李拉亞. 通貨緊縮測度指標及數據變化研究 [J]. 經濟學動態，2016（5）：74-86.

⑥ 王立勇，紀堯. 財政政策波動性研究的國際動態 [J]. 經濟學動態，2015（10）：145-158.

⑦ 王志剛. 中國財政政策的反週期性效果：基於 1978 年以來的經驗事實 [J]. 財政研究，2010（11）：26-31.

⑧ 周波. 基於中國省域面板的財政政策產出穩定效應研究 [J]. 管理世界，2014（7）：52-66.

⑨ 巫建國. 後危機時代：中國反週期財政、貨幣政策的協調 [J]. 經濟學家，2010（10）：88-96.

結果顯示，儘管積極的財政政策對實體經濟的發展具有顯著的促進作用，但同時又帶來通脹的風險①。此外，曾曉安等（2015）的實證結果表明，從具體分帳戶來看，中國反週期財政政策表現從好到差依次是：社會保險基金、預算平衡調節基金、政府性基金、國有資本經營預算②。閆坤、劉陳杰（2015）研究證明，中國財政政策在經濟衰退期具有明確的反週期性，而在經濟復甦期則表現為一定的順週期性③。

②關於反週期貨幣政策的效應分析。張小宇、劉金全（2011）採用非線性平滑遷移迴歸模型對中國貨幣政策的有效性進行檢驗，結果表明，貨幣政策在經濟擴張期的實際效應大於在經濟收縮期的實際效應④。李向前等（2014）採用同樣方法研究了反週期貨幣政策的影響，發現逆週期貨幣政策對銀行資本緩衝週期性影響顯著⑤。王去非等（2015）將企業產權異質性和信貸供給「二元」特徵引入 DSGE 模型進行研究，發現貨幣政策對不同產權性質的企業的影響因受制於不同經濟週期階段而表現出明顯的非對稱性⑥。劉達禹等（2017）對經濟週期與規則型的貨幣政策的動態關聯機制研究發現，中國貨幣當局針對經濟週期的不同階段而實施的貨幣政策調整呈現出難以被公眾所預期的漸變性特徵，從而有利於保證貨幣政策的有效性⑦。魏英輝等（2018）通過對全球金融一體化環境下金融週期與貨幣政策獨立性的關係的研究，發現全球金融週期會顯著地影響一國貨幣政策的獨立性⑧。

③關於反週期其他政策的效應分析。郎麗華（2009）通過研究發現各國的貿易政策呈現出一定的週期性：在貿易擴張階段，貿易政策一般以貿易保護

---

① 劉金全，印重，龐春陽. 中國積極財政政策有效性及政策期限結構研究［J］. 中國工業經濟，2014（6）：31-43.

② 曾曉安，王志剛，胡祖銓. 中國財政政策：順週期還是反週期？［J］. 財政研究，2015（11）：2-9.

③ 閆坤，劉陳杰. 中國財政政策順週期行為：財政分權與預算軟約束［J］. 經濟學動態，2015（8）：64-70.

④ 張小宇，劉金全. 基於 STR 模型的中國貨幣政策非對稱效應檢驗［J］. 金融學季刊，2011，6（2）：83-101.

⑤ 李向前，溫博慧，袁銘. 貨幣政策對中國上市銀行資本緩衝逆週期性的非線性影響：基於 STAR 模型的實證研究［J］. 金融研究，2014（6）：17-32.

⑥ 王去非，易振華，陳一稀，等. 中國貨幣政策非對稱效應下調控工具的選擇與搭配［J］. 金融研究，2015（6）：30-47.

⑦ 劉達禹，劉金全，趙婷婷. 經濟週期與規則型貨幣政策的動態關聯機制研究：基於中國典型經濟波動階段的經驗證據［J］. 經濟評論，2017（2）：48-61.

⑧ 魏英輝，陳欣，江日初. 全球金融週期變化對新興經濟體貨幣政策獨立性的影響研究［J］. 世界經濟研究，2018（2）：52-62, 135.

為主；而在貿易緊縮階段，貿易政策則普遍具有開放性特徵[1]。蔡明超等（2011）則分析了房地產市場的反週期調控政策的效應，發現居民對貸款首付比例的政策變化的敏感性最強[2]。劉明遠（2014）從政治經濟學的視閾出發，解釋了經濟危機無法進行準確預測的原因，並認為如果將馬克思主義經濟學的方法論應用於週期的預測，勢必會提高精準度，從而為週期預警體系的構建提供了新的思路[3]。周宙、魏杰（2015）進一步證實了反週期政策與經濟週期波動具有顯著的關聯，且從政策的時間跨度來看，一般情況下短期政策與週期波動具有正向關係，長期政策與波動則呈現負向相關[4]。

2.4.3　簡要評述

綜上所述，近十年來國內外關於經濟週期的研究主要是從週期的波動特徵、影響機制、測算方法以及反週期政策的效應四個方面展開的。從國外研究現狀來看，關於週期波動特徵的研究主要體現在週期階段的確定，地域之間波動的相似性、協動性，貿易保護對波動特徵的影響幾個層面；關於週期的影響機制與影響因素則基本涵蓋了貿易關係、生產率水準、投資、技術創新、結構轉換等內生性因素和外生性因素；關於週期的測算方法包含模型的構建、數據「去趨勢」的方法、週期因素的分解方法、週期階段的判斷方法以及預測方法等多個維度；關於反週期政策的效應分析既有宏觀調控政策方面的研究，也涉及金融市場、勞動力市場等微觀領域的分析。從國內研究現狀來看，金融危機以來，國內關於經濟週期的研究文獻和著作層見疊出，不勝枚舉，謹對具有代表性的進行梳理，發現國內的研究視角既存在與國外相通的普遍性，也表現出了聯繫中國發展實際的特殊性。具體來看，一是在考察週期波動特徵時，國內的研究大多基於「三期疊加」的現實，將關注點聚焦於週期的階段性特徵，如「L」形與「V」形之爭。另外，隨著國際貿易保護主義態勢的蔓延，中國與世界經濟週期之間呈現的「趨同」與「脫鉤」並存現象也引起了理論界的廣泛關注。二是在考察週期的影響機制時，國內研究者並沒有將視角局限於表象因素，而是重點討論了政府行為與政府體制機制的變遷對週期波動的深層次

---

[1] 郎麗華. 論貿易保護政策的週期性 [J]. 經濟與管理研究, 2009 (12): 102-106.
[2] 蔡明超, 黃徐星, 趙戴怡. 房地產市場反週期宏觀調控政策績效的微觀分析 [J]. 經濟研究, 2011, 46 (S1): 80-89, 126.
[3] 劉明遠. 經濟危機為什麼難以準確預測：來自政治經濟學的反思 [J]. 政治經濟學評論, 2014, 5 (3): 75-89.
[4] 周宙, 魏杰. 政府宏觀經濟政策與經濟波動的關係：經濟失衡形成和傳遞機制的分析及對中國數據的考量 [J]. 經濟學動態, 2015 (4): 23-34.

衝擊。三是在測算方法的選擇上，國內學者大多在採用濾波方法進行「去趨勢」的基礎上，通過構建 DSGE 模型或馬爾科夫區制轉換模型以實現對多變量週期關係的探索。四是在考察反週期政策的效應時，國內關於財政政策、貨幣政策、貿易政策以及房地產市場的調控政策的效果的研究結論殊途同歸，普遍支持宏觀政策在短期有效而長期效應降低的論斷。

如果對當前週期研究的四個具體維度進行深入剖析，不難發現，國內部分學者的研究尚存諸多不足之處。①週期波動特徵的判斷指標的選取呈現出混亂無章的態勢。指標的構建和選擇作為準確衡量週期波動特徵、確定週期階段、預測週期趨勢的先決條件是週期研究的首要環節，奠定了科學研究的基礎。如果指標的確定沒有科學統一的標準或沒有系統完善的理論基礎為其支撐，均不能達到期望的效果。②週期波動機制的研究範式偏於西方化。現階段關於中國經濟週期波動機制的研究逐步呈現出舍本逐末的傾向，具有一定的階段性和表象性。與西方資本主義的研究相類似，目前國內學者大多只是將視角聚焦於對某一特定發展階段的週期波動的具體原因的研究，而忽略了馬克思主義透過現象看本質的哲學要求。③週期模型的構建與測算方法的選擇相對滯後。由於中國社會主義經濟週期的研究起步較晚，理論基礎的不完善限制了分析方法的突破與創新，即使國內現有的經典文獻所採用的方法也僅是對西方先進方法的引進和吸收。因此，構建體現「中國特色」的週期模型與測度方法已成當務之急。④反週期政策的效應分析與政策建議缺乏持續性和整體性。中國社會主義經濟週期從計劃經濟體制時期到轉軌期再到市場經濟體制時期表現出了紛繁複雜的內在演變邏輯，僅採用某個單一的政策很難實現對週期的有效治理，必須從歷史的角度出發，探索週期運動的一般規律，把握週期演變的趨勢，從而才能建立一套系統完備的反週期政策體系。

2.5　本章小結

迄今為止，從週期理論的形成到發展演變，從週期模型的初構到層層深入，再從週期測算的突破到改進完善，世界範圍內關於資本主義經濟週期的研究業已經歷了二百餘載。然而，在此期間，針對社會主義經濟週期的研究則囿於歷史發展的時間界限而嚴重滯後。通過對文獻的梳理可以明顯看出，19 世紀和 20 世紀關於經濟週期的研究主要是針對資本主義社會進行的，且研究範圍基本涵蓋了週期的概念、類型、影響因素和機制、基本理論的完善、模型的

確立、測算方法的選擇、反週期政策的制定等各個領域和維度。其中最為核心的要點和爭論點則是所遵循的基本經濟週期理論的選擇。從對經典馬克思主義經濟週期理論和西方經濟週期理論的「內核」的比較分析來看，二者的本質差異在於，前者的研究主題始終圍繞著資本主義制度的基本矛盾和固有痼疾，以揭示「資本主義必然滅亡」為根本出發點和落腳點，認為危機只是一種「暴力的解決」，每一次危機都比上一次危機來得更猛烈、更凶殘。與此相悖，西方經濟週期理論則通過抓住經濟週期波動的表象大做文章而巧妙地掩蓋和避開了制度範疇這一研究雷區，提出了一些治標不治本的政策建議，以渲染短期政策有效的氛圍，從而實現討好資產階級、鞏固資本主義霸權地位的目的。另外，也正是西方經濟週期理論這種見風使舵的本質特徵決定了理論的不穩定性和多變性，每經歷一次大危機都會伴隨著新的週期理論的誕生。

　　直到 21 世紀國內外大部分學者才陸續將研究視角轉向了對社會主義國家（以中國為主）經濟週期的考察。然而，碩果累累的同時也存在著諸多紕漏之處。

　　一方面，關於中國社會主義經濟週期的認識有待深化。其一，中國傳統計劃經濟體制時期並沒有對經濟週期存在性問題進行公開討論，而隨著改革開放及社會主義市場經濟體制的確立與完善，在對社會主義市場經濟條件下週期的存在性一致認可的同時，卻忽略了對計劃經濟體制下經濟週期性波動現象的研究。其二，中國社會主義市場經濟體制下的經濟週期儘管在市場經濟的驅動下具備週期波動的一般特徵，但是受社會主義制度的本質規定性影響而必然表現出與資本主義市場經濟條件下週期波動的根本不同。尤其是在新時代中國經濟發展進入「新常態」的背景下，澄清中國社會主義經濟週期的一般性與特殊性具有一定的現實意義和時代意義。其三，一直以來，無論是社會主義國家還是資本主義國家都將經濟的週期性波動看作社會發展的災難和噩夢，認為經濟週期只能帶來單向的負面影響。然而，從歷史進步的視角來觀察，經濟的週期性波動對於提高生產力水準、推動技術革新和產業升級等也產生了重大的促進作用。

　　另一方面，關於中國社會主義經濟週期的研究視角和研究方法有失偏頗。儘管理論界都對經濟週期的產生原因以及傳導機制提出了自己的觀點和看法，且在一定程度上對深化經濟週期波動的認識起到了積極作用。但是囿於理論提出者所處時代背景與特定經濟發展階段的局限，各週期理論均存在或多或少的缺陷與不足。其一，對經濟週期性運行的理解存在一定的偏差，尤其是國內學者長期以來大多僅局限於對 GDP 增長率波動的數量研究。其二，研究者大多

只選取部分宏觀經濟時間序列為藍本對經濟的週期性波動進行分析，缺乏系統性和全面性。同時，序列的選擇和分類普遍帶有主觀色彩，具有一定的隨機性，很難從整體上準確把握和切實反應經濟週期性波動的事實。其三，對經濟週期研究所採用的方法缺乏充分的梳理和比較，從而得出的結論通常較難令人信服。

因此，我們對經濟週期的研究，尤其是在中國處於由高速增長階段轉向高質量發展階段的新時代背景下，一方面，要改變「唯 GDP 論」的觀念，可以綜合運用各種景氣指數，特別是將「創新、協調、綠色、開放、共享」的發展理念引進經濟週期的衡量指標體系內，努力做到數據和指標的系統與全面。同時，由於同樣的指標在不同的歷史時期具有不同的權重，因此對經濟指標的選取應該採取動態調整的方法。另一方面，對於經濟週期的測度方法也應該擇優而選。

3 新中國經濟週期的演變機制：
一個理論分析框架

3.1 新中國經濟週期演變研究的指導思想

　　馬克思經濟週期理論的方法論特徵主要集中體現為資本主義經濟制度下對資本主義經濟危機的研究。馬克思在《政治經濟學批判》中明確表示：「我考察資產階級經濟制度是按照以下的順序：資本、土地所有制、雇傭勞動；國家、對外貿易、世界市場……第一冊論述資本，其第一篇由下列各章組成：（1）商品，（2）貨幣或簡單流通，（3）資本一般。」[①] 然而，囿於種種原因，馬克思僅基本完成了「資本」冊第一篇的研究，即《資本論》的內容，未能完成其餘部分的完整論述。但是，僅通過「六冊結構」計劃便可大致窺見馬克思的研究邏輯是按照從抽象到具體、從本質到現象、從簡單到複雜、從一般到特殊再到個別的順序展開的。首先，馬克思對資本主義經濟關係中最抽象、最一般的範疇——商品和貨幣進行了考察。然後，從資本這個資產階級社會支配一切的經濟權利開始，以生產過程的二重性為切入點對資本主義剩餘價值的生產、流通、實現、分配各個環節逐一進行了分解剖析，並揭示了三大階級的經濟生活條件及各階級之間的關係。其次，馬克思試圖將研究視野擴展到國家的範圍，以實現對資本主義社會關係整體、系統的概括。最後，則運用歷史唯物主義的研究思維，以對外貿易為連接點將資本主義生產的研究視野進一步擴展到世界市場，試圖基於資本主義經濟發展的歷史，論證「世界市場危機必

[①] 馬克思，恩格斯. 馬克思恩格斯全集：第31卷 [M]. 北京：人民出版社，1998：411.

須看作資產階級經濟一切矛盾的現實綜合和強制平衡」①,實現對資本主義世界經濟關係和經濟結構的系統研究,以證實「資產階級的生產關係是社會生產過程的最後一個對抗形式」②。

由此可見,馬克思的「六冊結構」計劃構建了資本主義經濟研究最為系統、最為完整的科學體系。因此,我們認為,中國社會主義經濟週期的研究應該也必須在把握馬克思主義哲學精神實質的基礎上,借鑑馬克思資本主義經濟週期理論的研究範式,充分運用辯證唯物主義和歷史唯物主義的方法論和世界觀。一方面,要從矛盾對立統一的角度來看待經濟運行,對經濟週期性波動的實質、根源以及傳導機制的研究要充分遵循「感性具體—抽象—理性具體」的分析範式,避免一葉障目不見泰山的表象研究。另一方面,研究中國社會主義經濟週期波動要以研究中國社會主義經濟的發展歷史為根本出發點,以中國社會主義經濟體制機制轉換為依託,在系統把握經濟週期波動經驗事實的基礎上實現對經濟波動一般規律的研究。

3.2 關於新中國經濟週期演變的再認識

3.2.1 新中國經濟週期波動的客觀必然性

(1) 新中國經濟週期存在性問題的大討論

恩格斯認為,馬克思的「全部理論是他畢生研究英國的經濟史和經濟狀況的結果」③。馬克思在對英國經濟社會發展歷史與現實進行了深刻剖析的基礎上,闡明了資本主義物質生產發展的客觀規律,駁斥了資產階級經濟學家關於資本主義經濟規律是永恆的不可動搖的論斷,證明了資本主義的必然崩潰和無產階級革命的必然勝利。但是,馬克思對社會主義的具體發展態勢並沒有做出詳細的闡述和設想,只是進行了反應社會發展本質的概括性總結。正如英國經濟學家多梅尼克·紐蒂所言:「在馬克思列寧所設想的社會主義經濟中,中央計劃取代了資本主義市場的無政府狀態,其預期結果是消除了經濟活動中的

---

① 馬克思,恩格斯.馬克思恩格斯全集:第26卷第2冊[M].北京:人民出版社,1973:582.
② 馬克思,恩格斯.馬克思恩格斯全集:第31卷[M].北京:人民出版社,1998:413.
③ 馬克思,恩格斯.馬克思恩格斯全集:第23卷[M].北京:人民出版社,1972:37.

週期波動。」① 然而,「實踐表明,今天的社會主義,還沒有哪一種形式完全出自馬克思描述的模式」②。這就意味著,馬克思對處在社會主義初級階段的發展中國家是否存在著經濟的週期性波動問題顯然並沒有給出現成的答案。儘管如此,我們並不能採取置若罔聞的態度,而是應該結合馬克思主義基本原理,運用馬克思主義基本方法來實現對社會主義經濟週期理論部分的補充,從而真正體現出「馬克思主義不是死的教條,不是什麼一成不變的學說,而是活的行動指南」③。

關於中國作為社會主義國家經濟週期存在性問題的討論大概可以以 1985 年為「分水嶺」。1985 年以前,中國理論界對於社會主義國家的經濟週期性波動問題諱莫如深,避而不談,始終認為經濟週期與經濟危機存在著必然聯繫,承認經濟週期也就意味著承認了經濟危機,從而大都堅持認為中國作為社會主義國家,與資本主義國家存在著本質的區別,經濟週期性波動現象屬於資本主義國家特有的現象,中國並不存在經濟週期。王志偉曾指出:「對社會主義經濟發展是否也呈週期波動形式,人們的答案在相當長時間裡是否定的。」④ 歸根究柢,這一觀點長期存在的原因在於,社會主義初期學術界關於馬克思主義的理論發展程度尚處於起步階段,而且由於中國商品經濟發展的時間跨度還較短,無論是數據方面還是理論方面都對經濟週期的深入認識產生了一定的限制。而直到 20 世紀 80 年代,特別是在 1985 年以後,中國長期的超高經濟增長率出現了下滑的態勢。同時,結合蘇聯、東歐以及南斯拉夫等社會主義國家的經濟波動歷程,理論界對於社會主義國家經濟週期存在性問題的認識出現了轉變,在始終堅持社會主義國家與資本主義國家存在本質不同的基礎上,認為社會主義國家同樣存在著經濟週期波動的一般特徵。正如王志偉所說:「經濟的週期波動……不僅對於各種制度下的市場經濟,而且對於社會主義的計劃經濟,它都同樣是不可避免的。」⑤ 中國著名經濟學家劉詩白教授也同樣認為,「中國建國後經濟發展的實踐表明,計劃體制也不曾消滅經濟運行的週期性」⑥。因此,便開闢了社會主義經濟週期研究的「新園地」。

---

① 多梅尼克·紐蒂,張小紅. 社會主義經濟的週期 [J]. 國際經濟評論,1988 (8):14-16.
② 王志偉. 論馬克思經濟週期波動理論的現實意義 [J]. 經濟科學,1989 (2):57-62.
③ 列寧. 列寧選集:第 2 卷 [M]. 北京:人民出版社,2012:281.
④ 王志偉. 二元體制下中國經濟週期波動理論 [J]. 經濟學家,1989 (4):106-114.
⑤ 王志偉. 中國經濟週期及其理論的比較研究 [M]. 北京:經濟科學出版社,1998:2.
⑥ 劉詩白. 中國轉軌期經濟過剩運行研究 [M]. 成都:西南財經大學出版社,2000:205.

（2）新中國經濟週期性波動是經濟運行的客觀規律

馬克思曾從一般的、抽象的角度對事物的發展規律進行了剖析，認為一切事物的發展過程都是循環往復的「肯定—否定—否定之否定」的過程，屬於事物發展的一般規律。在此基礎上，馬克思證實了「由於自然規律的必然性，生產一定要經過繁榮、衰退、危機、停滯、新的繁榮等周而復始的更替」[①]。由此可以看出，經濟週期性波動的特徵與一切事物的發展運動規律存在著高度的一致性，屬於普遍規律。經濟發展本身也是不斷地按照「平衡—失衡—再平衡」的規律循環波動的。因此，我們認為，在堅持馬克思主義經濟學理論作為指導原則的前提下，從經濟運行的內部機制去尋求中國經濟週期性波動的發生條件、動因等基本特徵，以論證中國是否同樣具有經濟週期現象存在的「土壤」更具有說服力。

馬克思和恩格斯的經濟危機和經濟週期理論體系是建立在對經濟運行內部機制研究的基礎之上的，因此我們可以按照馬克思和恩格斯的週期理論分析框架來論證中國經濟週期的存在性問題。劉崇儀教授曾將馬克思關於經濟危機由可能性向現實性轉化的條件歸納為對資本累積規模的無限制追逐、資本主義的對抗性分配關係、大工業生產方式、激烈的市場競爭所推動的資本有機構成的提高、固定資本的週轉以及信用制度的發展六個方面[②]。由此可以看出，雖然中國並不具備導致資本主義經濟危機爆發的內生性制度基礎，如對資本累積的無限制追逐、資本主義的對抗性分配關係等，但是那些引起經濟週期波動的外生性條件無一例外地蘊藏在中國的經濟發展過程中。也就是說，中國作為社會主義國家，儘管中央計劃調節職能取代了資本主義社會生產的無政府狀態，但是由於商品經濟在中國經濟發展過程中作為一般形態長期存在，尤其現代已經具備了市場經濟的經濟屬性，因此，在中國社會主義經濟運行過程中同樣存在著引起經濟週期性波動的基本要素，且具備經濟危機從可能性向現實性轉化的一般條件。

具體地，按照馬克思和恩格斯從生產、交換、分配、消費四個維度對經濟週期性波動的成因進行分析的層面來看。首先，在生產方面，隨著中國政府轉變職能和簡政放權改革的進一步深化，在增強企業活力、有效提高地方政府積極性的同時，有可能導致中央決策與地方政府行為以及企業行為的「脫節」。儘管中央政府可以從宏觀經濟層面對地方政府與企業的行為決策進行矯正和規

---

① 馬克思，恩格斯. 馬克思恩格斯全集：第4卷 [M]. 北京：人民出版社，1958：109.
② 劉崇儀. 經濟週期論 [M]. 北京：人民出版社，2006：276.

範，但是由於市場經濟內部調節機制的強製作用，仍然存在著各級地方政府及微觀企業的決策與中央政府的要求不一致的現象，從而導致一定程度的資源浪費與惡性競爭，使得供求結構失衡，引起結構性經濟衰退。其次，在交換方面，只要市場經濟對經濟發展起決定性作用這一現實基礎不發生改變，只要貨幣仍然作為商品交換的主要媒介，買賣脫節的可能性就始終存在，危機一直處於潛伏期。另外，在分配和消費方面，新中國成立以來，雖然中國居民生活水準逐漸得到改善，但是收入差距問題一直存在。尤其是隨著改革開放進程的推進，中國居民收入差距存在著持續擴大的態勢，基尼系數一直處於高於國際警戒線的水準①。加之目前社會對收入預期的下降以及支出預期的上升，勢必引起消費需求的相對下降，導致供求失衡。這些因素均與馬克思所描述的資本主義生產相對過剩的產生機理有著「似曾相識」的契合。

正如馬克思所言，「平衡本身就是一種偶然現象」②，這也從側面反應了經濟週期的各個階段之間的更替是一個動態的變化過程，一切平衡都要不斷經過「運動、變化、產生和消失」③ 四種狀態的循環往復。然而，儘管事物的發展總是呈現出波浪式的上升趨勢，但是馬克思又特別強調「陳舊的東西總是企圖在新生的形式中得到恢復和鞏固」④。這就意味著，這種恢復並不是簡單意義上的重複，而是新的、更高階段上的恢復，雖然形式上存在共性，但是內容卻發生了深刻的變化。經濟週期也是如此，經濟的週期波動並不是嚴格意義上的、按部就班的週期性重複，而是依次經歷相似幾個階段的循環波動，每一次循環不僅在數量上出現了變化，而且質量上也有所改變。每一輪經濟週期的波動幅度、持續時間、平均位勢以及峰值與谷值等特徵都會存在著不同程度的差別。

3.2.2 新中國經濟週期波動的一般性與特殊性

劉明遠認為「如同任何事物的矛盾運動都是一般性和特殊性的統一一樣，經濟波動也是一般性和特殊性的統一」⑤，並由此提出了「經濟週期一般」與「經濟週期特殊」的概念。簡要來講，前者是指與特定歷史發展階段、經濟發

---

① 劉樹成. 防止經濟增速一路下行：2015—2020 中國經濟走勢分析 [J]. 經濟學動態，2015 (3)：4-8.
② 馬克思，恩格斯. 馬克思恩格斯全集：第24卷 [M]. 北京：人民出版社，1972：558.
③ 馬克思，恩格斯. 馬克思恩格斯全集：第20卷 [M]. 北京：人民出版社，1971：23.
④ 《馬克思恩格斯書信選集》[M]. 北京：人民出版社，1962：295.
⑤ 劉明遠. 對中國社會主義經濟週期理論的回顧與反思 [J]. 政治經濟學評論，2007 (0)：228-270.

展水準以及與社會制度無關的一般性經濟波動，後者則屬於由不同的經濟發展階段和社會制度差異所導致的不同的經濟週期波動。因此，與西方資本主義國家的經濟週期波動相比較，中國社會主義經濟週期同樣具有一般性和特殊性。考慮到對週期一般性認識較為普遍和統一，在此只做簡單說明，而著重論述中國社會主義經濟週期的特殊性。

（1）新中國經濟週期波動的一般性

一般性是指許多個體共同擁有的屬性，即由一類個別的東西構成的整體的屬性或類的屬性[1]。據此可以推斷，中國社會主義經濟週期同樣具備其他一切形式的經濟週期運行所表現出的基本特徵。

首先，中國社會主義經濟週期同樣具備四個階段以及波峰、波谷、波頻、波幅、平均位勢、平均長度、平均漲落比、階段長度比、非對稱性、波動性、協動性、逆轉性、持續性等經典週期特徵。

以圖3-1為例加以說明。一個完整的經濟週期由繁榮（B段）、衰退（BC段）、低潮（C段）、復甦（AB段與CD段）四個階段組成[2]。其中，波峰（B點）指增長率水準的最大值，代表經濟週期的復甦強度；波谷（C點）指增長率水準的最小值，代表經濟週期的衰退深度；波頻，即波動頻率，指既定時間內經濟週期發生的總次數，代表一國（或地區）經濟運行的穩定性；波幅，即波動幅度，指波峰與波谷之間的差額，代表經濟波動的劇烈程度；平均位勢，即波位，指每個週期內的平均增長率水準，代表每個週期內經濟增長的總體水準[3]；平均長度指既定被考察時期內每個經濟週期所經歷的平均長度，代表該段時期內每次週期的平均持續時間；平均漲落比指復甦階段的平均波幅與衰退階段的平均波幅之比，代表週期波動中復甦與低潮對於經濟增長趨勢線的偏離程度；階段長度比指同一經濟週期中，經濟處於復甦階段的時間與經濟處於衰退階段的時間的比率，代表一定歷史時期內經濟發展的基本狀況。

此外，經濟週期的非對稱性刻畫的是一個經濟週期內復甦時間和力度與衰退時間和力度的比較，表現為「緩升緩降」「緩升陡降」「陡升緩降」「陡升陡降」四種態勢；波動性刻畫的是一定時期內實際增長率水準與長期增長趨

---

[1] 肖前. 馬克思主義哲學原理：上冊 [M]. 北京：中國人民大學出版社，2017：178.

[2] 此處需要特別強調的是，不同於復甦與衰退兩個時間段概念，繁榮與低潮兩個階段既可能是一個時間點概念也可能是一個時間段概念，具體範疇需要根據特定的經濟現實情況加以判斷，並不具有規定性。

[3] 圖3-1中以AD段表示的平均位勢（即增長趨勢線）呈上升趨勢主要是一種廣義的刻畫，目的是體現經濟社會發展總體向好的態勢。如果從經濟增長的數量或質量的具體量化指標來看則尚存一定的不確定性。

勢的偏離程度，一般用消除趨勢後的增長率水準的標準差來衡量；協動性刻畫的是不同國家（或地區）以及不同經濟變量之間的相關性，衡量指標有相關係數、灰色關聯度等；持續性和逆轉性刻畫的是增長率水準通常在維持一段時間的某種狀態後又轉變為另一種狀態的情形，一般用消除趨勢後的自相關係數來衡量。

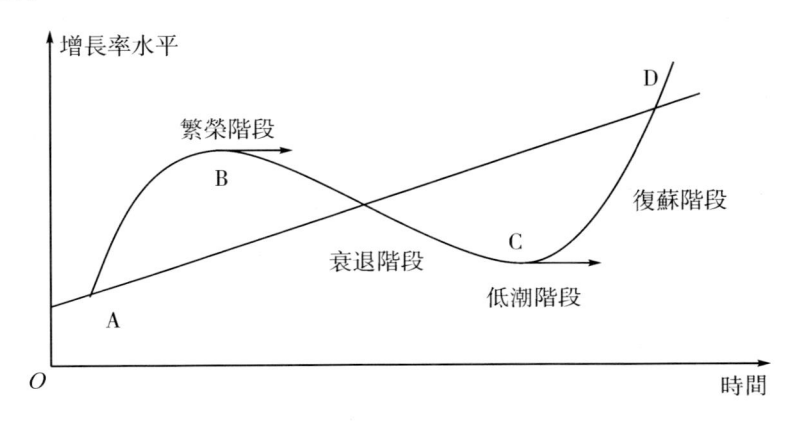

圖 3-1　中國社會主義經濟週期的階段劃分

其次，中國社會主義經濟的週期性波動同樣由內生性因素和外生性因素兩個方面的原因所引起，且時而受到某單一因素影響最大，時而為多重因素共同作用的結果。

通過上文對經濟週期理論發展的梳理我們得知，影響資本主義社會經濟週期性波動的因素既有內生的也有外生的，既有單一因素的衝擊也有多重因素的共同作用。其中，內生性因素主要是指經濟體制內部調節的失衡，相關理論主要包括相對價格理論、貨幣決定論、投資決定論、消費不足論、調節失靈論、經濟發展不平衡論等；外生性因素則是相對於內生性而言的，指經濟體制內部調節以外的因素，主要包括如太陽黑子、戰爭、政治事件、人口和移民的增長、新市場的拓展以及科技創新等。考慮到中國社會主義經濟週期同樣是在商品經濟和社會化大生產充分發展的條件下產生的，市場經濟的本質屬性決定了經濟內部調節的週期性失衡，意味著內生性影響因素的必然存在。同時，社會主義經濟體制機制的動態改革決定了政府作用的越位、缺位、失位等現象時有發生，而由此延伸出的一系列人口遷移、技術變革等外生經濟現象進一步加深了經濟運行的波動性。另外，從歷時 70 年之久的中國社會主義發展歷程來看，短週期、中週期、中長週期以及長週期的波動事實已得到了充分展現，且每次週期的影響因素都體現了一定的階段性和規律性。最具代表性的表現在於，短

3　新中國經濟週期的演變機制：一個理論分析框架　｜65

週期與中週期的影響因素較為複雜，週期之間差異性較為明顯，且受微觀主體行為與宏觀經濟政策兩個因素的影響最為突出；而中長週期與長週期的影響因素則較為穩定，一般與產業結構升級、技術創新等因素聯繫最為緊密。

（2）新中國經濟週期性波動的特殊性

首先，新中國經濟週期波動過程中不存在與資本主義等同的根本對抗性矛盾。資本主義經濟週期產生的根源在於資本主義生產資料私人佔有與社會化大生產之間的矛盾，這一矛盾具有根本的對抗性。

馬克思在《資本論》中主要運用矛盾分析法對資本主義經濟週期性波動的原因進行了系統詳盡研究，揭示了資本主義生產的主要矛盾是造成經濟週期波動的根本原因，矛盾的具體表現形式則對應著資本主義經濟週期波動的具體原因。分別來看，在《資本論》第一卷中，馬克思通過對資本主義生產過程的研究，揭露了資本主義生產過程中存在的生產無限擴大的趨勢與勞動者有支付能力的需求相對縮小之間的矛盾，由此得出了資本主義周而復始的生產相對過剩與消費相對不足是產生經濟週期波動的具體原因的結論；在《資本論》第二卷中，馬克思通過對資本主義流通過程的研究，認為由剩餘價值的實現問題而倒推出的資本主義生產過程還存在著個別企業內部生產的有組織性和整個社會生產的無政府狀態之間的矛盾，這一矛盾衝突所引起的週期性的比例失調同樣也是造成經濟週期波動的具體原因；在《資本論》第三卷中，馬克思從總體過程的視閾對資本主義生產的主要矛盾做了全面深刻的剖析，他認為「由資本形成的一般的社會權力和資本家個人對這些社會生產條件擁有的私人權力之間的矛盾」[1] 屬於資本主義生產的主要事實，同時強調資本家剝奪生產資料的對象不僅局限於生產者，資本家之間由於競爭產生的生產資料的剝奪也十分激烈，這也就表明在資本主義制度消亡之前，資本主義生產資料私人佔有的傾向將愈演愈烈，矛盾將更加尖銳、突出。

其次，中國社會主義反週期政策具有特殊性。資本主義制度下的反週期政策屬於盲目的、暫時的、暴力的解決政策。社會主義制度下的反週期政策則是中央政府在生產資料公有制的基礎上有計劃按比例的、全面可持續的、溫和的調控政策。

馬克思認為，「資本主義生產總是竭力克服它所固有的這些限制，但是它用來克服這些限制的手段，只是使這些限制以更大的規模重新出現在它面

---

[1] 馬克思. 資本論：第3卷 [M]. 北京：人民出版社，2004：294.

前」①，而只有資本才是「資產階級社會的支配一切的經濟權力」②。由此可以看出，儘管資產階級政府為消除經濟運行中的羈絆絞盡了腦汁，但無外乎隔靴搔癢。即使是在晚期資本主義，對有計劃的長期攤提或長期的投資計劃也是有天生的壓力的③，始終擺脫不了兩難的境遇：一方面，如果政府的調節職能發揮不充分，政府干預不足，自然不能有效地解決資本主義經濟運行中固有的難題（包括失業、生產過剩、貧富兩極分化、泡沫經濟等危機現象）；另一方面，在以私有制為主體這一根深蒂固的資本主義基本經濟制度下，如果政府干預力度較大，則勢必會危及甚至損害資產階級的利益。因此，任何有利於資產階級從根源上擺脫經濟危機的政策都會受到資產階級的極力反對，這一矛盾的對立性和尖銳性終將導致資本主義的滅亡。

中國作為社會主義國家，以生產資料公有制為主體的制度屬性成功避免了資本主義國家生產資料私有制的弊端，一定程度上克服了生產社會化與生產資料私人佔有之間的矛盾，為解放和發展生產力，實現共同富裕的目標提供了根本保證。張宇（2018）指出：「在社會主義制度下，國家具有了雙重屬性，一方面是政治機構和上層建築，另一方面是經濟機構和經濟基礎。」④ 也就是說，社會主義制度下的反週期政策具有一定的內生性特徵，不僅彰顯了作為政權的國家的強制力量，而且還表現出作為所有制經濟主體的動態調控能力，與資本主義制度下的反週期干預政策形成鮮明的對比。具體而言，中國社會主義反週期政策的特殊性和優越性可大致歸納為三點：一是政策制定具有自主性。不同於西方資本主義國家的反週期政策長期受到大資產階級利益群體的「蠱惑」與干擾，中國反週期政策的制定始終堅持將國家與人民的根本利益作為出發點和落腳點，不受其他任何階級利益的約束。二是政策手段具有多元性。中國的反週期政策手段不只局限於供給管理與需求管理兩個層面，而且還涉及市場、結構、生態以及社會保障等多個維度。特別是在中國社會主義進入新時代以後，反週期政策也必然會在深入貫徹新發展理念的基礎上，實現統籌經濟社會發展全局的作用。三是政策執行具有協動性。在反週期政策貫徹執行的過程中，國家作為「自由人聯合體」，作為佔據支配地位的國有經濟的「總協會」，充分具備及時調動社會各界資源進行統一配置以保障政策順利實施的能力。因此，中國社會主義經濟週期波動「可以在政府有效的宏觀調控下得到及時治

---

① 馬克思. 資本論：第3卷［M］. 北京：人民出版社，2004：278.
② 馬克思，恩格斯. 馬克思恩格斯全集：第30卷［M］. 北京：人民出版社，1995：49.
③ 曼德爾. 晚期資本主義［M］. 馬清，譯. 哈爾濱：黑龍江人民出版社，1983：265.
④ 張宇. 中國特色社會主義政治經濟學［M］. 北京：中國人民大學出版社，2018：145.

理和加以熨平」①。

再次,中國社會主義經濟危機具有特殊性。資本主義制度下經濟危機的爆發呈現出一定的週期性規律和必然性特徵,而社會主義制度下的經濟危機並不具有現實性,只是作為一種「防患於未然」的可能性存在著。

關於資本主義經濟危機的週期性和必然性,馬克思和恩格斯曾做過深刻的剖析,上文已經進行了歸納總結,在此不再贅述,只對社會主義制度下經濟危機的特殊性進行簡單說明。杜輝認為,「社會主義經濟中,波動是不可避免的,但危機卻不具有必然性」②,逄錦聚指出,「社會主義經濟發生超常波動,不具有客觀的必然性和週期的規律性……通過社會主義制度的自我完善,可以消除這種超常經濟波動」③。這裡的「超常經濟波動」即指經濟危機。吳純祉同樣表示,「社會主義經濟週期不會像資本主義經濟週期那樣表現為週期性的經濟危機」④。我們支持上述觀點,儘管社會主義經濟週期性波動屬於必然規律,但是經濟危機則屬於偶然現象,二者存在著本質的區別。毛澤東早在《讀蘇聯<政治經濟學教科書>的談話》中就已明確指出:「資本主義社會裡,國民經濟的平衡是通過危機達到的。社會主義社會裡,有可能通過計劃來實現平衡。」⑤ 其中最主要的原因可以歸結為社會主義國家與資本主義國家在經濟社會發展過程中所表現出的矛盾特點不同。資本主義制度下的生產資料私人佔有與社會化大生產之間的矛盾運動產生了資本主義經濟危機的根源與實質,由於這種矛盾具有不可調和的、衝突的對抗性質,資本主義經濟危機的週期性爆發成為必然。然而,在社會主義制度條件下,即便依然存在著生產力與生產關係、經濟基礎與上層建築之間的基本矛盾,但是這一矛盾具有可以調和的非對抗性質,因而只能引起經濟波動的週期循環。也就是說,社會主義經濟發展過程中的失衡屬於局部失衡,不需要以危機的形式予以解決。

總之,中國社會主義制度下的經濟週期波動與西方資本主義制度下的經濟週期波動之間既有聯繫又有區別,同時我們必須清醒地認識到聯繫是表象的,

---

① 劉詩白. 中國轉軌期經濟過剩運行研究 [M]. 成都:西南財經大學出版社,2000:65.
② 杜輝. 計劃體制下經濟週期研究的三大學派評介 [J]. 北京大學學報(哲學社會科學版),1990(2):123-129.
③ 逄錦聚. 社會主義存在經濟週期的理論觀點應予否定:兼論中國經濟波動的特徵 [J]. 中國人民大學學報,1992(1):10-15.
④ 吳純祉. 試論社會主義經濟週期 [J]. 四川師範大學學報(社會科學版),1999(1):30-34.
⑤ 毛澤東. 毛澤東文集:第8卷 [M]. 北京:人民出版社,1999:118.

區別是本質的。據此我們試圖提出「中式週期」①的說法，即中國的經濟週期階段並不必然包括危機階段，危機只是低潮的特殊階段，經濟增長率的絕對下降（負增長）只是作為一種偶然可能性存在，而不具有絕對的必然性。從而進一步推斷，中國的經濟週期波動主要表現為繁榮、衰退、低潮、復甦四個階段，且這一劃分對改革開放之前偶然出現的經濟增長率呈負增長的古典型經濟週期的階段類型同樣適用。

3.2.3　新中國經濟週期波動對經濟發展作用的兩重性

馬克思曾說道：「每一種經濟關係都有其好的一面和壞的一面。」② 經濟的週期性波動也是如此。我們認為，應該站在唯物辯證的角度看待中國社會主義經濟週期問題，深刻認識中國社會主義經濟週期波動對經濟發展作用的雙重性。在正確審視週期性波動會對經濟發展造成產品積壓、物價下跌、失業率上升、投資信心不足甚至社會動盪等消極負向影響的同時，也應該正視經濟的週期性波動對社會發展所產生的正向促進作用。

首先，社會主義制度下經濟的週期性波動有利於推動技術創新，促進生產力發展，實現產業結構的優化升級。

馬克思主義經濟週期理論的核心觀點表明，大規模固定資本的更新作為資本主義經濟危機週期性爆發的物質基礎，既為擺脫本輪危機提供了物質條件，又為下一輪危機的到來創造了物質前提。另外，馬克思在《資本論》中描述利潤率趨向下降規律時曾指出：「價格下降和競爭鬥爭也會刺激每個資本家通過採用新的機器、新的改良的勞動方法、新的結合，使他的總產品的個別價值下降到它的一般價值以下，就是說，提高一定量勞動的生產力……這樣，週期會重新通過。」③ 我們認為，這一論斷對社會主義中國的經濟週期同樣適用。也就是說，在經濟週期的衰退階段和低潮階段，在企業家之間紛紛受生產技術落後、成本高昂以及管理不科學等因素的影響而面臨倒閉破產的風險時，個別企業家為了提高企業競爭力、降低產品的個別價值以追求超額利潤而競相踏上了尋求技術創新與企業管理「良方」的道路。一方面，從單個企業的發展來看，企業家爭相增加科研投入的比重，通過採用「產學研」三位一體的生產

---

① 「中式週期」的提法主要是根據王志偉的「蘇式週期」，即蘇聯式的週期波動，與「南式週期」，即南斯拉夫式的週期波動的說法而相應提出的，絕非毫無根據的自編自篡。具體可參考：王志偉. 中國經濟週期及其理論的比較研究 [M]. 北京：經濟科學出版社，1998：135-137.
② 馬克思，恩格斯. 馬克思恩格斯選集：第3卷 [M]. 北京：人民出版社，2012：16.
③ 馬克思. 資本論：第3卷 [M]. 北京：人民出版社，2004：284.

模式力爭實現技術創新以降低生產成本，獨占產業鰲頭。隨著關鍵技術的突破與投入使用，相關技術產品如雨後春筍般應運而生，各企業家之間運用新一代科學技術成果的成本也隨之下降，企業產量短期內實現井噴式增長①，帶動經濟順利進入復甦與繁榮階段。另一方面，從整個產業的發展來看，經濟週期處於衰退和低潮期的最鮮明的表現就是社會產品的產能過剩，而產品的大量積壓必然會催生出許多落後產業或「僵屍企業」。為此，只有在鼓勵實現企業之間兼併重組以擴大企業規模，增強防風險能力的基礎上，淘汰落後產業、轉型升級傳統產業、培育發展戰略性新興產業、優化調整產業結構，才能帶動新一輪的週期復甦與繁榮。因此，經濟的週期性波動對於生產力水準的提高具有一定的促進作用，既有助於加快固定資本更新速度，推動技術創新和產業結構優化升級，又可以提高企業的競爭力，實現生產力水準的整體躍升。

其次，社會主義制度下經濟的週期性波動有利於充分發揮市場經濟的調節作用，加快資本時空轉移，保障經濟的健康、穩定、可持續發展。

王志偉認為：「從根本的意義上來說，經濟的週期波動，既是經濟本身發展不平衡、不穩定的表現，也是經濟本身借以實現調節的必然過程。」② 而市場經濟作為資源配置的一種方式，其主要特徵表現為貨幣化經濟，即主要以價格為中心軸來實現對經濟的調節。同時，價格作為價值的貨幣表現，隨商品供求總量和結構的變化而變化。也就是說，經濟體內週期性的供求不匹配將通過價格信號予以反應。當經濟處於復甦和繁榮階段時，對投資和借貸需求的進一步膨脹產生了刺激效應，市場通過自發的調節作用加快了資本的轉移，致使社會產品的價格呈現出普遍上升的趨勢，持久、溫和的通貨膨脹起到了「跨越或減輕整個時期的在擴張中的內在矛盾」③ 的作用。然而，市場調節的盲目性和逐利性又逐漸驅使大量的貨幣資本進入週轉速度快的暴利虛擬經濟領域，形成泡沫，產生歷歷可辨的衰退（或危機）傾向。當經濟處於衰退或低潮階段時，泡沫的破裂導致社會投資萎縮，產品生產過剩，大量閒置資源不能得以充分利用，種種跡象都直接表現為商品價格的普遍下降。此時，市場作為配置資源的「先行官」，通過價格機制、供求機制、競爭機制等多重調節作用再次打破了資源配置的時空界限，一方面通過長期投資和銀行信貸行為實現了資本盈

---

① 丁任重，徐志向. 新時期技術創新與中國經濟週期性波動的再思考 [J]. 南京大學學報（哲學·人文科學·社會科學），2018（1）：31.

② 王志偉. 中國經濟週期及其理論的比較研究 [M]. 北京：經濟科學出版社，1998：2.

③ 曼德爾. 資本主義發展的長波：馬克思主義的解釋 [M]. 張奎，劉衛，袁克，等，譯. 北京：商務印書館，1998：62.

餘到資本短缺的時間轉移；另一方面通過開發新市場擴大了資本營運的空間範圍，最終供求再次趨於平衡。如此循環往復，市場經濟的調節能力也就得到了相應的施展，從而為經濟的平穩健康發展提供了保障。

再次，正確認識社會主義制度下經濟週期性波動規律有利於把握經濟的發展態勢，強化政府反週期政策的針對性和有效性。

上文已經論證了社會主義經濟週期規律屬於自然規律的範疇，是與商品經濟的發展相伴而生的[①]。它的存在和發生作用具有一定的客觀性，我們只能認識、尊重、掌握和利用週期規律。例如，馬克思主義社會擴大再生產理論中提及，「在一切暫時遊離的追加貨幣都立即能動地作為追加貨幣資本執行職能的信用制度下，這種僅僅暫時遊離的貨幣資本可以被束縛起來」[②]，表明信用制度的發展對社會閒置資本的調配和優化利用具有一定的促進作用。當然，馬克思並沒有將認識局限於此，而是通過對經濟週期波動規律的進一步剖析，重新認識了隨著投機和信用事業的發展經濟體中存在著「信用掃地的危險」[③]。這也就意味著，只要信用制度的發展不能彌補貨幣在執行支付職能時存在的債務鏈條放大或縮小實體經濟的行為，信用制度的「雙刃劍」特徵無論在任何經濟制度下都無法根除，如果意識不到這一點或對信用制度的雙重性認識不足，勢必影響政府反週期政策的成效，導致更嚴重的蕭條。事實上，馬克思關於辯證看待週期規律的實例不一而足，這同時也對我們研究中國現實經濟週期波動的具體現實提出了更高的要求，只有準確、充分地認識和掌握了經濟週期規律，才能保證反週期政策的針對性和有效性，以實現對週期規律的合理利用。

3.3 新中國經濟週期演變機制的理論分析

對中國經濟週期性運行特徵認識的不同，勢必會造成對中國經濟週期波動現狀和波動趨勢的判斷的區別，從而使得反週期政策的構建與應用存在著一定的差異。新時代之初，隨著中國經濟發展進入新常態，社會各界關於中國經濟所處週期階段的爭論層出不窮，眾說紛紜，莫衷一是。基於此，我們認為首先

[①] 需要強調的是，全書關於社會主義經濟週期的論斷都是基於社會主義這一制度框架內提出的，經濟週期規律屬於自然規律的範疇指的是社會主義發展階段內的規律，這一規律並不是與生俱來的，而是在與商品經濟的發展相契合的條件下產生的。

[②] 馬克思. 資本論：第2卷 [M]. 北京：人民出版社，2004：584.

[③] 馬克思. 資本論：第1卷 [M]. 北京：人民出版社，2004：150.

應該以新中國經濟運行事實和波動經驗數據為依託，在理論上論證和闡明中國經濟週期波動的成因、類型及傳導機制等特徵，切實做到理論聯繫實際，才能保證判斷準確，運籌帷幄，對症下藥，從而實現標本兼治的最終目標。

3.3.1　新中國社會發展階段的劃分

新中國成立以來，已經歷了70年的發展歷史。在這期間，「無論是影響它的國家政治社會制度和國際政治經濟環境，還是本身的經濟制度、經濟體制、科學技術、產業結構，所經歷的變遷都是複雜而巨大的」①。基於此，要想實現對新中國經濟週期性波動的系統性研究，首要任務就是必須厘清新中國成立以來中國經濟社會發展所經歷的幾個不同階段。

首先，以改革開放為分水嶺，將社會發展劃分為改革開放前（1949—1978年）和改革開放後（1978年至今）兩個階段。與此同時，將改革開放後的以黨的十八大為臨界點的新時代（2012—2050年）作為第三個階段單獨列出，以突出新時代的研究主題。

一方面，習近平總書記在博鰲亞洲論壇2018年年會開幕式上特別強調：「改革開放是中國和世界共同發展進步的偉大歷程。」② 這就表明，將改革開放作為新中國經濟發展階段劃分的標誌具有一定的歷史意義。另一方面，「自從十八大以來，中國歷史開啓了一個有別於前兩個歷史時期的新的歷史時期」③，而這一「新的歷史時期」，就是中國特色社會主義進入了新時代。也就是說，新時代背景下，面臨著新的國際、國內錯綜複雜的政治經濟關係，中國經濟社會發展理論需要站在新的維度進行更深層次的研究。因此，將新時代作為一個特殊而又重要的社會發展階段單獨列出具有一定的時代意義。

其次，以重大歷史經濟事實與政府經濟政策為主線，將三個階段分別做了進一步的具體劃分。

一方面，關於改革開放之前的社會發展階段。新中國成立到改革開放的三十年間，中國不僅經歷了國民經濟復甦的曲折歲月，而且也在持續探索實現社會主義現代化的路徑和模式。在此期間，按照重大歷史事件發生的時間順序可將經濟發展劃分為國民經濟恢復階段（1949—1952年）、社會主義改造階段

---

① 鄭有貴．中華人民共和國經濟史（1949—2012）［M］．北京：當代中國出版社，2016：1.
② 參見：《習近平在博鰲亞洲論壇2018年年會開幕式上的主旨演講》，http://news.sina.com.cn/o/2018-04-10/doc-ifyuwqez8123281.shtml.
③ 朱佳木．深刻認識中國特色社會主義進入新時代的依據和意義：學習黨的十九大報告的一點體會［J］．馬克思主義研究，2017（11）：5-10，159.

(1953—1957年)、趕英超美「大躍進」階段(1958—1965年)、「文化大革命」階段(1966—1976年)、「撥亂反正」階段(1977—1978年)五個階段。另一方面,關於改革開放之後的社會發展階段。改革開放以後採取了漸進式改革的發展道路,主要表現為:先推行見效快的改革,後推行見效慢的改革;先推行難度小的改革,後推行難度大的改革;先推行淺層次的改革,後推行深層次的改革;先推行競爭性的改革,後推行壟斷行業的改革;先收縮政府機構的管理權限,後推行行政管理體制的改革;先側重於經濟體制改革,後深化到政治、文化、社會體制等一系列改革。鑒於此,按照改革的漸進邏輯,並以2008年國際金融危機的衝擊為界限,可以將改革開放後的發展階段劃分為改革開放啓動階段(1978—1984年)、改革開放全面實施階段(1984—1992年)、改革開放創新進取階段(1992—2002年)、改革開放逐步完善階段(2002—2007年)、國際金融危機及恢復階段(2008—2012年)[1] 五個階段。另外,關於新時代社會發展階段。習近平指出:「這個時代,是承前啓後、繼往開來、在新的歷史條件下繼續奪取中國特色社會主義偉大勝利的時代,是決勝全面建成小康社會、進而全面建設社會主義現代化強國的時代。」[2] 也就是說,黨的十八大以來,中國進入了嶄新的發展階段,這一階段的主要任務就是在全面建成小康社會的基礎上,實現社會主義現代化。而現代化的實現同樣需要採取循序漸進的方式,同樣存在由「基本實現」到「全面建成」的發展路線。因此,本書將新時代的發展階段劃分為全面建成小康社會階段(2012—2020年)、基本實現社會主義現代化階段(2020—2035年)、建成社會主義現代化強國階段(2035—2050年)三個階段。

再次,以經濟體制的演變為框架,將新中國社會發展階段劃分為社會主義計劃經濟體制時期(1949—1978年)、「轉軌期」(1978—1992年)以及社會主義市場經濟體制時期(1992年至今)三個階段。

特殊的歷史時期催生了特殊的經濟體制。一方面,新中國成立初期實行了高度集中的計劃經濟體制。受馬克思主義理論的深刻影響,面對工業化水準低下與資源稀缺的雙重壓力,實行高度集中的計劃經濟體制以優化資源配置、推動工業化進程就顯得尤為重要。在高度集中的計劃經濟體制的有效約束下,不僅建立了工業化的基礎,有力推動了新中國經濟的恢復與發展,而且促進了社

---

[1] 之所以將2012年作為國際金融危機恢復階段的最後一年是因為從2012年開始中國GDP增長率已經跌破了長期以來的8%的增長「底線」而進入了經濟發展的「新常態」時期。

[2] 習近平. 決勝全面建成小康社會 奪取新時代中國特色社會主義偉大勝利[N]. 人民日報, 2017-10-28(001).

會公共事業的大變革，創造了極其公平的社會環境。然而，與此同時，也造成了運行成本高築及束縛了廣大勞動人民的積極性和創造性的不良後果。另一方面，改革開放初期實行了計劃經濟與市場經濟並行的雙軌體制。面對高度集中的計劃經濟體制日益表現出的缺陷，同時伴隨著經濟基礎與上層建築的不相適應，改革開放後實行了由計劃經濟體制向市場經濟體制的轉換。但是，囿於改革的漸進性，體制轉換不可能一蹴而就，從而導致在很長一段時期內經濟運行中存在著雙軌制的矛盾和摩擦，且以 1984 年中國共產黨第十二屆三中全會提出要發展有計劃的商品經濟到 1992 年中國共產黨第十四次全國代表大會提出發展社會主義市場經濟這一階段矛盾尤為突出。1992 年，中國共產黨第十四次全國代表大會報告中指出，「要從根本上改變束縛中國生產力發展的經濟體制，建立充滿生機和活力的社會主義新經濟體制」，並明確表示，「中國經濟體制改革的目標是建立社會主義市場經濟體制。我們要建立的社會主義市場經濟體制，就是要使市場在社會主義國家宏觀調控下對資源配置起基礎性作用」。由此一來，中國經濟發展進入了社會主義市場經濟體制運行階段。

綜上所述，本書試圖以改革開放為「分水嶺」，以重大歷史經濟事實與政府經濟政策為主線，以經濟體制的演變為框架，在將新中國社會發展過程劃分為 3 個大階段的前提下，又分別將各個階段細化為 13 個具體階段，從而有助於實現對新中國經濟的週期性波動進行分時期、分階段的系統性研究。具體階段構成與時間跨度如表 3-1 所示。

表 3-1　新中國社會發展階段的劃分[①]

階段劃分	具體階段	時間跨度	經濟體制
改革開放前 （1949—1978 年）	國民經濟恢復階段	1949—1952 年	計劃經濟體制
	社會主義改造階段	1953—1957 年	
	趕英超美「大躍進」階段	1958—1965 年	
	「文化大革命」階段	1966—1976 年	
	「撥亂反正」階段	1977—1978 年	

---

① 改革開放前的經濟發展階段劃分參照：鄭有貴. 中華人民共和國經濟史（1949—2012）[M]. 北京：當代中國出版社，2016. 湯鐸鐸. 理解經濟週期：西方理論和中國事實 [M]. 北京：中國社會科學出版社，2016. 改革開放後經濟發展階段的劃分參照：丁任重. 新時期中國經濟發展道路研究 [M]. 成都：西南財經大學出版社，2013. 新時代的階段劃分參照：黨的十九大報告與朱佳木. 深刻認識中國特色社會主義進入新時代的依據和意義：學習黨的十九大報告的一點體會 [J]. 馬克思主義研究，2017（11）.

表3-1(續)

階段劃分	具體階段	時間跨度	經濟體制
改革開放後 （1978—2012年）	改革開放啓動階段	1978—1984年	雙軌制
	改革開放全面實施階段	1984—1992年	
	改革開放創新進取階段	1992—2002年	市場經濟體制
	改革開放逐步完善階段	2002—2007年	
	國際金融危機及恢復階段	2008—2012年	
新時代 （2012—2050年）	全面建成小康社會階段（新常態）	2012—2020年	
	基本實現社會主義現代化階段	2020—2035年	
	建成社會主義現代化強國階段	2035—2050年	

3.3.2 新中國經濟週期演變與社會發展階段的耦合

馬克思在《〈政治經濟學批判〉序言》中曾指出，「人們在自己生活的社會生產中發生一定的、必然的、不以他們的意志為轉移的關係，即同他們的物質生產力的一定發展階段相適合的生產關係。這些生產關係的總和構成社會的經濟結構」[1]。這就表明，馬克思在研究政治經濟學過程中所得到的，並且一經得到就用於指導他的研究工作的總的結果之一就是社會的一定發展階段的轉變與經濟結構的變遷之間存在著必然的聯繫。此外，馬克思還在《德意志意識形態》以及《經濟學手稿（1857—1858年）》等著作中，運用歷史唯物主義辯證法，結合資產階級社會的發展歷程，建立了社會發展階段理論[2]。由此來看，新中國社會主義發展過程中同樣存在著社會發展階段與經濟週期演變的某種必然關聯的可能性。

我們以實際國內生產總值（GDP）增長率以及實際人均GDP增長率[3]作為新中國成立以來中國經濟發展變化的衡量指標，具體變化趨勢如圖3-2所示。根據GDP增長率與人均GDP增長率的數量變化趨勢可以明顯看出，二者存在著顯著一致的同向週期性波動態勢，因此我們著重選擇以GDP增長率的波動趨勢來分析新中國經濟週期的演變過程。按照經濟週期的「峰—峰」法判斷準則，從圖3-2中可以大致推斷出新中國成立以來中國經濟發展經歷了

---

[1] 馬克思，恩格斯. 馬克思恩格斯選集：第2卷 [M]. 北京：人民出版社，2012：2-3.
[2] 丁東宇. 馬克思社會發展階段論新解 [J]. 理論探討，2012（3）：52-55.
[3] 為了剔除物價變動的影響本書用來衡量週期的指標均採用實際值。

12.5 次週期波動，分別為：1953—1956 年、1956—1958 年、1958—1964 年、1964—1970 年、1970—1973 年、1973—1975 年、1975—1978 年、1978—1984 年、1984—1987 年、1987—1992 年、1992—2007 年、2007—2010 年、2010 至今①。其中，改革開放之前經歷了 7 個完整的短週期，改革開放至今經歷了 5.5 個週期。

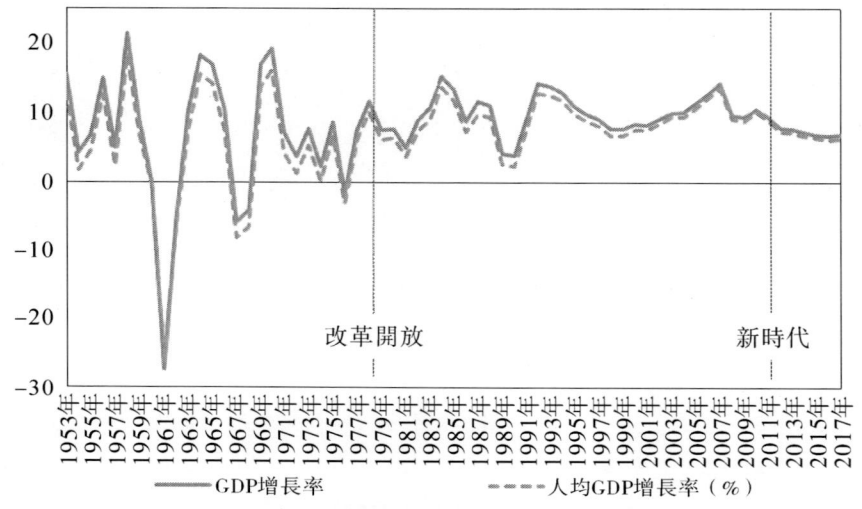

圖 3-2　新中國經濟增長率的變化趨勢

數據來源：國家統計局官方網站數據整理所得。

註：由於 1949—1952 年屬於戰後國民經濟恢復階段，所以這一期間的經濟增長情況不予考慮。

那麼，將各經濟週期階段與每個新中國社會發展階段的時間跨度進行對照來看。首先，改革開放前，除國民經濟恢復階段（1949—1952 年）以外，社會主義改造階段（1953—1957 年，即「一五」時期）對應著 1953—1956 年的週期階段；趕英超美「大躍進」階段（1958—1965 年）對應著 1958—1964 年的週期階段；「文化大革命」階段（1966—1976 年）對應著 1964—1970 年、1970—1973 年、1973—1975 年的週期階段；「撥亂反正」階段（1977—1978 年）對應著 1975—1978 年的週期階段。從這一組對照關係中可以發現，一方面，改革開放之前的新中國社會發展階段與經濟週期階段在時間跨度上表現出了一定的吻合特徵，這就初步表明新中國成立初期在中央高度集中的計劃經濟體制下所發生的一系列政治層面的活動嚴重影響了中國經濟層面的發展。另一

---

① 暫且認為當前階段正處於新一輪經濟週期的波谷。

方面，改革開放之前的社會發展階段與經濟週期階段在時間跨度上的吻合還表現出了很強的規律性，即每一個社會發展階段的最後一年都是下一個週期衰退階段的開始，而每一個社會發展階段的倒數第二年都對應著相應週期階段的峰值點。對於這一現象的初步解釋同樣要歸因於改革開放前的高度集中的計劃經濟體制。一是計劃經濟體制下，上層建築對於經濟基礎的作用強烈，經濟領域的運行完全由政策主導。由於每一個社會發展階段的最後一年都是舊的政策實施完成，新的政策或者新的歷史事件發生的年份，而處於轉折期的年份各經濟領域一般都懷有靜觀其變的心態，從而缺乏生產的積極性和主動性；二是由於新中國成立初期，經過戰爭摧殘的中國社會、經濟、文化、教育等各個領域百廢待興，人民生活水準低下且認知能力不足，從而使得毛澤東時代的廣大勞動人民群眾對中央政治決策有高度依賴和空前高漲的信任度。因此，每一項政府政策或者規劃的頒布，經過數年的執行都會得到超常的結果，以至於每個階段的倒數第二年都屬於經濟發展的波峰時期。

其次，改革開放後，改革開放的啟動階段（1978—1984年）對應著1978—1984年的週期階段；改革開放的全面實施階段（1984—1992年）對應著1984—1987年及1987—1992年的週期階段；改革開放創新進取階段（1992—2002年）與改革開放逐步完善階段（2002—2007年）對應著1992—2007年的週期階段；國際金融危機及恢復階段（2008—2012年）對應著2007—2010年的週期階段；當前正處於的新時代全面建成小康社會階段（2012—2020年）則對應著2010年至今的週期階段。從這組對照關係中則不難發現，一方面，改革開放以後，中國的社會發展階段與經濟週期階段在時間跨度上存在著完全的吻合，改革開放的四個階段完全對應著三個完整的經濟週期。這種由改革開放前的「基本吻合」轉變為改革開放後的「完全吻合」的主要原因可能是隨著改革開放的循序漸進，市場經濟體制發揮的作用逐漸增強，由此使得經濟機制內部因素對經濟運行的調節作用愈加明顯，加之經濟週期本身就是對經濟運行規律的概括，因而導致市場的調節決定了經濟週期的特徵。另一方面，2008年國際金融危機的爆發不僅打破了經濟週期與社會發展階段相吻合的規律，而且使得經濟週期表現出了新的波動特徵[1]。事實上，馬克思曾說道，「在週期性的危機中，營業要依次通過鬆弛、中等活躍、急遽上升和危機這幾個時期。雖然資本投入的那段期間是極不相同和極不一致的，但

---

[1] 當然，新的週期特徵出現的根源並不能完全歸因於國際金融危機的衝擊，但國際金融危機的作用仍不可小覷，且此處主要是將國際金融危機設定為重大歷史事實的時間節點。

危機總是大規模新投資的起點」①。2008 年由美國次貸危機而引發的世界性經濟危機亦是如此，這一輪週期影響範圍的廣度和深度以及不同國家受危機影響程度的差別直接決定了各國走出危機階段的速度和下一輪資本大規模投資的起點。

因此，綜合上述分析可以做出判斷，新中國成立以來中國經濟社會發展階段的變化與經濟週期的演變表現出了鮮明的耦合性，且這一耦合又存在一定的規律性，即由改革開放前的基本耦合轉變為改革開放後的完全耦合，進而新時代又表現出了新的尚待研究的耦合特徵。具體時間對照如表 3-2 所示。

表 3-2　新中國經濟週期階段與社會發展階段的對照

	社會發展階段	經濟週期階段
改革開放前 （1949—1978 年）	國民經濟恢復階段（1949—1952 年）	1953—1956 年 （1956—1958 年）
	社會主義改造階段（1953—1957 年）	
	趕英超美「大躍進」階段（1958—1965 年）	1958—1964 年
	「文化大革命」階段（1966—1976 年）	1964—1970 年
		1970—1973 年
		1973—1975 年
	「撥亂反正」階段（1977—1978 年）	1975—1978 年
改革開放後 （1978—2012 年）	改革開放啟動階段（1978—1984 年）	1978—1984 年
	改革開放全面實施階段（1984—1992 年）	1984—1987 年
	改革開放創新進取階段（1992—2002 年）	1987—1992 年
	改革開放逐步完善階段（2002—2007 年）	1992—2007 年
	國際金融危機及恢復階段（2008—2012 年）	2007—2010 年
新時代 （2012 年至今）	全面建成小康社會階段（新常態） （2012—2020 年）	2010 年至今

3.3.3　新中國經濟週期的演變機制：「三位一體」的時空轉換

熊彼特在《經濟發展理論》一書中曾就經濟週期與經濟危機產生的機制和根源提出過這樣的論斷：「恐慌大多是危機爆發的結果，而不是它的原因。這對諸如『投機狂熱』『生產過剩』等標語口號，也都是適用的……同樣地，

---

① 馬克思, 恩格斯. 馬克思恩格斯選集：第 2 卷 [M]. 北京：人民出版社, 2012：358.

个别商行的倒闭，生产的各个部门之间缺乏适当的联系，生产与消费的不一致性，以及其他诸如此类的要素，都是结果，而不是原因。在此种意义上不可能有判定危机的满意标准，这可以由下述事实看出：尽管根据这一主题的描述文献，一定次数的危机必定复现，但是除此而外，危机的个别内容细节就不再是互相符合的了。」① 这同时也就表明，对中国社会主义经济周期的影响因素以及产生机制的研究同样不能停留于经济运行的表象，表象只是结果。应该透过现象看本质，抓住问题的本源所在，厘清周期演变的因果关系。

事实上，19 世纪以来，伴随着 1876 年第一次资本主义经济危机的降临，世界范围内关于资本主义经济周期的理论研究便绵延不断。回顾上文对经济周期理论演变过程以及周期类型划分的叙述，可以从三个维度对经济周期的类型进行分类：一是从时间维度来看，可以分为短周期、中周期、中长周期与长周期四种类型；二是从影响因素的维度来看，可以分为创新周期、经济机制内部调节周期以及非经济因素周期；三是从经济总量下降情况的维度来看，可以将经济周期划分为古典型周期与增长型周期两类。但是，现有的、相对比较成熟的经济周期理论大多是以资本主义社会的经济运行为研究对象的，而对于中国这样的社会主义国家，经济周期的演变机制与影响因素究竟如何尚待进一步研究探讨。另外，从现有文献来看，国内关于周期判断标准的选择均以照搬西方标准为主，没有体现出中国经济运行的复杂性以及「中式周期」的特殊性。

鉴于此，笔者通过对新中国历来经济数据与经济社会发展现实的考察，认为新中国经济周期的演变机制主要体现为「三位一体」的时空转换（如图 3-3 所示）。其中，「三位」指的是三种经济周期类型，即三种经济周期的产生机制，分别为政治周期、经济机制内部调节周期及创新周期。而「一体」主要是指三种经济周期影响机制统一于整个新中国经济周期演变的全过程。同时，按照经济总量波动属性的划分标准，改革开放之前由于中国经济增长率存在着负值的情况，所以又可以将改革开放之前的经济周期划分为古典型经济周期，而改革开放以后则明显属于增长型经济周期②。除此之外，之所以认为三种周期类型存在时空转换主要是基于四个方面的原因。

一是政治周期、经济机制内部调节周期、创新周期三种周期类型分别对应

---

① 约瑟夫·熊彼特. 经济发展理论 [M]. 何畏，易家详，等，译. 北京：商务印书馆，2017：250-251.
② 王志伟曾将「文化大革命」作为经济周期类型转化的分界线，认为「文革」以前的经济周期属于古典型，「文革」以后是增长型。在此，我们姑且以改革开放为划分标准。具体可参照：王志伟. 中国经济周期及其理论的比较研究 [M]. 北京：经济科学出版社，1998：3.

著改革開放之前（1949—1978 年）、改革開放之後（1978—2012 年）、新時代（2012—2050 年）三個時期。也就是說，改革開放之前中國的經濟週期主要以政治週期為主導；改革開放之後中國的經濟週期突出表現為經濟機制內部調節週期；新時代，在新一輪技術革命的背景下，創新週期則屬於最為主要的週期形式。

二是從中國社會主義國家的政治制度來看，政府作為經濟運行的「守夜人」，加之五年發展規劃的部署，政治因素對於經濟運行的指導作用始終不容忽視。因此，將政治週期納入新中國經濟週期的演變機制十分必要。另外，需要指出的一點是，政治週期雖然一直存在，但是在不同的發展階段所起的作用不同。伴隨著社會主義市場經濟體制的確立與完善，同時市場經濟從起基礎性調節作用到起決定性作用，政治週期的作用逐漸式微，經濟機制內部調節以及技術創新的作用則日益凸顯（圖 3-3 中箭頭的粗細程度表示影響程度，線條越粗表示影響程度越大）。

三是改革開放以後，隨著市場經濟的內部調節作用的加深，催生了諸如貨幣決定論、自然資源供求失衡論、投資決定論、消費不足論、調節失靈論、經濟發展不平衡論等諸多經濟週期理論，而這些週期理論則部分地從短期、中期、中長期分別主導了經濟週期的波動特徵。此外，儘管經濟體制內部調節機制在改革開放後的影響顯著，但是，新時代，在新一輪技術革命的關鍵節點，創新週期則表現出了更重要的地位和作用，經濟機制內部調節週期的作用相對變弱（圖 3-3 中箭頭的粗細程度表示影響程度，線條越粗表示影響程度越大）。

四是新時代背景下，能否抓住新一輪技術革命的重要機遇，實現關鍵領域技術的重大突破，決定了中國未來經濟水準的發展方向。自從 2015 年 5 月 19 日國務院發布製造強國戰略第一個十年行動綱領——《中國製造 2025》以來，中國在實現自主創新型國家的過程中，取得了巨大成就。由此可以初步推斷，未來時期，創新週期勢必成為中國經濟運行過程的主要體現。而且創新週期一定程度上還可以推動制度的變革以及市場經濟體制的完善。另外，從 2012 年之前中國經濟的現實發展實際來看，製造業主要以勞動密集型的低端製造為主，產品附加值相對較低，因此創新週期的表現並不明顯（圖 3-3 中箭頭的粗細程度表示影響程度，線條越粗表示影響程度越大）。

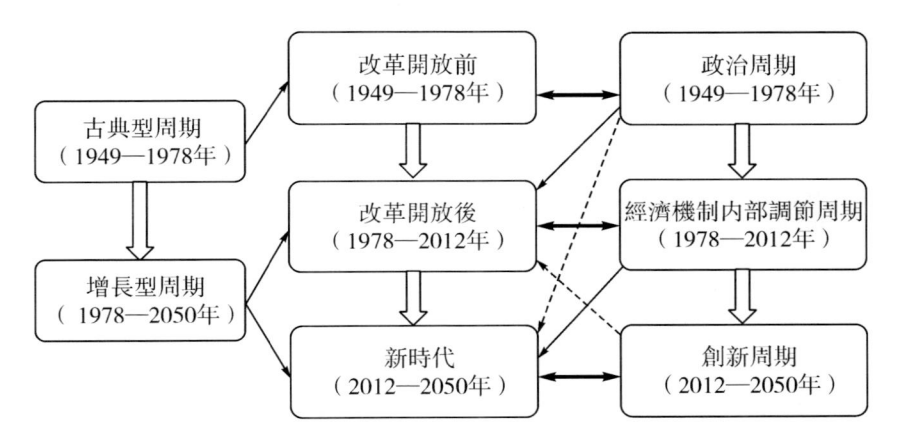

图 3-3 新中国经济周期演变机制的转换图式

然而，正如恩格斯所说：「逻辑的发展需要历史的例证，需要不断接触现实。」① 因此，上文对新中国经济周期演变机制的推断只是以逻辑思考的形式得出的，而要想得到深入的印证，必须以「典型的发展点」为界限，结合各经济社会发展阶段的详细史实和资料做出进一步说明。

（1）改革开放前新中国宏观经济波动的政治周期

新中国成立初期，中国宏观经济总体表现为完全短缺的状态。在经济基础薄弱、工业化水准严重滞后的客观历史背景下，中国在发展道路的选择上开始了新的探索，逐步建立了高度集中的计划经济体制。计划经济体制的建立可细分为三个阶段：一是 1949—1952 年社会主义计划经济体制的准备阶段（对应国民经济的恢复阶段），二是 1953—1957 年社会主义计划经济体制的建立阶段（对应社会主义改造阶段），三是 1958—1978 年高度集中的社会主义计划经济体制的完成阶段（对应「大跃进」「文化大革命」以及经济恢复阶段）。这一历时近 30 年的新中国经济周期波动是在以政治因素为主导的作用下进行的，表现出了显著的政治周期特征。

首先，从计划经济体制的准备阶段来看。在 1949 年中国的国民收入总额中，只有 12.6% 来自工业，68.4% 来自农业②。也就是说，新中国成立初期，中国尚处于典型的农业发展阶段，城市工人大量失业、农村居民生产资料匮乏的现象十分突出。为此，中央政府主要从三个方面进行了调整：一是没收官僚资本，建立国有经济。1949 年 1 月，中共中央发布了《关于接收官僚资本企

---

① 马克思，恩格斯. 马克思恩格斯选集：第 2 卷 [M]. 北京：人民出版社，2012：16.
② 郑有贵. 中华人民共和国经济史（1949—2012）[M]. 北京：当代中国出版社，2016：8.

業的指示》。同年9月頒布的《中國人民政治協商會議共同綱領》中指出，應「在國營經濟的領導之下，分工合作，各得其所，以促進整個社會經濟的發展」。二是穩定物價，統一國家財政經濟工作。1950年3月，政務院通過的《關於統一國家財政經濟工作的決定》明確表示：「除批准徵收的地方稅收外，所有關稅、鹽稅、貨物稅、工商稅的一切收入，均歸中央人民政府財政部統一調度使用。」① 三是進行土地改革，廢除封建土地所有制。1950年6月，中國共產黨第七屆三中全會通過的《中華人民共和國土地改革法》中指出，在土地分配過程中，「所有沒收和徵收得來的土地和其他生產資料，除本法規定收歸國家所有者外，均由鄉農民協會接收，統一地、公平合理地分配給無地少地及缺乏其他生產資料的貧苦農民所有」。從而極大調動了廣大農民的生產積極性，推動了農業生產力的恢復發展。此外，國家還採取了一系列諸如增加農業投資、興修水利、開墾荒田、制訂煤礦和鋼鐵生產計劃等其他發展工農業的措施。經過1949年到1952年的三年恢復階段，新中國的國民總收入從358億元增加到了589億元。期間，全國農林牧漁業總產值由326億元增加到了461億元。另外，1950年、1951年、1952年的國民收入增長率分別高達19.0%、16.7%、22.3%，實現了平均19.3%的經濟增速。

其次，從計劃經濟體制的建立階段來看。國民經濟的恢復階段促使國營經濟在國民經濟中所占的比重占據了絕對優勢，從而增強了政府干預經濟的能力，為「一五」計劃將中國社會經濟發展的根本任務定為集中力量優先發展重工業以及加快推進社會主義改造提供了政治保障。一方面，「一五」時期國家進行了大規模的基本建設投資，投資的主要方向就是工業企業，以致「一五」時期建築業和工業的增加值分別達到了平均20.5%和18.3%的高速增長，為整個國民經濟的發展做出了重大貢獻，表現出了典型的「建築週期」特徵（圖3-4）。另一方面，為實現工農業的協調發展，1953年12月中共中央通過了《關於發展農業生產合作社的決議》，自此以後，「初級農業生產合作社開始以極快的速度發展」②。然而，1954年，「由於推進過快，合作社的質量參差不齊，各地農民變賣農具、宰殺牲畜、要求退社的現象時有發生」③，以至於

---

① 財政部綜合計劃司. 中華人民共和國財政史料·第一輯·財政管理體制（1950—1980）[M]. 北京：中國財政經濟出版社，1982：36.

② 鄭有貴. 中華人民共和國經濟史（1949—2012）[M]. 北京：當代中國出版社，2016：21.

③ 鄭有貴. 中華人民共和國經濟史（1949—2012）[M]. 北京：當代中國出版社，2016：22.

1954年農林牧漁業的增加值增長率僅為3.70%，較1953年下降了近7個百分點，從而直接導致了GDP增長率的下降，宏觀經濟波動進入了衰退階段（見圖3-4）。鑑於此，1955年年初中共中央發布了《關於整頓和鞏固農業生產合作社的通知》，在「停、縮、發」三字方針的指導下，高級農業生產合作社運動又達到了高潮，推動經濟整體進入了復甦階段。另外，「一五」計劃後期，隨著社會主義改造過程中存在的多種弊端逐漸顯露、惡化[1]，經濟發展再次出現衰退，1957年農林牧漁業與建築業均表現出了較大幅度的負增長。儘管如此，自1957年對農業、手工業以及資本主義工商業改造的完成，中國已初步建立了高度集中的計劃經濟體制，統購統銷的物質管理方式、統收統支的管理體制以及對生產要素價格的集中統一定制都更進一步地增強了政府調動和配置資源的能力。

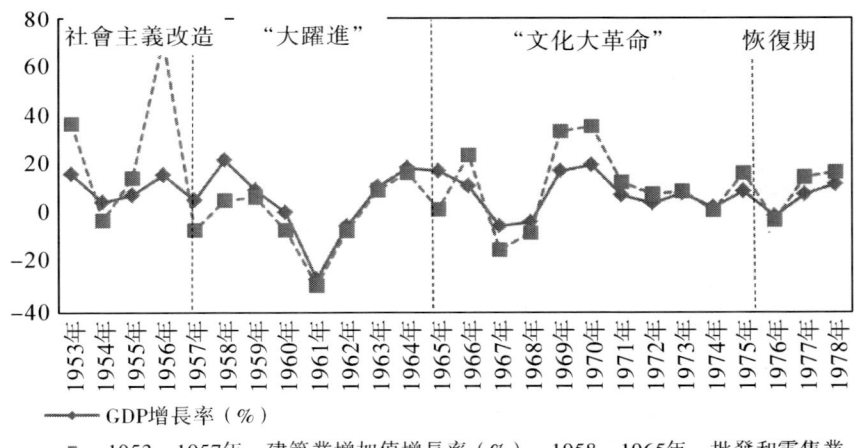

圖3-4 改革開放前新中國經濟週期演變過程

數據來源：國家統計局官方網站數據整理。

再次，從高度集中的計劃經濟體制的完成階段來看。1958年5月，中共八大二次會議的召開標誌著趕英超美「大躍進」運動的開始，「鼓足幹勁、力爭上游、多快好省地建設社會主義」的建設路線激發了工農業生產的積極性，

---

[1] 這些弊端主要表現為：「由於信息不充分而導致計劃的不盡合理，微觀經濟主體的積極性和主動性受到抑制，不論是企業還是農民的生產效率都有待提高，龐大的管理隊伍造成政府的行政成本不斷上升以致不得不一再精減人員等」（參見：鄭有貴. 中華人民共和國經濟史（1949—2012）[M]. 北京：當代中國出版社，2016：45.）。

推動1958年經濟增長率達到了21.3%的高峰值。然而，隨著「大躍進」運動在全國的進一步開展，「由於大煉鋼鐵和其他各種『大辦』，農村勞動力被大量抽走，農業生產受到嚴重影響」①，以及人民公社化運動致使「社員的自留地、家禽家畜、果樹及大型農具等收歸集體所有，家庭副業、小商小販以及集市貿易等也都被取消」②。如圖3-4所示，這一現象集中體現在批發和零售業的經營狀況的衰退上。因為該階段造成了社會資源的浪費和商品經濟生產積極性的不足，從而嚴重抑制了國民經濟的增長。面臨1961年中國批發和零售業增加值增長率降低至新中國成立以來最低的-29.88%的困境，中共八屆九中全會提出了「調整、鞏固、充實、提高」的八字方針，及時糾正了「浮誇風」的蔓延，扭轉了經濟衰退的局面。在此期間通過允許和鼓勵發展家庭副業以及提高糧食等農副產品的收購價格等方式，促進了商品市場的恢復發展，使得1965年批發和零售業增加值達到了28.03%的峰值點，國內生產總值也實現了17%的高增長率。由以上分析可以看出，「大躍進」時期經濟的波動很大程度上是在中央政治力量的引導下進行的。

另外，1966年5月發布的《中國共產黨中央委員會通知》表示中國開始進入了「文化大革命」時期，各地陸續掀起的「造反」熱潮，使剛剛步入正軌的國民經濟再一次遭到重創。特別是工業企業部門最為嚴重，1967年和1968年全國工業增加值增長率分別為-15.95%和-9.92%。隨後，受中共九大的政治影響，1969年工業發展逐漸好轉，國民經濟才稍趨穩定。直至1970年，伴隨著《一九七〇年計劃和第四個五年國民經濟計劃綱要（草案）》的頒布，全國GDP增長率達到了19.3%的峰值。然而，好景不長，「到1970年，又開始了一場以向地方盲目下放權力為主要內容的經濟體制的大變動」③。激進式的下放過程不僅擾亂了企業的生產秩序，而且造成了中央與地方之間管理的脫節，再度激起了地方經濟生產的冒進行為，從而使經濟又轉入了衰退期。1973年和1975年在周恩來、鄧小平的分別帶領下，國民經濟進行了兩次調整，抑制了經濟的進一步衰退。而1976年的「反擊右傾翻案風」則把經濟重新帶到了負增長的境地。「文化大革命」以後，為了重整經濟發展思路，1977年中共

---

① 鄭有貴. 中華人民共和國經濟史（1949—2012）[M]. 北京：當代中國出版社，2016：55.

② 鄭有貴. 中華人民共和國經濟史（1949—2012）[M]. 北京：當代中國出版社，2016：57.

③ 鄭有貴. 中華人民共和國經濟史（1949—2012）[M]. 北京：當代中國出版社，2016：100.

中央通過了《關於一九七七年國民經濟計劃幾個問題的匯報提綱》，從經濟思想的領域進行了一次「撥亂反正」，為國民經濟的恢復調整提供了指導思想。總體來看，儘管 1966—1976 年中國經濟發展受政治干擾存在波動，但是「一手抓革命，一手抓生產」的政治號召減少了革命對經濟發展造成的衝擊，使得 1966—1976 年的經濟波動性低於社會主義改造時期。由此可見，十年政治動亂在一定程度上直接影響了國民經濟的健康發展，導致了經濟的週期性波動。

綜上所述，改革開放之前新中國的宏觀經濟發展表現出了典型的政治週期特徵。在政治週期的主導作用下：①國民經濟恢復階段，農業經濟的恢復發展為國民經濟的發展奠定了基礎；②社會主義改造階段，建築業的產值增長率波動與國民經濟的波動趨勢呈現出了一致性；③「大躍進」階段，批發和零售業增加值增長率與國民經濟的波動趨勢呈現出了一致性；④「文化大革命」及恢復階段，工業增加值與國民經濟的波動趨勢呈現出了一致性。

（2）改革開放後中國宏觀經濟波動的經濟機制內部調節週期

1978 年中國進入了改革開放的新時期，宏觀經濟逐漸實現了由不完全短缺到一般經濟過剩的轉變。隨著中央逐漸將工作重點向經濟建設傾斜，對經濟體制改革的探索也慢慢展開。以 1992 年中共十四大為分水嶺，可以將社會主義市場經濟體制建立的整個階段分為轉軌期和市場經濟體制兩個時期。在這期間，無論是政治週期①、經濟機制內部調節週期以及創新週期都對經濟波動造成了不同程度的影響，且以經濟機制內部調節週期為主。因此，下文試圖將改革開放後的總體過程分兩個時期和三個方面來展開具體分析。

第一個時期：由計劃經濟體制到市場經濟體制的轉軌期（1978—1992 年）。

首先，從制度週期的角度來看。雖然改革開放以後制度週期的作用較經濟機制內部調節週期以及改革開放以前的政治週期的作用表現出逐漸式微的傾向，但是對宏觀經濟波動的影響依然不容小覷，起到了關鍵的引導作用，特別是經濟體制的轉軌期，傳統計劃經濟體制的成分依然存在。中共十一屆三中全會以後，商品經濟得以恢復發展，單一公有制開始轉向多種所有制經濟並存，群眾利益得到了充分重視，激發了經濟活力。特別是 1984 年中央提出關於「社會主義經濟是以公有制為基礎的有計劃的商品經濟」的體制定位，為改革

---

① 需要明確的是，改革開放以後的政治週期不同於高度集中的計劃經濟時期的政治週期。前者主要表現為制度的變遷對於經濟週期波動的影響，而後者則突出體現為政治指令的強制性變更對經濟波動的直接衝擊。

开放后的增长型週期提供了切實的制度保障。一方面,農村家庭聯產承包責任制的成功實施,不僅促進了農業經濟的發展,對其他領域的改革起到了示範效應,而且為改革的深入推進提供了自信。另一方面,「辦好經濟特區,增加對外開放城市」① 的政策導向不僅廣泛吸引了國內外投資,而且引進了先進的技術和科學的管理經驗,使中國建立起了內外聯動的外向型經濟發展機制。此外,隨著國有企業「撥改貸」「利改稅」等各項政策的陸續出抬以及1981年國務院頒布的《關於城鎮非農業個體經濟若干政策性規定》的執行,逐漸釋放了企業經營管理的自主權,初步實現了多種所有制經濟的共同繁榮發展。

　　其次,從經濟機制內部調節週期的角度來看。經濟體制轉軌期,在計劃經濟體制與市場經濟體制的雙重作用下,經濟發展過程呈現出總量失衡的態勢,主要表現為不完全短缺。特別地,在轉軌初始階段,「經常性的短缺運行和『一快就漲』」② 的特徵並沒有消失。與改革開放前高度集中的計劃經濟時期不同③,雙軌制時期經濟總量的不平衡屬於有效供給不足與有效需求旺盛而導致的不平衡。一方面,就供給角度而言。儘管中共十二屆三中全會通過的《中共中央關於經濟體制改革的決定》為後來的經濟增長提供了制度保障,但是,國有企業的表層性改革並不能從根本上激發企業的創新活力,使得國有企業依然存在著效率低下、產品陳舊、品種單一以及貨不對路等問題;漸進式改革模式下,市場機制與計劃機制的調節作用出現了脫節,「恰當的投資規模、合理的投資結構」的戰略構想在實踐中更多地表現為盲目擴張的低水準、重複性投資;市場化改革是按照農業、鄉鎮企業、集體企業、個體私營企業以及國有企業的順序進行的,而以提供投資物品和日用消費品為主營業務的國有企業改革的滯後勢必會加劇投資品的供應不足④。上述情況的疊加,最終導致了有效供給不足的局面。另一方面,就需求角度而言。20世紀80年代,「在傳統的就業、住房、醫療、養老、子女就學等國家大包攬的體制結構下,人們

---

① 鄧小平. 鄧小平文選:第3卷 [M]. 北京:人民出版社,1993:51.
② 劉詩白. 中國轉軌期經濟過剩運行研究 [M]. 成都:西南財經大學出版社,2000:50.
③ 在此,有必要對改革開放前計劃經濟時期的總量失衡現象予以解釋說明:一是改革開放前高度集中的計劃經濟體制完全遏制了企業的生產活力,按計劃生產以及物資由政府統一調撥的政策規定限制了企業的創新,造成了產品質量低劣和有效供給不足的後果。二是根據國家統計局的數據來看,改革開放前中國人均國內生產總值僅從1952年的119元增加到了1978年的385元,平均只有235.8元,從而導致居民消費水準從1952年的80元只增加到了1978年的184元,平均只有132.3元,社會需求不足現象明顯。因此,總體來說,改革開放前的總量失衡屬於有效供給不足與有效需求不足並存的失衡。
④ 劉詩白. 中國轉軌期經濟過剩運行研究 [M]. 成都:西南財經大學出版社,2000:54-55.

『無後顧之憂』，從而缺乏消費的自我抑制，人們的消費慾望強烈，從而在改革增強企業活力，活力帶來收益增長，企業收入向職工傾斜的轉軌初始階段，出現了一個消費快速增長的浪漫主義的時期」①。國家統計局的數據顯示，1978—1992年的轉軌期，中國居民消費水準從184元增加到了1,057元，增長程度高達474.5%。其中，農村居民消費水準從138元增加到了701元，增長了408%；城鎮居民消費水準從405元增加到了2,009元，增長了396%。基於此，1981年黨的十一屆六中全會指出：「在現階段，中國社會的主要矛盾是人民日益增長的物質文化需要同落後的社會生產之間的矛盾。」這就再一次表明，有效需求過剩是轉軌期經濟運行的一個突出特徵。

再次，從創新週期的角度來看。改革開放以來，以鄧小平同志為核心的黨中央領導集體對技術創新在經濟社會發展中所起的作用給予了高度重視。1978年3月18日，鄧小平在全國科學大會開幕式上的講話中指出，「四個現代化，關鍵是科學技術的現代化」「科學技術作為生產力，越來越顯示出巨大的作用」②。同年9月，在聽取中共鞍山市委負責同志匯報時他再次強調，「引進技術改造企業，第一要學會，第二要提高創新」「引進先進技術設備後，一定要按照國際先進的管理方法、先進的經營方法、先進的定額來管理」③。在此期間，推動技術創新的環境土壤已初步形成，各項鼓勵政策紛紛出抬。然而，囿於教育系統欠完善，同時中國當時以勞動密集型產業為主導的發展模式極大地限制了技術創新的水準，引進來的機器設備很難實現進一步創新改造。技術市場成交額的數據顯示，1988年、1989年、1990年以及1991年，中國技術市場成交額分別為72億元、81億元、75億元、95億元，而1992年、2012年和2016年的該項數據則為142億元、6,437.07億元和11,407億元。此外，按貿易方式和商品類別來看全國進出口貿易總額（見表3-3），1989年之前無論是一般貿易還是加工貿易均以進口為主，工業製成品的出口總額在很大程度上也低於進口總額。20世紀80年代，中國出口的優勢主要在於初級產品。因此，總體來看，創新對於經濟週期波動的影響較弱。

---

① 劉詩白. 中國轉軌期經濟過剩運行研究 [M]. 成都：西南財經大學出版社，2000：54.
② 鄧小平. 鄧小平文選：第2卷 [M]. 北京：人民出版社，1994：86-87.
③ 鄧小平. 鄧小平文選：第2卷 [M]. 北京：人民出版社，1994：129-130.

表 3-3　按貿易方式和商品類別分全國進出口貿易總額

單位：億美元

年份	按貿易方式分				按商品類別分			
	一般貿易		加工貿易		初級產品		工業製成品	
	出口	進口	出口	進口	出口	進口	出口	進口
1981 年	208.00	203.66	11.31	15.04	102.48	80.44	117.59	139.71
1982 年	222.45	188.85	0.53	2.76	100.50	76.34	122.71	116.51
1983 年	201.60	187.68	19.44	22.72	96.20	58.08	126.06	155.82
1984 年	231.62	238.49	29.29	31.47	119.34	52.08	142.05	222.02
1985 年	237.30	372.72	33.16	42.74	138.28	52.89	135.22	369.63
1986 年	250.95	352.07	56.20	67.03	112.72	56.49	196.70	372.55
1987 年	296.43	287.72	89.94	101.91	132.31	69.15	262.06	363.01
1988 年	326.22	352.04	140.60	151.05	144.06	100.68	331.10	452.07
1989 年	315.52	356.14	197.85	171.64	150.78	117.54	374.60	473.86
1990 年	354.60	262.00	254.20	187.60	158.86	98.53	462.05	434.92
1991 年	381.20	295.40	324.20	250.30	161.45	108.34	556.98	529.57
1992 年	436.80	336.20	396.20	315.40	170.04	132.55	679.36	673.30

數據來源：新中國六十年統計資料匯編全國總編。

第二個時期：社會主義市場經濟體制確立與深化時期（1992—2012 年）。

首先，從制度週期的角度來看。1993 年中共十四屆三中全會通過了《中共中央關於建立社會主義市場經濟體制若干問題的決定》，對國有企業改革、農村經濟體制的完善、現代企業制度的建立、市場經濟體系的培育以及政府職能的轉變等諸多具體領域進行了詳細規劃部署，推動中國掀起了新一輪改革開放的熱潮，更進一步地激發了市場活力，提升了資源配置效率，從而為中共十四大（1992 年）至中共十五大（1997 年）期間實現平均 11.9% 的 GDP 增長率提供了制度保障。然而，受 1997 年亞洲金融危機和 1998 年中國特大洪澇災害以及結構性和體制性因素的影響，導致 1999 年 GDP 增長率降低到了 7.7% 的谷點。這一背景下，國家通過實行積極的財政政策和穩健的貨幣政策短期內保證了經濟回暖復甦。之後，中共十六大提出了轉變經濟發展方式的戰略任務，標誌著改革開放進入了完善階段。中共十六大（2002 年）至中共十七大（2007 年）期間 GDP 增長率重新回到了平均 11.25% 的高速增長。此外，儘管

2008 年國際金融危機給中國經濟帶來了一定的衝擊，但是在政府宏觀調控政策的引導下，2008—2012 年仍然實現了平均 9.42% 的高速增長。由此來看，制度週期在市場經濟體制時期同樣發揮著很大的作用。

其次，從經濟機制內部調節週期的角度來看。市場經濟體制確立與深化階段，中國宏觀經濟失衡的主要表現在於有效供給不足與有效需求不足並存，且突出表現為受到有效供給不足制約的有效需求不足從而產生的一般經濟過剩。

一方面，就供給側而言。20 世紀末和 21 世紀初，中國有效供給不足現象主要體現為：①一般商品和服務的數量稀缺、質量較差、種類單一、結構不合理而導致的無效供給過剩；②投資品中的高附加值工業製成品以及優質中間產品的供給不足；③制度類公共物品與基礎設施類公共物品的供給不足[1]。而這一問題的成因則可歸結為市場經濟體制建立階段，由於市場化程度不高、體制機制不健全而造成的重複建設和過度競爭，不僅抬高了產品的價格，催生了投機倒把行為和假冒偽劣產品的不斷湧現，而且阻礙了產業結構優化升級的進程，抑制了社會的創新活力，並最終導致 1999 年中國經濟運行進入了低潮期。之後，從 2001 年中國加入 WTO 開始，伴隨著「十五」規劃中提出的「要以市場化、產業化和社會化為方向，增加供給，優化結構，拓寬領域，擴大就業，加快發展服務業」的戰略部署以及社會主義市場經濟體制的逐步完善，「十五」時期中國有效供給不足的問題得到了一定的緩解。此外，2008 年國際金融危機的爆發進一步遏制了無效供給的肆意擴張，總需求問題成為宏觀經濟管理的重點[2]。

另一方面，就需求側而言。中國著名經濟學家劉詩白教授曾對轉軌時期的中國經濟過剩運行進行了分析，他認為，中國「自 1997 年以來[3]，一方面因經濟持續高增長，出現總供給的不斷增大……另一方面由於企業和社會投資不振，加之以消費萎靡，出現投資需求落後於投資物品和消費品的增長」[4]，由此產生了「轉軌經濟中機制性的有效需求不足」[5] 的結果。通過圖 3-5 中市場經濟體制確立與深化階段三大需求對 GDP 增長的拉動作用可以看出，國外需求對中國 GDP 增長的拉動作用相對較小，而消費需求和投資需求對 GDP 增長的拉動作用則表

---

[1] 具體表現可參照：臧旭恆，曲創. 公共物品供給不足對中國消費需求的制約 [J]. 經濟理論與經濟管理，2002（6）：12-14. 崔建華. 中國現階段有效供給不足的表現、成因及治理對策 [J]. 當代財經，2002（2）：15-19. 胡培兆. 論有效供給 [J]. 經濟學家，1999（3）：3-9.

[2] 劉霞輝. 供給側的宏觀經濟管理：中國視角 [J]. 經濟學動態，2013（10）：9-19.

[3] 註：此處的時間段僅指 1997 年至 2000 年，而不是至今。

[4] 劉詩白. 中國轉軌期經濟過剩運行研究 [M]. 成都：西南財經大學出版社，2000：38.

[5] 劉詩白. 中國轉軌期經濟過剩運行研究 [M]. 成都：西南財經大學出版社，2000：39.

现出了此消彼長的態勢，且投資需求和消費需求的拉動作用較1992年和1993年均出現了不同程度的下降。根據國家統計局的數據計算發現，2002年全國億元以上商品交易零售市場成交額增長率從2001年的9.46%大幅度下降到了-14.88%。此外，如圖3-6所示，1994年以後全社會固定資產投資增長率持續位於較低水準。受國家政策變動的影響，國家預算內的資金增長率與利用外資的增長率出現了幾次大幅度波動，而自籌和其他資金增長率的波動性則相對較為有限，並未發生較大改觀。究其原因，主要由於在市場經濟改革深入推進的過程中，經常性的制度變遷所引起的階段性錯位不僅造成了城鎮居民的失業和農民收入增長的滯後，而且一定程度上限制了社會投資的熱潮。

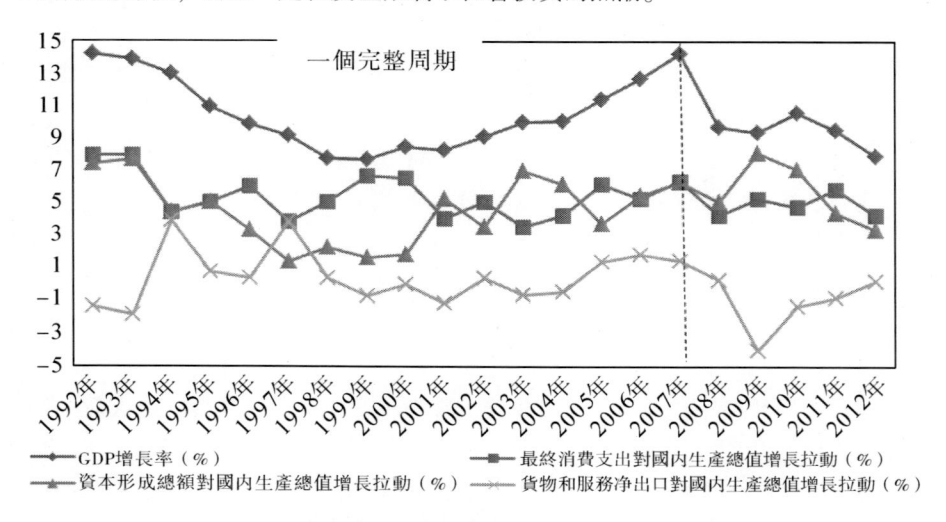

圖3-5　市場經濟體制確立與深化階段三大需求對GDP增長的拉動

數據來源：國家統計局官方網站數據整理。

再次，從創新週期的角度來看。隨著「八五」計劃綱要明確了「技術改造是提高經濟效益的主要手段」的論斷，到「九五」時期提出「經濟建設必須依靠科學技術，科學技術工作必須面向經濟建設」以及「十五」計劃「推進科技進步和創新，提高持續發展能力」的要求，再到「十一五」時期「加快科學技術創新和跨越」「努力建設創新型國家和人力資本強國」的戰略部署，市場經濟體制確立與深化階段中國的技術創新水準逐漸增強。根據圖3-7中部分國家研發支出占GDP比例的變動趨勢就可以看出，雖然1996—2012年中國研發支出占GDP的比例持續低於美國、法國及日本等發達國家，但是一直處於追趕狀態。就國內部分產品出口額增長率的對比來說（見圖3-8），在存在一定波動的情況下，高技術產品出口額增長率明顯高於初級產品、工業製

成品、輕紡產品、橡膠製品礦冶產品及其製品出口額的增長率。這就說明，儘管 1992—2012 年的 20 年間，中國技術創新水準還不足以成為影響中國經濟週期性波動的最主要因素，但是伴隨國家創新戰略的進一步實施以及新一輪技術革命的悄然而至，新時代的國民經濟發展勢必會被創新主宰。

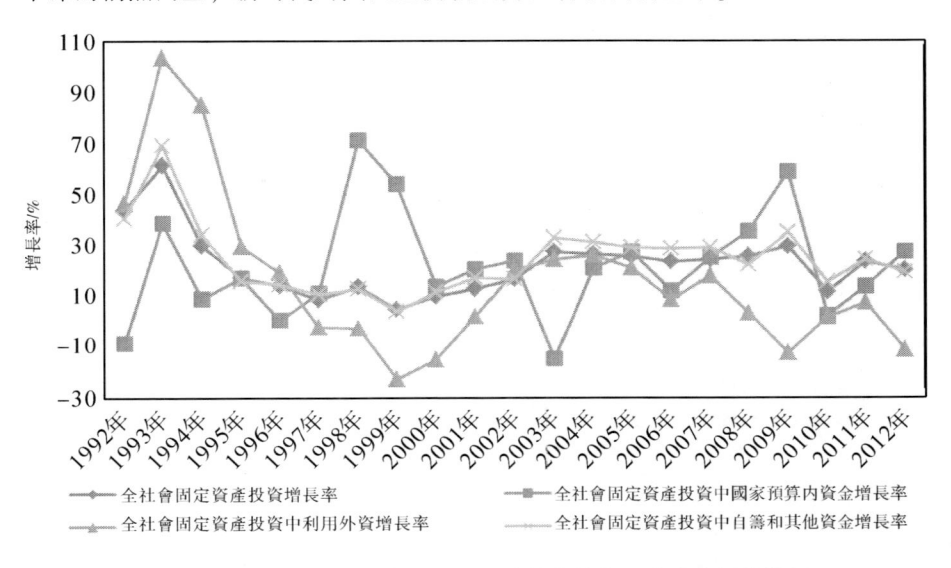

圖 3-6　市場經濟體制確立與深化階段全社會固定資產投資情況

數據來源：國家統計局官方網站數據整理。

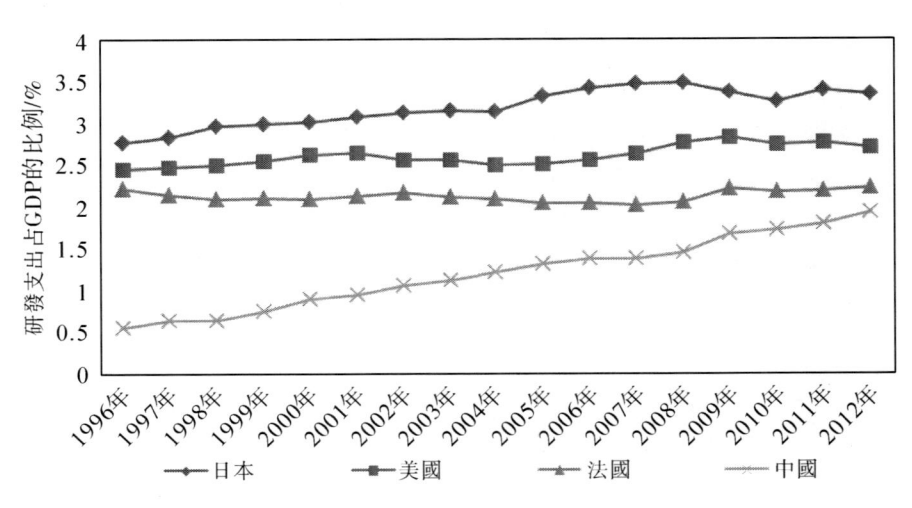

圖 3-7　1996—2012 年部分國家研發支出占 GDP 的比例

數據來源：世界銀行官方網站數據整理。

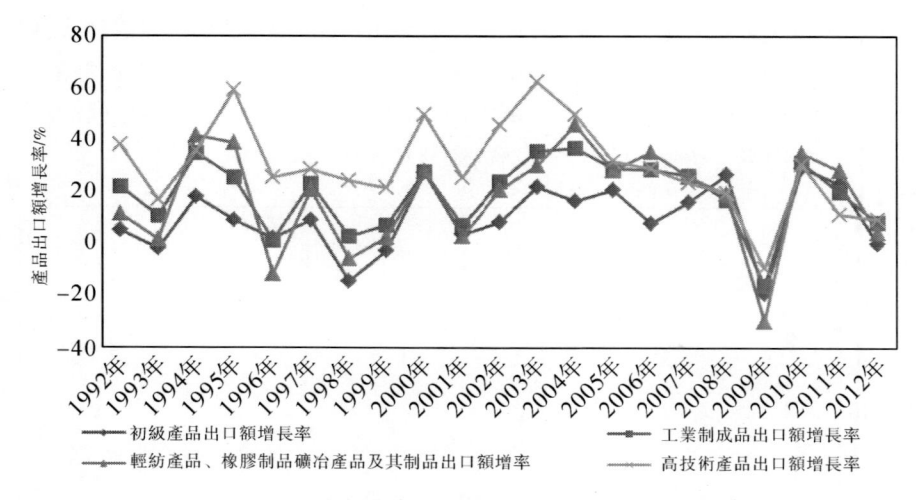

圖 3-8 市場經濟體制確立與深化階段部分產品出口額增長率

數據來源：初級產品、工業製成品、輕紡產品、橡膠製品礦冶產品及其製品出口額數據來源於國家統計局；高技術產品出口額數據來源於中國經濟與社會發展統計數據庫。

總之，正如劉詩白教授所說的，「在實行社會主義市場體制條件下，會有需求不足以及通脹出現的可能性，但是借助於發達的市場機制以及有效的政府調控，這種供求失衡有可能得到緩解和治理，使總量不均衡成為暫時的和過渡性的，就經濟運行來看會呈現出小的波幅，但不至於出現大起大落」[①]。這就進一步解釋了1992年以後中國經濟週期波動呈現出「緩升緩降」特徵（見圖3-2）的主要原因。

（3）新時代中國宏觀經濟波動的創新週期

中共十八大以來，在習近平新時代中國特色社會主義思想的引領下，伴隨著市場在資源配置中所起的決定性作用的加深，政治週期和經濟機制內部調節週期依然會對中國宏觀經濟的週期性波動產生很大的影響（關於新一輪技術革命背景下政治週期和經濟機制內部調節週期的變化將在第5章進行詳細論證，在此不贅述）。但是，筆者認為，相比較而言，新時代技術創新週期才是中國抓住機遇，擺脫經濟衰退階段的關鍵所在。在新一輪技術革命的影響下，經濟總量的失衡具體表現為「複雜經濟過剩」[②]。

---

① 劉詩白. 中國轉軌期經濟過剩運行研究［M］. 成都：西南財經大學出版社，2000：50.

② 「複雜經濟過剩」概念的提出主要是相對於一般經濟過剩而言的。筆者認為，新一輪技術革命的影響將比以往任何一次的技術革命都要深遠和廣泛（具體論述見第5章），因而無論是供給方面還是需求方面都會發生新的重大變化，以至於經濟總量的表現也將更加複雜。

首先，全球性的第四次工業革命是中國重新實現經濟高速增長的重要機遇。2008 年國際金融危機促進了全球產業結構的重新洗牌，「以大數據、生物、腦科學、新能源、量子通信、智能製造等為代表的產業領域不斷出現新的突破」①，世界各國都在爭相搶占科技制高點。正如世界經濟論壇創始人兼執行主席克勞斯·施瓦布所說的，「我們正在經歷一場具有自身特性的第四次革命」，且「在當今科技飛速發展的新時代，中國制定了國民經濟和社會發展第十三個五年規劃，充分具備了成為時代先鋒和全球領頭羊的條件」②。也就是說，在第四次工業革命來臨之際，如何抓住技術創新的重大機遇，實現產業結構的轉型升級比以往任何時期都更為關鍵，這在很大程度上決定了新時代中國宏觀經濟週期波動的態勢。

其次，轉變經濟增長方式，追求高質量的創新發展是符合新時代中國國情的現實要求。2013 年 9 月，習近平總書記在十八屆中央政治局第九次集體學習時的講話中指出，「創新驅動是形勢所迫……我們必須及早轉入創新驅動發展軌道，把科技創新潛力更好釋放出來」③。事實上，改革開放以來的很長一段時期內，粗放型的經濟發展方式著實推動了經濟的高速增長，但同時也帶來了諸如環境惡化、資源枯竭、生態失衡等問題。「現在，人口老齡化日趨發展，勞動年齡人口總量下降，農業多餘勞動力減少，在許多領域中國科技創新與國際先進水準相比還有較大差距」④。為此，黨的十八大以來以習近平同志為核心的黨中央領導集體對於加快轉變經濟增長方式，樹立新的發展理念，實現高質量的發展給予了高度關注，並多次在中央層面的會議上對實施創新驅動發展戰略的必要性以及創新驅動的發展路徑進行討論研究，形成了「惟創新者進，惟創新者強，惟創新者勝」⑤ 的科學論斷。

再次，當前中國技術創新現狀彰顯了大國創新的能力和優勢。一方面，從創新投入的角度來看。2016 年，全國研究與試驗發展人員全時當量達 387.8 萬人，同比增長了 3.17%；研究與試驗發展經費支出為 15,677 億元，同比增長

---

① 李平. 顛覆性創新的機理性研究 [M]. 北京：經濟管理出版社，2017：1-2.
② 克勞斯·施瓦布. 第四次工業革命：轉型的力量 [M]. 李菁譯. 北京：中信出版社，2016：3, 8.
③ 中共中央文獻研究室. 習近平關於科技創新論述摘編 [M]. 北京：中央文獻出版社，2016：3.
④ 中共中央文獻研究室. 習近平關於科技創新論述摘編 [M]. 北京：中央文獻出版社，2016：5.
⑤ 中共中央文獻研究室. 習近平關於科技創新論述摘編 [M]. 北京：中央文獻出版社，2016：3.

10.64%。其中，研究與試驗發展政府資金經費支出 3,140.81 億元，同比增長 4.24%。而研究與試驗發展企業資金經費支出 11,923.54 億元，同比增長 12.61%，且企業資金經費支出約為政府資金經費支出的 4 倍。另一方面，從創新產出的角度來看。2016 年，中國技術市場成交額已達 11,407 億元，同比增長 15.97%；發明專利申請授權數達 404,208 項，同比增長 12.49%；科技成果登記數為 58,779 項，同比增長 6.32%。此外，通過中國國際高新技術成果交易會官方網站可以全面瞭解到，2018 年中國在新自動駕駛系統、入海潛水的水下無人機、桌面 3D 打印機、新自動駕駛處理器、高靈敏電容觸摸屏與高能續航的系留旋翼無人機等諸多領域都已實現了突破性進展。以中國高鐵為例，「中國高鐵技術從集成創新走向自主創新，不僅用最快的速度掌握了關鍵核心技術，而且推動了產業發展，在技術創新和產業創新上都領跑國際先進技術，成為政府科學組織和協調重大領域技術創新的成功案例」[①]。因此，種種跡象表明，新時代中國的科技創新已經達到主導宏觀經濟波動趨勢的水準。

3.4 本章小結

20 世紀 80 年代中國長期的經濟高增長率出現了劇烈的波動現象，激起了關於社會主義國家經濟週期存在性問題的大討論，社會各界眾說紛紜，各執一詞。然而，隨著改革開放進程的加快與社會主義市場經濟體制的確立，中國社會主義經濟運行的歷史事實與經驗數據無不生動形象地呈現出了週期性的波動態勢。至此，中國社會主義存在經濟週期的論斷最終為人們所心服首肯。然而，隨著國際貿易保護主義抬頭趨勢的愈演愈烈以及新一輪技術革命的悄然而至，中國經濟運行進入了「新常態」，這無疑再一次引發了關於新中國社會主義經濟週期的性質、成因、階段、危害等具體問題的爭論。鑒於此，本章首先通過重拾馬克思主義經濟週期理論研究的認識論和方法論，明確了研究新中國經濟週期的指導思想。其次，對中國社會主義經濟週期的一般性與特殊性以及週期波動對經濟發展作用的雙重性進行了深刻認識，認為只有正視中國社會主義經濟週期不具有資本主義制度下的矛盾的根本對抗性，辯證看待週期波動對經濟增長的影響，堅持馬克思主義經濟週期理論的研究範式，才能實現對新中國經濟週期演變規律的準確判斷。最後，結合歷史經驗事實，對新中國成立以

---

① 歐陽峣. 中國的大國經濟發展道路及其世界意義 [J]. 經濟學動態，2018（8）：28-38.

來經濟週期的演變機制做了詳盡的理論分析。

關於經濟週期演變機制的分析主要按照以下邏輯展開。首先，對新中國成立以來的社會發展階段進行了劃分。行文以改革開放為分水嶺，以重大歷史經濟事實與政府經濟政策為主線，以經濟體制的演變為框架，在將新中國社會發展過程劃分為3個大階段的前提下，又分別將各個階段細化為13個具體階段。其次，將社會發展階段與經濟週期階段進行匹配。結果發現，新中國成立以來中國經濟社會發展階段的變化與經濟週期的演變表現出了鮮明的耦合性，且這一耦合又存在一定的規律性，即改革開放前的基本耦合轉變為改革開放後的完全耦合，進而新時代又表現出了新的尚待研究的耦合特徵。最後，通過對新中國歷來經濟數據與經濟社會發展現實的考察，總結了新中國成立以來經濟發展目標的轉變以及宏觀經濟的總體表現（表3-4），認為新中國經濟週期的演變機制主要體現為「三位一體」的時空轉換（圖3-3），即政治週期、經濟機制內部調節週期以及創新週期三種經濟週期類型統一於新中國經濟社會發展全過程的同時，又突出表現為從改革開放前的政治週期為主導到改革開放後經濟機制內部調節週期為主導再到新時代以創新週期為主導的內在演變規律——「中式週期」演變規律。

表3-4　新中國成立以來經濟社會發展的目標和表現

時期	發展目標	總量表現	供求失衡的表現
計劃經濟 （1953—1978年）	經濟增長數量 （粗放型發展模式）	完全短缺	供給：有效供給不足 需求：有效需求不足 突出表現：有效供給不足
雙軌制 （1978—1992年）		不完全短缺	供給：有效供給不足 需求：有效需求過剩 突出表現：有效需求過剩
市場經濟 （1992—2012年）	轉變經濟發展方式 （「三個」轉變）	一般經濟過剩	供給：有效供給不足 需求：有效需求不足 突出表現：結構性需求不足
新時代 （2012年至今）	經濟發展質量 （「五大」發展理念）	複雜經濟過剩	供給：有效供給不足 需求：有效需求不足 總體表現：結構性供給過剩

4 新中國經濟週期的演變歷程與國際比較

眾所周知，馬克思和恩格斯正是基於對過去歷史資料的考察和整理以及對當代新情況、新問題的研究，才使得馬克思主義體現出了鮮明的實踐品格和當代價值。這也就要求我們，在研究中國社會主義經濟週期演變的過程中，同樣應在認真詳盡地考察中國過去社會主義經濟發展歷程的基礎上，結合當代經濟發展所表現出的新情況和新特徵，以實現對新時代中國經濟週期演變趨勢的準確預判。因此，本章試圖從國內、國際雙重維度以及總體、短期、中期、中長期、長期五個視角來實現對新中國經濟週期演變歷程的全方位系統剖析。

4.1 新中國經濟週期的演變歷程

4.1.1 新中國宏觀經濟總體指標的週期性波動

在通常情況下，國家宏觀經濟發展的總體目標主要包括經濟增長、增加就業、穩定物價以及國際收支平衡四個方面，且這四個方面之間存在著必然的聯動關係。因此，對這四個方面經濟指標變動情況的考察將更加有利於從總體上把握新中國經濟週期的經濟波動趨勢。

首先，從衡量經濟增長總量的 GDP 增長率的波動趨勢來看[1]。如圖 4-1 所示，新中國成立以來，GDP 增長率的波動趨勢存在明顯的週期性。一方面，如果暫且將當前經濟運行階段算作新一輪週期的低潮期，那麼新中國成立以來經濟增長已經經歷了 12.5 個具體的週期波動，本書將這種包含所有波動的週期定義為經濟週期Ⅰ，具體波動特徵如表 4-1 所示。另一方面，結合圖 4-1

---

[1] 在進行分析之前，作者首先對 GDP 增長率與人均 GDP 增長率的變化趨勢進行了對比發現，二者變動趨勢一致，故選擇 GDP 增長率作為衡量總量變化的指標。

中每次經濟週期的波動幅度以及表 4-1 的統計結果可以看出，經濟週期 I 中包含了三次小幅的波動，分別為 1973—1975 年、1984—1987 年、2007—2010 年。由於這三次小幅波動並沒有對經濟週期波動的大趨勢產生影響，那麼，如果不考慮這三次小幅波動，新中國成立以來經濟共經歷了 9.5 個典型的週期，姑且稱之為經濟週期 II，具體特徵則如表 4-2 所示。此外，通過選擇 HP 濾波①的方法對 GDP 增長率進行去除趨勢成分分析可以看出，在 GDP 增長率存在波動的前提下，HP 濾波趨勢基本趨於穩定。如果選擇去除週期性波動成分以後的數值對潛在經濟增長率水準進行粗略估計②，那麼 1953—2017 年，中國潛在增長率均值高達 8.4%，其中 1953—1978 年潛在增長率均值約為 6.7%，1979—2011 年潛在增長率均值約為 9.9%，而 2012—2017 年潛在增長率均值約為 7.7%。這就表明，隨著中國經濟發展進入新時代，中國潛在增長率短期內表現出了一定的下降態勢。

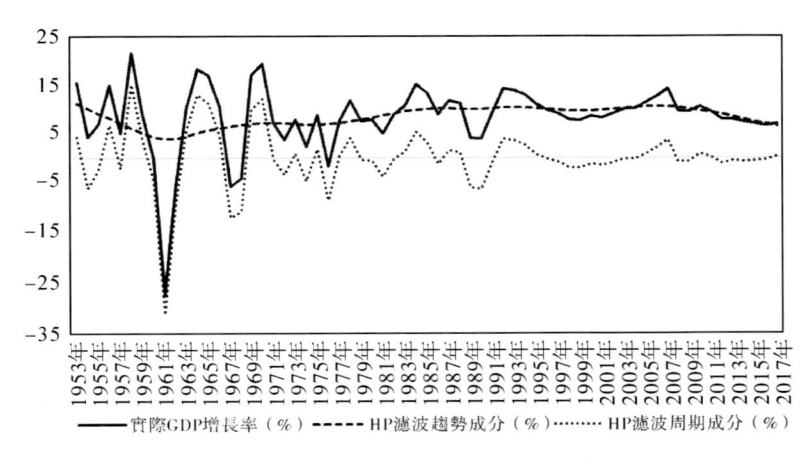

圖 4-1　新中國成立以來 GDP 增長率的總體波動趨勢

數據來源：國家統計局官方網站數據整理。

根據表 4-1 和表 4-2 中關於經濟週期 I 和經濟週期 II 的統計結果，可以對新中國經濟週期的演變歷程做出三點推斷。①改革開放以前經濟週期的平均

---

① 基於現有的三種較為常用的去除波動成分的濾波技術（Kalman 濾波、HP 濾波以及 BK 濾波）的理論基礎均是時間序列的譜分析方法，同時考慮到 Kalman 濾波進行譜密度估計的複雜性與不確定性以及 BK 濾波可能存在的數據破壞性，因此本書擬採用 HP 濾波方法對時間序列數據進行處理。

② 劉樹成，張連城，張平. 中國經濟增長與經濟週期（2012）[M]. 北京：中國經濟出版社，2012：149.

峰值較改革開放以後略高，而平均谷值則顯著低於改革開放以後，這就決定了改革開放之前經濟週期波動的幅度要大於改革開放以後經濟週期的波動幅度，從而彰顯了經濟週期波動幅度從改革開放前的「陡升陡降」到改革開放以後的「緩升緩降」的變化趨勢。②改革開放以前每輪經濟週期的平均持續時間大約為3~5年，與基欽庫存短週期的持續時間在數量上完全吻合。而改革開放以後每輪經濟週期的平均持續時間大約為7~11年，與朱格拉投資中週期的持續時間在數量上完全吻合。但是，正如上文指出的，改革開放以前的經濟週期主要以政治週期為主導，也就是說，政治週期才是改革開放以前經濟短期波動的根源。而改革開放以後，隨著市場經濟體制的確立與完善，經濟中期波動更多地表現為投資週期。此外，經濟週期Ⅱ中顯示，改革開放以後每輪經濟週期的持續時間呈現大幅度增加的傾向。這就意味著，改革開放以後經濟週期的波動頻率較改革開放表現出了明顯的下降態勢。③改革開放以前與改革開放以後每輪經濟週期波動的平均位勢的均值（即GDP增長率的平均值）與HP濾波後的平均值基本吻合。這就證實了實際經濟增長率是以潛在經濟增長率為基礎，圍繞潛在經濟增長率上下波動的事實。

表 4-1　新中國分階段經濟週期Ⅰ波動的總體特徵比較

階段	週期時間	峰值	谷值	幅度	持續時間	平均位勢	濾波均值
改革開放前	1953—1956年	15.6	4.3	11.3	4年	10.5	9.7
	1956—1958年	21.3	5.1	16.2	3年	13.8	7.2
	1958—1964年	21.3	-27.3	48.6	7年	3.7	4.7
	1964—1970年	19.3	-5.7	25.0	7年	10.3	6.3
	1970—1973年	19.3	3.8	15.5	4年	9.5	7.1
	1973—1975年	8.7	2.3	6.4	3年	6.3	6.9
	1975—1978年	11.7	-1.6	13.3	4年	6.6	7.1
	均值	16.7	-2.7	19.4	3.7年	6.7	6.7
改革開放後	1978—1984年	15.2	5.1	10.1	7年	9.6	8.7
	1984—1987年	15.2	8.9	6.3	4年	12.3	10.1
	1987—1992年	14.2	3.9	10.3	6年	9.1	10.1
	1992—2007年	14.2	7.7	6.5	16年	10.7	10.1
	2007—2010年	14.2	9.4	4.8	4年	11.0	10.1
	均值	14.6	7.0	7.6	6.6年	11.6	11.5
新時代	2010—2017年	10.6	6.7	3.9	7年	8.0	8.1

註：測算結果精確到小數點後1位

表 4-2　新中國分階段經濟週期 II 波動的總體特徵比較

階段	週期時間	峰值	谷值	幅度	持續時間	平均位勢	濾波均值
改革開放前	1953—1956 年	15.6	4.3	11.3	4 年	10.5	9.7
	1956—1958 年	21.3	5.1	16.2	3 年	13.8	7.2
	1958—1964 年	21.3	-27.3	48.6	7 年	3.7	4.7
	1964—1970 年	19.3	-5.7	25.0	7 年	10.3	6.3
	1970—1975 年	19.3	2.3	17.0	6 年	8.2	7.0
	1975—1978 年	11.7	-1.6	13.3	4 年	6.6	7.1
	均值	18.1	-3.6	14.5	4.3 年	6.7	6.7
改革開放後	1978—1984 年	15.2	5.1	10.1	7 年	9.6	8.7
	1984—1992 年	15.2	3.9	11.3	9 年	10.2	10.1
	1992—2010 年	14.2	7.7	6.5	19 年	10.6	10.1
	均值	14.9	5.6	9.3	11 年	11.6	11.5
新時代	2010—2017 年	10.6	6.7	3.9	7 年	8.0	8.1

註：測算結果精確到小數點後 1 位。

其次，從衡量物價水準與就業水準的 CPI 增長率與城鎮登記失業率的波動趨勢來看。一方面，如圖 4-2 所示，新中國成立以來，物價水準表現出不同程度的波動，儘管波動的週期性並不明顯，但是 CPI 增長率與 GDP 增長率之間仍然存在著一定的協動性關係，即隨著 GDP 增長率的週期波動，物價水準變化率呈現出一定的滯後性。此外，總體來看，新中國成立以來處於奔騰通貨膨脹（即年通過貨膨脹率為 10%～100%）的年份共有 7 年，分別為 1951 年、1961 年、1988 年、1989 年、1993 年、1994 年、1995 年，其中 1994 年的通貨膨脹率最高，達到了 24.1%，1988 年次之，為 18.8%。改革開放之前的兩次奔騰通貨膨脹的原因主要歸於戰後物資短缺與三年困難時期導致的產品供應不足，改革開放以後的兩次奔騰通貨膨脹則主要是由固定資產大規模投資熱潮以及政府信貸擴張的雙重合力所致。而處於通貨緊縮的年份共 12 年，且通貨緊縮率一般維持在 1% 左右。也就是說，新中國經濟發展過程中所引致的通貨膨脹通常表現為溫和特徵，大多屬於溫和型通貨膨脹。特別是 2000 年以後，隨著國家宏觀調控政策的逐步完善，通貨膨脹率的波動趨於平緩，平均物價水準穩定在 2% 左右。

另一方面，改革開放以來，中國城鎮登記失業率也經歷了大幅度的波動，主要表現為「陡降緩升」的態勢。改革開放初期，受之前社會總生產過程的各個環節活力不足、亂象叢生的影響，失業率上升的大勢並未得到有效遏制，以至於 1979 年失業率達到了迄今為止歷史最高點的 5.4%。之後，隨著中共十

一屆三中全會重要精神的貫徹落實以及國家工作重心逐漸實現向經濟建設的轉移，在「調整、改革、整頓、提高」的方針政策指引下，經濟活力得到了一定釋放，失業率從 1980 年開始持續下降至 1985 年的 1.8%。此後，隨著改革的進一步深化，企業經營管理模式的創新與產業結構的優化升級不可避免地拉動了失業率緩慢回升直至 2003 年的 4.3%。2003—2017 年平均失業水準為 4.1%，基本趨於穩定。另外，從 CPI 增長率與失業率的變化趨勢來看，二者表現為同向變動的年份為：1978—1979 年（同向上升）、1980—1982 年（同向下降）、1989—1990 年（同向下降）、1992—1994 年（同向上升）、2000—2001 年（同向上升）、2002—2003 年（同向上升）、2005—2006 年（同向下降）、2007—2008 年（同向上升）；二者表現為反向變動的年份為：1983—1986 年、1988—1989 年、1990—1991 年、1994—1997 年、2001—2002 年、2003—2004 年、2006—2007 年、2008—2010 年、2014—2017 年。由此看來，2008 年之前，中國通貨膨脹率與失業率之間存在著頻繁的同向變動，2008 年之後則明顯地表現為單純的負向變動。

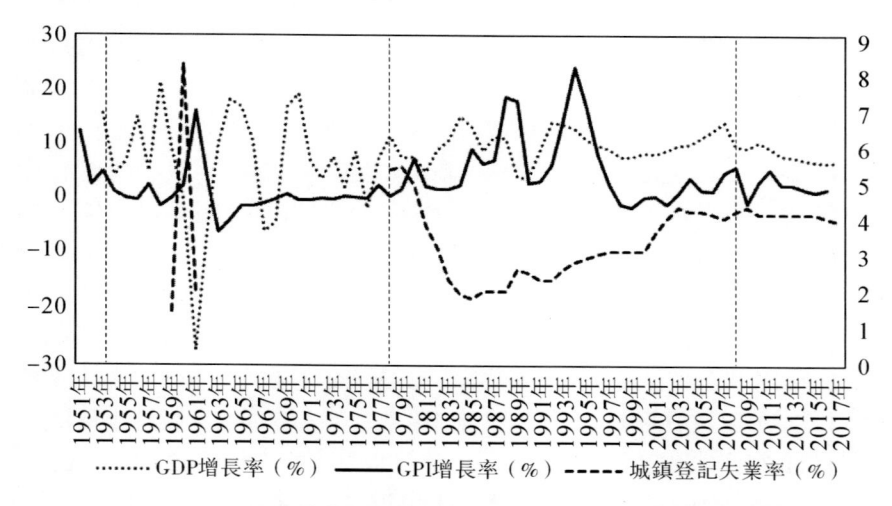

圖 4-2　新中國成立以來 CPI 增長率與城鎮登記失業率波動趨勢
數據來源：國家統計局官方網站數據整理。

再次，從衡量國際收支狀況的進出口總額占 GDP 的比重以及進出口差額的波動趨勢來看。如圖 4-3 所示，改革開放之前，進出口總額占 GDP 的比重雖然有所波動，但總體趨於穩定，且規模較小。1952—1978 年，進口總額與出口總額占 GDP 比重的均值分別為 4.0%、4.1%，進出口差額的均值為-3.2 億元。1952—1955 年，國際貿易主要表現為逆差，1956 年開始則主要以貿易

順差為主要特徵。改革開放初期，由於中國對外貿易規模的基數較小，儘管進出口總額占GDP的比重穩步上升，但進出口差額較1,000億元仍有很大差距。1978—1994年進口總額與出口總額占GDP比重的均值分別為11.6%、11.0%。其中，1978—1984年進出口差額均值僅為6.6億元，1985—1994年的進出口差額均值為70.8億元，主要表現為貿易逆差。1994年以後，隨著中國對外貿易規模的大幅度提升，進出口差額的絕對數量出現了變化，從1995年的-1,403.7億元波動到了2015年的-36,830.73億元，進而呈現了貿易順差的特徵。而且，中國進口總額與出口總額占GDP的比重在2005年達到歷史最高點，2006年以後轉而進入了下降階段。2016年，中國進口總額與出口總額占GDP的比重分別為14.1%和18.6%，與1997年左右的低點基本持平，原因在於2013左右全球貿易保護主義抬頭的傾向一定程度上制約了中國進出口的持續增長，2014年開始中國進口總額和出口總額一直處於下降態勢。

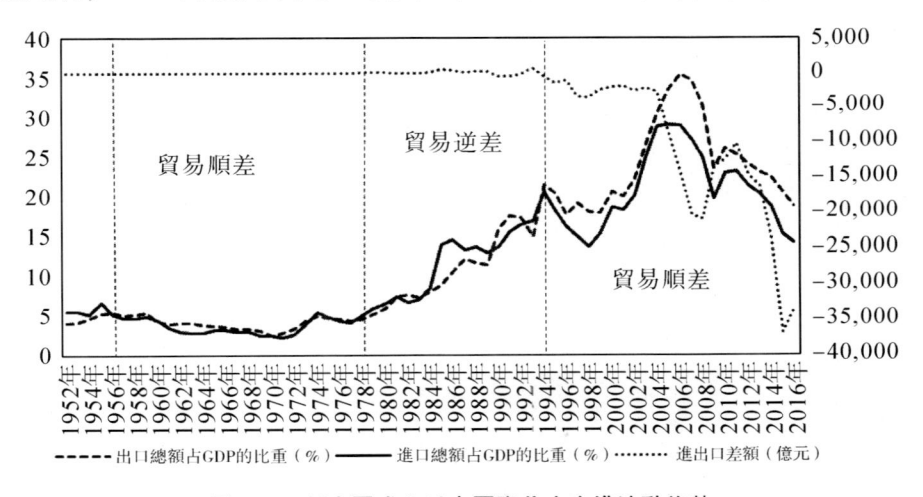

圖4-3 新中國成立以來國際收支水準波動趨勢

數據來源：國家統計局官方網站數據整理。

4.1.2 新中國不同長度經濟週期的演變歷程

本書的理論基礎部分已經詳細闡明，經典經濟週期理論中按照週期長度可分為基欽短週期、朱格拉中週期、庫茲涅茨中長週期以及康德拉季耶夫長週期四種類型，且這四種週期的關鍵衡量指標分別為存貨、固定資本投資、建築業增加值、技術創新。然而，囿於經濟週期的研究起源於西方經濟學家對西方資本主義國家數百年發展歷程的規律性總結，而新中國只用70年的時間就走完

了西方發達國家的大半段路程。所以，考慮到中國經濟發展歷程和發展速度的特殊性，西方經典週期理論是否完全適用於衡量中國經濟週期的波動趨勢有待進一步驗證。基於此，筆者對新中國成立以來存貨週期、投資週期、房地產週期、建築週期、產業結構調整週期、政策週期以及人口週期等波動趨勢進行了統計分析。其中，部分週期比較如表 4-3 所示。

表 4-3　新中國不同類型經濟週期的比較　　　　單位：年

總週期		短週期		中週期		中長週期
經濟週期Ⅰ	經濟週期Ⅱ	存貨週期	房地產週期	投資週期	建築週期	產業變遷
1953—1956	1953—1956	1953—1957	1955—1957	1953—1956	1953—1956	1952—1969
1956—1958	1956—1958	1957—1959	1957—1959	1956—1958	1956—1958	
1958—1964	1958—1964	1959—1963	1959—1961	1958—1963	1958—1963	
			1961—1963			
		1963—1965	1963—1965			
1964—1970	1964—1970	1965—1968	1965—1967	1963—1970	1963—1969	
		1968—1970	1967—1972			
1970—1973	1970—1975	1970—1973		1970—1975	1969—1975	1969—1985
1973—1975		1973—1975	1972—1975			
1975—1978	1975—1978	1975—1978	1975—1978	1975—1978	1975—1980	
1978—1984	1978—1984	1978—1981	1978—1980	1978—1982	1980—1985	
		1981—1985	1980—1982			
			1982—1984	1982—1984		
1984—1987	1984—1992	1985—1989	1984—1987	1984—1993	1985—1992	1985—2012
			1987—1989			
1987—1992		1989—1992	1989—1992			
1992—2007	1992—2010	1992—1995	1992—1995	1993—1998	1992—1998	
		1995—1999	1995—1998	1995—1998		
		1999—2001	1998—2001	1998—2003	1998—2003	
		2001—2004	2001—2007			
		2004—2007		2003—2009	2003—2006	
2007—2010		2007—2010	2007—2009		2006—2009	
2010—2016（最小值）	2010—2016（最小值）	2010—2014	2009—2013	2009—2011	2009—2015（最小值）	
		2014—2016（下降）	2013—2016	2011—2015（最小值）		2012 年至今

需要闡明的是，改革開放前在高度集中的計劃經濟體製作用下中國經濟運行表現為典型的政治週期，而在此期間，無論是企業庫存、固定資產投資、建築業投資、產業結構以及技術創新等各項指標都是在政策的直接影響下變動的。也就是說，計劃經濟時期的經濟指標更多是作為政府計劃的結果而非市場

運行的結果呈現的。那麼，在這一情況下，筆者依然認為改革開放前不同長度經濟週期的判斷指標與西方經典經濟週期理論的衡量指標相吻合。區別只是西方經濟週期理論中的短期、中期、中長期的衡量指標是作為原因影響週期的波動，而改革開放前的短期、中期、中長期的判斷標準則更多體現為政治因素影響下的結果的反應。正如表4-3所示，改革開放前的企業庫存、固定資本投資以及建築業同樣存在週期性波動，只是在頻繁的政治週期影響下，不同長度經濟週期的持續時間存在著縮短的傾向。另外，改革開放以後，隨著市場經濟體制的逐步確立與完善，政治因素的決定性作用得到了一定程度的弱化，市場經濟內部調節作用則逐漸顯現。因此，不論作為結果還是原因，新中國成立以來經濟運行中存在短期、中期、中長期以及長期波動的事實並未改變。

（1）新中國經濟波動的短週期

首先，就存貨週期而言。一方面，根據表4-3的統計結果，新中國一共經歷了20次完整的存貨週期（其中，改革開放前為9次，改革開放後為11次），每次持續時間分別為4年、2年、4年、2年、3年、2年、3年、2年、3年、3年、4年、4年、3年、3年、4年、2年、3年、3年、3年、4年，平均持續時間為3.2年，這與基欽存貨週期3—5年的時間長度完全吻合。另外，每輪存貨週期的起止年份與經濟週期Ⅰ和經濟週期Ⅱ的起止年份也基本相同，這就表明存貨變動率與宏觀經濟增長率之間存在著同步的影響。一般情況下，一個完整的經濟週期包含了2次存貨週期。然而，值得注意的是，1992—2007年的宏觀經濟週期Ⅰ包含了5次存貨短週期，這主要是改革開放以後宏觀經濟週期波動頻率下降造成的。另一方面，通過對存貨變動率進行去趨勢分析（如圖4-4所示）發現，新中國存貨變動率的週期成分波動與實際值波動的峰值點和谷值點完全一致。如果以1978年改革開放作為分界點對改革開放前後的存貨週期特徵進行比較可得出幾點事實：一是改革開放前存貨週期的波動頻率為2.9年/次，而改革開放後存貨週期的波動頻率為3.4年/次，這就表明改革開放後存貨週期具有趨於穩定的傾向；二是改革開放前9輪存貨週期的平均波幅為107.35%，而改革開放後存貨週期的平均波幅為97.81%，即改革開放後存貨週期波動的劇烈程度已經有所減弱；三是改革開放前存貨週期的平均位勢為18.71%，而改革開放後的平均位勢為20.45%，進一步印證了生產規模的擴張與生產能力的提高促使改革開放後進入過剩經濟的現實；四是實際存貨變動率的HP濾波趨勢成分也表現出了一定的週期特徵。按照「谷—谷」法可大致分為1953—1976年（共23年）、1976—1997年（共21年）、1997—2016年（未結束）三次週期。其中，第1次週期的復甦階段為1953—1966年（共13年），

衰退階段為 1966—1976 年（共 10 年）；第 2 次週期的復甦階段為 1976—1986 年（共 10 年），衰退階段為 1986—1997 年（共 11 年）；第 3 次週期的復甦階段為 1997—2007 年（共 10 年），衰退階段為 2007—2016 年（未結束）。由此可以看出，存貨變動趨勢的週期長度一般為 21~23 年，而復甦與衰退階段均 10~13 年。如果依次規律做出初步判斷，當前中國存貨週期變動的趨勢成分仍處於下行階段，且應在 2017 年、2018 年、2019 年、2020 年四年中達到谷值點。

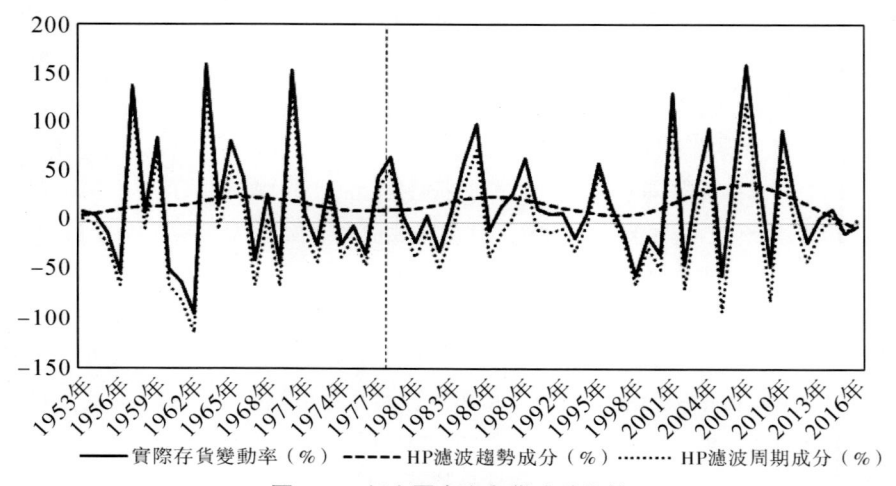

圖 4-4　新中國實際存貨波動趨勢

數據來源：國家統計局官方網站數據整理。

註：①由於 1963 年存貨增加額增長率高達 1,734.72%，而在圖形中直接呈現將不利於波動趨勢的觀察，因此將 1963 年的增長率設定為 160%；②由於不存在存貨變動指數，故選擇居民消費者價格指數予以計算實際值。

其次，就房地產週期而言。長期以來，部分學者將房地產作為中週期對待。然而，根據表 4-3 以及圖 4-5 可以看出，新中國房地產週期明顯的表現為短期波動特徵。按照「峰—峰」法判斷，1953 年以來房地產業共完成了 22 次週期性波動（包括改革開放前完成的 9 次與改革開放至 2016 年完成的 13 次），每輪週期的持續時間依此為 2 年、2 年、2 年、2 年、2 年、2 年、5 年、3 年、3 年、2 年、2 年、2 年、3 年、2 年、3 年、3 年、3 年、3 年、6 年、2 年、4 年、3 年，平均持續時間為 2.8 年。其中，改革開放前每輪週期的平均持續時間為 2.7 年，改革開放後每輪週期的平均持續時間則為 3 年。因此，儘管改革開放以後房地產週期的持續時間具有相對延長的趨勢，但依然屬於短週期類型。另外，每輪房地產週期的起止年份與經濟週期Ⅰ、經濟週期Ⅱ、存貨

週期的起止年份基本吻合，這就表明房地產週期與宏觀經濟增長週期之間同樣存在著同步變動趨勢。

從圖4-5中關於實際房地產業增加值增長率的HP濾波去趨勢分析可以看出，改革開放前新中國房地產業增加值增長趨勢基本穩定，而改革開放以後波動幅度較大。特別是，新時代房地產業增加值增長呈現了持續下降的態勢。具體而言，可將房地產業週期性波動特徵歸結為三個方面。一是新中國房地產週期的平均波幅為11.6%，改革開放前的平均波幅為15.7%，而改革開放後的平均波幅則降為8.7%。特別是進入新時代以來，最近一輪房地產週期的波幅降至5.2%。這就表明，隨著1998年住房分配進入貨幣化階段，社會主義市場經濟體制的內部調節作用推動了房地產市場波動的劇烈程度逐步趨緩。二是新中國房地產週期的平均位勢為8.6%，改革開放前為5.4%，改革開放後增加至10.7%。也就是說，改革開放後房地產行業運行的總體水準出現了明顯的上升，成為促進國民經濟發展的新的增長點和消費點①。三是新中國房地產週期的階段漲落比約為1.1，改革開放前階段漲落比約為0.9，而改革開放後約為1.2，從而說明改革開放後房地產週期的非對稱特徵由改革開放前的「陡升緩降」逐漸轉變為了「緩升陡降」。

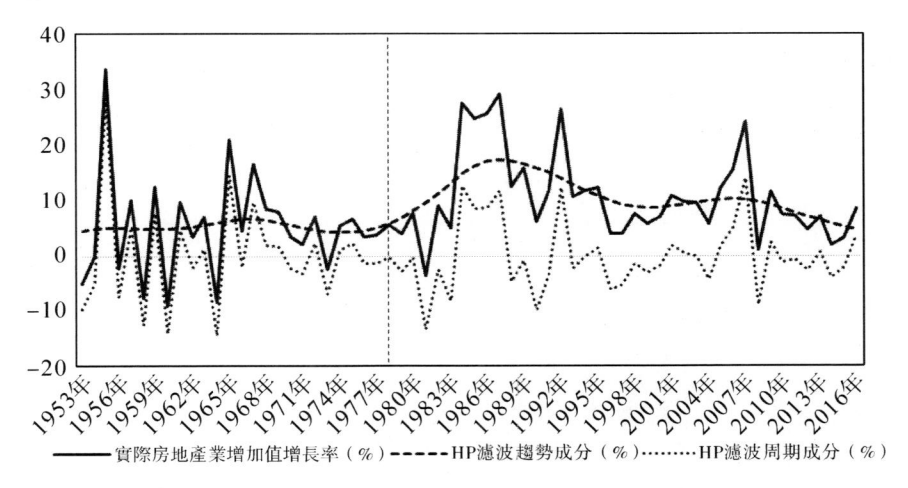

圖4-5 新中國實際房地產業增加值增速波動趨勢

數據來源：國家統計局官方網站數據整理。

此外，我們可以選取反應房地產行業景氣情況的商品房銷售額增速與銷售

---

① 徐會軍. 中國轉軌時期的房地產週期研究［M］. 北京：中國經濟出版社，2012：31.

面積增速的月度數據來對當前房地產行業波動規律做出進一步判斷。根據圖4-6中顯示的波動趨勢，按照「峰—峰」法判斷，比較明顯的峰值點有2000年2月、2001年2月、2003年2月、2004年2月、2005年2月、2005年8月、2006年6月、2007年10月、2009年11月、2011年2月、2011年7月、2013年2月、2016年4月、2018年2月、2018年8月；按照「谷—谷」法判斷，比較明顯的谷值點有2000年12月、2002年2月、2002年12月、2003年12月、2004年12月、2006年2月、2007年2月、2008年12月、2010年8月、2011年4月、2012年2月、2015年2月、2018年4月。由此可以看出，每年的2月份作為峰值點（或谷值點）的概率較大，而每年的12月份作為谷值點的概率較大。另外，所謂「金九銀十」的房地產需求規律主要體現在2015年與2016年，其他時期這一現象並不十分明顯。當前，如果依據近年來3年一次的週期循環來推斷，2018年2月份左右將成為上一輪週期的谷值點。隨後，將開啓新一輪房地產週期。

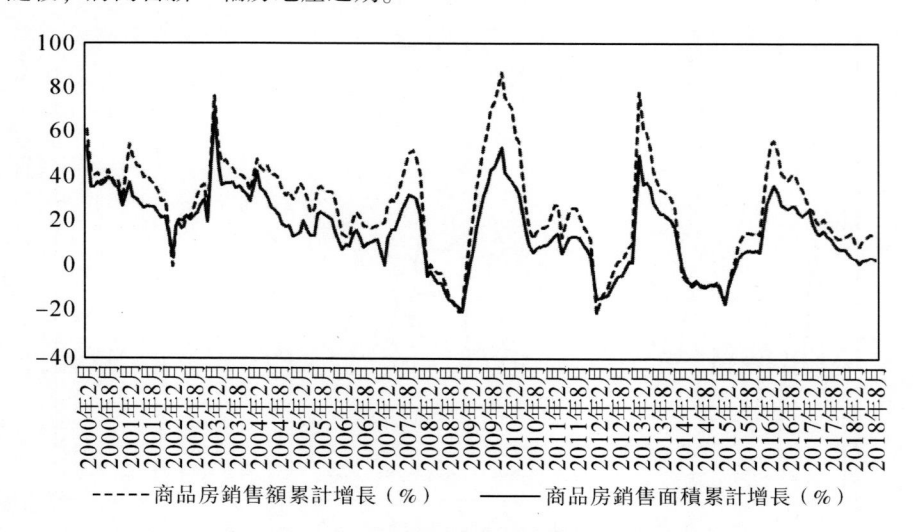

圖 4-6　2000 年以來中國商品房銷售情況月度波動趨勢

數據來源：國家統計局官方網站數據整理。

（2）新中國經濟波動的中週期

首先，就固定資本投資週期而言。馬克思在研究資本主義國家經濟危機時曾指出：「由一些互相連接的週轉組成的長達若干年的週期（資本被它的固定組成部分束縛在這種週期之內），為週期性的危機造成了物質基礎……雖然資

本投入的那段期間是極不相同和極不一致的，但危機總是大規模新投資的起點。」① 在此，雖然中國不存在危機爆發的必然性，但是馬克思關於固定資本投資週期的規律性總結仍然適用。

根據表4-3與圖4-7顯示，新中國成立以來具體經歷了14.5次固定資本投資週期，而如果不考慮1982年、1998年以及2011年的微小波動，新中國則總共經歷了11.5次固定資本投資週期。一方面，改革開放前共經歷了6次完整的固定資本投資週期，其中由於1969年與1970年固定資本投資額增長率分別為35.5%和34.2%，變動幅度很小，所以可將1964—1970年看作一個完整週期。基於此，改革開放前每輪固定資本投資週期分別經歷了3年、2年、5年、7年、5年、3年。雖然較典型的馬克思與朱格拉投資週期的8~10年的時間跨度有些出入，但是馬克思早就明確表示「這裡的問題不在於確切的數字」②，因為與經濟週期Ⅱ相比在時間跨度上基本吻合，從而可以說明改革開放前在政治週期的影響下，中國同樣存在著固定資本投資週期，且時間跨度為5年左右。另一方面，改革開放後大致經歷了5.5次固定資本投資週期，且持續時間依次為6年、9年、2年、8年、6年、6年（未結束），平均持續時間為7年。從圖4-7中關於實際固定資本形成總額增長率的HP濾波去趨勢分析可以看出，改革開放前新中國固定資本投資週期波動頻率較高、幅度較大，而改革開放以後波動幅度和頻率則明顯降低。

具體而言，可將固定資本投資週期的波動特徵歸結為四點。一是新中國固定資本投資週期的平均波幅為41.1%，改革開放前的平均波幅為59.3%，而改革開放後的平均波幅則降為22.9%。這就表明，隨著社會主義市場經濟體制內部調節作用的加深，固定資本投資波動的劇烈程度逐步趨緩。二是新中國固定資本投資週期的平均位勢為15.6%，改革開放前為13.9%，改革開放後增加至16.6%。也就是說，改革開放後固定資本投資的總體水準顯著增強。三是新中國固定資本投資週期的階段漲落比約為1.15，改革開放前階段漲落比約為1.08，而改革開放後約為1.21，從而說明改革開放後固定資本投資週期的非對稱有所增強，且主要以「緩升陡降」的特徵為主。四是儘管2016年實際固定資本投資額增速有所回升，但是從HP濾波趨勢成分來看，2012年以後實際固定資本投資額增速呈現出持續下滑的傾向，也就是說此次回升的潛力和後勁較弱。關於這一判斷從圖4-8中也可得到進一步體現，2011年以來，按構成

---

① 馬克思. 資本論：第2卷 [M]. 北京：人民出版社，2004：207.
② 馬克思. 資本論：第2卷 [M]. 北京：人民出版社，2004：207.

劃分的全社會固定資產投資增速一直處於衰退狀態，特別是設備工具器具增速在2016年出現了大幅下降。

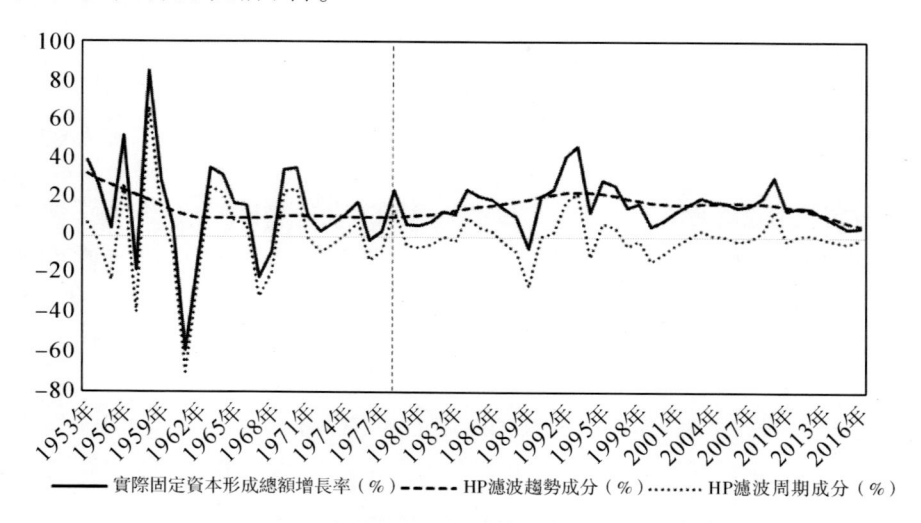

圖4-7 新中國實際固定資本形成總額增長率波動趨勢
數據來源：國家統計局官方網站數據整理。

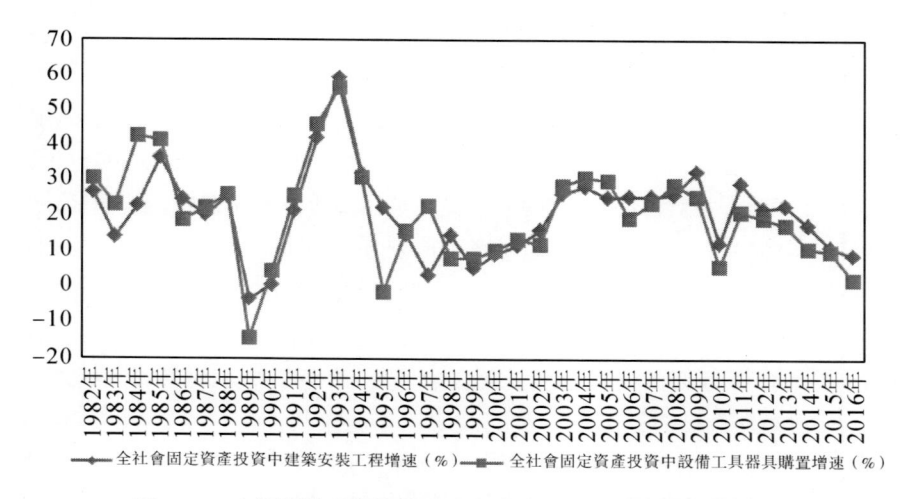

圖4-8 改革開放以來按構成分全社會固定資產投資波動趨勢
數據來源：國家統計局官方網站數據整理。

其次，就建築週期而言。一般情況下，正如上文所提及的庫茲涅茨週期的主要衡量指標就是建築業發展狀況，且庫茲涅茨週期屬於中長週期的類型。但是，根據表4-3可知，新中國成立以來大約經歷了12.5輪建築週期，平均每

輪週期的持續時間依次為 3 年、2 年、5 年、6 年、6 年、5 年、5 年、7 年、6 年、5 年、3 年、3 年、6 年（未結束），平均持續時間為 5 年，與庫茲涅茨週期相比有所縮短。而通過將圖 4-7 與圖 4-9 進行對比容易發現，建築週期與固定資本投資週期無論在波動形態上還是持續時間上都基本吻合。也就是說，建築週期在中國更多地表現為中週期的特徵。從圖 4-9 中關於實際建築業增加值增長率的 HP 濾波去趨勢分析可以看出，改革開放前新中國的建築週期同樣存在波動頻率較高、幅度較大的特點，而改革開放以後波動幅度和頻率則明顯降低。

具體而言，可將新中國建築週期的波動特徵歸結為四點。一是新中國建築週期的平均波幅為 32.9%，改革開放前的平均波幅為 54.6%，而改革開放後的平均波幅則降至 14.4%。造成這種由「大起大落」向逐步平緩轉變的主要原因可能在於「二戰」以後中國百廢待興，給建築業的發展提供了廣闊的空間，但是受「社會主義改造」「大躍進」、1959—1961 年三年嚴重困難、「文化大革命」等重大歷史事件的衝擊，建築業的持續健康增長受到了嚴重影響。二是新中國建築週期的平均位勢為 10.6%，改革開放前為 11.1%，改革開放後下降至 10.3%。也就是說，改革開放後建築業發展的總體水準出現下降趨勢。三是新中國建築週期的階段漲落比約為 0.8，改革開放前階段漲落比約為 0.69，而改革開放後約為 0.93。從而說明新中國建築週期的波動特徵主要表現為「陡升緩降」的態勢，且改革開放後建築週期的非對稱性有所減弱。四是從 HP 濾波的趨勢成分來看，1961 年以後中國建築週期的趨勢成分基本趨於穩定，因此可以初步預測未來時期建築業的發展同樣不會存在較大波動。

再次，我們可以通過考察貨物運輸量的波動情況來作為衡量經濟週期波動的一項重要指標。馬克思在《資本論》中曾指出，「有一些獨立的產業部門，那裡的生產過程的產品不是新的物質的產品，不是商品。在這些產業部門中，經濟上重要的，只有交通工業」①，而且「交通工具的發展會縮短一定量商品的流通時間，那麼反過來說，這種進步以及由於交通運輸工具發展而提供的可能性，又引起了開拓越來越遠的市場」②。從而也就說明交通運輸業的發展情況在一定程度上既決定又反應了宏觀經濟週期性波動的狀況。那麼，在短期交通運輸工具改良程度不大的情況下，貨物運輸量增速的變化將較好地反應出宏觀經濟運行趨勢的變化。根據圖 4-10 中關於新中國貨物運輸量增速與 GDP 增

---

① 馬克思. 資本論：第 2 卷 [M]. 北京：人民出版社，2004：64.
② 馬克思. 資本論：第 2 卷 [M]. 北京：人民出版社，2004：279.

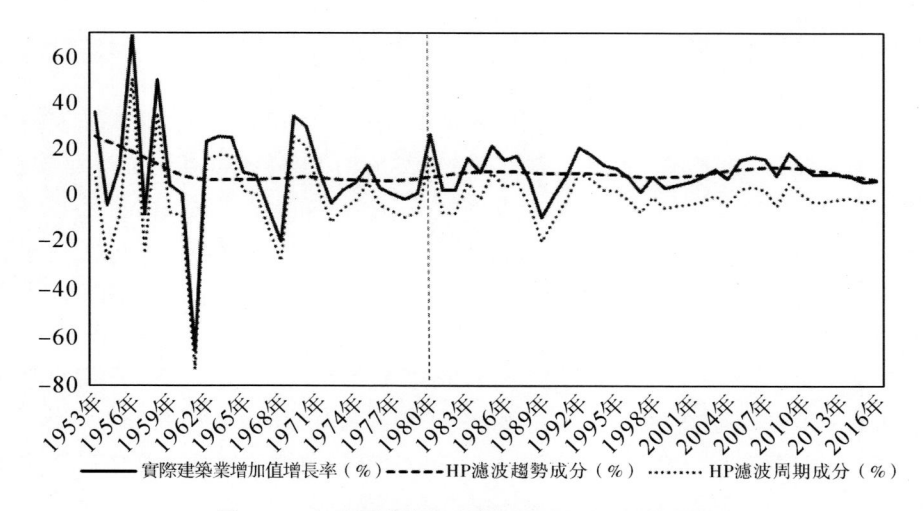

圖 4-9　新中國實際建築業增加值增速波動趨勢
數據來源：國家統計局官方網站數據整理。

速波動趨勢的比較可以看出，貨物運輸量增速在呈現出明顯的週期性波動態勢的同時，與實際 GDP 增長率之間存在著顯著的協同性，即二者的波動趨勢基本一致。具體來看，新中國成立以來貨物運輸量從 1949 年的 1.9 億噸增加到了 2017 年的 479 億噸，增加了 252 倍。期間，貨物運輸量增速共經歷了 11 次週期性波動（改革開放前完成了 7 次，改革開放後完成了 4 次），且波動幅度和波動頻率自 1985 年以後均出現了顯著的下降。其中，1985 年之前的平均位勢為 13.3%，波動頻率為 5 年/次；1985 年以後平均位勢為 6.1%，波動頻率為 8 年/次。另外，如果按照當前的貨物運輸量增速情況來判斷宏觀經濟走勢，那麼由於 2017 年貨物運輸量增速回升明顯，從 2013 年的 -0.037% 增加到了 2017 年的 9.19%，從而很可能預示著新一輪經濟週期的起點已經來臨，GDP 增速將進入復甦階段。

（3）新中國經濟波動的中長週期

馬克思曾說道：「產業資本的反覆週轉，則表示總再生產過程（其中包括消費過程）的週期性和更新。」① 產業資本的週轉又可歸結為兩個方面，一是資本在三次產業之間的週轉，即產業結構的演變；二是資本在同一產業內部的各個行業之間的週轉，即某主導產業大類中具體主導產業部門的轉換。

首先，從產業結構演變的角度來看。如果將新中國成立初期的國民經濟恢

---

①　馬克思. 資本論：第 3 卷 [M]. 北京：人民出版社，2004：338.

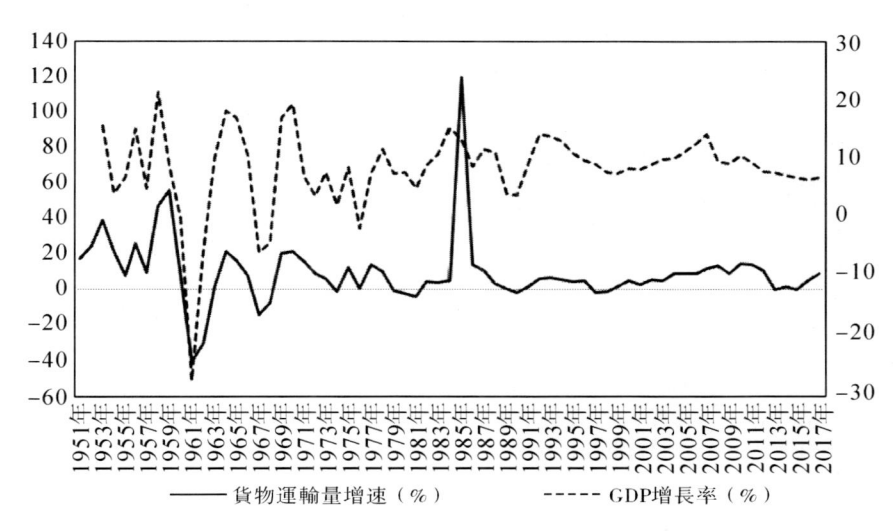

图 4-10　新中國貨物運輸量增速與 GDP 增速波動趨勢比較

數據來源：國家統計局官方網站數據整理。

復階段算作一次產業結構的調整，那麼根據圖 4-11 中三次產業增加值占 GDP 比重的變化趨勢可以看出，新中國成立以來大致經歷了四次重大產業結構變遷。其中，第一次發生在 1949—1952 年，主要表現為產業發展擺脫了舊中國的混亂無序狀態，步入了正常的生產軌道。特別是土地改革的完成極大地促進了農業生產的恢復。這次產業結構調整的突出特徵是第一產業增加值在 GDP 總量中占據了主導地位，對宏觀經濟波動的影響時間達 17 年之久。第二次發生在 1969 年左右，主要表現為第二產業增加值占 GDP 的比重超過了第一產業增加值占 GDP 的比重。此次產業結構變遷的突出特徵是第二產業增加值在 GDP 總量中占據了主導地位，且對宏觀經濟波動的影響時間為 16 年。第三次發生在 1985 年左右，主要表現為第三產業增加值占 GDP 的比重超過了第一產業增加值占 GDP 的比重，對宏觀經濟波動的影響時間為 27 年。但是，此次產業結構變遷並未改變第二產業增加值在 GDP 總量中的絕對優勢。第四次則發生在 2012 年左右，恰巧與新時代的起點相吻合。本次產業結構變遷主要表現為第三產業增加值占 GDP 的比重超過了第二產業增加值占 GDP 的比重，且 2015 年開始第三產業增加值占 GDP 的比重已經超過了 50%。

由此看來，三次產業結構變遷所持續的時間與庫茲涅茨中長週期 15—25 年的時間跨度基本吻合。另外，在每次產業結構變遷的影響下，平均 GDP 增長率分別從 1953—1969 年的 6.3% 增加到了 1969—1985 年的 9.0%，進而增加

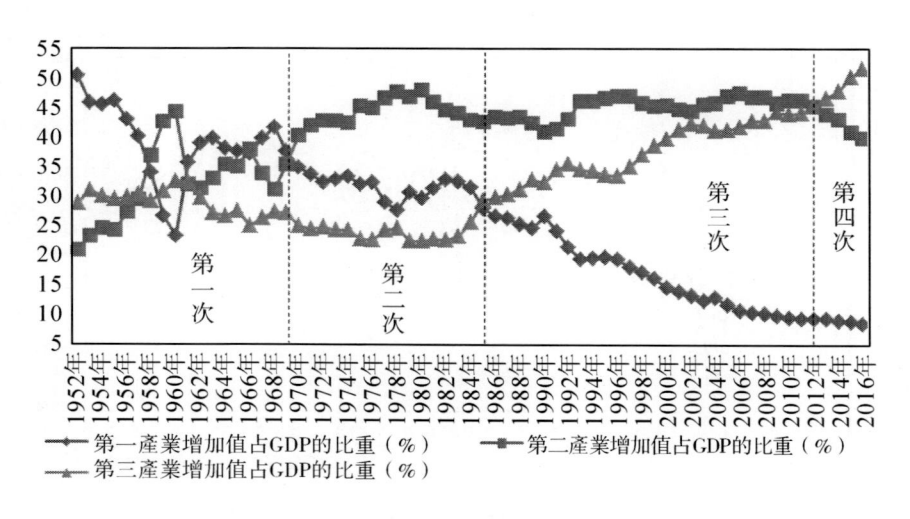

圖 4-11　新中國成立以來三次產業增加值占 GDP 比重的波動趨勢
數據來源：國家統計局官方網站數據整理。

到了 1985—2012 年的 10.0%。而 GDP 增長率的 HP 濾波平均值則分別從 1953—1969 年的 6.5%增加到了 1969—1985 年的 8.0%，進而增加到了 1985—2012 年的 10.0%。這就說明，每一次產業結構的變遷不僅帶動了整個宏觀經濟的中長期發展，而且也進一步促進了潛在經濟增長率的提升。

另外，從三次產業就業人數的變化來看。按照「配第-克拉克定律」，隨著經濟的發展，勞動力將按照由第一產業向第二產業進而向第三產業轉移的規律進行，第一產業的就業人數將減少，第二產業和第三產業將逐漸增加。馬克思也曾認為，「工業的生命按照中常活躍、繁榮、生產過剩、危機、停滯這幾個時期的順序而不斷地轉換。由於工業循環的這種週期變換，機器生產使工人在就業上並從而在生活狀況上遭遇的沒有保障和不穩定性，成為正常的現象」①。據圖 4-12 顯示，新中國成立以來中國三次產業就業人數占就業總人數的比重大致經歷了四次變化。第一次發生在 1969 年，主要表現為從事第二產業的人數超過了從事第三產業的人數；第二次發生在 1994 年左右，主要表現為從事第三產業的人數超過了從事第二產業的人數；第三次發生在 2011 年左右，主要表現為從事第三產業的人數超過了從事第一產業的人數；第四次發生在 2014 年左右，主要表現為從事第二產業的人數超過了從事第一產業的人數。總體來看，第一產業就業人數持續下降，第二產業與第三產業的就業人數穩步

---

① 馬克思. 資本論: 第 1 卷 [M]. 北京: 人民出版社, 2004: 522.

增加，且當前中國從事第三產業的就業人數已顯著增多，相當於第一產業和第二產業就業人數的1.5倍。

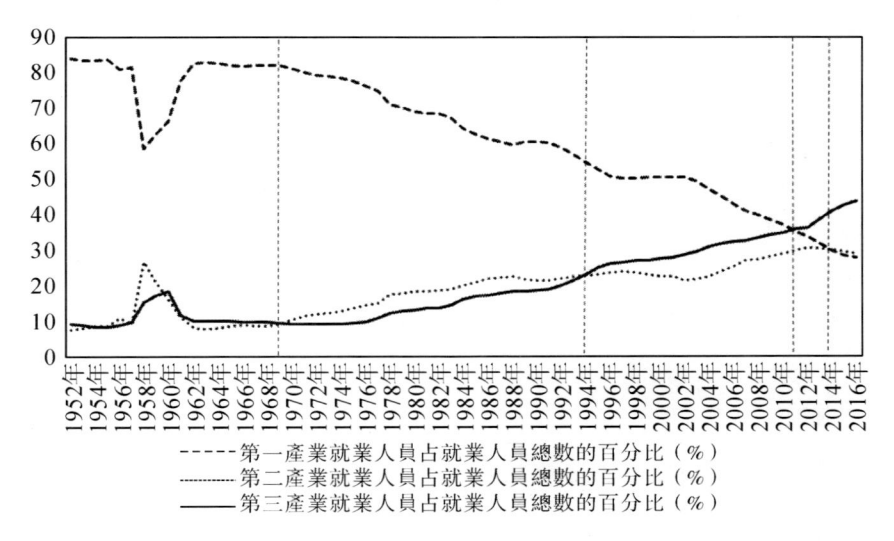

圖4-12 新中國成立以來三次產業就業人員占就業人員總數比重的波動趨勢
數據來源：國家統計局官方網站數據整理。

其次，從產業內部各個行業的發展情況來看。通過對四次產業結構調整過程中占據主導地位產業的內部各個行業增加值比重進行再細化，可得出三點結論：①1952—1969年農業產值占第一產業產值的比重最高。其中，1952年農業產值占第一產業產值的比重為85.9%、1957年為82.7%、1962年為84.7%、1965年為82.2%，而占國內生產總值的比重1952年為58.3%、1957年為41.4%、1962年為42.6%、1965年為39.5%。②1969—2012年第二產業產值中工業產值所占比重最高。其中工業產值占第二產業產值的比重在1969年為91.2%、1985年為89.5%、2000年為88.2%、2012年為85.4%，而占國內生產總值的比重1969年為32.3%、1985年為38.2%、2000年為40.1%、2012年為38.7%[①]。根據圖4-13，伴隨著1969年工業占據產業發展的主導地位，工業產業內部的重工業產值與輕工業產值的差別經歷了從擴大到縮小再到進一步擴大的歷程，且重工業產值所占比重始終高於輕工業。另外，由圖4-14和圖4-15可知，輕工業各部門中占比重相對較高的有紡織業、農副食品加工業以及造紙和紙製品業，而重工業各組成部分中占比相對較高的部門先後為通用設備

---

① 本段的數據均根據國家統計局官方網站數據庫數據統計計算所得。

製造業部門與通信設備、計算機及其他電子設備製造業部門。③新中國第三產業各部門中批發和零售業占比相對較高，交通運輸、倉儲和郵政業次之，房地產業呈現穩步提升的態勢（圖4-16）。

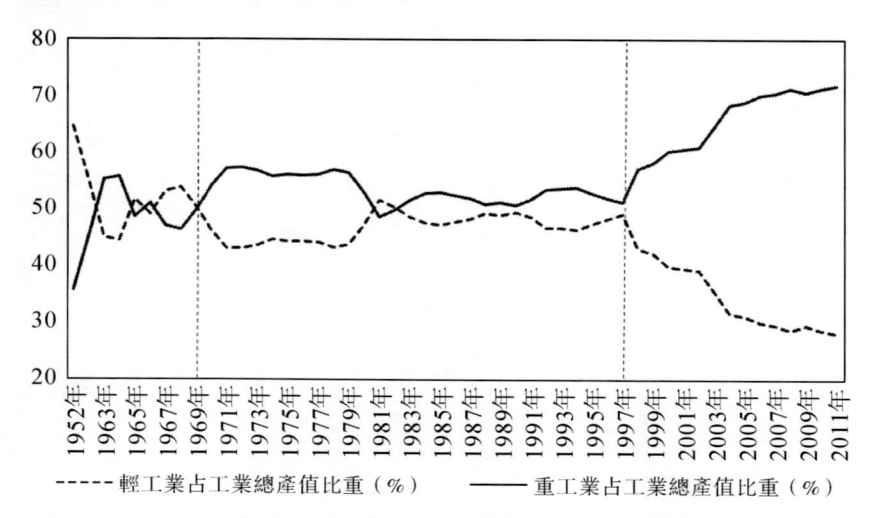

圖4-13　1952—2011年中國重工業與輕工業總產值占工業總產值比重的波動趨勢
　　數據來源：CEIC宏觀經濟數據庫統計整理所得。

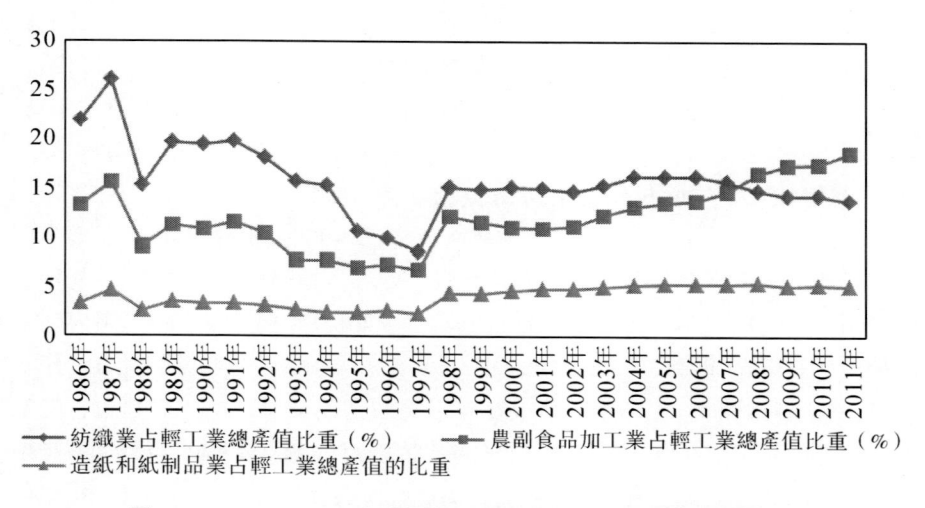

圖4-14　1986—2011年中國輕工業各部門所占比重的波動趨勢
　　數據來源：CEIC宏觀經濟數據庫統計整理所得。

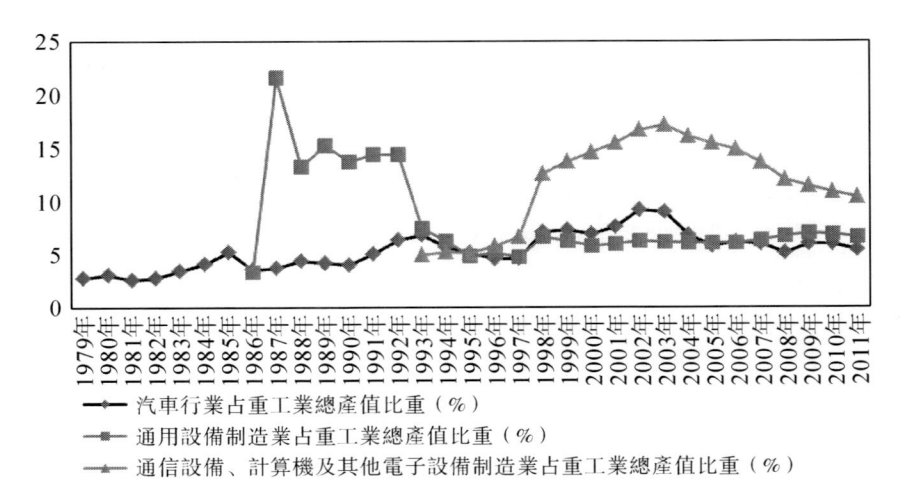

圖4-15　1979—2011年中國重工業各部門所占比重的波動趨勢

數據來源：CEIC宏觀經濟數據庫統計整理所得。

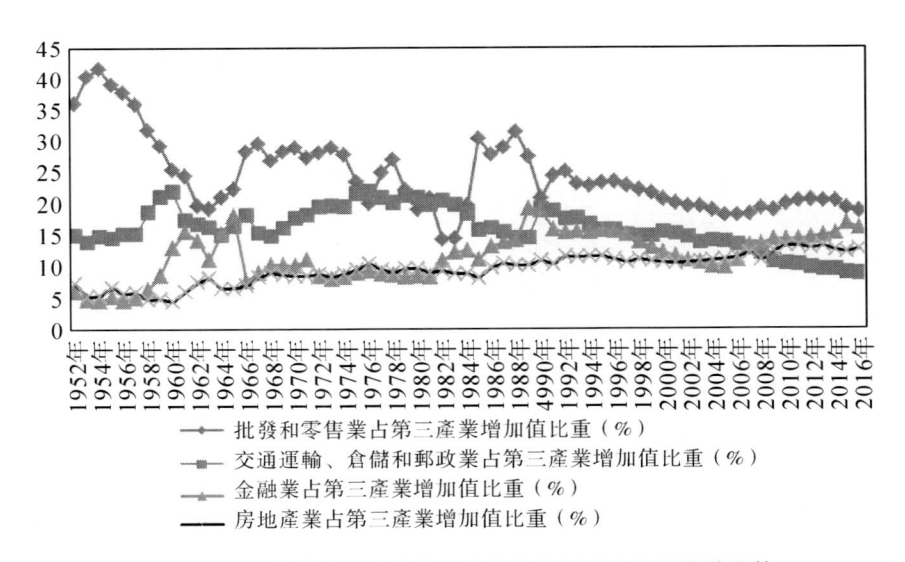

圖4-16　新中國成立以來第三產業各部門所占比重波動趨勢

數據來源：國家統計局官方網站數據計算所得。

總之，單純從產業結構變遷的影響來看，新時代中國經濟的中長期運行仍然存在很大的上升空間。一方面，如果擬用第三產業產值與第二產業產值的比值來衡量中國產業結構的合理化水準，用批發和零售業增加值與工業增加值的

比值來衡量中國服務業的發展水準①,那麼根據圖4-17的變化趨勢可以看出,改革開放以來中國產業結構合理化程度得到了逐步完善,服務業發展水準也有了穩步提升。另一方面,伴隨著高新技術產業的快速發展,以電子商務為代表的新型營銷方式獨占鰲頭。如圖4-18所示,近十年來中國網民數和互聯網普及率急遽增加。截止到2018年6月,中國網民數已超過8億人,網絡普及率達57.7%。這一現實也推動了互聯網行業以及「互聯網+」行業的迅猛發展,截止到2017年12月,電子商務累計交易額達286,600億元,同比增速為27.77%,占當年GDP的比重34.6%。其中網絡購物交易額就有71,750.7億元,同比增速為39.17%②。因此,在新一輪技術革命的推動下完全有理由推測中國經濟依然存在著巨大的增長潛力。

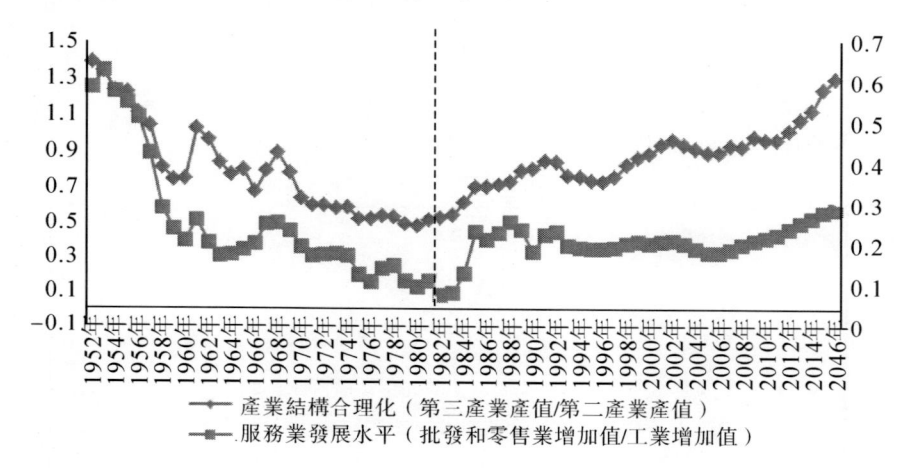

圖4-17　新中國成立以來產業結構合理化與服務業發展水準變化趨勢
數據來源:國家統計局官方網站數據計算所得。

(4) 新中國經濟波動的長週期

馬克思曾表示,「現代工業特有的生活過程,由中長活躍、生產高度繁忙、危機和停滯這幾個時期構成的、穿插著較小波動的十年一次的週期形式,就是建立在產業後備軍或過剩人口的不斷形成、或多或少地被吸收、然後再形成這樣的基礎之上的。而工業週期的階段變換又使過剩人口得到新的補充,並且成為過剩人口再生產的最有力的因素之一」③。這就表明,經濟增長階段的

---

① 賈俊雪.中國經濟週期波動特徵及原因研究 [M].北京:中國金融出版社,2008:176.
② 數據來源於CEIC宏觀經濟數據庫。
③ 馬克思.資本論:第1卷 [M].北京:人民出版社,2004:729.

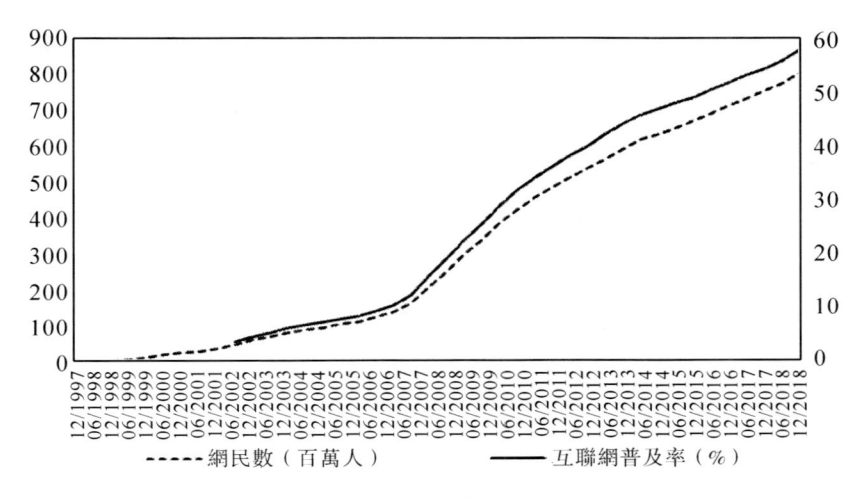

图 4-18　中國網民數與互聯網普及率變動趨勢

數據來源：CEIC 宏觀經濟數據庫統計整理所得。

　　轉換以及經濟的週期性波動不僅推動了勞動力的釋放和吸收，同時也受到了人口數量和結構週期性變化的反作用。另外，根據對歷史數據的考察容易發現，人口因素的波動一般表現為長期的變化。因此，下文將從新中國人口及勞動力變動的視角出發，並通過與全球部分國家人口與勞動力情況的比較來分析中國的經濟發展歷程。

　　首先，從新中國人口數量與結構的變化情況來看。通過對新中國人口數據的整理可以發現三點特徵和趨勢。①如圖 4-19 所示，新中國成立初期，受「二戰」與「內戰」的雙重衝擊，中國人口數量僅 5.4 億餘人，且農村人口所占比重為 89.4%。之後，隨著社會主義制度的確立以及經濟社會的穩定與發展，總人口數量得到了逐步提升，2017 年達到了 13.9 億人。期間，城鎮人口數量穩步增加，農村人口數量在逐漸增加的同時於 1996 年出現了銳減。②從圖 4-20 可以看出，1949 年以來中國的人口出生率和自然增長率呈現出了整體下降的態勢。改革開放前，1959—1961 年三年嚴重困難嚴重降低了中國的人口出生率和自然增長率。但是，儘管如此，改革開放以前人口的平均增長水準仍然相對較高。改革開放以後，在人民生活水準以及醫療服務水準提升的保障下，人口死亡率基本趨於穩定。人口出生率和自然增長率在經歷了一段時期的下降後，從 2005 年開始趨於平穩，並在 2015 年出現了回升的跡象。③近年來，人口老齡化問題凸顯。根據 CEIC 全球數據庫的數據進行計算來看，1953 年中國 65 歲及以上人口僅 2,593 萬人，占總人口的 4.4%。而進入 21 世紀以

後老年人口驟增，2017年65歲及以上人口達到了1.58億人，占總人口的比重高達11.4%，且每年仍保持著約4%的增速。另外，改革開放以來隨著人口出生率的下降以及老齡化趨勢的顯現，少兒撫養比與總撫養比則呈現了同步下降的態勢（圖4-21）。圖4-22通過將中國與世界其他部分國家進行橫向對比也可以看出，近年來中國人口撫養比較低，但2010年左右出現了回升。美國和英國的撫養比基本維持穩定，而印度的撫養比也在持續下降，日本的撫養比則從20世紀80年代末期開始反而呈現了持續上升的態勢。

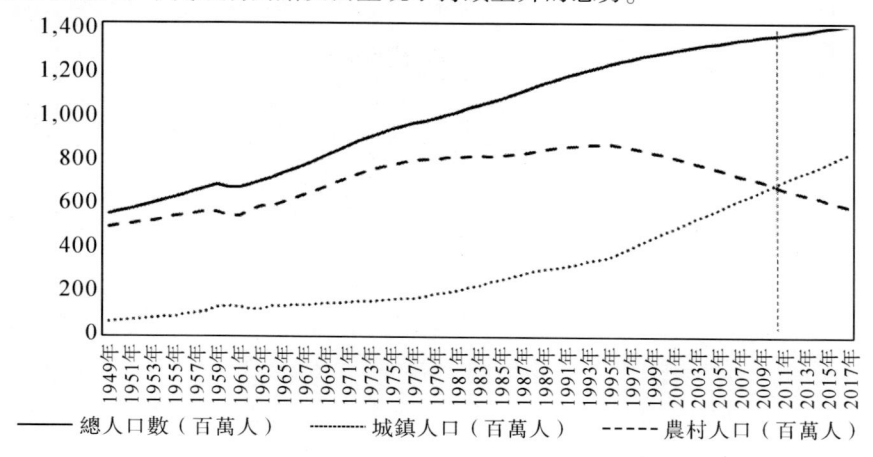

圖 4-19　新中國成立以來人口總量變化趨勢

數據來源：CEIC宏觀經濟數據庫統計整理所得。

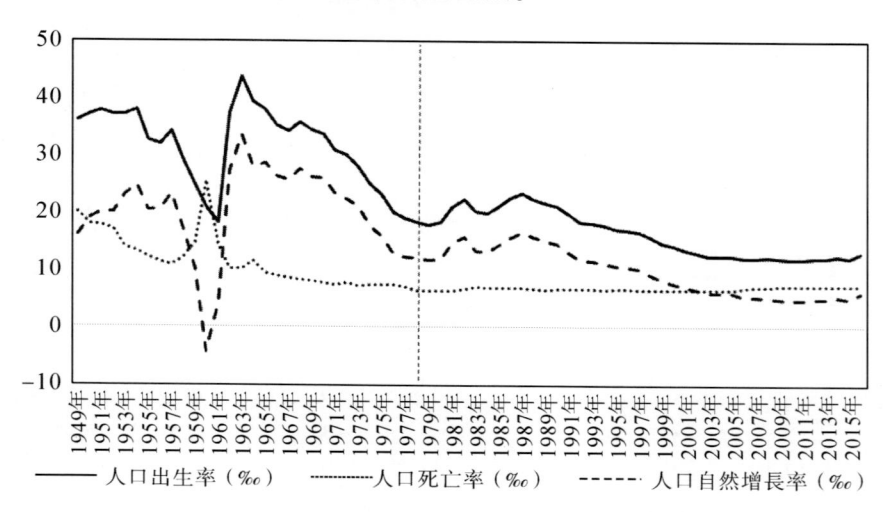

圖 4-20　新中國成立以來人口自然增長率波動趨勢

數據來源：國家統計局官方網站數據整理。

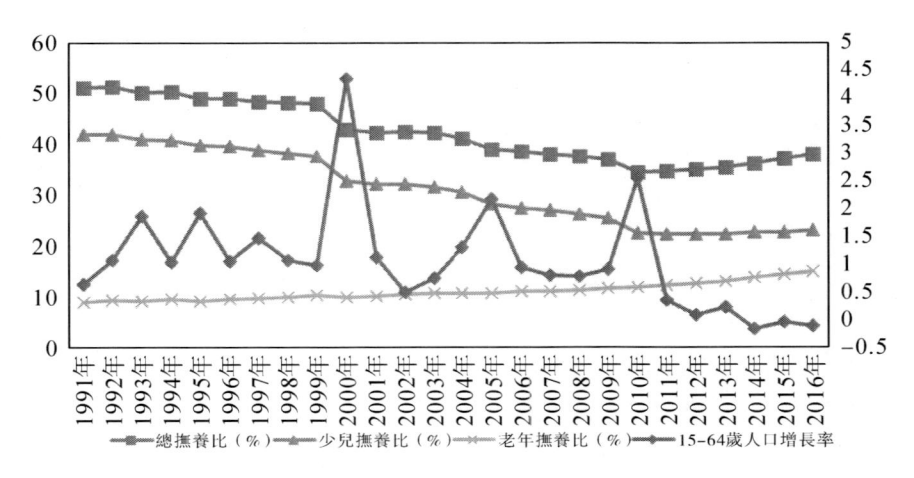

圖 4-21　改革開放後中國人口波動趨勢

數據來源：國家統計局官方網站數據整理。

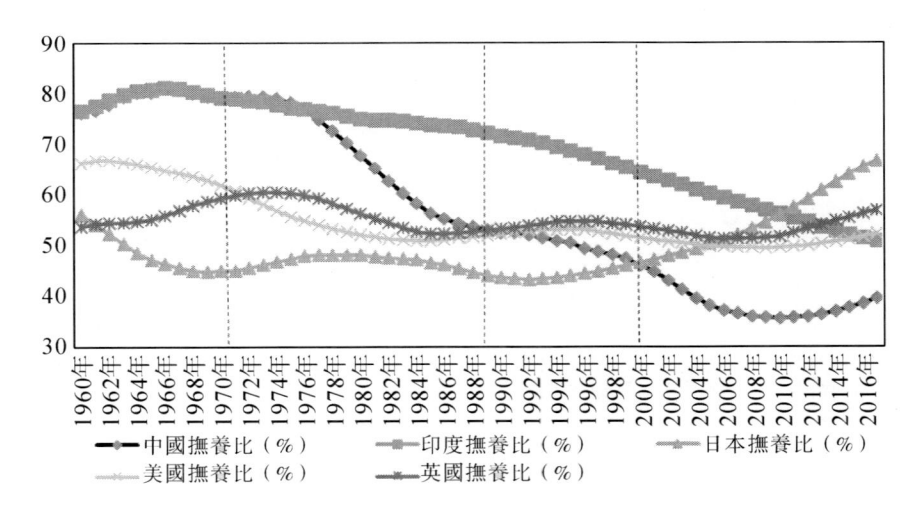

圖 4-22　世界部分國家撫養比波動趨勢

數據來源：世界銀行官方網站數據整理。

其次，從新中國勞動力數量的變化情況來看。從圖 4-23 可以看出，與世界其他部分國家相比，改革開放之前中國 15~64 歲人口占總人口的比重相對較低，且與印度基本相同，維持在 57% 左右的水準。而改革開放後則逐漸實現了兩次超越，第一次是在 1988 年超越了美國和英國，第二次是在 2000 年超越了日本。而印度 15~64 歲人口占總人口的比重雖然持續上升，但與中國仍存在著很大差距，2017 年中國 15~64 歲人口占總人口的比重為 71.68%，印度則

為66.23%。也就是說，就總量而言，當前中國的勞動力人口仍然占據著絕對優勢。當然，利用優勢的同時也應認識到隱憂的存在。圖4-24描繪了1991年以來部分國家勞動力增速情況，從中可以看出中國勞動力增速持續下滑，並於2015年開始出現了負增長，而印度的勞動力增速持續處於高位。美國和日本的勞動力增速則存在著一定的波動，但日本勞動力負增長的情況較為普遍，美國則一直保持著正的增長趨勢。2017年中國、美國、日本、印度的勞動力人口增速分別為-0.04%、0.4%、-0.5%、1.5%。但是，儘管如此，從表4-4的統計結果來看，當前中國的勞動力總量仍然占據了世界勞動力總數的20%以上。即使不考慮中國放開二孩政策的長期影響，並假設中國勞動力人口將維持不變，那麼增速最快的印度尚需25年的時間才能趕上中國2017年的水準。因此，作者認為當前及未來一段時期中國人口紅利將依然存在。

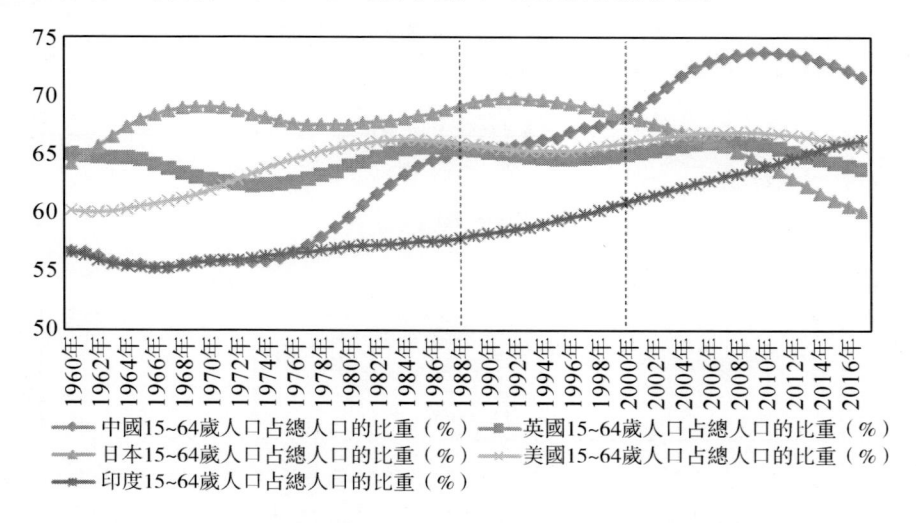

圖4-23　世界部分國家15~64歲人口占總人口比重的波動趨勢

數據來源：世界銀行官方網站數據整理。

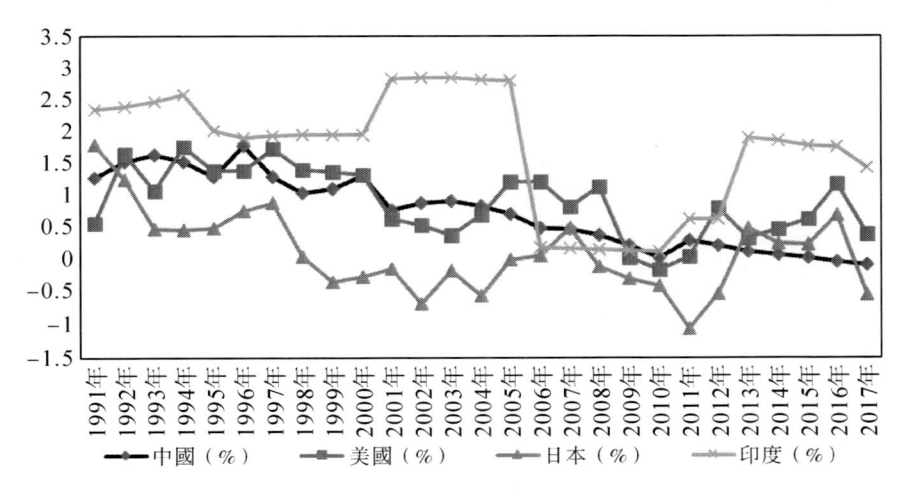

圖 4-24 世界部分國家勞動力數量增長率波動趨勢

數據來源：世界銀行官方網站數據整理。

表 4-4 世界部分國家勞動力數量比較

		中國	美國	日本	英國	印度
1990 年	總人數/億	6.40	1.28	0.64	0.29	3.28
	占世界百分比	27.48	5.49	2.74	1.25	14.07
1995 年	總人數/億	6.88	1.37	0.67	0.28	3.68
	占世界百分比	27.08	5.37	2.63	1.12	14.49
2000 年	總人數/億	7.35	1.47	0.68	0.29	4.06
	占世界百分比	26.53	5.30	2.44	1.06	14.64
2005 年	總人數/億	7.66	1.52	0.67	0.31	4.66
	占世界百分比	25.44	5.05	2.22	1.02	15.47
2010 年	總人數/億	7.80	1.57	0.67	0.32	4.71
	占世界百分比	24.51	4.93	2.09	1.01	14.79
2017 年	總人數/億	7.87	1.63	0.67	0.34	5.20
	占世界百分比	22.79	4.73	1.93	0.98	15.07
1991—2017 年平均增速/%		0.77	0.91	0.15	0.57	1.73
按平均增速計算各國趕上中國 2017 年勞動力人口數大概需要的年限			170 年	1600 年	550 年	25 年

註：為表述方便數據精確到小數點後 2 位。

再次，從新中國勞動力質量的變化情況來看。相關研究結果顯示，改革開放前中國勞動生產率增長率每年約為 0.5%，而改革開放後增加到了 3.8%，並且勞動生產率占 GDP 的比重也由 1952—1978 年的 11.4% 上升到了 1978—2005

年的40.1%①。然而，將世界部分國家高等院校入學率進行對比就會發現，中國高等院校入學率曾經在很長時期內處於世界較低水準。1993年美國高等院校入學率為79.2%，而當時中國該數值僅為2.9%，差距十分明顯。21世紀之初，中國高等院校入學率開始迅速提升，2016年增加至48.4%，超過了印度，但與美國、英國、日本等發達國家相比仍存在較大差距。

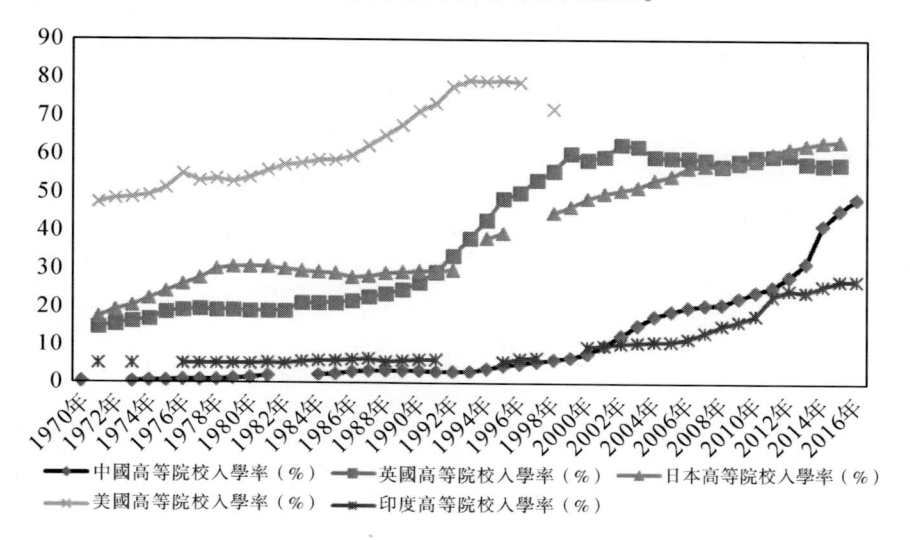

圖4-25 世界部分國家高等院校入學率變化趨勢

數據來源：世界銀行官方網站數據整理。

註：圖中統計的高等院校入學率是指不論年齡大小，大學在校生總數占中學之後5年學齡人口總數的百分比。

綜上所述，新中國成立以來，在「第一次人口紅利」逐漸釋放的推動作用下，在資本勞動比遠低於美國、日本、英國等發達國家（圖4-26）的情況下，中國實現了近70年的高速增長。然而，隨著經濟社會發展進入新時代，人口老齡化問題與高學歷人才相對缺乏等問題日益凸顯。這一方面會導致社會儲蓄率降低，從而引起中期固定資本投資後勁不足，甚至還可能會影響到中長期的產業結構調整。另一方面，買房年齡段人口的下降也可能會對房地產週期的變動造成一定的衝擊。此外，高學歷人口不足降低了教育回報率，使得中國居民的工資指數長期處於低位波動（圖4-27）。因此，僅就人口與勞動力因素對經濟週期的影響而言，中國未來經濟發展既面臨著一定的挑戰，同時也存在

---

① 勞倫·勃蘭特，托馬斯·羅斯基. 偉大的中國經濟轉型[M]. 方穎，趙揚，譯. 上海：格致出版社，上海人民出版社，2016：1.

著進一步增加「高精尖」人才數量，從而釋放「第二次人口紅利」的廣闊空間。

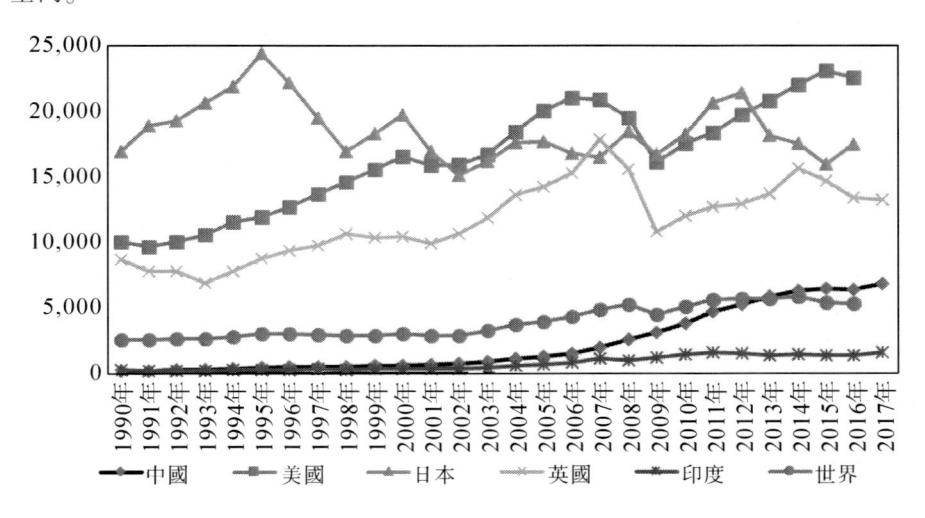

圖 4-26　世界部分國家資本勞動比波動趨勢

數據來源：世界銀行官方網站數據統計計算所得。

註：資本勞動比為各國資本形成總額與勞動力數量的比值。其中，資本形成總額的統計單位是「現價美元」，勞動力數量的統計單位是「人」。

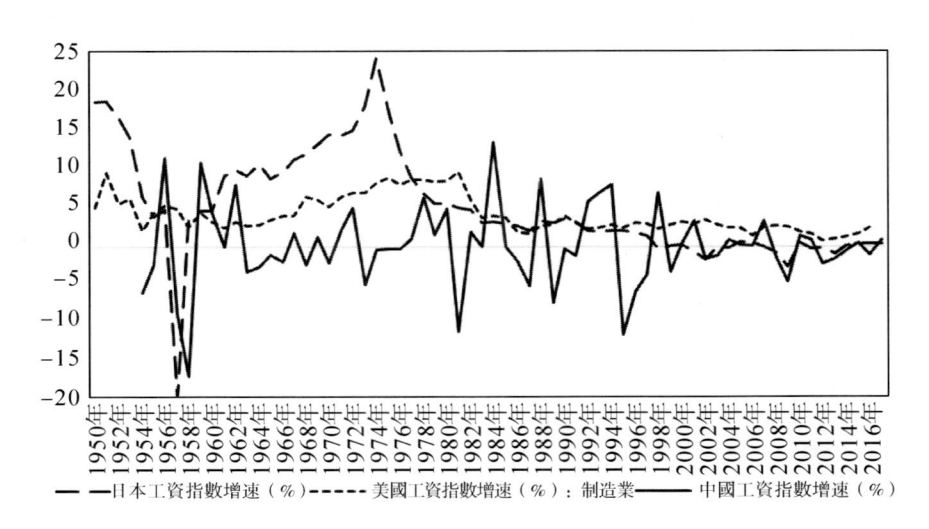

圖 4-27　1950—2017 年世界部分國家工資指數增速波動趨勢

數據來源：CEIC 宏觀經濟數據庫統計整理所得。

4.1.3 新中國創新週期的演變歷程

18世紀70年代到21世紀最初的10年，世界大約總共經歷了5次技術創新革命，每次革命都為世界的進一步發展注入了新的動能。特別是「二戰」以後發生在美國的兩次技術革命，分別將世界帶入了石油、汽車和大規模生產時代以及信息和遠程通信時代①。在這期間，新中國成功實現了由技術相對落後到創新型國家的轉變，特別是20世紀90年代末以來，各項指標增速明顯。

（1）創新投入的視角

首先，從國家科技支持力度的情況來看。新中國成立以來，隨著中國科學院的成立到「星火計劃」「火炬計劃」「國家重點新產品計劃」「973計劃」「科技支撐計劃/科技攻關計劃」以及「863計劃」等創新發展戰略的陸續出抬，足以體現新中國對科技創新的重視程度。圖4-28顯示，新中國成立初期，國家出於戰略防禦的目的，科技撥款占公共財政支出的比重經歷了一段時間的驟增，並於1964年達到了最高點6.1%。之後，1965—1978年年平均值為4.66%，1979—2016年年平均值為4.52%，雖然有所下降，但波動幅度不大。另外，中國中央和地方的科技撥款所占比重發生了重大轉變。1990年到2016年中國中央國家財政科技撥款占總財政科技撥款的比重從70.12%下降到了

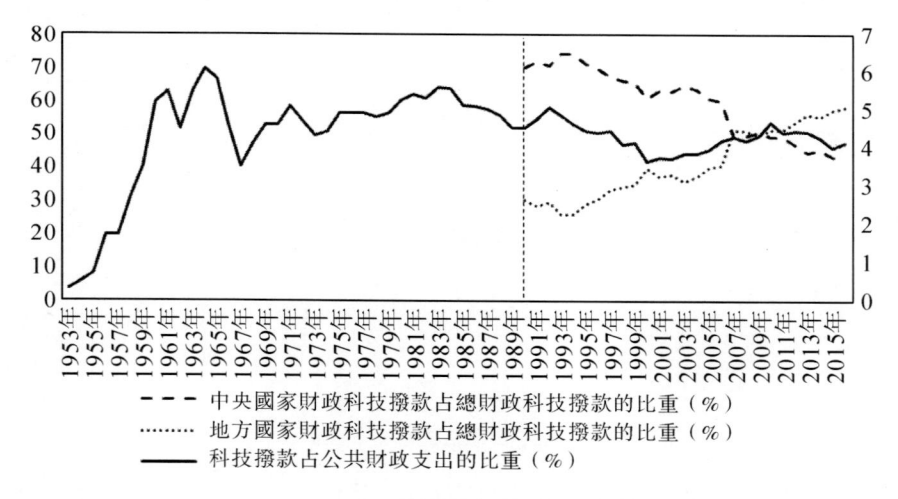

圖4-28　1953年以來中國科技撥款情況變化趨勢

數據來源：EPS全球統計分析/預測平臺數據統計整理所得。

---

① 柳卸林. 技術創新經濟學 [M]. 北京：清華大學出版社，2014：108-109.

42.13%，而地方國家財政科技撥款占總財政科技撥款則從 29.88%上升到了 57.87%。這也就意味著，隨著地方政府對本地區創新活動決策權的逐年增加，地方政府因地制宜尋求創新動能的潛力將得到有力的釋放，從而也有助於進一步激發地方企業的創新活力。根據表 4-5 中關於部分年份規模以上工業企業的創新活動統計情況，從 2008 年開始，無論是企業的創新投入力度、研發機構數量還是創新成果轉化能力都有了顯著的提升。

表 4-5　部分年份規模以上工業企業科技創新活動情況

	2000 年	2004 年	2008 年	2009 年	2011 年	2013 年	2016 年
有 R&D 活動企業所占比重/%	10.6	6.2	6.5	8.5	11.5	14.8	23.0
R&D 經費內部支出與主營業務收入之比/%	0.58	0.56	0.61	0.69	0.71	0.8	0.94
企業辦 R&D 機構數/個	15,529	17,555	26,177	29,879	31,320	51,625	72,963
新產品開發項目數/個	91,880	76,176	184,859	237,754	266,232	358,287	391,872
新產品開發經費支出/億元	529.5	965.7	3,676	4,482	6,845.9	9,246.7	11,766.3
新產品出口收入/億元	1,728.4	5,312.2	14,081.6	11,572.5	20,223.1	22,853.5	32,713.1
專利申請數/件	26,184	64,569	173,573	265,808	386,075	560,918	715,397
有效發明專利數/件	15,333	30,315	80,252	118,245	201,089	335,401	769,847
引進國外技術經費支出/億元	304.9	397.4	466.9	422.2	449.0	393.9	475.4
引進技術消化吸收經費支出/億元	22.8	61.2	122.7	182	202.2	150.6	109.2
購買國內技術經費支出/億元	34.5	82.5	184.2	203.4	220.5	214.4	208.0
技術改造經費支出/億元	1,291.5	2,953.5	4,672.7	4,344.7	4,293.7	4,072.1	3,016.6

數據來源：EPS 全球統計分析/預測平臺數據統計整理所得。

其次，從研發強度和研發支出結構來看。一方面，中國研發支出增長勢頭強勁，但與發達國家相比仍然存在著明顯的差距。根據圖 4-29 所示，1995 年以來中國 R&D 投入占 GDP 的比重幾乎呈直線上升的趨勢，從 1995 年的 0.57%增加至 2016 年的 2.11%，增加了 4 倍左右，已經趕上了歐盟國家的水準。但是，總體來看，依然顯著低於美國、日本的研發強度。另一方面，中國 R&D 支出結構存在失衡現象。一是從圖 4-30 展示的中國 R&D 支出的領域分佈來看，50%以上都是用於試驗發展，而基礎研究投入力度明顯不足。二是從表 4-6 顯示的部分年份中國 R&D 支出來源的占比情況來看，政府資金占 80%以上，企業資金占比卻不足 5%。雖然，近年來國外資金占比有所下降，企業資金占比有所回升，但是均屬微調，並沒有改變政府資金一家獨大的狀況。這

就充分說明，未來中國在保證創新投入強度持續增加的前提下，合理調整投入分配的結構也是提高創新水準的關鍵環節。

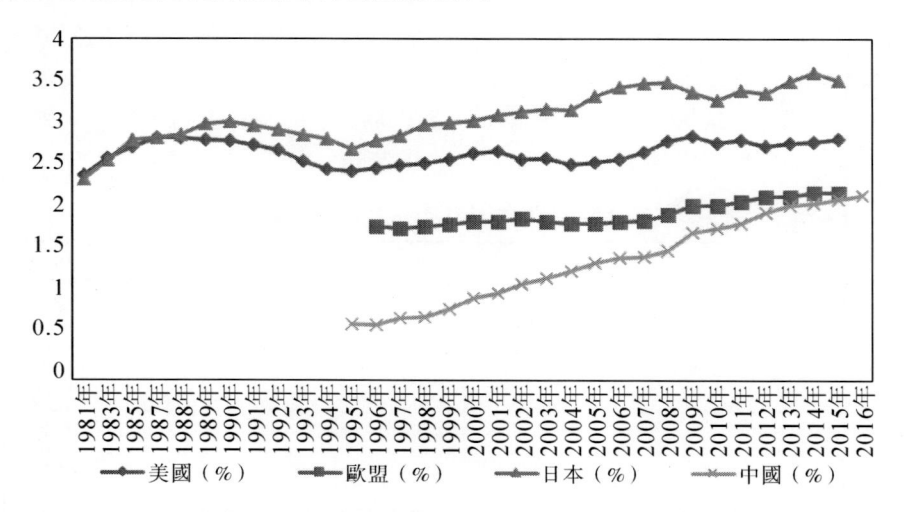

圖 4-29 世界部分國家研究與試驗發展（R&D）占 GDP 比重的變化趨勢
數據來源：EPS 全球統計分析/預測平臺數據統計計算所得。

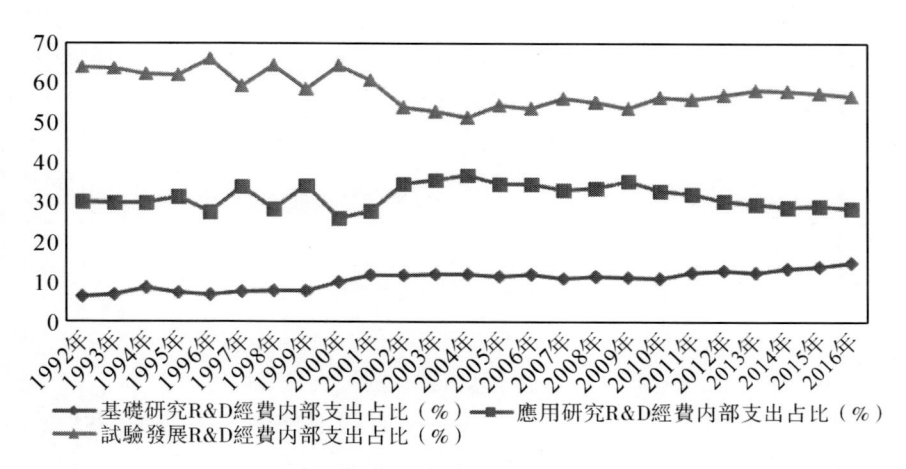

圖 4-30 1992—2016 年中國研究與試驗發展（R&D）內部支出按領域分佈
數據來源：EPS 全球統計分析/預測平臺數據統計計算所得。

表 4-6　部分年份中國 R&D 支出按來源占比情況

	2005 年	2008 年	2009 年	2011 年	2013 年	2015 年	2016 年
政府資金 R&D 經費內部支出占比/%	82.77	86.24	85.29	84.65	83.15	84.38	81.92
企業資金 R&D 經費內部支出占比/%	3.43	3.48	2.99	3.05	3.42	3.06	4.00
國外資金 R&D 經費內部支出占比/%	0.35	0.49	0.42	0.37	0.32	0.23	0.17
其他資金 R&D 經費內部支出占比/%	13.26	9.78	11.28	11.93	13.11	12.33	13.90

數據來源：EPS 全球統計分析/預測平臺以及網絡公開數據統計計算所得。

(2) 創新人才的視角

「創新驅動實質是人才驅動，人才是創新的第一資源」①。中國作為世界上的人口大國，人力資源具有一定的優勢。從圖 4-31 來看，一方面，改革開放以來中國公有經濟企事業單位的專業技術人員占公有事業單位在崗職工的比重逐年遞增，從 1990 年的 11.62%增加到了 2016 年的 63.66%。另一方面，每年研究生畢業生數占高等學校專本科在校學生人數的比重也在穩步提升。1979年中國研究生畢業生數僅 0.01 萬人，1990 年為 3.54 萬人，2000 年為 5.88 萬人，而 2016 年則躍升到了 56.39 萬人。另外，圖 4-32 顯示了 1991 年以來中國科學院及工程院院士數量的變化趨勢，2016 年中國科學院院士及中國工程院院士人數分別達到了 753 人和 822 人。由此可見，中國的優秀人才數量十分可觀。然而，值得注意的是，基礎研究型與應用研究型人才相對缺乏的現象較為嚴重。圖 4-33 顯示，長期以來中國從事基礎研究的 R&D 人員占比不足10%，且呈現了微降的態勢。從事應用型研究的人員占比下降趨勢明顯，從 1991 年的 32%下降到了 2016 年的 11.3%。而從事試驗發展的人員占比卻逐漸增加，2016 年達到了 81.6%。

---

① 習近平. 在中國科學院第十九次院士大會、中國工程院第十四次院士大會上的講話 [M]. 北京：人民出版社，2018：3.

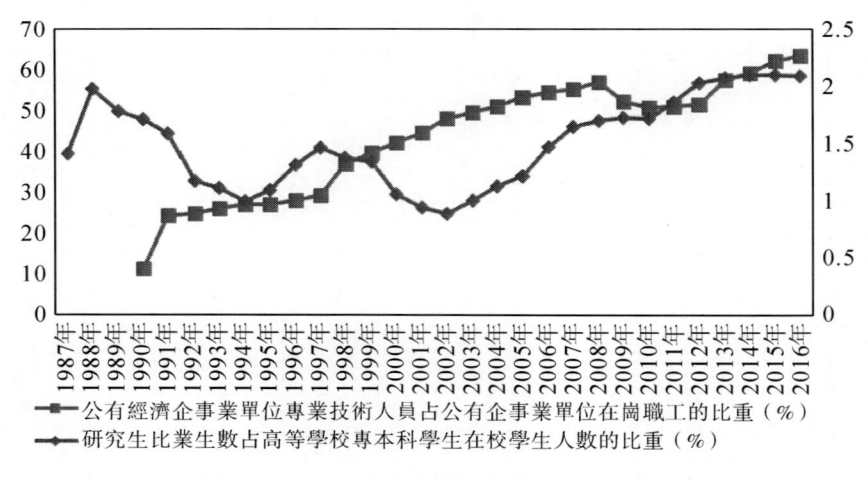

图 4-31　1987 年以來中國人才數量變化趨勢

數據來源：EPS 全球統計分析/預測平臺數據統計計算所得。

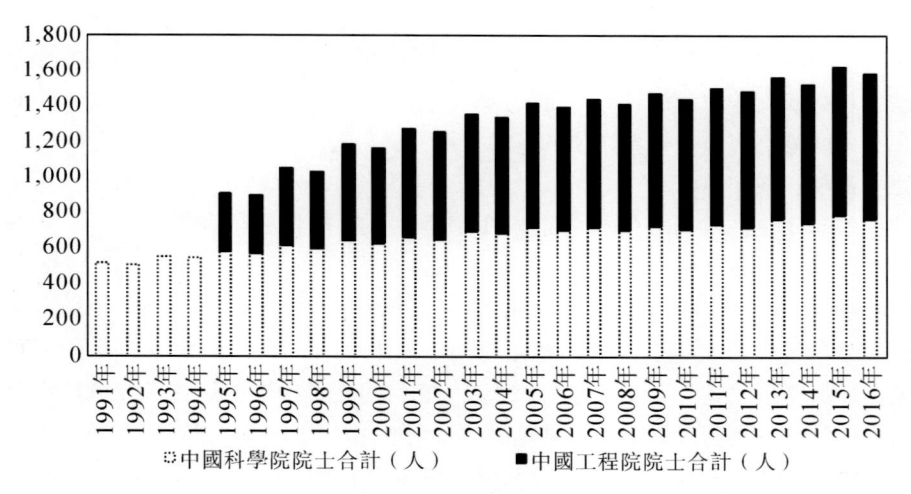

圖 4-32　1991 年以來中國科學院及工程院院士數量變化趨勢

數據來源：EPS 全球統計分析/預測平臺數據統計整理所得。

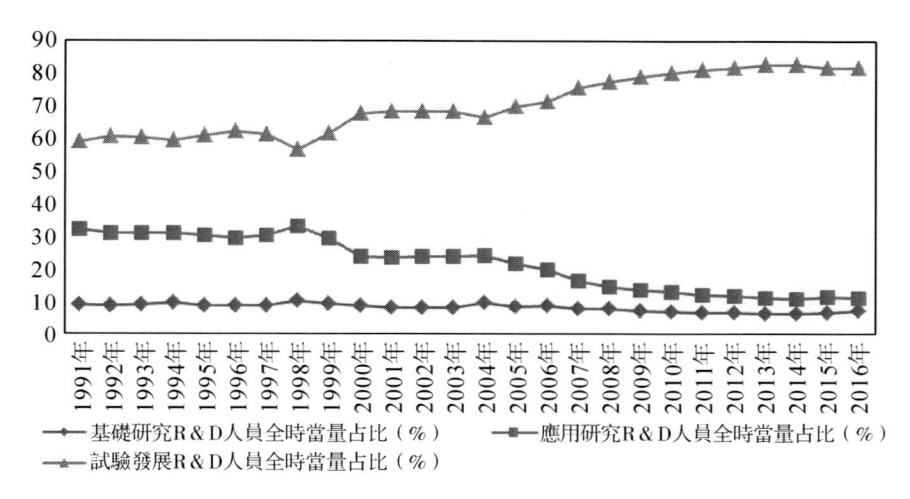

圖 4-33　1991—2016 年中國研究與試驗發展（R&D）人員全時當量結構變化趨勢

數據來源：EPS 全球統計分析/預測平臺數據統計計算所得。

（3）創新產出的視角

本書通過三個指標來衡量中國的創新產出水準：與其他國家相比中國居民和非居民的專利和商標申請量、科學和技術期刊文章發表數量、高技術產品進出口的數量和質量。

首先，從專利和商標申請情況來看。一方面，圖 4-34 顯示 20 世紀 90 年代末開始中國專利申請總量急遽增加，2010 年和 2011 年陸續超過了日本和美國。2016 年中國專利申請數量為 1,338,503 件，相當於美國的 2.2 倍、日本的 4.2 倍。但是，如果從專利申請的結構來看，畸形化趨勢卻愈發嚴重。根據圖 4-35 展示的中美兩國居民和非居民專利申請占比情況的比較來看，美國居民和非居民專利申請所占比重逐漸趨於均等化，而中國則恰好相反，二者所占比重背離現象明顯，且突出表現為居民申請專利數的暴增。2016 年中國居民申請專利數占比高達 90%，說明中國非居民創新環境尚存很大的激勵空間。另一方面，由圖 4-36 可以看出，20 世紀 90 年代以來，中國商標申請量增速長期高於美國、日本。特別是 2008 年以後，高增速態勢十分明顯。1980 年中國、美國、日本、英國的商標申請數依次為 26,177 件、46,837 件、127,151 件、20,102 件，而 2016 年中國、美國、日本、英國的商標申請數則依次為 3,691,365 件、393,210 件、162,984 件、67,035 件，中國商標申請量分別相當於美國、日本、英國的 9.4 倍、22.6 倍、55.1 倍。

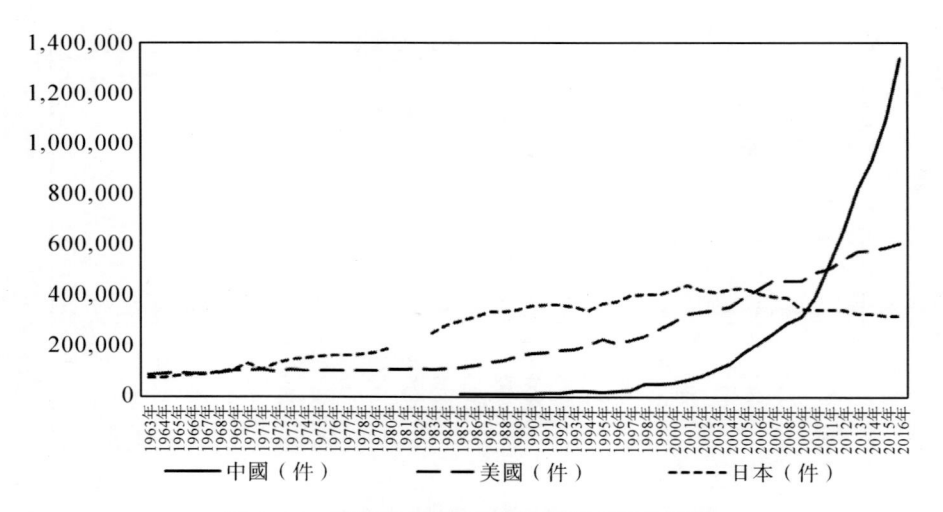

图 4-34　世界部分國家專利申請數量變化趨勢

數據來源：CEIC 宏觀經濟數據庫統計整理所得。

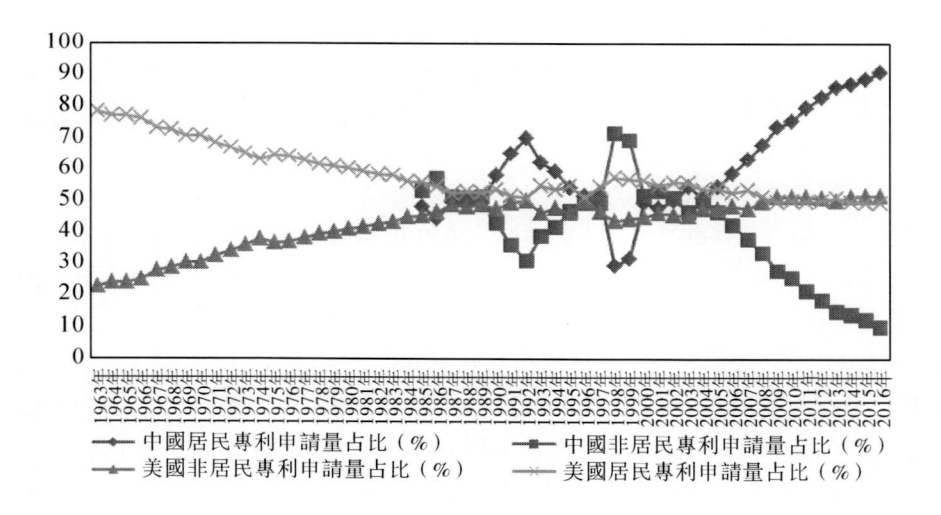

图 4-35　中美居民和非居民專利申請數量變化趨勢對比

數據來源：CEIC 宏觀經濟數據庫統計整理所得。

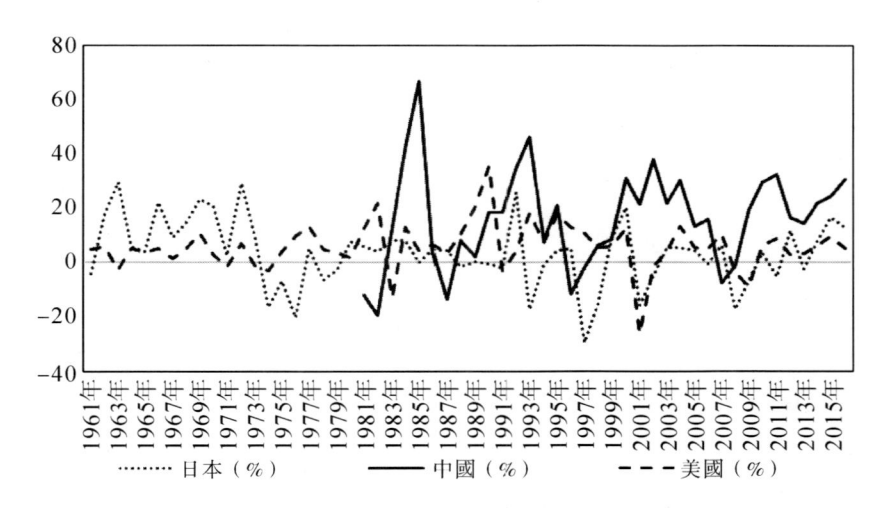

圖 4-36　1961 年以來部分國家商標申請量增速變化趨勢

數據來源：中國數據來自 EPS 全球統計分析/預測平臺，美國和日本的數據來自 CEIC 宏觀經濟數據庫。

其次，從科學出版物以及高科技產品進出口情況來看。一方面，中國科學和技術期刊文章發表數量增長顯著。圖 4-37 顯示，2016 年中國科學和技術期刊文章發表數量已經超過了美國和歐盟，且遠遠多於日本。另一方面，全球化背景下中國高科技產品進出口總額逐漸增加。圖 4-38 表明，改革開放以來，特別是從 20 世紀 90 年代末開始，無論是高科技產品的出口總額、進口總額，還是占高技術產品、工業製成品以及初級產品進出口總額的比重都在驟增。儘管受貿易保護主義抬頭傾向的影響，2016 年中國高科技出口和進口額度有所下降，但是所占出口貿易的比重卻依然持續增加。與世界部分發達經濟體相比，20 世紀 90 年代初期，中國高科技出口占製成品出口的比重處於世界低水準行列，而 2008 年以後一度躍升為首位（圖 4-39），其餘依次為美國、歐盟、日本。這就無疑證實了當前中國作為高科技產品出口大國的實力。

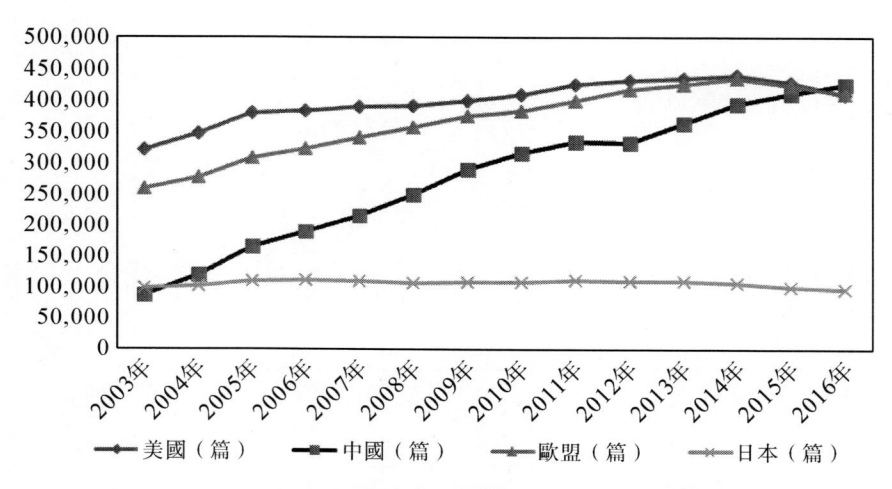

图 4-37　世界部分國家科學和技術期刊文章發表數量變化趨勢

數據來源：CEIC 宏觀經濟數據庫統計整理所得。

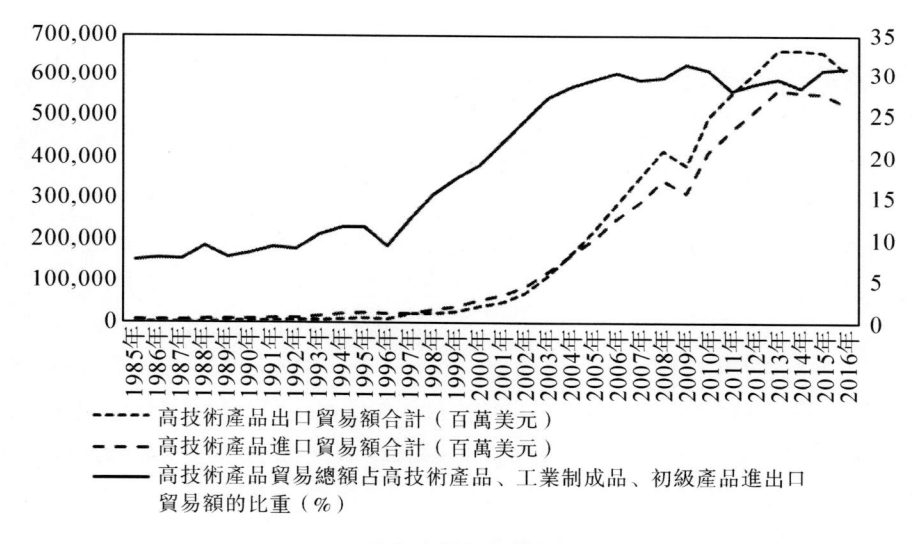

图 4-38　1985 年以來中國高技術產品進出口變化趨勢

數據來源：EPS 全球統計分析/預測平臺數據統計整理所得。

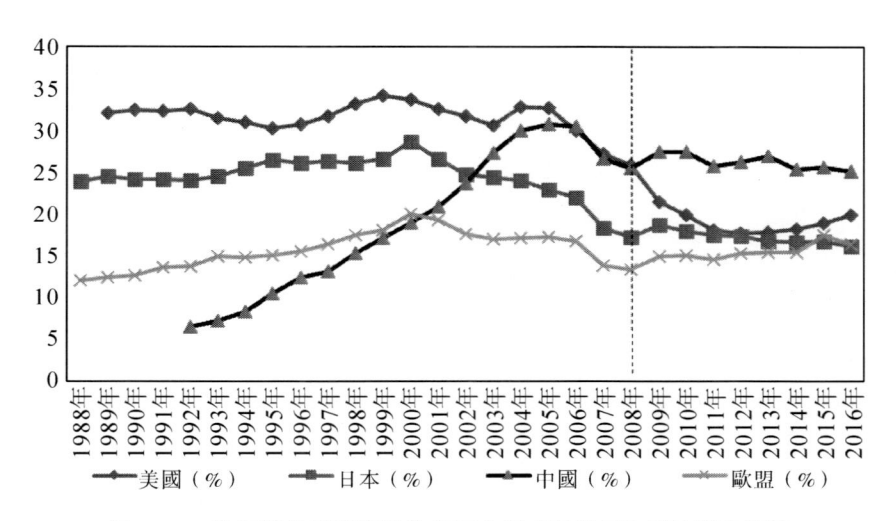

图 4-39 世界部分国家高科技出口占制成品出口比重的变化趋势

数据来源：CEIC 宏观经济数据库统计整理所得。

（4）经济增长的视角

根据马克思主义的观点，技术创新对经济周期的影响源于机器大工业的生产方式，而并非资本主义国家的特例。所以中国作为社会主义国家，同样存在着技术创新对经济周期波动的影响。一方面，根据图4-40所示，2003年以来技术创新对于中国经济增长的贡献率逐渐增加，2010年开始已经超过了50%。另一方面，根据图4-41中丁任重、徐志向（2018）的研究结果，如果以全要素生产率增长率的波动作为技术创新水平的衡量指标，那么1999年以来中国技术创新水平与经济增长率波动之间表现出了较好的拟合，从而表明二者存在着某种影响关系。进一步通过采用广义脉冲方法得到关于GDP增长率的脉冲回应函数图发现，技术创新的正向冲击将对经济增长产生为期超过7—8年的正向影响[1]。也就是说，技术创新同样是推动或抑制中国宏观经济周期性波动的主要因素之一。

---

[1] 丁任重，徐志向. 新时期技术创新与中国经济周期性波动的再思考 [J]. 南京大学学报（哲学·人文科学·社会科学），2018，55（1）：26-40，157-158.

图 4-40　2003 年以来中国技术进步贡献率变化趋势

数据来源：EPS 全球统计分析/预测平台以及网络公开数据统计整理所得。

图 4-41　中国经济增长率与全要素生产率增长率的变动趋势

原始数据来源：丁任重，徐志向. 新时期技术创新与中国经济周期性波动的再思考 [J]. 南京大学学报（哲学·人文科学·社会科学），2018，55（1）：26-40，157-158.

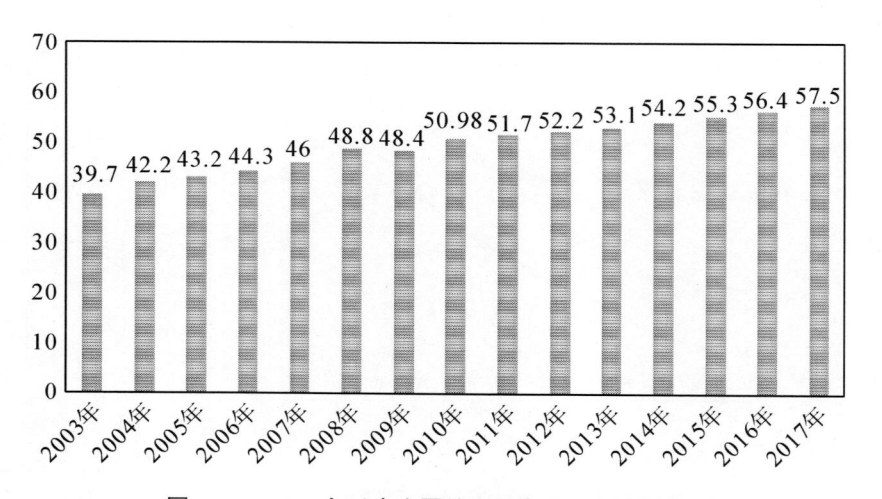

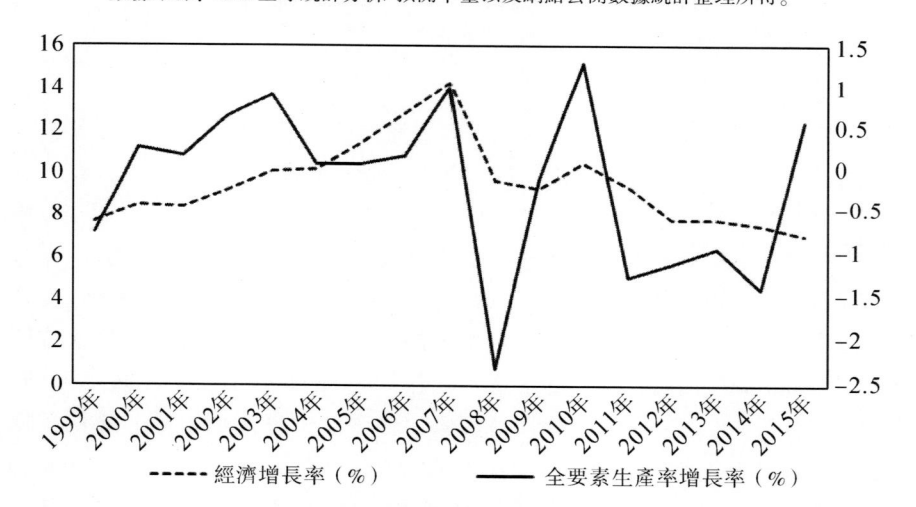

综合上述分析可知，20 世纪 90 年代末以后中国的科技创新投入、创新人才创新成果以及科技进步贡献率在总量上都呈现出了显著提升的趋势，且很多指标已然超过了美国、欧盟以及日本等发达经济体的水准。然而，喜忧参半的是，在总量增加的前提下，中国创新水准结构仍然存在着很大的调整和改进空间，特别是基础研究方面还很不充分，这也是未来时期中国完善创新政策环境的主要着力点。

4.1.4 新中國貨幣週期與利率週期的變化歷程

「無論是在國家的還是超國家的層面上，由中央銀行指定的貨幣政策在影響宏觀經濟的發展方面發揮著重要的作用。利息率的改變對於金融資產的價值和預期收益，以及家庭和企業的消費和投資決策有著直接的影響。這些決策進而影響到國內生產總值（GDP）、就業，以及通貨膨脹」[1]。因此毫無例外，中國貨幣政策的衝擊對於經濟週期波動的影響也是顯而易見的。一方面，根據圖 4-42 顯示的改革開放以來中國廣義貨幣增長率變化趨勢來看，按照「谷—谷」法判斷 1978—2017 年中國共經歷了 9 次完整的貨幣週期，分別為 1978—1982 年、1982—1989 年、1989—1991 年、1991—2000 年、2000—2002 年、2002—2004 年、2004—2007 年、2007—2014 年、2014—2017 年，平均持續時間為 4.4 年。其中，20 世紀 90 年代末以後，中國貨幣週期的波動幅度明顯下降，但波動頻率有所增加。這就表明中央銀行在實行穩健貨幣政策的同時，使用貨幣政策工具調整經濟的頻率在逐步增加。如果以此作為依據，最新一輪貨幣週期開始於 2014 年，並將於 2018 年下半年左右再次達到谷值點。另外，通過將 GDP 增長率與廣義貨幣增長率的波動趨勢進行對比，容易發現貨幣政策與經濟增長之間存在一定的協動性，且貨幣增長率滯後於經濟增長率 1 年左右。

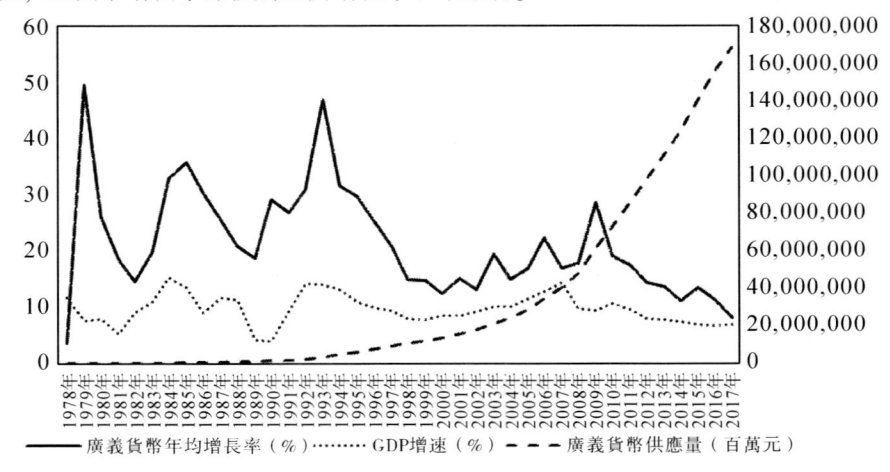

圖 4-42 改革開放以來中國廣義貨幣與 GDP 增速波動趨勢

數據來源：世界銀行官方網站數據統計整理所得。

---

[1] 若迪·加利. 貨幣政策、通貨膨脹與經濟週期 [M]. 楊斌，於澤，譯. 北京：中國人民大學出版社，2013：2.

另一方面，圖 4-43 顯示了改革開放以來中國利率與實際有效匯率的波動趨勢。從中可以看出，存款利率與貸款利率波動頻率較低，且 20 世紀 90 年代末以來基本維持穩定，而實際利率的波動頻率則較為頻繁，表現出了明顯的週期性。按照「谷—谷」法判斷，1980—2017 年共經歷了 8 次完整的利率週期，分別為 1980—1985 年、1985—1988 年、1988—1994 年、1994—2000 年、2000—2004 年、2004—2008 年、2008—2011 年、2011—2017 年，平均持續時間為 4.75 年。此外，全球化背景下匯率的變化同樣也是影響經濟波動不可或缺的一個因素。但是，根據圖 4-43 中國實際有效匯率指數的波動趨勢來看，20 世紀 90 年代中期以前中國有效匯率指數呈總體下降態勢，之後雖略有上升，但基本保持穩定。

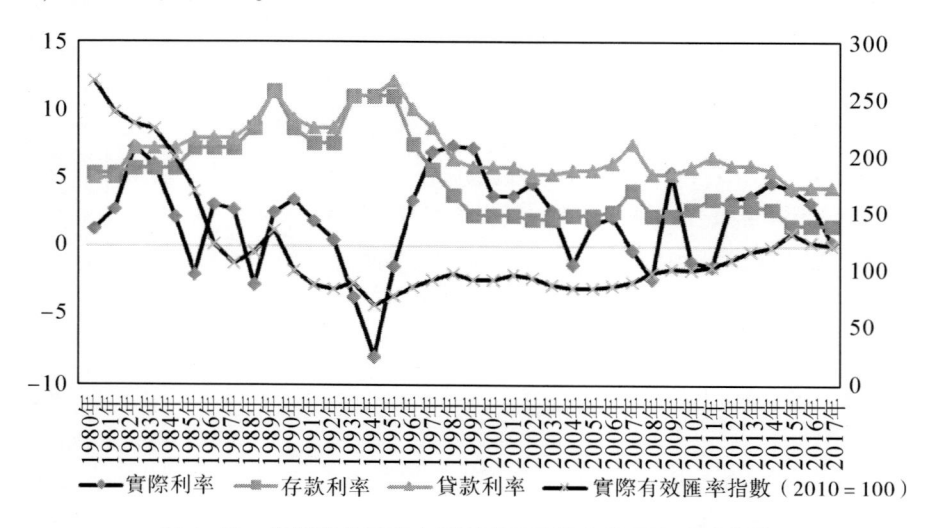

圖 4-43　改革開放以來中國利率與實際有效匯率波動趨勢
數據來源：CEIC 宏觀經濟數據庫統計整理所得。

4.2　新中國經濟週期演變的國際比較

正如熊彼特所說：「一個經濟地區的純粹經濟原因可以引起另一個地區的危機。這種現象是屢次和廣泛地被認識到的。」[1] 事實上，在經濟全球化勢不

---

[1] 約瑟夫·熊彼特. 經濟發展理論 [M]. 何畏, 易家洋, 等, 譯. 北京：商務印書館，2017：253.

可擋的背景下，世界各個國家的經濟聯動效應日益增強。根據 KOF 瑞士經濟學會統計的 2015 年世界部分國家全球化指數及其構成（見表 4-7）可以看出，中國的全球化指數為 60.15，而經濟全球化指數為 49.8，與發達國家相比仍然存在較大差距，同時這也就說明中國實現「第二次」改革開放的潛力和空間依然很大。另外，根據圖 4-44 顯示，1960 年以來美國、英國、日本的商品貿易總額占 GDP 的比重都在穩步增加。儘管 2006 年開始中國商品貿易總額占 GDP 的比重出現下滑的態勢，但仍然高於美國和日本。進一步通過對國家統計局中關於中國同六大洲各國海關貨物進出口總額的數據進行統計分析可以發現，中國 50% 以上的貨物進出口對象為亞洲地區，歐洲和北美洲分別占 20% 左右，其他地區則占比相對較低。如果從國家視角來看，2016 年中國同世界各國進出口總額占六大洲進出口總額比重最高的六個國家依次為美國、日本、韓國、德國、澳大利亞、英國（具體變化趨勢如圖 4-45 所示）。

表 4-7　2015 年世界部分國家全球化指數及其構成情況

	全球化指數	經濟全球化	社會全球化	政治全球化
荷蘭	91.24	90.33	90.53	93.52
新加坡	87.49	95.69	90.83	71.37
英國	82.96	70.53	85.84	95.93
法國	82.65	67.85	86.5	97.51
澳大利亞	81.64	74.33	82.11	91.03
義大利	79.51	68.25	77.79	97.52
德國	78.86	64.1	83.75	92.17
美國	74.81	58.77	77.95	92.41
俄羅斯	65.9	53.27	64.8	84.91
日本	65.87	47.57	66.58	90.1
韓國	64.65	59.3	51.95	90.37
中國	60.15	49.8	52.61	85.32
印度	50.77	42.84	29.98	91.74

數據來源：國家統計局官方網站數據整理所得。

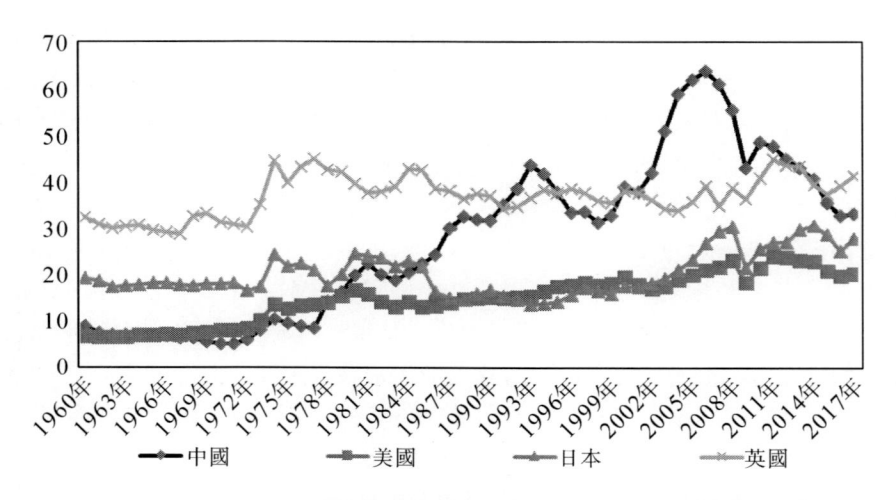

圖 4-44　1960—2017 年部分國家商品貿易占 GDP 的比重波動趨勢（單位:%）
數據來源：世界銀行官方網站數據整理所得。

註：商品貿易占 GDP 的比重是商品出口和進口的總和除以 GDP 的價值，所有國家均以現價美元計算。

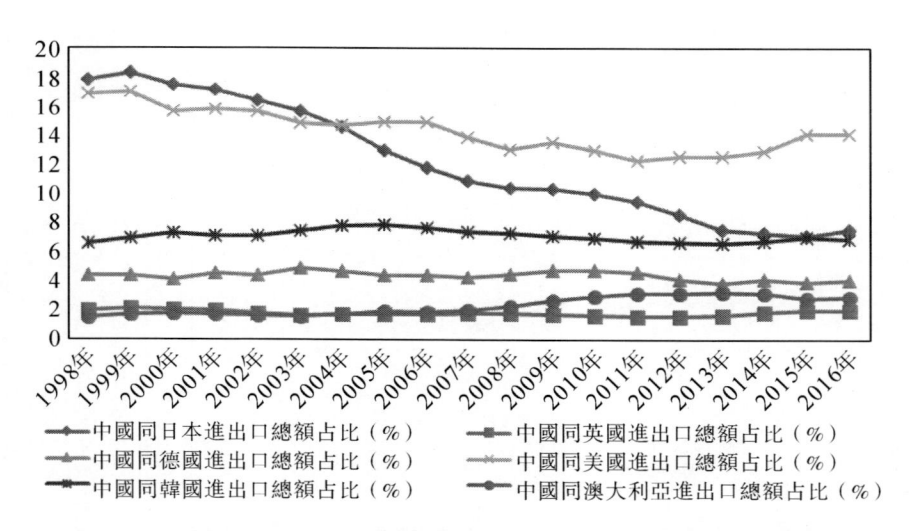

圖 4-45　中國同部分國家進出口總額占六大洲進出口總額比重的波動趨勢
數據來源：國家統計局官方網站數據統計計算所得。

以上分析表明，對與中國貿易往來密切的國家的經濟週期波動進行梳理，不僅有利於把握中國經濟週期演變的背景與國際經濟形勢，同時還有助於防微杜漸，以保證國內經濟的持續健康運行。因此，考慮到篇幅有限以及英國曾屬

於產業革命和經濟危機的發源地（1825年英國第一次爆發普遍的經濟危機），下文擬選擇美國、日本以及英國經濟週期的演變歷程與特徵作為中國經濟週期演變的國際比較。

4.2.1 美國經濟週期的演變歷程與特徵

（1）GDP增速的波動

圖4-46顯示了1801—2011年美國210年的經濟週期波動歷程，從中可以看出美國經濟運行的週期性十分明顯，且波動幅度表現出「中間大，兩邊小」的顯著特徵。根據美國經濟週期的波動特點，可將美國經濟發展歷程分為三個階段：1801—1870年經濟增速的小幅波動階段，1870—1949年經濟增速的劇烈波動階段，1949—2011年經濟增速的小幅波動階段。而1870年與1949年之所以成為臨界點可能源於兩個方面的影響。一是1870年發生在美國的以福特汽車自動化生產線為標誌的「電力驅動大規模生產」進一步推動了美國資本主義工業化和市場化進程，進而也就增加了危機爆發的現實性和破壞力。而且加之兩次世界大戰的衝擊，美國經濟的大幅波動不可避免。二是1949年以後美國進入了國家壟斷資本主義發展時期，特別是「大危機」以後，以凱恩斯主義為代表的國家干預型經濟政策對經濟波動起到了一定的熨平作用[1]。同時20世紀中葉發生在美國的以可編程邏輯控制器為標誌的「製造自動化」開啓了精益生產的發展模式，因而可能有助於降低生產的盲目性。

具體分階段來看。第一階段：1801—1870年。這一階段，按照「谷—谷」法判斷（下同），美國大致經歷了16次完整的經濟週期，平均持續時間為4.4年，平均位勢為3.9%，最高的波峰為1853年的10.72%，最低的波谷為1808年-4.1%。第二階段：1870—1949年。這一階段，美國大致經歷了23次完整的經濟週期，平均持續時間大約為3.5年，平均位勢為3.86%，最高的波峰為1872年的19.73%，最低的波谷是1908年的-13.17%。第三階段：1949—2011年。這一階段，美國大致經歷了12次完整的經濟週期，平均持續時間為5.2年，平均位勢為3.23%，最高的波峰為1950年的8.75%，最低的波谷是2009年的-3.49%。由此可見，美國經濟增速長期維持在3.7%左右，而且1801年以來美國經濟週期的平均持續時間為4.1年，短於新中國成立以來的5.1年。

---

[1] 在此需要闡明的是，儘管國家壟斷資本主義時期美國經濟波動的劇烈程度有所緩解，但是資本主義國家的根本矛盾並沒有改變，因此資本主義經濟危機的現實性也不會消失。以2008年源於美國的金融危機為例，無論是對GDP增速的衝擊，還是危機影響的廣度和深度都是近70年來最大的一次。

另外，通過 HP 濾波趨勢成分的波動來看，1801—2011 年 HP 濾波的趨勢成分經歷了 8 次平均約 26 年的週期性循環。

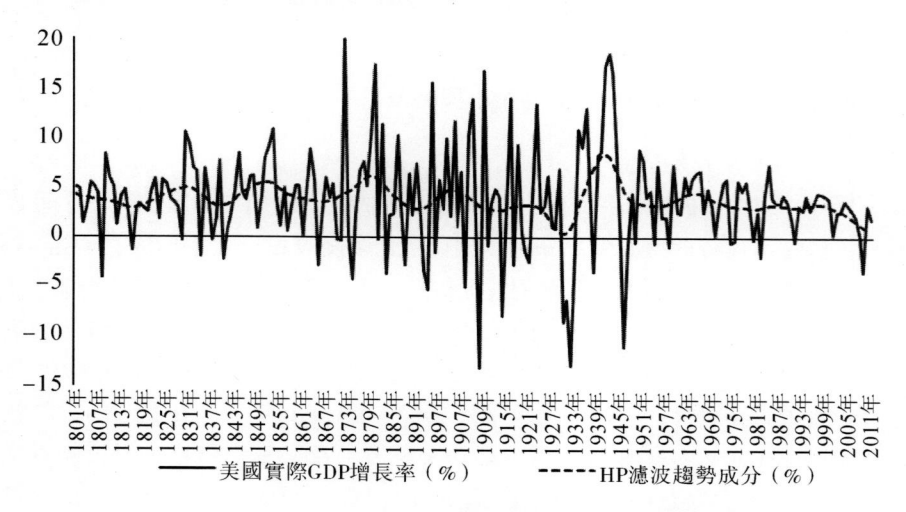

圖 4-46　1801—2011 年美國實際 GDP 增長率波動趨勢
數據來源：國際貨幣基金組織（IMF）官方網站數據整理。

（2）不同長度經濟週期的演變

首先，從短週期的視角來看。不同長度經濟週期理論本身就來源於對西方發達資本主義國家經濟運行的研究。一方面，根據圖 4-47 展示的 1971 年以來美國存貨變動率的波動趨勢，容易發現，按照「峰—峰」法判斷（下同），1971—2015 年美國大致經歷了 11 次完整的存貨週期，平均持續時間約為 4 年，雖比中國平均持續時間多 0.8 年，但仍和基欽 3～5 年的基本判斷相符。與中國存貨週期的波動幅度相比，美國存貨週期波幅較大，最高波峰值為 1971 年的 346.76%，最低波谷值為 -1,095.29%，特別是波谷值超過了中國的 10 倍。然而，1994 年以後，美國存貨週期的波谷開始明顯回升。另一方面，美國房地產市場也表現出了顯著的短週期特徵。圖 4-48 顯示，1966—2013 年美國大致經歷了 15 次完整的房地產週期，平均持續時間為 3.2 年（中國為 2.8 年）。如果將 1988 年作為臨界點來看，1988 年之前的房地產波動態勢與 1988 年之後相比呈現出較高的對稱性，而且除 1988 年與 1989 年兩年的劇烈波動外，其他年限波動幅度較小。此外，通過觀察 HP 濾波趨勢成分的變化規律可以看出，無論是存貨週期，還是房地產週期都與長期實際 GDP 增速的 HP 濾波趨勢波動所表現出的平均 26 年一次的循環基本吻合，特別是房地產週期最為明顯，表現為 1964—1990 年、1990—2016 年兩個循環。

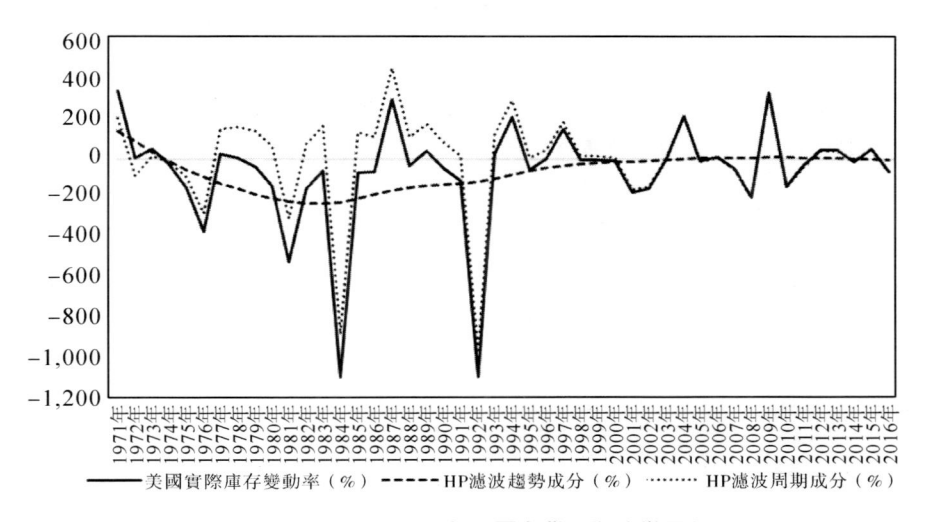

圖 4-47　1971—2016 年美國存貨週期演變歷程

數據來源：CEIC 宏觀經濟數據庫統計計算所得。

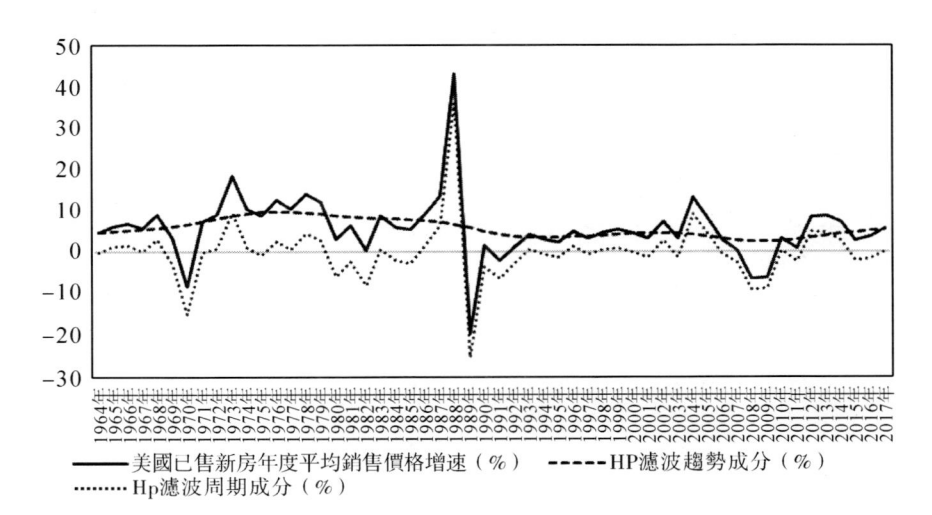

圖 4-48　1964—2017 年美國房地產週期演變歷程

數據來源：CEIC 宏觀經濟數據庫統計計算所得。

註：已售新房年度平均銷售價格增速根據 CEIC 數據庫中美國 1963—2017 年季度已售新房平均銷售價格的數據分年度加總平均後計算得來。

其次，從中週期的視角來看。根據對新中國經濟中週期的考察發現，除固定資產投資以外，建築週期也屬於中週期的範疇。美國是否也是如此尚待進一

步研究。一方面，圖 4-49 顯示了美國實際固定資本形成總額的波動趨勢，2000 年之前的 40 年美國投資增長率較高，最高在 1970 年達到了 24.77%，平均投資增長率約為 4.86%，而 2000 年之後平均增長率有所下降，僅為 1.19%。按照「谷—谷」法判斷（下同），1961—2016 年美國大致經歷了 11 次明顯的投資週期，平均持續時間為 5.1 年，與中國基本相同。而且 1970—1997 年 HP 濾波趨勢成分完成了一次 27 年的完整循環，同樣符合趨勢成分的波動規律。此外，通過圖 4-50 展示的美國電子行業及半導體行業產能利用率與 GDP 增速之間的關係容易發現，絕大部分產能利用率的下降階段都對應著 GDP 增速的衰退階段。這就表明美國的產能利用率與經濟波動之間同樣存在著一定的關聯①。

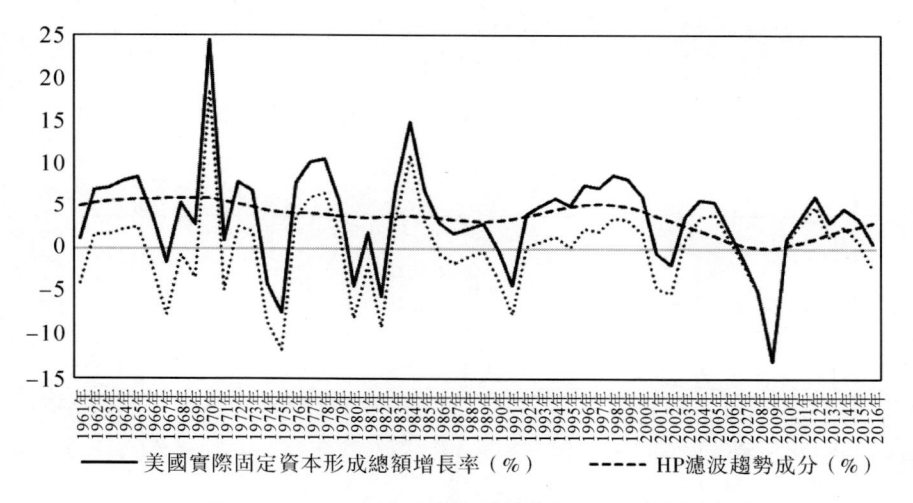

圖 4-49　1961—2016 年美國投資週期演變歷程

數據來源：CEIC 宏觀經濟數據庫統計計算所得。

---

① 具體關係將在下一章節做進一步分析。

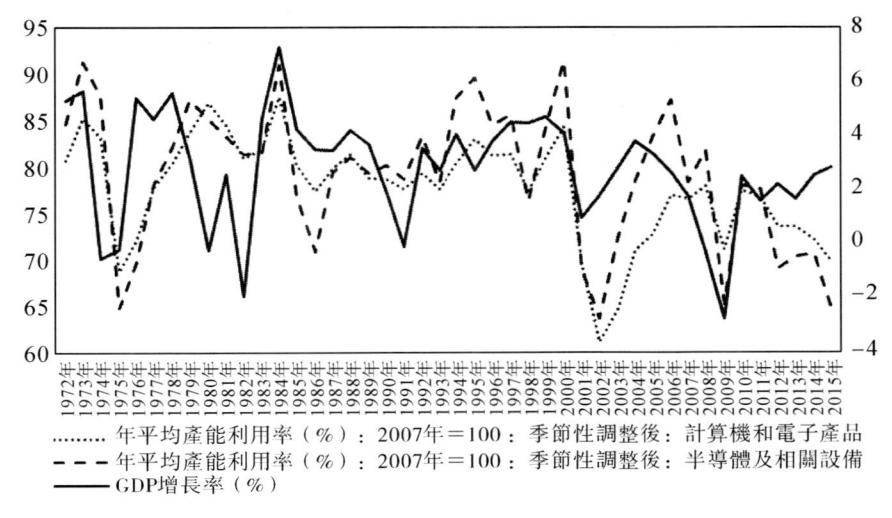

.... 年平均產能利用率（%）：2007年＝100；季節性調整後：計算機和電子產品
- - - 年平均產能利用率（%）：2007年＝100；季節性調整後：半導體及相關設備
—— GDP增長率（%）

圖 4-50　1972—2015 年美國年均產能利用率與 GDP 增長率關係的演變歷程
數據來源：CEIC 宏觀經濟數據庫統計計算所得。

另一方面，從圖 4-51 中美國建築業增長率的波動趨勢可以看出，1965—2017 年美國共經歷了 12 次建築週期，平均每輪週期的持續時間約為 4.4 年。這就表明，如果嚴格按照短週期為 3—5 年的判斷標準，那麼美國建築週期則屬於短週期的範疇[①]。但是，如果忽略 1981 年、1987 年、1993 年以及 2013 年的微小波動，那麼 1966—2009 年美國建築週期共有 8 次，平均 5.4 年/次。此外，以上關於 2009 年美國存貨變動率、房地產行業、建築行業、固定資產投資變動情況的描繪進一步印證了 2008 年金融危機給美國經濟社會發展帶來了嚴重衝擊。

---

① 事實上，考慮到世界各國 GDP 增速波動週期維持在 5 年左右的實際情況，使得西方不同長度經濟週期的劃分標準存在著修正（縮短）的可能性。特別是伴隨著知識經濟和數字經濟時代的發展，固定資本更新的生命週期逐漸縮短，勢必會改變經濟週期波動的頻率。但是，由於馬克思、恩格斯、凱恩斯以及扎爾諾維茨等都曾明確表示經濟週期不具有唯一的長度且經濟週期的研究不在於確切的數字，加之週期具體長度也並非本書所要考察的重點，因此本書仍將沿用之前的劃分標準。

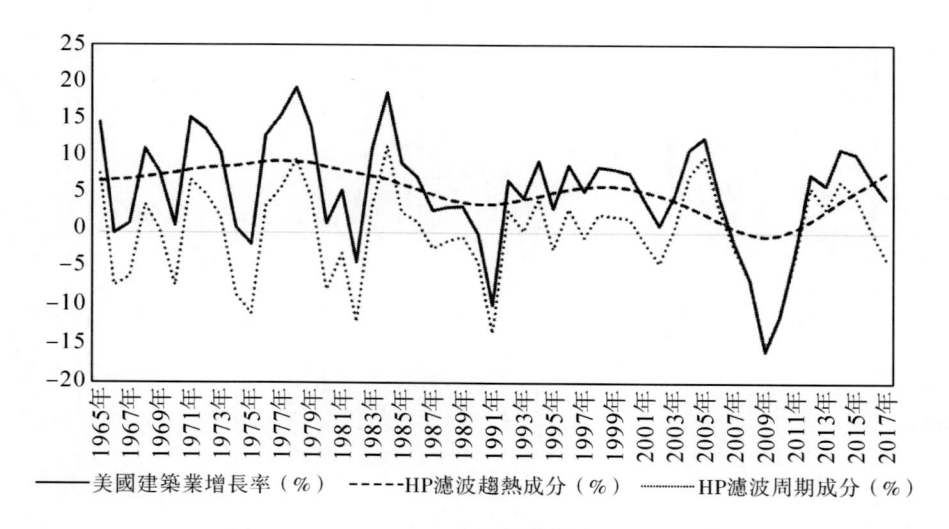

图 4-51　1965—2017 年美國建築週期演變歷程

數據來源：CEIC 宏觀經濟數據庫統計計算所得。

註：建築業年度增長率根據 CEIC 數據庫中美國 1964—2017 年月度完工建築價值（按年率季節性調整後）的數據分年度加總後計算得來。

再次，從中長週期與長週期的視角來看。一方面，就產業結構變遷而言。事實上，美國於 20 世紀初期就已完成了中國 2010 年左右經歷的產業結構轉換。根據圖 4-52 所示，1939 年以來美國三次產業就業人數變動趨勢十分明顯。其中，第一產業就業人數逐年下降，第二產業就業人數基本維持穩定，而第三產業就業人數急遽增長。截止到 2018 年 9 月，美國第一、二、三次產業就業人數依次為 255.5 萬人、2,102.3 萬人、12,871.8 萬人，占比分別為 1.7%、13.8%、84.5%，此時中國服務業就業人數剛剛接近 50%。由此可見，與美國相比中國的服務業尚存巨大的發展空間，尤其是伴隨著 21 世紀以「互聯網+」為標誌的產業發展模式的興起，中國趕超美國服務業發展水準的速度將大大提高。此外，圖 4-53 展示了 1929 年以來美國部分服務行業的發展水準。從中可以看出，住房及住房設施所占比值持續居於高位且呈現出下降態勢，而醫療保健、金融服務以及保險占比不斷上升，分別於 1963 年和 1992 年左右超過了餐飲和住宿行業。

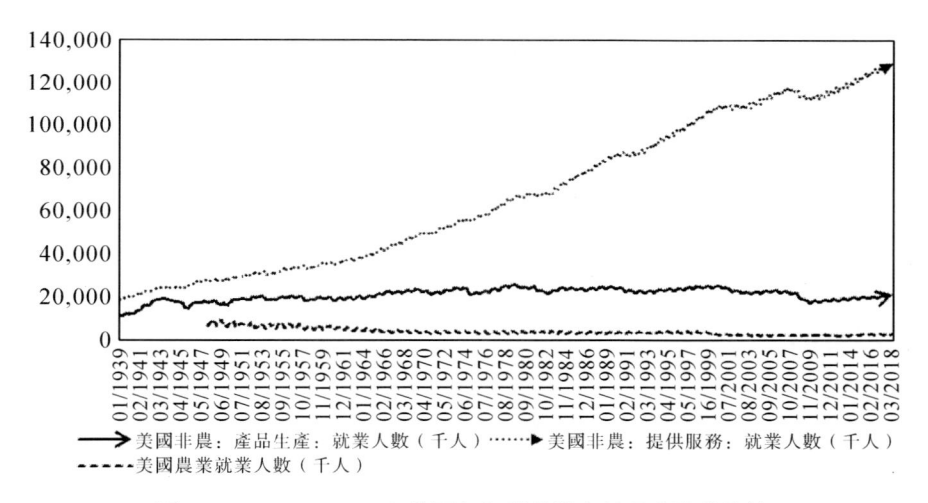

图 4-52　1939—2018 年美國各行業就業人數月度波動趨勢

數據來源：CEIC 宏觀經濟數據庫統計整理所得。

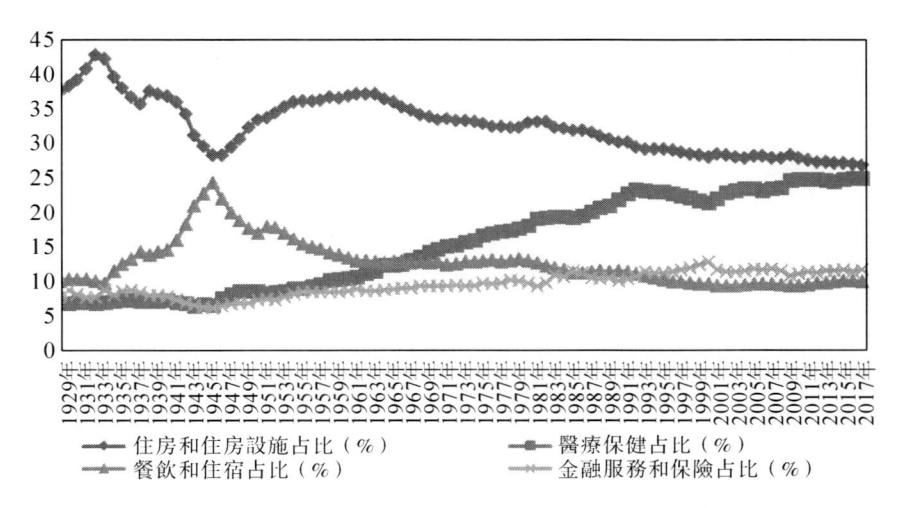

图 4-53　1929—2017 年美國部分行業產值占服務業總產值比重的波動趨勢

數據來源：CEIC 宏觀經濟數據庫統計整理所得。

另一方面，就勞動力變動趨勢而言。本書在對新中國人口變動趨勢進行分析時已經提及：①美國撫養比從 1960 年開始雖略有下降，但 2016 年仍顯著高於中國，且與印度相當，並低於英國和日本；②1960 年以來美國 15~64 歲人口占總人口的比重變化不大，基本保持在 60%~65%的水準，20 世紀 80 年代末以來持續低於中國；③2012 年開始美國的勞動力增長率高於中國，但 2017

4　新中國經濟週期的演變歷程與國際比較　145

年勞動力總數僅為中國的五分之一；④美國高等院校入學率高於中國。由此可見，儘管美國勞動力數量少於中國，但勞動力平均受教育程度可能高於中國。另外，圖 4-54 顯示了「二戰」以後美國勞動人口參與率和失業率的變化趨勢。總體來看，美國勞動參與率從 20 世紀 60 年代初期的波谷到 2000 年左右的波峰共經歷了 30 多年，顯然屬於長週期範疇。失業率的變化則表現出了明顯的中週期特徵。按照「谷—谷」法判斷，截至 2018 年 9 月，美國失業率經歷了 10 次完整的週期，平均持續時間為 7 年/次。

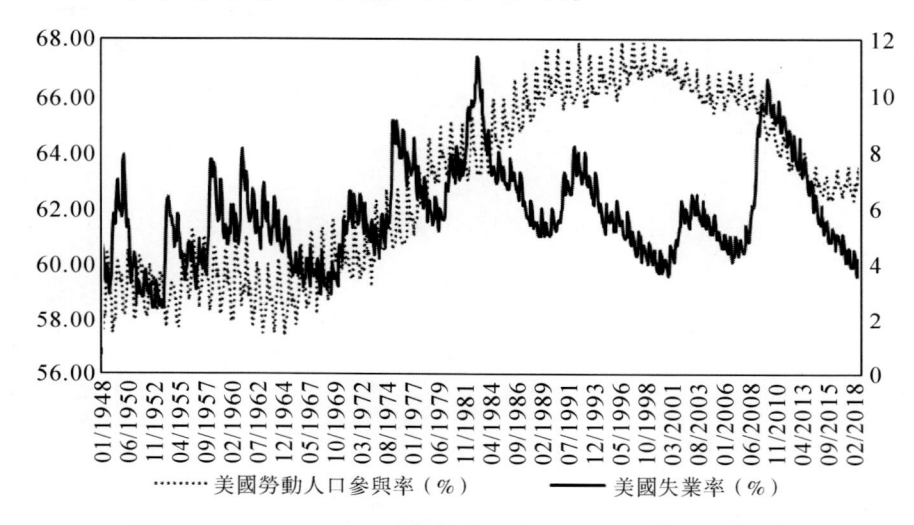

圖 4-54　1948—2018 年美國勞動參與率與失業率月度波動趨勢
數據來源：CEIC 宏觀經濟數據庫統計整理所得。

除此之外，從創新週期視角來看。上文對新中國創新週期演變歷程進行梳理時已經發現美國有兩個指標明顯高於中國：一個是 R&D 投入占 GDP 的比重，另一個是非居民專利申請量占總的專利申請量的比重。這就表明，中國在創新投入和創新環境方面可能還有較大的改善空間。圖 4-55 展示了 1987—2016 年美國製造業全要素生產率及其增長率的波動趨勢。從圖中可以看出，一方面，1992 年以來美國製造業全要素生產率在經歷了長達 20 年的提高後，於 2012 年開始呈現出顯著的下滑態勢；另一方面，美國製造業全要素生產率增速與 GDP 增速之間存在著一定的協動關係，且全要素生產率的波動幅度大於經濟增速。

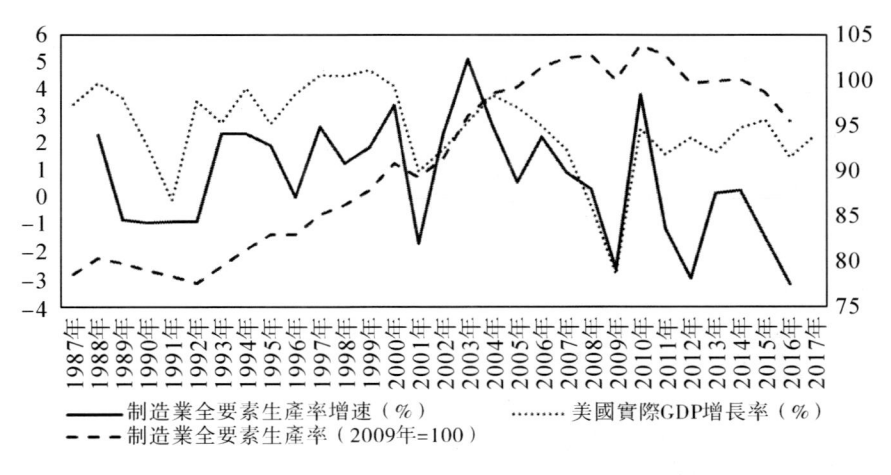

图 4-55　1987—2016 年美國製造業全要素生產率波動趨勢

數據來源：CEIC 宏觀經濟數據庫統計計算所得。

（3）貨幣和利率週期的演變

20 世紀 50 年代左右，隨著貨幣主義學派的產生和發展，貨幣主義經濟週期理論的政策主張對西方國家的貨幣政策存在著較大影響。貨幣主義的觀點主要體現為：貨幣供給量的波動是導致經濟波動的主要根源，如果貨幣供給量出現絕對下降，那麼對應著經濟的大幅度衰退；而如果貨幣供給量出現相對下降（即貨幣增長率下降，但貨幣供給量依然上升）則對應著經濟的小幅衰退[①]。其中，典型的代表人物弗里德曼和施瓦茨對 1867—1948 年美國的貨幣政策進行研究，認為貨幣減少是造成經濟衰退的主要原因，從而證實了貨幣主義的觀點。

基於此，本書選取 1961—2016 年美國廣義貨幣增長率與供應量的變化進行再一次驗證，發現如圖 4-56 所示，一方面，截至 2016 年美國大致經歷了 10 次明顯的貨幣週期，平均持續時間為 5.5 年，比中國平均 4.4 年/次的貨幣週期要長 1 年左右，說明中國使用貨幣政策的頻率比美國還要高。另一方面，1961—2016 年美國大致經歷了 8 次明顯的利率週期，平均持續時間約為 7 年，與失業率的持續時間基本吻合，但相比於中國約 4.75 年/次的利率週期而言，美國的利率波動可以算是相對穩定的。此外，從 GDP 增速、廣義貨幣增速以及廣義貨幣供應量三者之間的關係上來看，貨幣供應量的絕對下降出現了兩次，分別為 1992 年和 2010 年，而這兩年同樣也是貨幣增速達到谷值的年份，並且這兩次變化確實對應著 GDP 增速的大幅度下降。但是，GDP 增速進入谷

---

① 宋玉華. 世界經濟週期理論與實證研究 [M]. 北京：商務印書館，2007：28.

值點的年份分別為 1991 年和 2009 年，而且 GDP 增速的下降階段，即 1988—1991 年和 2004—2009 年分別對應著廣義貨幣增速的下降階段，即 1988—1992 年與 2007—2010 年。由此看來，貨幣主義學派的觀點具有一定的合理性。同時，從中還可以做出推斷：每次廣義貨幣增速的谷值點都滯後於經濟危機的谷值點約 1 年的時間。

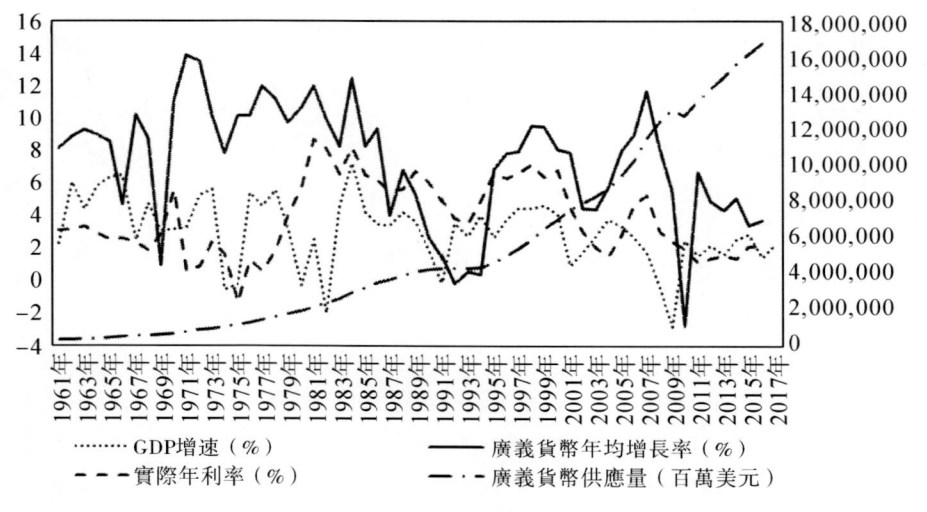

圖 4-56　1961—2016 年美國廣義貨幣與利率波動趨勢

數據來源：世界銀行官方網站與 CEIC 宏觀經濟數據庫數據統計整理所得。

4.2.2　英國經濟週期的演變歷程與特徵

（1）GDP 增速的波動

根據圖 4-57 顯示的 1831—2011 年英國 180 年的實際 GDP 增速的變化歷程來看，英國經濟波動的週期性非常明顯。除了 20 世紀前半段受兩次世界大戰以及全球經濟「大危機」的影響經濟波動幅度較大以外，其他時期波動幅度都較小。按照「峰—峰」法判斷，1831—1900 年英國經濟大約經歷了 15 次明顯的週期波動，平均持續時間為 4.7 年/次，最高波峰是 1852 年的 7.26%，最低波谷是 1840 年的-2.87%，平均位勢為 2.2%；1900—1949 年共 11 次明顯的週期，平均持續時間為 4.5 年/次，最高波峰是 1940 年的 10%，最低波谷是 1919 年的-10.87%，平均位勢為 1.42%；1950—2011 年共 12 次明顯的週期，平均持續時間為 5.2 年，最高波峰是 1973 年的 7.13%，最低波谷是 2009 年的-4.37%，平均位勢為 2.32%。總體來看，英國經濟平均 4.8 年/次的週期介於

中國平均5年/次、美國平均4.1年/次的週期之間，且平均位勢明顯低於美國和中國。但是英國的經濟波動相對最為穩定，特別是「二戰」以後，英國大部分時間保持在相對高位的增長水準。此外，通過對HP濾波趨勢成分進行考察可以發現，1831—2011年英國GDP增速的趨勢成分經歷了約8.5次週期波動（姑且將1831年看作峰值），每次週期循環大約需要21年，稍短於美國的26年。

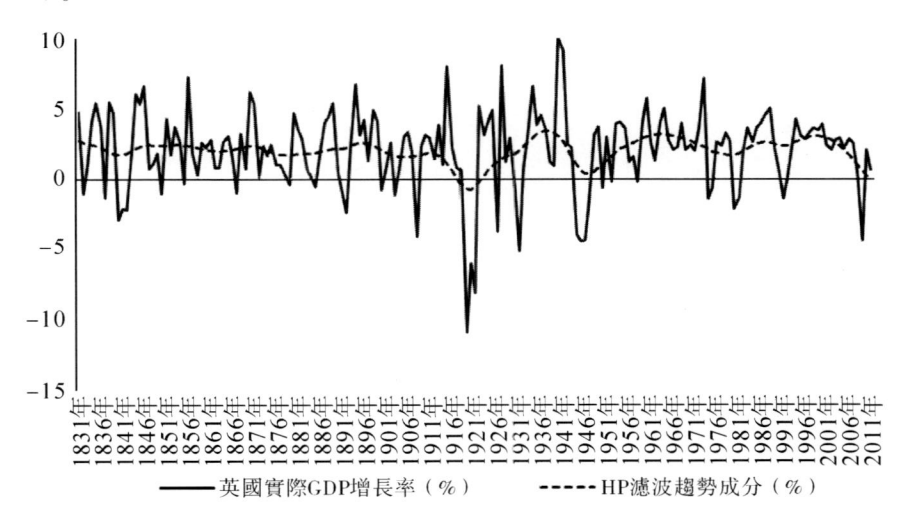

圖4-57 1831—2011年英國實際GDP增長率波動歷程

數據來源：國際貨幣基金組織（IMF）官方網站數據整理。

註：由於1891年、1893年以及1901年的數據缺失，故採用線性平均法予以估計。

（2）不同長度經濟週期的演變

首先，從短週期視角來看。一方面，圖4-58顯示了英國1991—2014年的實際庫存變動率。如果按照「峰—峰」法判斷（下同），1994—2013年英國共經歷了5次存貨週期，每輪週期的平均持續時間約為4年，與美國存貨週期的平均持續時間完全吻合。最為突出的是，2009年英國的存貨變動率達到了-5,798.65%，而美國為330%，中國為-43.75%。另一方面，圖4-59顯示了英國房地產週期的演變歷程，1994—2016年英國經歷了7次房地產週期，每次週期的平均持續時間為3.3年，與美國房地產週期的平均持續時間同樣基本吻合。最值得注意的是，長期以來，英國房屋價格平均指數增速的HP濾波趨勢成分從1992年開始上升，到2002年達到峰值，隨後在2012年下降至谷值點。也就是說，英國房地產週期的HP濾波趨勢同樣表現出了明顯的約21年/次的週期波動，與GDP增速濾波趨勢的波動年限相當吻合。

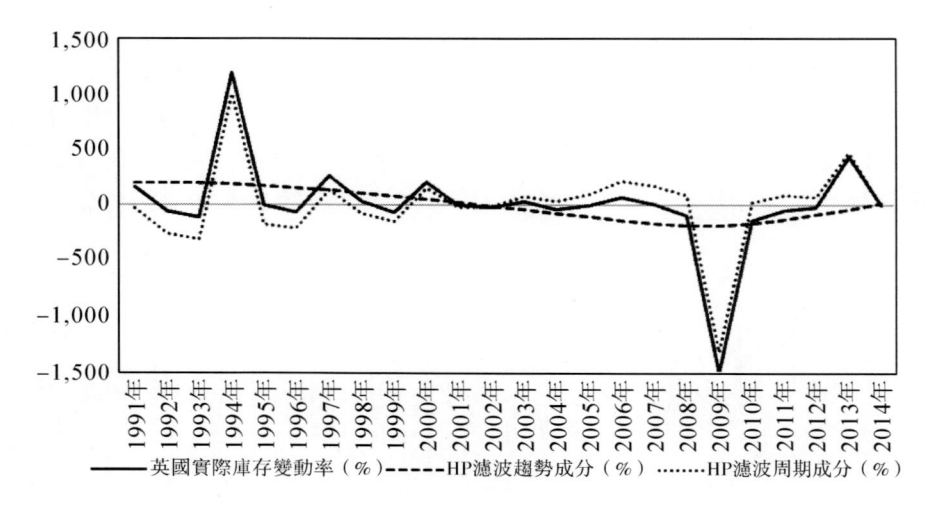

图 4-58　1991—2014 年英國存貨週期演變歷程

數據來源：CEIC 宏觀經濟數據庫統計計算所得。

註：由於 2009 年英國實際庫存增長率達-5,798.65%，在圖中展現不利於週期趨勢的觀察，故以-1,500%替代。

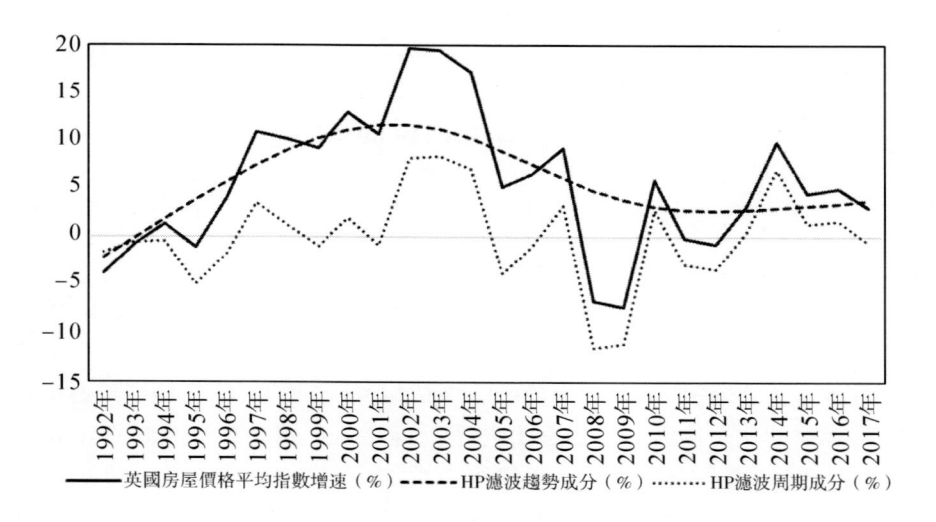

圖 4-59　1992—2017 年英國房地產週期演變歷程

數據來源：CEIC 宏觀經濟數據庫統計計算所得。

註：房屋價格平均指數增速根據 CEIC 數據庫中英國 1991—2017 年月度房屋價格指數（1993 年 1 季度＝100）的數據分年度加總平均後計算得來。

其次，從中週期視角來看。一方面，根據圖 4-60 顯示的波動趨勢，英國實際固定資本投資增速波動情況與中國、美國十分相近，都在大的波動中蘊含著幾次微小的波動。如果忽略掉 1983 年、1999 年、2003 年、2007 年以及 2011 年的小幅變化，那麼按照「谷—谷」法判斷，1971 年以來英國共經歷了 9 次完整的投資週期，平均持續時間為 5.1 年左右，與美國投資週期的平均持續時間相同。而且在 2008 年國際金融危機的影響下，英國投資增速下降到了 -13.76%，是 1970 年以來最低的谷值點。此外，通過 HP 濾波趨勢成分的波動可以看出，平均每 32 年循環一次。另一方面，圖 4-61 顯示了英國建築業新的施工訂單增速變動情況，同樣存在著 1977 年和 2001 年兩次較小波動，如果不考慮這兩次波動，那麼 1960—2011 年英國共經歷了 11 次建築週期，平均持續時間為 4.7 年。而且圖 4-59 中建築週期的 HP 濾波趨勢成分存在 3 個谷值點，分別為 1967 年、1992 年以及 2009 年。也就是說 HP 濾波兩輪週期的持續時間分別為 25 年和 17 年，而平均持續時間為 21 年，與英國 GDP 增速、房地產增速 HP 濾波趨勢成分波動週期的平均持續時間再一次完全吻合。

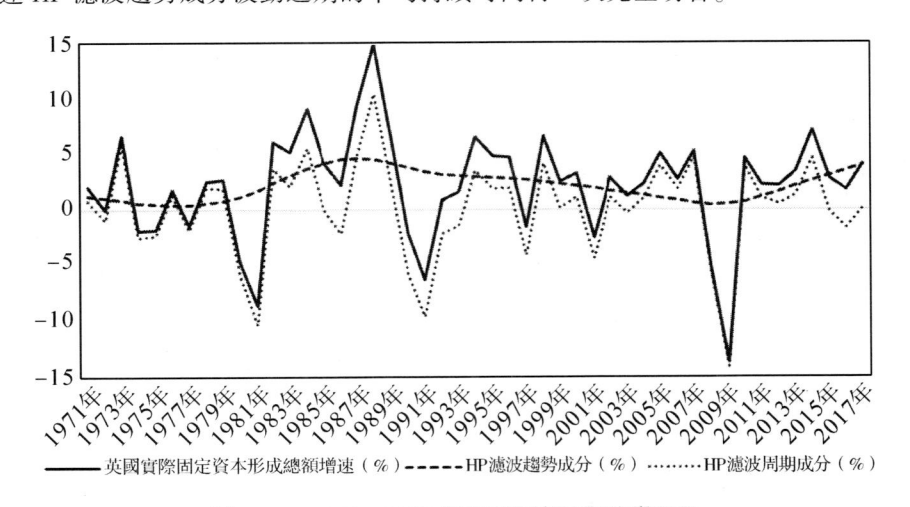

圖 4-60　1971—2017 年英國投資週期演變歷程

數據來源：CEIC 宏觀經濟數據庫統計計算所得。

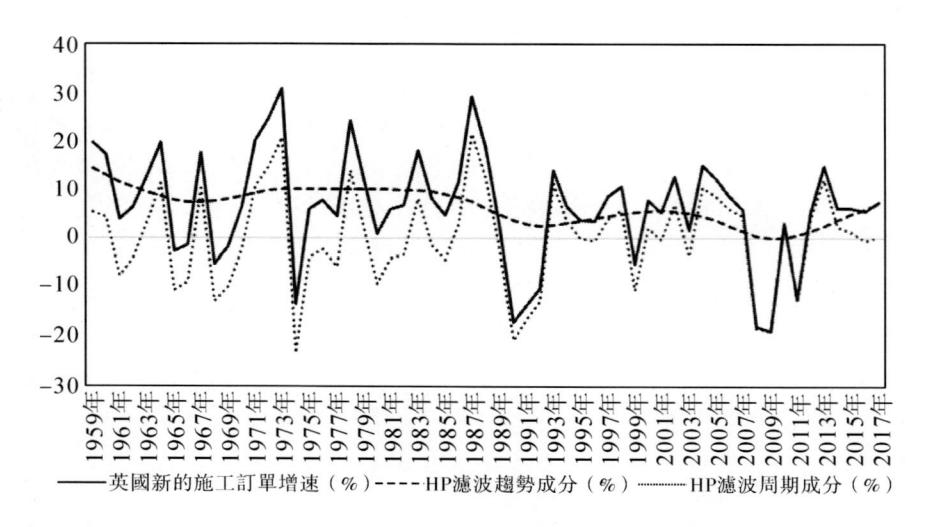

圖 4-61　1959—2017 年英國建築週期演變歷程

數據來源：CEIC 宏觀經濟數據庫統計計算所得。

註：新的施工訂單增速根據 CEIC 數據庫中的英國 1958—2017 年季度新的施工訂單數的數據分年度加總後計算得來。

再次，從中長週期與長週期視角來看。正如圖 4-22、圖 4-23 中所描繪的，20 世紀 80 年代末以來英國撫養比以及 15~64 歲人口占總人口的比重與美國幾近相同，在所研究的幾個國家中處於平均水準。但是，英國勞動力占世界總勞動力的比重最低（表 4-4），2017 年尚不足 1%，而且平均增速也僅高於日本。但是，英國高等院校入學率水準較高。由此可見，未來一段時期英國的人力資本將仍然占據一定的優勢。另外，圖 4-62 顯示了英國勞動人口參與率以及失業率的波動情況，其中，英國勞動參與率明顯高於美國，「二戰」以來美國的勞動人口參與率長期維持在 60% 左右，而英國則保持在 75% 以上。關於失業率方面，英國失業率波動的週期性較為明顯，且波動幅度表現出「先小後大」的特徵。1978 年以後英國的失業率經歷了 3 輪大起大落，失業率最高的月份達到了 12.2%，而最低月份僅 2.4%。

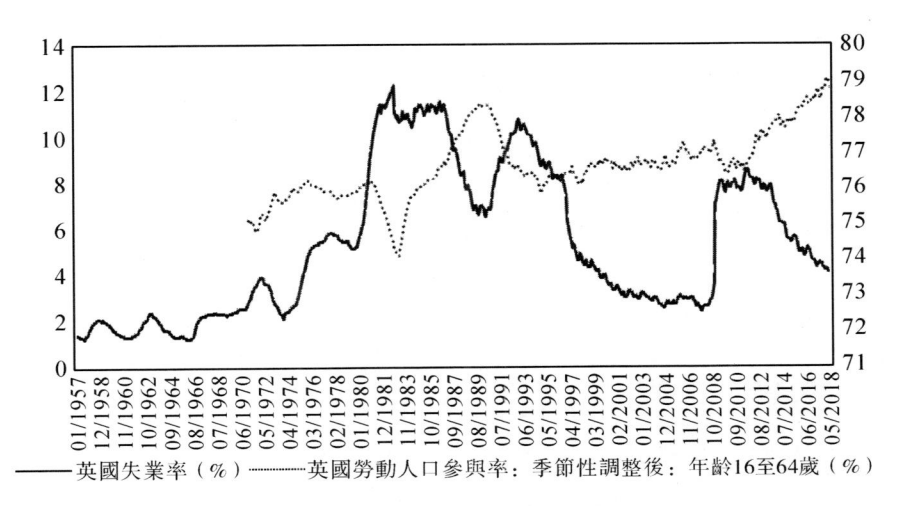

圖 4-62　1957—2018 年英國勞動參與率與失業率月度波動趨勢
數據來源：CEIC 宏觀經濟數據庫統計整理所得。

此外，就英國創新水準的變化情況來看。一方面，根據圖 4-63 所示，英國 R&D 支出佔 GDP 的比重在 20 世紀 80 年代中期達到了峰值，與美國、日本的創新投入水準相當。1987 年以後 R&D 投入所佔比值持續下降，2004 年達到了波谷，為 1.55%，2015 年也僅為 1.7%。而且歷年來英國高科技出口以及中高科技出口佔製成品出口的百分比也出現了一定程度的下降。另一方面，圖 4-64 展示了英國專利及商標申請情況。可以看到，在英國商標申請量逐年遞增的情況下，20 世紀 70 年代開始英國居民和非居民專利申請量均出現了下滑的趨勢，特別是非居民申請量從 1980 年開始低於居民申請量。但是總體而言，與中國相比，英國居民和非居民申請量佔比相對平衡。

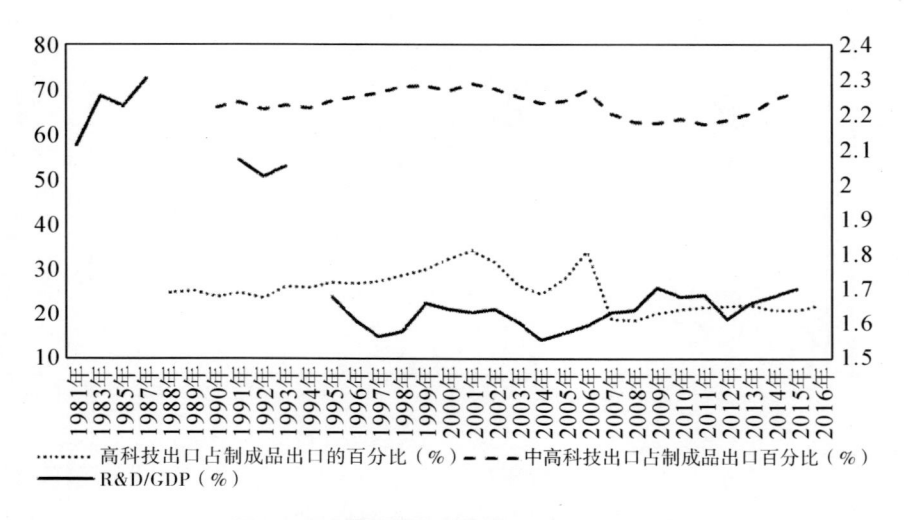

图 4-63 英國歷年創新投入水準波動趨勢

數據來源：CEIC 宏觀經濟數據庫統計整理所得。

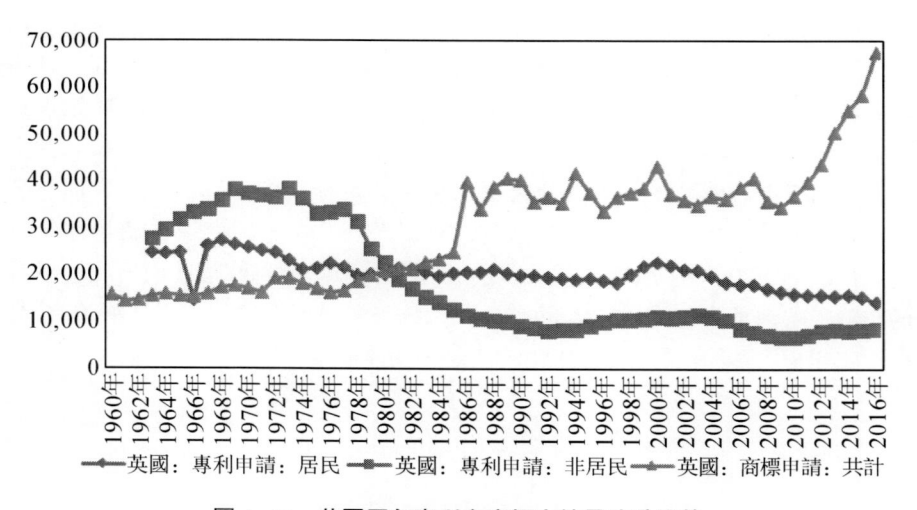

图 4-64 英國歷年專利與商標申請量波動趨勢

數據來源：CEIC 宏觀經濟數據庫統計整理所得。

(3) 貨幣與利率週期的演變

一方面，從圖 4-65 中可以看出，英國貨幣政策變動較為頻繁。其中，1987 年和 1992 年貨幣政策實施力度最大，除此之外波動幅度僅維持在 20 個百分點左右。1961—2017 年英國大約經歷了 16 次具體的貨幣週期，平均 3.6 年/次，明顯低於美國。同時，貨幣增長率與 GDP 增速也表現出了一定的協動性，且與中國

和美國相似，貨幣增長率滯後於 GDP 增速同樣約 1 年左右。此外，英國廣義貨幣供應的絕對量在 1992 年、2009 年、2011 年以及 2014 年分別出現了不同程度的下降，其中 1992 年降幅最大。且這 4 次變化分別對應著 3 次 GDP 增速的谷值點，依次為 1991 年、2009 年、2011 年。而且 1991 年和 2009 年均出現了負增長。另一方面，如圖 4-66 所示，1977—2017 年英國共經歷了 5 次匯率週期，平均持續時間約 8 年/次。而利率週期的波動則較為複雜，每次明顯的週期都包含著一些小微波動。如果忽略幾次小幅波動，那麼 1967—2007 年英國的利率週期大約為 6 次，平均約 6.8 年/次，與美國平均 7 年/次的利率週期較為吻合。

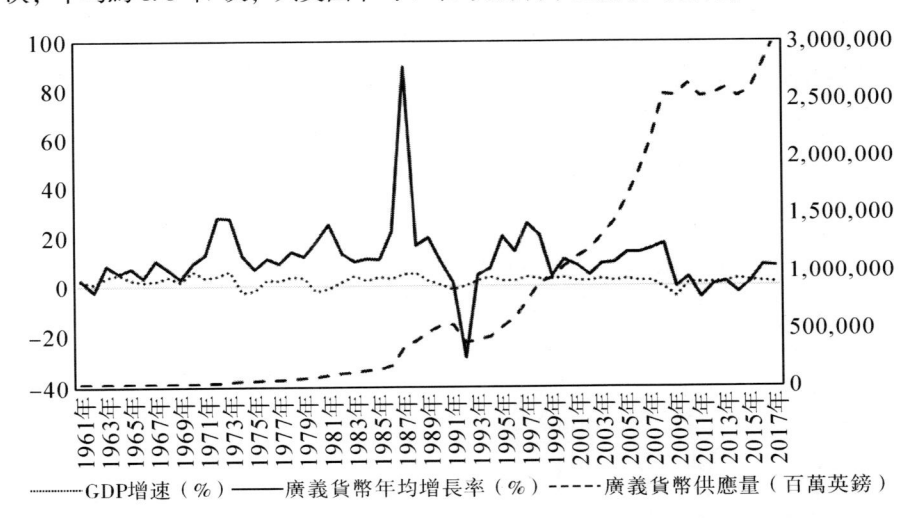

圖 4-65　1961—2017 年英國廣義貨幣增長率與實際 GDP 波動趨勢（單位:%）
數據來源：世界銀行官方網站數據統計整理所得。

4.2.3　日本經濟週期的演變歷程與特徵

（1）GDP 增速的波動

圖 4-67 展示了日本 1871—2011 年 140 年實際 GDP 增長率的變化趨勢，從中可以看出 1945 年日本作為戰敗國，經濟受到的衝擊十分巨大，GDP 增速從 1939 年的 15.75% 直接下降到了 1945 年的 -50%，且在 1937 年日本發動全面侵華戰爭到 1945 年日本投降的 8 年期間，日本 GDP 增速的趨勢成分經歷了一段從波峰到波谷的持續下滑。而除了 1945 年經濟出現劇烈下降以外，其他時間日本經濟週期性波動的劇烈程度還算較為緩和。總體來看，按照「峰—峰」法判斷，1875—2010 年日本大約經歷了 33 次具體的經濟週期，平均持續時間為 4.1 年，完全與美國經濟週期的平均持續時間相同。另外，如果將

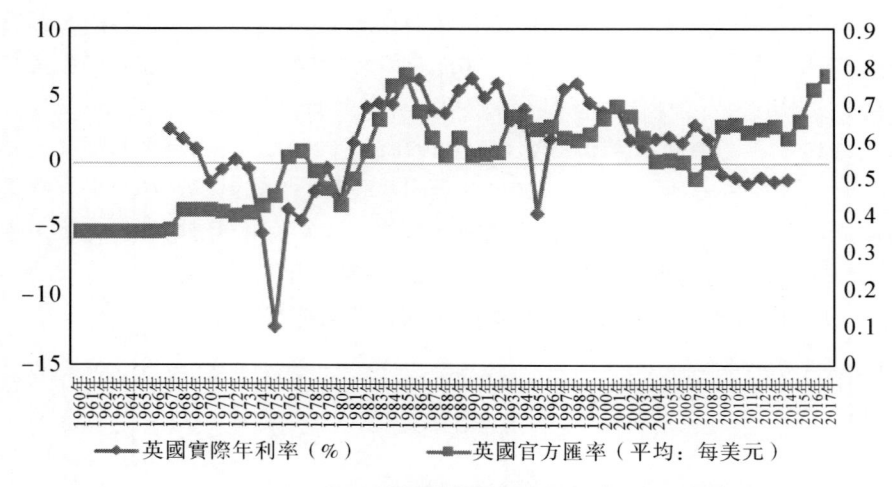

图 4-66　1960—2017 年英国官方汇率与实际利率波动趋势

数据来源：CEIC 宏观经济数据库统计计算所得。

1937—1945 年作为分割时段来看，1937 年之前日本 GDP 增速的滤波趋势整体上呈现出上升的态势，而从 1945 年开始在经历了 20 年的崛起以后，于 1966—2011 年经济出现了持续下滑。

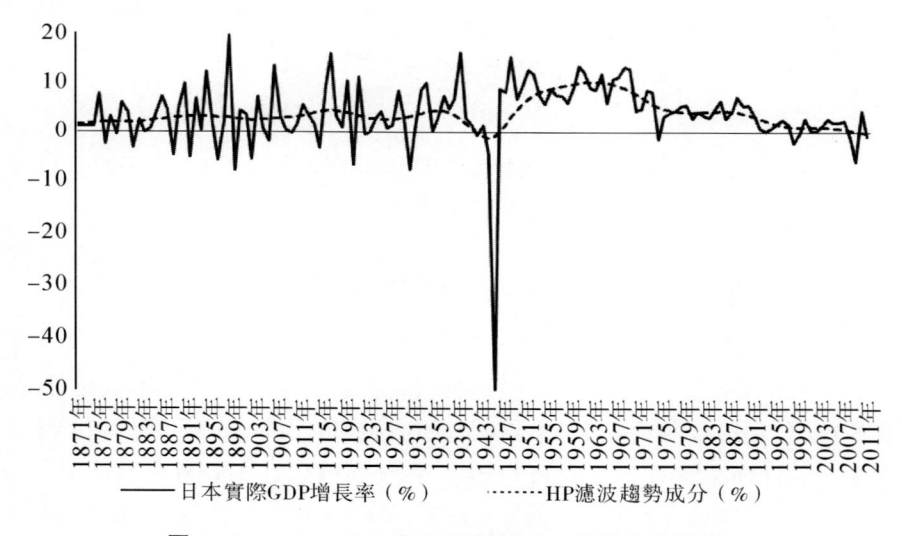

图 4-67　1871—2011 年日本实际 GDP 增长率波动历程

数据来源：国际货币基金组织（IMF）官方网站数据整理。

（2）不同长度经济週期的演变

首先，从短週期的视角来看。一方面，从图 4-68 显示的日本平均存货率

的波動趨勢可以看出，日本的存貨週期較為明顯。大致來看，1978 年以後日本經歷了 11 次具體的存貨週期，平均持續時間約 3.5 年/次。但是，值得注意的是，在歷年日本存貨變動率超過 80% 的前提下，HP 濾波週期成分的絕對值不足 10%，也就是說週期成分較小，而更多地體現在趨勢成分的變動上。另外，與其他國家相同，2009 年日本的存貨變動率最高，達到了 127.15%。另一方面，圖 4-69 中描繪了日本建築週期的演變歷程。其中，建築週期的波動頻率較高，如果忽略 1990 年以及 2011 年的小幅波動，那麼按照「峰—峰」法判斷，1987—2013 年共存在 7 次完整的建築週期，平均持續時間約 3.7 年/次。因此，僅就時間跨度而言，日本的建築週期同樣應歸屬於短週期的行列。此外，從圖 4-70 關於日本平均城市地價指數可以看出，1991 年 9 月日本房地產泡沫的破滅嚴重影響了房地產投資者的信心，從而造成了房價一路下跌的態勢①。

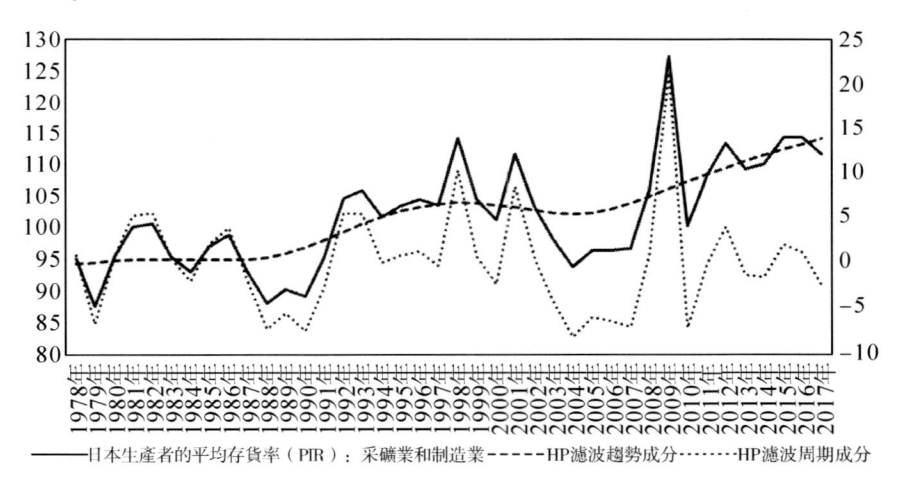

圖 4-68　1978—2017 年日本存貨週期演變歷程

數據來源：CEIC 宏觀經濟數據庫統計計算所得。

註：生產者的年平均存貨率根據 CEIC 數據庫中的日本 1978—2017 年月度生產者的存貨率（2010 年 = 100）數據分年度加總平均後得來。

---

① 對於日本 1991 年發生房地產泡沫的具體深層次原因有待深入研究。

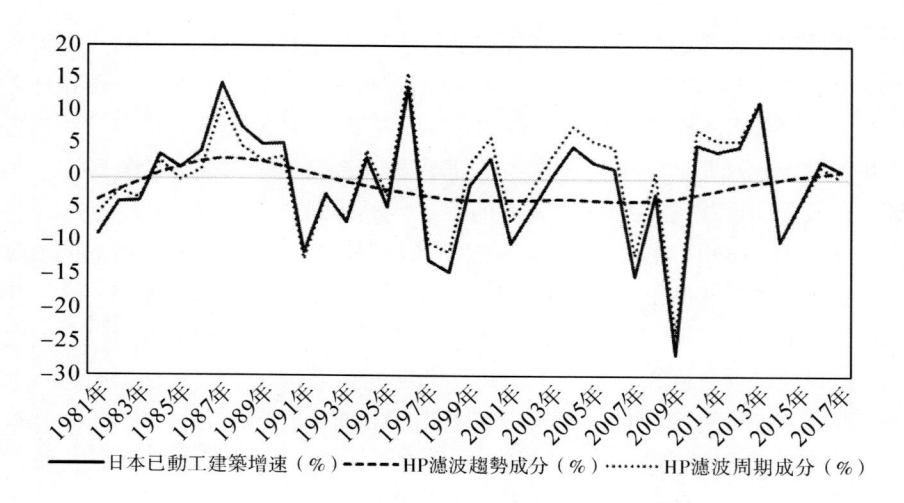

圖 4-69　1981—2017 年日本建築週期演變歷程

數據來源：CEIC 宏觀經濟數據庫統計計算所得。

註：已動工建築增速根據 CEIC 數據庫中的日本 1980—2017 年月度已動工建築數據分年度加總後計算得來。

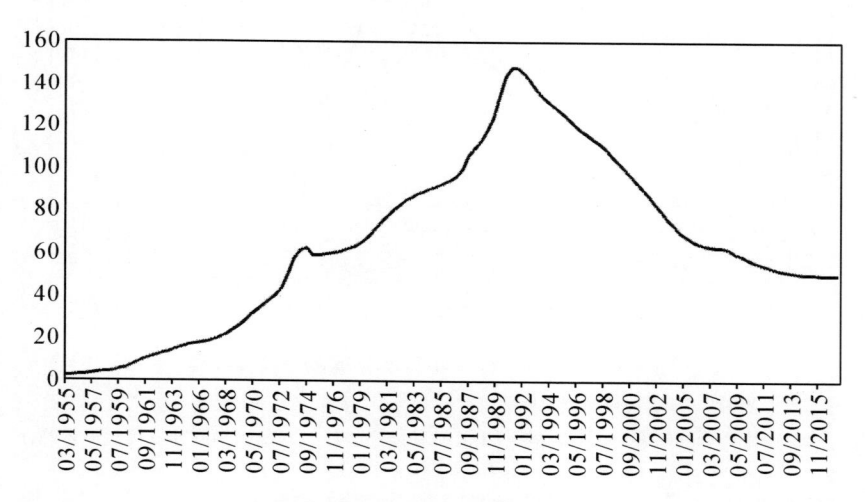

圖 4-70　1955—2017 年日本全國平均城市地價指數（2010 年 = 100）波動趨勢

數據來源：CEIC 宏觀經濟數據庫統計計算所得。

其次，從投資中週期和失業週期的視角來看。一方面，日本的投資週期規律性較強且持續時間較長。按照「峰—峰」法，1973—2013 年日本大約經歷了 7 次投資週期，平均 5.7 年/次（圖 4-71），稍長於美國、英國和中國的 5

年左右。同時，日本的投資週期還表現出了明顯的對稱性特徵。另一方面，從圖4-72可以看出，1992年以後日本的失業週期才逐漸顯現，主要原因在於1992年以前失業率波動幅度較為平緩。總體來看，1953年以來日本大致經歷了5輪失業週期，平均約13年完成一次，相當於美國和英國的兩倍。

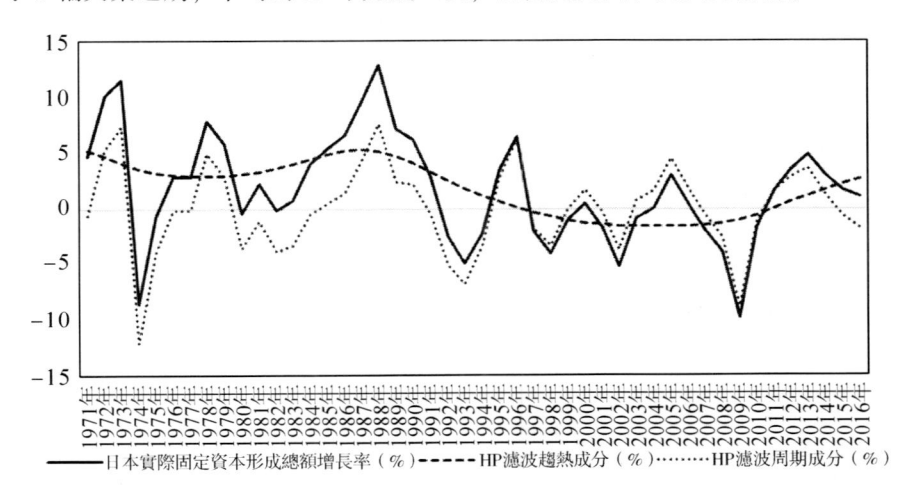

圖4-71　1971—2016年日本投資週期演變歷程

數據來源：CEIC宏觀經濟數據庫統計計算所得。

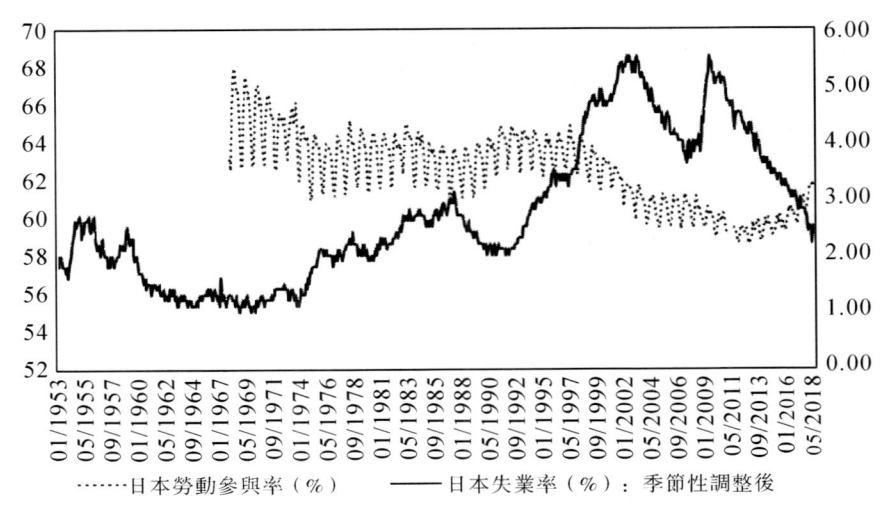

圖4-72　1953—2018年日本勞動參與率與失業率月度波動趨勢

數據來源：CEIC宏觀經濟數據庫統計整理所得。

4　新中國經濟週期的演變歷程與國際比較　159

(3) 貨幣和利率週期的演變

從圖 4-73 來看，日本廣義貨幣增長率的週期性變化趨勢並不十分明顯，其中主要存在 3 次較為劇烈的調整，分別是 1962 年的 61%、1970 年的 67.4% 以及 2001 年的 -17.2%。如果與 GDP 增速進行比較，同樣可以發現貨幣增長率約滯後於經濟增長率 1 年左右。而且值得注意的是，2001 年廣義貨幣供應的絕對量和增速的大幅下降，儘管對應著 GDP 增速的衰退階段，但是並沒有引發大的經濟危機。也就是說，以上提及的貨幣主義學派的全部觀點並非適合於任一國家的任何階段。另外，從圖 4-74 顯示的日本歷年官方匯率和實際年利率的變化可以發現，1971 年以後日本的匯率整體呈現明顯的波動下降趨勢，在下降的同時還包含著 7 次週期，平均約 6.4 年/次。而利率週期則相對不太明顯，除 1970 年和 1974 年的實際年利率下降幅度特別大之外，其他年份基本維持在 0~5%。

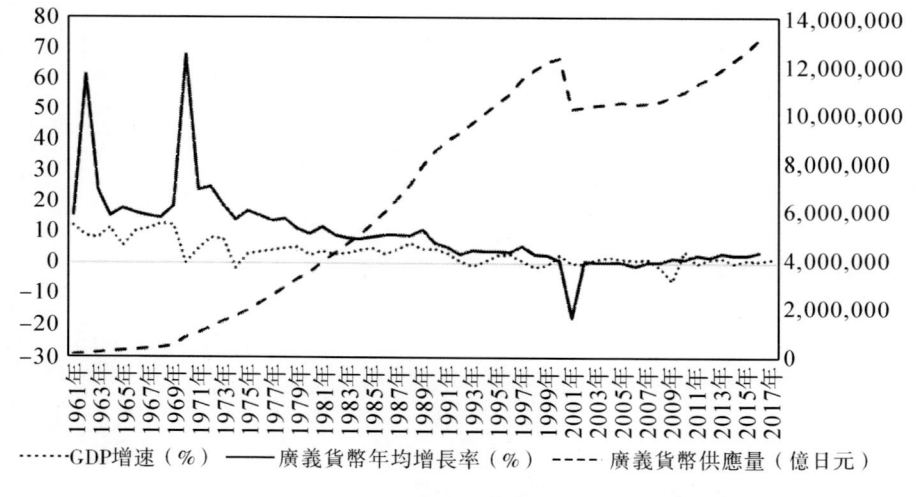

圖 4-73　1961—2016 年日本廣義貨幣波動趨勢（單位:%）

數據來源：世界銀行官方網站數據統計整理所得。

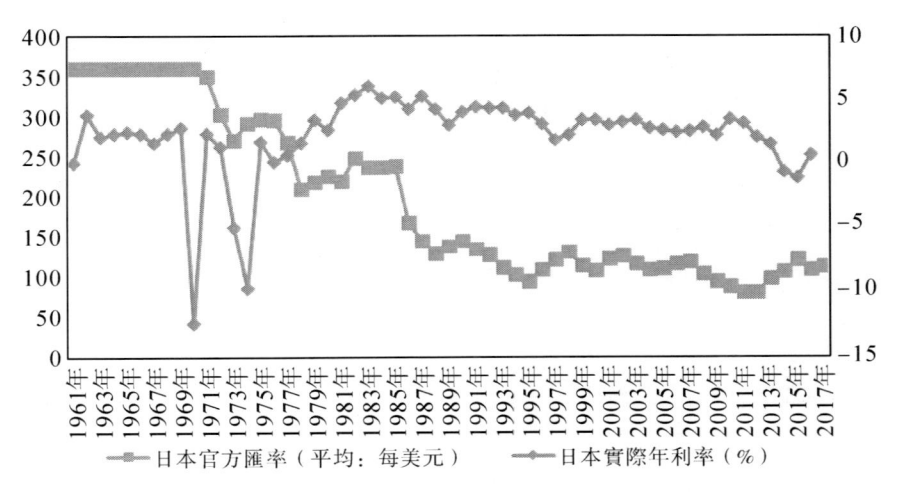

圖 4-74　1961—2017 年日本官方匯率與實際利率波動趨勢

數據來源：CEIC 宏觀經濟數據庫統計計算所得。

4.3　本章小結

本章作為全書承上啟下的關鍵過渡部分，結合大量歷史資料和相關原始數據，實現了對中國以及美國、英國、日本三個代表性發達國家經濟週期演變歷程的系統詳盡的梳理。而且行文在厘清不同國家、不同視角、不同層面經濟的週期性波動趨勢的基礎上，大致總結出如下規律：

首先，通過對新中國經濟週期演變的考察發現：①囿於計劃經濟時期政治因素對經濟發展的決定性作用，改革開放前經濟週期的波動頻率較改革開放後明顯偏高，經濟波動由「陡升陡降」轉為「緩升緩降」。②1978—2008 年中國通貨膨脹率與失業率之間存在著頻繁的同向變動趨勢，而 2008 年之後二者則明顯地表現出負向變動的傾向。③新中國成立以來，中國國際貿易主要表現為由貿易順差（1956—1977 年）向貿易逆差（1978—1993 年）再向貿易順差（1994 年至今）轉變的過程。④新中國成立以來，經濟短週期主要體現為存貨週期（平均 3.2 年/次）和房地產週期（平均 2.8 年/次）；經濟中週期主要體現為固定資本投資週期（平均 5.6 年/次）和建築週期（平均 5.1 年/次）；經濟中長週期則主要體現為 4 次（分別發生於 1952 年、1969 年、1985 年、2012 年）產業結構的調整，且每次產業結構調整都將帶來平均 GDP 增速的顯著提升。而且隨著產業結構合理化以

及服務業發展水準的逐步提高，未來中國經濟增長仍然存在巨大潛力。⑤新中國經濟長週期主要體現為人口、技術以及制度等多重因素的共同作用。一方面，伴隨著「第一次人口紅利」作用的日益消退，「第二次人口紅利」——「高精尖」人才的作用將逐漸增強。另一方面，20世紀90年代以後中國科技創新水準顯著提升的同時也存在著創新結構畸形化的問題。此外，在經濟全球化勢不可擋的背景下，中國通過「第二次改革開放」促進經濟增長的空間依然很大。⑥改革開放以來，貨幣週期和利率週期明顯，且貨幣週期滯後於 GDP 增速 1 年左右。

其次，通過對美國經濟週期演變的考察發現：①1800 年以來美國經濟增長可劃分為三個階段（1800—1870 年、1870—1949 年、1949 年至今），其中第二個階段的波動最為劇烈，且總體來看存在著平均 26 年左右的中長週期。②美國經濟短週期主要體現為存貨週期（平均 4 年/次）和房地產週期（平均 3.2 年/次）；經濟中週期主要體現為固定資本投資週期（平均 5.1 年/次）和建築週期（平均 5.4 年/次）。③從中長週期和長週期視角來看，一方面，美國於 20 世紀初期就已完成了中國 2010 年左右的產業結構變換，且當前美國服務業中占比最高的分別為住房和住房設施、醫療保健以及金融服務和保險。另一方面，在美國勞動力平均受教育程度持續高於中國的情況下，全要素生產率也經歷了長達 20 之久的持續提高，且於 2010 年開始出現下降態勢。④美國貨幣週期和利率週期的平均持續時間均長於中國。

再次，通過對英國和日本經濟週期演變的考察發現：①英國和日本的經濟波動同樣可以進行階段劃分。英國可以分為 1830—1900 年、1900—1949 年以及 1949 年至今三個階段，其中第二個階段的波動最為劇烈，且平均位勢最低。另外，英國大約存在 21 年的中長週期。日本可以分為 1937 年之前、1937—1945 年、1945 年之後三個階段，其中第一階段經濟增長相對穩定，第二階段則波動較大，第三階段在經歷了 20 年的高增長後於 1970 年左右出現下降。②英國經濟短週期主要體現為存貨週期（平均 4 年/次）和房地產週期（平均 3.3 年/次），而日本經濟短週期主要體現為存貨週期（平均 3.5 年/次）和建築週期（平均 3.7 年/次）；英國經濟中週期主要體現為固定資本投資週期（平均 5.1 年/次）和建築週期（平均 4.7 年/次），而日本經濟中週期主要體現為固定資本投資週期（平均 5.7 年/次）。③從中長週期和長週期視角來看，一方面，雖然英國勞動力占比相對較低，但是勞動參與率很高，日本的勞動參與率則與美國處於相同水準；另一方面，英國創新水準與中國相當，而日本的創新投入水準顯著高於中國、美國以及英國。④英國和日本同樣存在著明顯的貨幣週期和利率週期。

5　新中國經濟週期演變的影響因素

　　新中國成立以來，在經濟週期規律的作用下，經濟發展總體表現出跌宕起伏的發展態勢。正如第 3 章所闡釋的，新中國經濟週期的演變機制可歸納為由政治週期向經濟機制內部調節週期再向創新週期轉變的「三位一體」的轉換模式。但是，21 世紀之初，伴隨世界經濟全球化、新經濟以及新技術革命的迅速發展，有部分學者認為，馬克思等關於經濟週期的理論已經不能對此做出充分解釋，「經濟週期消失論」盛行一時。然而，正如宋玉華等學者所言，「世界經濟的發展證明，新技術革命和新經濟的發展並不能消除經濟的週期波動，而只是使經濟週期運行出現了一些不同於以往的新特徵」[①]。基於此，作者在贊同宋玉華等學者觀點的基礎上，結合第 4 章關於中國經濟週期波動事實的分析，進一步印證了新中國成立 70 年來，特別是改革開放以來，經濟週期影響中國經濟發展趨勢的現實。另外，作者還認為中國經濟之所以在週期性波動的前提下能夠長期保持較高的平均位勢，歸根到底得益於中國獨特的「制度+開放+創新」的發展模式。因此，本章將著重對新中國經濟週期的影響因素以及制度、開放、創新對新中國經濟週期演變的影響展開研究。

　　考慮到大部分學者主張經濟波動的衝擊源和傳導機制的不可分性，以及內外生衝擊在特定條件下的相互轉換性[②]，本章首先試圖按照綜合系統的分析方法，以上文關於新中國經濟社會發展階段的劃分以及經濟週期演變機制規律的總結為依託，實現對新中國不同階段經濟週期決定因素的詳細考察。具體邏輯思路上，一方面，根據圖 5-1 所示，將影響新中國經濟週期演變的因素劃分為國內、國際兩個維度。其中，國內因素又包括需求因素[③]、供給因素、政策因素以及其他因素，而國際因素則包括國際貿易、國際投資以及國際金融三個部

[①]　宋玉華. 世界經濟週期理論與實證研究 [M]. 北京：商務印書館，2007：10.
[②]　宋玉華. 世界經濟週期理論與實證研究 [M]. 北京：商務印書館，2007：490.
[③]　由於需求因素中的國外需求與國際貿易中的出口在數量上相同，因此在下文的計量迴歸中僅將貿易變量放在迴歸模型中。

分。利用統計計量方法分別分解出國內因素和國際因素中各指標對經濟週期演變的影響程度，並比較國內因素與國際因素對經濟週期演變的影響程度，從而最終得出影響經濟週期的決定因素。另一方面，本章還分別對制度變革、對外開放以及技術創新三個因素與經濟週期的關係進行了特別研究，以凸顯這三者在中國經濟週期演變研究中的重要性。

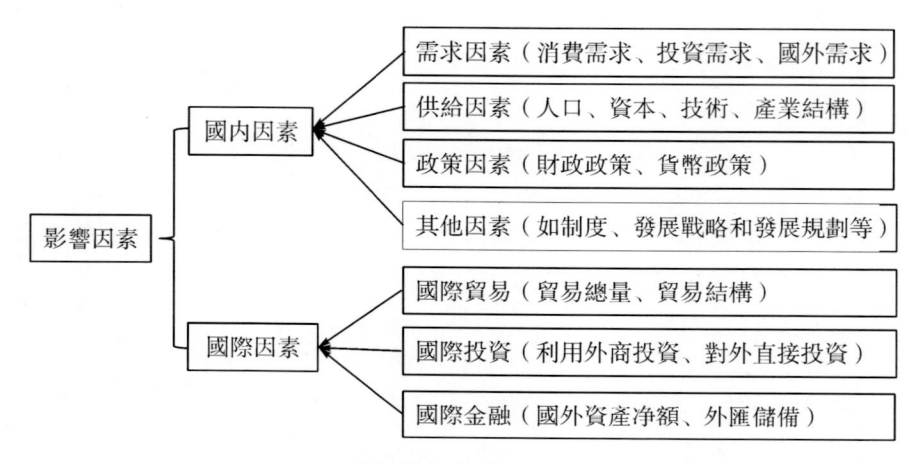

```
                        ┌── 需求因素（消費需求、投資需求、國外需求）
              ┌─ 國內因素 ├── 供給因素（人口、資本、技術、產業結構）
              │         ├── 政策因素（財政政策、貨幣政策）
              │         └── 其他因素（如制度、發展戰略和發展規劃等）
  影響因素 ──┤
              │         ┌── 國際貿易（貿易總量、貿易結構）
              └─ 國際因素 ├── 國際投資（利用外商投資、對外直接投資）
                        └── 國際金融（國外資產淨額、外匯儲備）
```

圖 5-1　新中國經濟週期演變影響因素的研究思路

5.1　新中國經濟週期演變影響因素的實證分析

（1）數據來源及處理

本節研究所選取的原始數據主要來源於國家統計局官方網站、世界銀行官方網站、CEIC 宏觀經濟數據庫以及 EPS 全球統計分析/預測平臺。對所有具有週期性波動特徵的指標均進行了 HP 濾波處理，以去除長期趨勢成分和不規則因素而單純獲取週期成分。在此基礎上，為消除量綱影響，對所有原始數據進行了標準化處理。標準化處理的方法選擇常用的 z-score 標準化，即標準化後的數據＝（原始數據－均值）/標準差。在對三個時間跨度（1953—2016 年、1953—1978 年、1984—2016 年）進行分階段研究時，考慮到所選擇變量的變化，每個時間跨度均單獨做了標準化處理。變量說明（見表 5-1）中如果沒有特別說明時間跨度，則表示時間跨度為 1953—2016 年[①]。

---

① 考慮 1949—1952 年為戰後國民經濟調整期，因此本書暫且不予研究。

（2）變量選取及說明

按照圖5-1的研究思路，本書選取的被解釋變量為總產出，即GDP增長率的波動；解釋變量分別從需求因素、供給因素、政策因素、國外因素4個層面共選取了23個指標。需要說明的是，由於制度因素無法用具體的數據來衡量，同時考慮到改革開放前部分數據的可獲得性，以及改革開放前後部分數據所體現的重要性有所差別，因此本節的研究採取了分階段研究的方法，具體地，首先，對新中國成立以來的1953—2016年經濟週期影響因素的15個指標進行研究，包括居民消費水準增速、資本形成總額增速、淨出口增速、勞動力增速、實際存貨變動率、貨物運輸量增速、科技撥款占公共財政支出的比重、資本產出比、第二、三產業增加值占GDP的比重、第三產業增加值與第二產業增加值的比重、房地產業增加值增速、建築業增加值增速、財政支出額增速、進出口總額增速以及外匯儲備增速。其次，同樣選擇以上15個指標，對新中國成立以來的1953—1978年影響經濟週期波動的因素進行研究。再次，在選擇以上15個指標的基礎上，再加上人口撫養比、貨幣供應量增速、實際利率、實際有效匯率指數、貨物與商業服務進出口總額的比重、初級產品與工業製成品進出口比重、實際利用FDI增速、國外資產淨額增速8個指標，共選取23個指標對新中國1984—2016年的經濟週期影響因素進行研究。最後，對以上研究結果進行總結分析。變量及說明情況可詳見表5-1。

表5-1　變量及說明

變量	變量屬性	變量名稱	變量符號	變量說明
被解釋變量	經濟週期	總產出	Zgdp	產出增速的HP週期成分
解釋變量	需求因素	消費需求	Zcon	居民消費水準增速的HP週期成分
		投資需求	Zcap	資本形成總額增速的HP週期成分
		國外需求	Znex	淨出口增速的HP週期成分
	供給因素	勞動力	Zpop	中年人口增速的HP週期成分
		人口撫養比	Zpdr	1960年以來人口撫養比的HP週期成分
		存貨	Zsto	實際存貨變動率的HP週期成分
		貨物運輸量	Ztra	貨物運輸量增速的HP週期成分
		技術投入	Tech	科技撥款占公共財政支出的比重
		技術產出	Cora	資本產出比，即資本形成總額占總產出比重
		產業結構變遷	Inst1	第二、三產業增加值占GDP的比重
		產業結構合理化程度	Inst2	第三產業增加值與第二產業增加值的比重
		房地產業	Zest	房地產業增加值增速的HP週期成分
		建築業	Zbui	建築業增加值增速的HP週期成分

表5-1(續)

變量	變量屬性	變量名稱	變量符號	變量說明
解釋變量	政策因素	財政支出	Zfin	財政支出額增速的 HP 週期成分
		貨幣供應量	Zbms	1978 年後廣義貨幣供應量增速 HP 週期成分
		利率	Zinr	1980 年後實際利率的 HP 週期成分
		匯率	Zexr	1980 年後實際有效匯率指數的 HP 週期成分
	制度因素	經濟制度	Esys1	以 1997 年基本經濟制度的確立為臨界點
		經濟體制	Esys1	以 1981 年十一屆六中全會為臨界點
	國外因素	貿易總量	Zcom	進出口總額增速的 HP 週期成分
		貿易結構	Trst1	1982 年後貨物與商業服務進出口總額的比重
			Trst2	1980 年後初級產品與工業製成品進出口比重
		利用外商投資	Zufi	1984 年後實際利用 FDI 增速的 HP 週期成分
		國際資產淨額	Znfa	1978 年後國外資產淨額增速的 HP 週期成分
		外匯儲備	Zfer	外匯儲備增速的 HP 週期成分

(3) 方法的選擇

根據上文的分析，從不同層面來看，影響經濟週期波動的因素眾多，而且這些變量之間大多存在著相關關係。如此一來，不僅不利於分析的具體化，甚至可能由於變量之間存在的多重共線性而抹殺變量的本質特徵。因此，本節試圖採取「降維」的思想，將諸多指標的信息用盡量少的新的互不相關的指標予以代替。在此，考慮到「因子分析的實質就是用幾個潛在的但不能觀察的互不相關的隨機變量去描述許多變量之間的相關關係（或者協方差關係）」①，而且因子分析在經濟學中得到了普遍的應用，所以作者擬採用因子分析法對經濟週期影響因素進行提取。基本因子分析模型②如下：

已知影響宏觀經濟波動（GDP 增長率）的因素涉及 P 個指標，且這 P 個指標之間存在較強的相關性，則基本的因子模型可以表現為：

$$\begin{aligned}
Z_1 &= \partial_{11}F_1 + \partial_{12}F_2 + \cdots + \partial_{1m}F_m + \varepsilon_1 \\
Z_2 &= \partial_{21}F_1 + \partial_{22}F_2 + \cdots + \partial_{2m}F_m + \varepsilon_2 \\
&\vdots \qquad \vdots \\
Z_p &= \partial_{p1}F_1 + \partial_{p2}F_2 + \cdots + \partial_{pm}F_m + \varepsilon_p
\end{aligned} \quad (5.1.1)$$

稱式 (5.1.1) 中 F_1, F_2, $\cdots$, F_m 為公共因子，ε_1, ε_2, $\cdots$, ε_p 表示特殊因子，其中包含了隨機誤差，ε_i 只與第 i 個變量 Z_i 有關，∂_{ij} 稱為第 i 個變量 Z_i 在第 j 個因子 F_j 上的載荷（因子載荷），由其構成的矩陣 L 稱為因子載荷矩陣。式 (5.1.1) 進一步可以表示為下面的矩陣形式：

---

① 高鐵梅. 計量經濟分析方法與建模 [M]. 北京：清華大學出版社，2015：471.
② 高鐵梅. 計量經濟分析方法與建模 [M]. 北京：清華大學出版社，2015：472.

$$Z = \partial F + \varepsilon \tag{5.1.2}$$

式中，$F = (F_1, F_2, \cdots F_m)'$；$\varepsilon = (\varepsilon_1, \varepsilon_2, \cdots \varepsilon_p)'$。其中式（5.1.1）中的 $F_1, F_2, \cdots, F_m$ 為不可觀測變量，所以需要對隨機變量 F 和 ε 做一些假定，使得模型具有特定的且能驗證的協方差結構。假設：

$$E(F) = 0, \quad \text{cov}(F, F) = E(FF') = I \tag{5.1.3}$$

$$E(\varepsilon) = 0, \quad \text{cov}(\varepsilon, \varepsilon) = E(\varepsilon\varepsilon') = \psi = \begin{pmatrix} \varphi_1 & 0 & \cdots & 0 \\ 0 & \varphi_2 & \cdots & 0 \\ \vdots & \vdots & & \vdots \\ 0 & 0 & \cdots & \varphi_p \end{pmatrix} \tag{5.1.4}$$

且 F 與 ε 獨立，即：

$$\text{cov}(\varepsilon, F) = E(\varepsilon F') = 0 \tag{5.1.5}$$

滿足式（5.1.3）—式（5.1.5）假定的模型（5.1.1）或（5.1.2）稱為正交因子模型。

另外，為確定最優的因子數目，本節在進行因子分析之前，首先進行了主成分分析。同時，為了增強研究結果的說服力並檢驗因子分析結果的準確性，本節第三部分還對影響經濟週期波動的因素進行了多元線性迴歸分析。

5.1.1　新中國經濟週期演變影響因素的主成分分析

（1）1953—2016年新中國經濟週期演變影響因素的主成分分析

通過運用Eviews8.0軟件對1953—2016年新中國64年的15個指標數據進行主成分分析發現，如圖5-2的碎石圖所示，按照碎石圖斜率變化較大且特徵值大於1的準則，可以將主成分的最優個數確定為6個。進一步從表5-2展示的前6個主成分的特徵值及貢獻率可以看出，第1主成分的特徵值以及對總殘差的解釋比例遠大於第2主成分及其他主成分的貢獻率。因此，可以初步提取第1主成分來反應經濟運行的波動，即根據輸出結果中顯示的第1主成分中各指標的線性組合係數可以計算出第1主成分序列，進而與GDP增長率波動情況進行比較。如圖5-3所示，實線代表了GDP增速標準化後的序列波動趨勢，而虛線則為第1主成分序列的波動趨勢，顯然二者的變化趨勢和轉折點十分相近，只是波幅上略有差異。這就說明，第1主成分不僅能夠反應GDP增速的變化趨勢和轉折點，而且還能在一定程度上反應GDP增速的波動幅度。

图 5-2 碎石图（1953—2016 年）

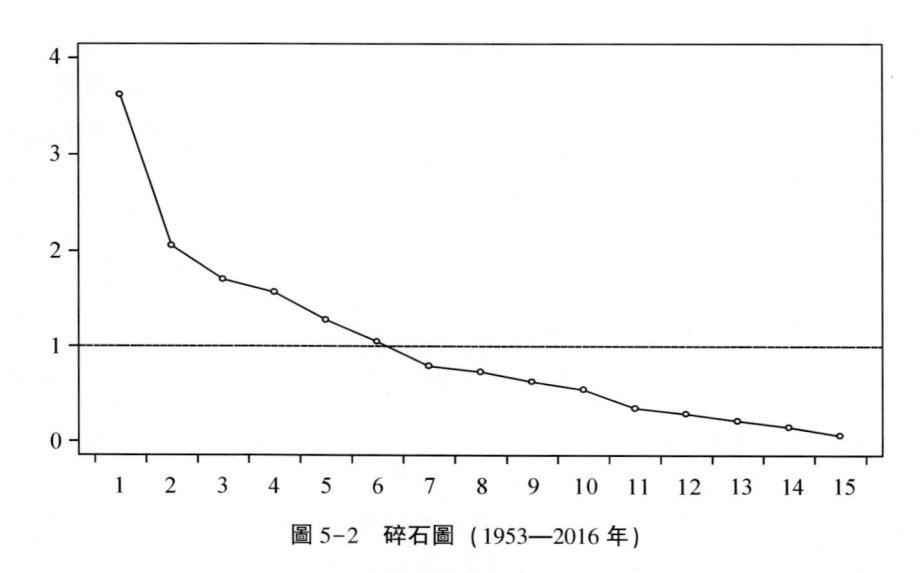

表 5-2 各主成分的特征值及贡献率（1953—2016 年）

	第 1 主成分	第 2 主成分	第 3 主成分	第 4 主成分	第 5 主成分	第 6 主成分
特征值	3.617	2.056	1.702	1.566	1.276	1.046
贡献率	0.241	0.137	0.114	0.104	0.085	0.07

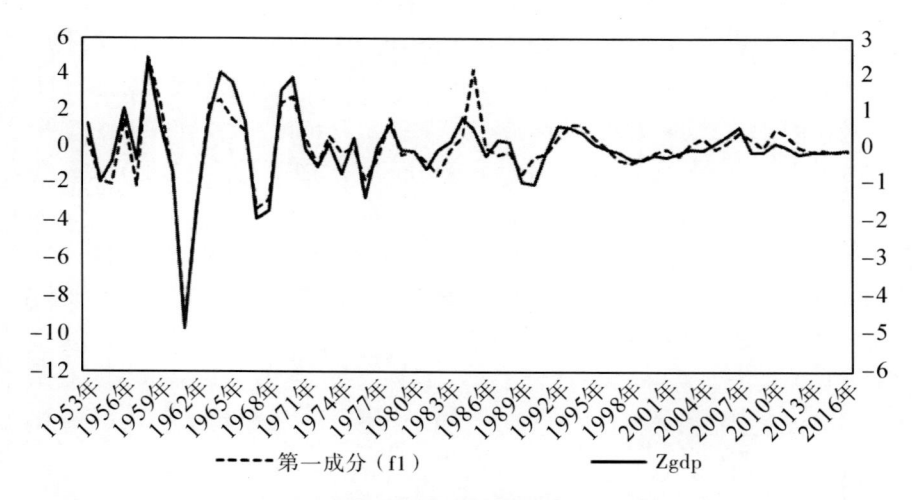

图 5-3 第一主成分与 GDP 周期成分变动趋势的拟合情况（1953—2016 年）

（2）1953—1978 年新中國經濟週期演變影響因素的主成分分析

運用以上的方法對 1953—1978 年新中國成立 26 年的 15 個指標數據進行主成分分析，可以發現，一方面，根據圖 5-4 顯示的碎石圖的變化狀況並按照斜率變化較大且特徵值大於 1 的準則，可以將主成分的最優個數確定為 5 個。另一方面，通過表 5-3 可以看出，第 1 主成分和第 2 主成分的特徵值和貢獻率均較高，且第 1 主成分遠大於其他主成分，因此同樣可以初步選擇第 1 主成分來衡量 GDP 增速的週期性波動趨勢。如圖 5-5 所示，1953—1978 年第 1 成分序列與 GDP 增速的波動趨勢非常吻合，除了在波動幅度上存在一定的差異以外，波動趨勢和轉折點基本相同。

圖 5-4　碎石圖（1953—1978 年）

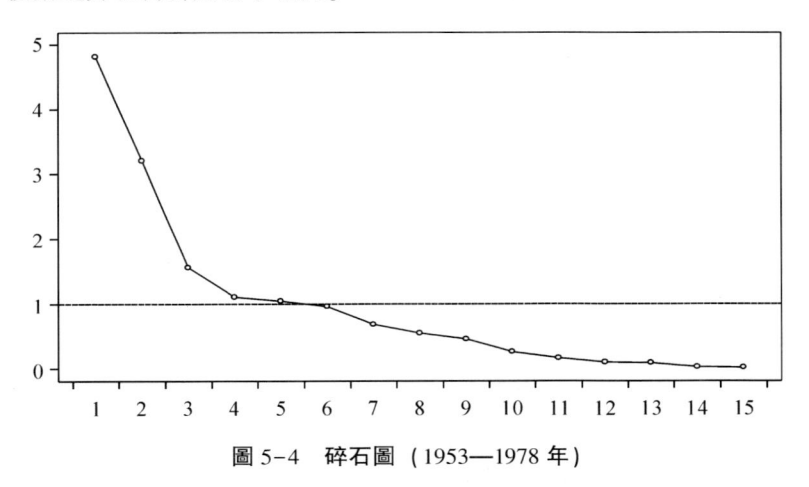

表 5-3　各主成分的特徵值及貢獻率（1953—1978 年）

	第 1 主成分	第 2 主成分	第 3 主成分	第 4 主成分	第 5 主成分
特徵值	4.813	3.199	1.558	1.108	1.049
貢獻率	0.321	0.213	0.104	0.074	0.07

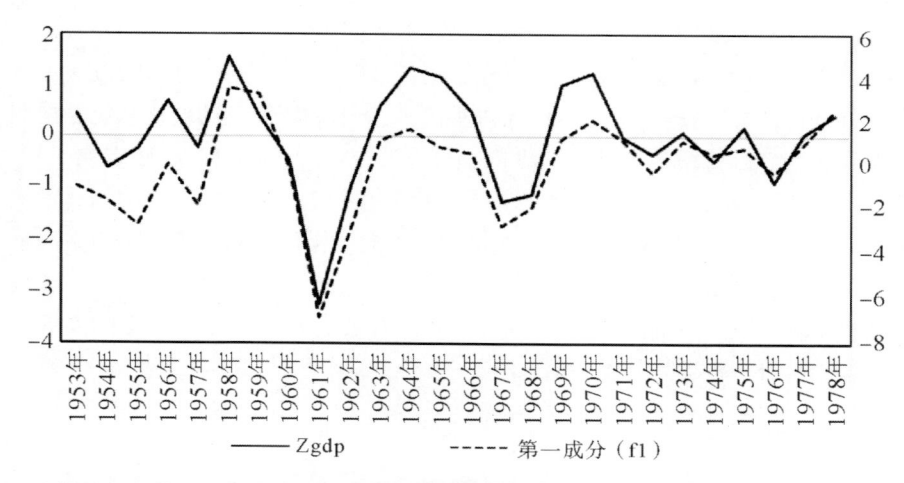

圖 5-5　第一主成分與 GDP 週期成分變動趨勢的擬合情況（1953—1978 年）

（3）1984—2016 年中國經濟週期演變影響因素的主成分分析

同樣地，運用以上方法對 1984—2016 年新中國成立 33 年的 23 個指標數據進行主成分分析可以看出，一是根據圖 5-6 顯示的碎石圖的變化狀況並按照斜率變化較大且特徵值大於 1 的準則，可以將主成分的最優個數確定為 7 個。二是通過表 5-4 可以看出，第 1 主成分的特徵值和貢獻率遠大於其他主成分，因此同樣可以初步選擇第 1 主成分來衡量 GDP 增速的週期性波動趨勢。如圖 5-7 所示，1984—2016 年第 1 成分序列與 GDP 增速的波動趨勢比較吻合，除了在波動幅度上存在一定的差異以外，波動趨勢和轉折點也基本相同。

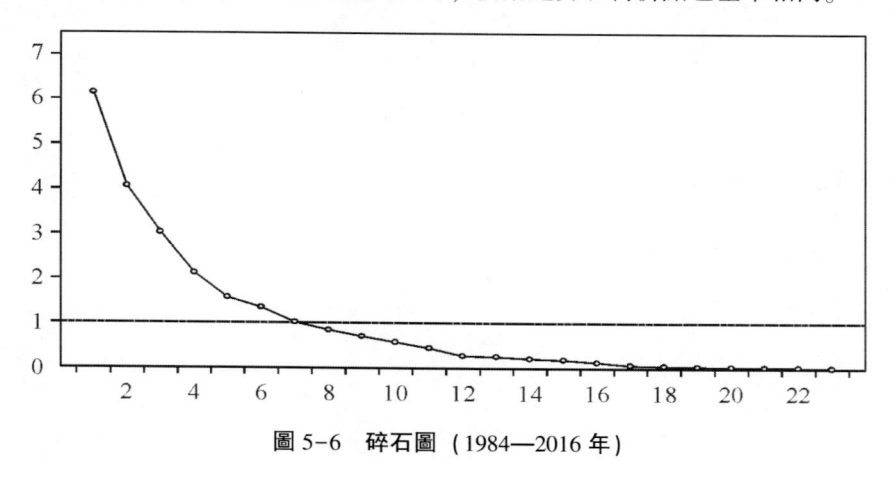

圖 5-6　碎石圖（1984—2016 年）

表 5-4　各主成分的特徵值及貢獻率（1984—2016 年）

	第 1 成分	第 2 成分	第 3 成分	第 4 成分	第 5 成分	第 6 成分	第 7 成分
特徵值	6.145	4.059	3.027	2.118	1.569	1.344	1.012
貢獻率	0.267	0.177	0.132	0.092	0.068	0.058	0.044

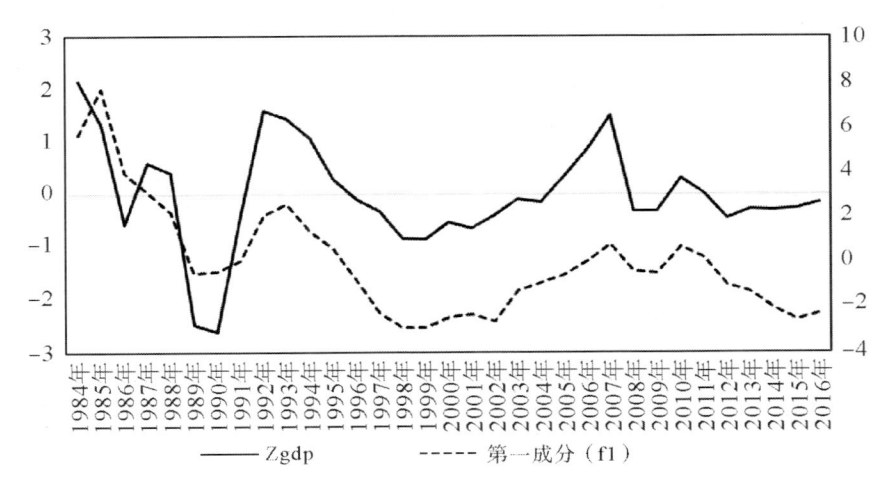

圖 5-7　第一主成分與 GDP 週期成分變動趨勢的擬合情況（1984—2016 年）

5.1.2　新中國經濟週期演變影響因素的因子分析

（1）1953—2016 年新中國經濟週期演變影響因素的因子分析

首先，根據上一節分析確定因子數為 6 最能較好地解釋 1953—2016 年原模型各指標的變動情況，以此為依據進行因子分析，且為獲得實際經濟意義更加明確的因子模式，對因子分析結果進行旋轉可得旋轉後的因子載荷矩陣如表 5-5 所示。

表 5-5　旋轉後的因子載荷矩陣

指標	F1	F2	F3	F4	F5	F6
ZGDP	0.885	0.037	0.043	0.016	0.03	0.198
ZCON	−0.04	0.042	−0.207	−0.018	0.7	−0.103
ZCAP	0.941	0.020	−0.095	0.014	−0.129	−0.069
ZNEX	−0.01	−0.035	−0.179	0.024	0.35	−0.018

表5-5(續)

指標	F1	F2	F3	F4	F5	F6
ZPOP	0.349	−0.034	0.07	−0.065	−0.143	0.678
ZSTO	0.069	0.044	0.482	0.036	0.134	0.495
ZTRA	0.596	−0.039	0.095	0.035	0.253	−0.035
TECH	−0.096	0.986	−0.023	0.17	−0.003	0.051
CORA	0.141	0.005	0.084	0.853	0.038	−0.061
INST1	−0.052	−0.026	−0.054	1.014	−0.036	0.017
INST2	−0.15	−0.702	−0.063	0.265	0.007	0.088
ZEST	−0.293	−0.023	0.092	−0.013	0.231	0.34
ZBUI	0.848	0.004	−0.624	−0.006	0.153	−0.005
ZFIN	0.906	−0.013	0.26	0.045	−0.108	−0.125
ZCOM	0.232	−0.028	0.062	−0.014	0.539	0.196
ZFER	−0.125	−0.003	0.241	−0.012	−0.197	0.04

從表5-5可以看出GDP在各公因子的載荷分別為0.885、0.037、0.043、0.016、0.03、0.198，可見公因子F1和F6對經濟週期性波動的影響程度最大，且突出表現為F1的影響。另外，在公因子F1上有較高載荷（指載荷水準超過0.6）的因素主要為資本形成總額增速、建築業增加值增速、財政支出額增速。這就意味著，總體上影響新中國1953—2016年經濟週期波動的主要因素在於投資方面，即通過財政支出的增加激勵了政府投資，並引致了一定程度的社會投資。且投資的主要方向在基礎設施建設，從而進一步帶動了建築業的蓬勃發展，進而影響了經濟的週期波動。這一結論與現實情況基本吻合，因此可將F1稱為投資因子。而公因子F6上有較高載荷的因素只有中年人口增速指標，由於該指標很大程度上代表了勞動力增速水準，因此可將F6稱為勞動力因子。由此說明，新中國成立以來代表投資和勞動力變動的因子F1和F6對GDP週期性波動的解釋能力最強，即在樣本區間內GDP波動主要受投資水準和勞動力數量的影響較大，且以投資拉動最為突出。

其次，通過因子分析中的迴歸方法可以得出6個公因子的得分系數如表5-6所示。進一步利用各公因子的得分系數分別乘以各指標標準化後的序列即可得到各公因子對應的得分序列，在此只需考察F1和F6的變化趨勢，其結果如圖5-8所示。

表 5-6　因子得分對應的係數矩陣

指標	F1	F2	F3	F4	F5	F6
ZGDP	0.477	0.028	0.713	0.065	0.28	0.469
ZCON	−0.005	0.002	0.08	0.017	0.353	−0.056
ZCAP	0.133	0.024	0.119	0.008	−0.26	−0.195
ZNEX	−0.005	−0.000,2	0.019	0.005	0.108	−0.006
ZPOP	−0.027	−0.033	−0.099	−0.026	−0.238	0.608
ZSTO	0.014	−0.006	0.051	0.005	0.135	0.164
ZTRA	0.041	0.008	0.101	0.015	0.184	−0.067
TECH	−0.033	1.005	−0.041	0.021	−0.006	0.021
CORA	0.066	0.015	0.139	0.021	0.197	−0.165
INST1	−0.06	−0.183	−0.134	0.963	−0.168	0.13
INST2	−0.024	−0.007	−0.035	−0.005	−0.007	0.081
ZEST	−0.014	−0.006	0.000,4	0.000,6	0.085,426,2	0.094,501
ZBUI	0.2	−0.007	−1.347	−0.066	−0.06	0.133
ZFIN	0.225	0.042	0.3	0.034	−0.031	−0.376
ZCOM	0.01	−0.000,7	0.092	0.016	0.323	0.041
ZFER	0.004	−6.569e−07	−0.006	−0.002	−0.047	0.008

　　從圖 5-8 可以看出，①公因子 F1 與 GDP 增速的波動趨勢最為相似，從而進一步印證了 F1 對經濟週期波動的說明能力最大的結論。而且隨著經濟波動進入復甦和衰退期，F1（即投資因子）的得分相應地趨於提高和下降。②公因子 F6 對 GDP 增速波動的說服力為第二大，特別是 20 世紀 80 年代末以來 F6 的平均得分持續較高，這也就很好地揭示了改革開放以來勞動力對經濟增長的拉動作用。

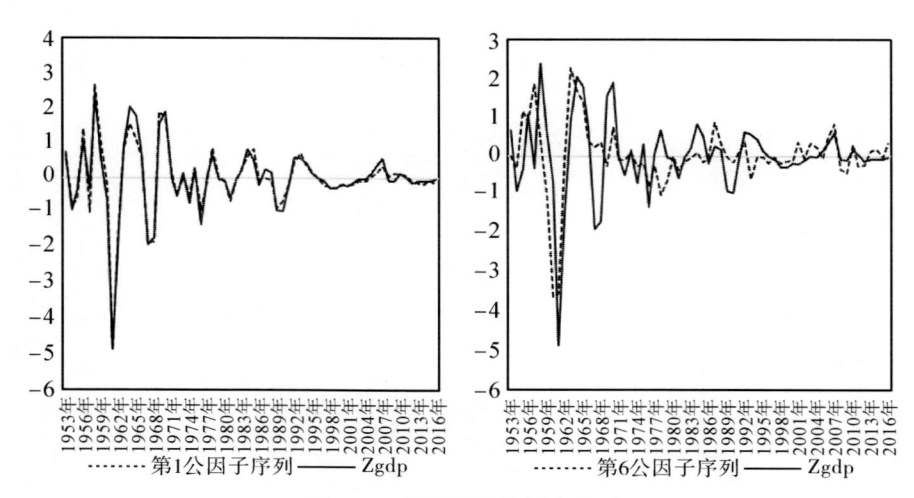

图 5-8　不同因子的得分序列

（2）1953—1978年新中國經濟週期演變影響因素的因子分析

首先，根據上一節分析確定因子數為5能較好地解釋1953—1978年原模型各指標的變動情況。以此為依據進行因子分析，且為獲得實際經濟意義更加明確的因子模式，對因子分析結果進行旋轉可得旋轉後的因子載荷矩陣如表5-7所示。

表 5-7　旋轉後的因子載荷矩陣

指標	F1	F2	F3	F4	F5
ZGDP	−0.083	0.116	0.911	0.052	0.14
ZCON	−0.446	−0.538	0.043	0.116	−0.068
ZCAP	0.047	0.016	0.934	−0.005	−0.082
ZNEX	0.627	0.21	−0.146	0.052	−0.162
ZPOP	−0.183	0.818	0.285	0.051	0.186
ZSTO	−0.037	0.365	0.096	0.099	0.652
ZTRA	0.28	0.058	0.749	−0.095	0.245
TECH	−0.15	−0.13	−0.026	0.999	0.125
CORA	0.97	0.000,4	0.135	−0.09	0.061
INST1	0.622	−0.301	0.088	0.362	−0.026
INST2	−0.602	−0.26	0.049	−0.649	0.072

表5-7(續)

指標	F1	F2	F3	F4	F5
ZEST	0.003	0.352	-0.498	-0.075	0.265
ZBUI	-0.068	0.045	0.94	-0.012	-0.449
ZFIN	0.073	-0.13	0.888	0.013	0.174
ZCOM	-0.001	0.238	0.354	-0.031	0.329
ZFER	-0.045	0.14	-0.266	0.075	0.082

從表5-7可以看出GDP在各公因子的載荷分別為-0.083、0.116、0.911、0.052、0.14，可見公因子F3對經濟週期性波動的影響程度最大。另外，在公因子F3上有較高載荷的因素主要為資本形成總額增速、建築業增加值增速、財政支出額增速以及貨物運輸量增速。從而表明，與影響新中國1953—2016年經濟週期性波動的因素相似，總體上影響新中國1953—1978年經濟週期波動的主要因素同樣在於投資方面，即財政支出的增加激勵了政府投資，且投資的主要方向在基礎設施建設，從而進一步帶動了建築業的蓬勃發展的邏輯，進而影響了經濟的週期波動。此外，與1953—2016影響因素稍有差別的是，由於新中國成立初期的基礎設施建設，特別是交通運輸建設尚不完善，貨物運輸量增速也在一定程度上限制了投資的廣度和深度，顯然這一結論與現實情況也基本吻合，因此同樣可將F3稱為投資因子。由於GDP在其他4個公因子上的載荷與F3差別太大，對GDP波動的說明能力很低，此處將不再贅述。

其次，通過因子分析中的迴歸方法同樣可以得出6個公因子的得分系數。進一步地，利用各公因子的得分系數分別乘以各指標標準化後的序列即可得到各公因子對應的得分序列，在此只需考察F3的變化趨勢，結果如圖5-9所示。從圖中可以看出，公因子F3與GDP增速的波動趨勢極其相似，且隨著經濟運行的週期性復甦和衰退，F3（即投資因子）的得分相應地也表現出了趨於提高和下降的態勢。

（3）1984—2016年中國經濟週期演變影響因素的因子分析

首先，根據上一節分析已知將因子數確定為7能夠最恰當地解釋1984—2016年原模型各指標的變動情況。以此為依據進行因子分析，且為獲得實際經濟意義更加明確的因子模式，對因子分析結果進行旋轉可得旋轉後的因子載荷矩陣如表5-8所示。

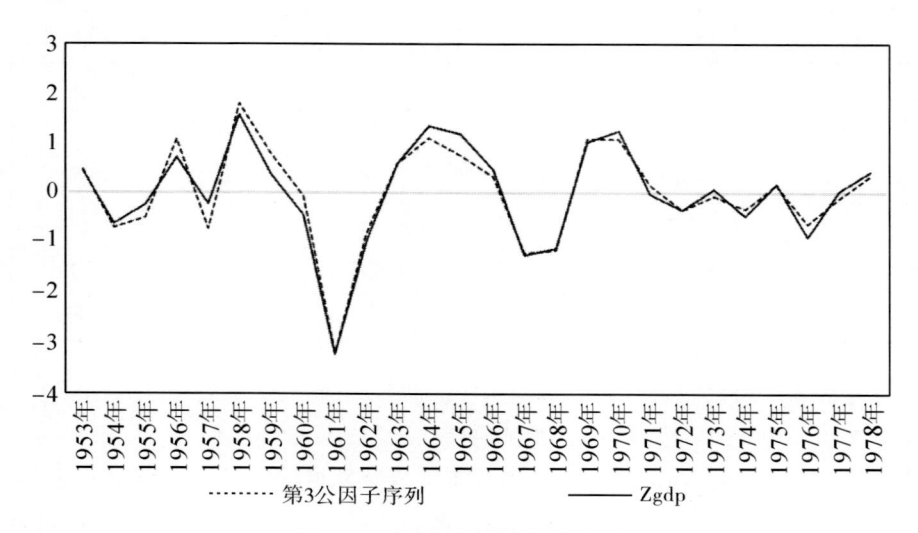

图 5-9 公因子 F3 的得分序列

表 5-8 旋转后的因子载荷矩阵

指标	F1	F2	F3	F4	F5	F6	F7
ZGDP	-0.061	0.315	0.073	0.572	0.352	0.008	-0.049
ZCON	0.071	0.032	-0.171	0.048	0.924	-0.012	0.172
ZCAP	-0.003	-0.038	0.072	0.952	-0.246	0.015	-0.028
ZNEX	0.743	0.496	0.166	-0.139	0.036	0.084	-0.085
ZPOP	0.383	-0.196	0.171	-0.359	-0.078	-0.490	0.088
ZPDR	-0.187	-0.114	-0.908	-0.095	0.076	-0.017	-0.052
ZSTO	0.094	0.059	0.094	-0.219	0.452	0.193	0.000
ZTRA	0.147	0.533	0.033	0.037	0.335	0.068	0.049
TECH	0.879	-0.010	-0.142	0.269	0.058	-0.132	0.024
CORA	0.063	-0.081	0.087	0.178	0.169	-0.054	0.926
INST1	-0.691	0.011	0.194	0.019	-0.027	0.091	0.552
INST2	-0.205	0.164	-0.147	-0.232	-0.090	0.002	0.776
ZEST	0.118	0.534	0.148	0.273	-0.065	-0.141	-0.072
ZBUI	-0.117	0.430	-0.038	0.726	0.028	-0.401	0.026
ZFIN	0.046	0.044	0.137	0.149	0.510	0.606	-0.079

表5-8(續)

指標	F1	F2	F3	F4	F5	F6	F7
ZBMS	0.090	−0.018	0.077	0.776	0.088	0.067	0.041
ZINR	0.000	0.087	0.008	−0.060	−0.941	0.020	−0.022
ZEXR	−0.045	−0.079	0.004	−0.154	−0.064	0.833	0.025
ZCOM	−0.004	0.241	−0.017	−0.126	0.722	−0.065	−0.058
TRST1	0.626	−0.156	0.319	0.019	0.016	−0.283	0.055
TRST2	0.948	0.137	0.062	−0.143	0.025	0.120	0.024
ZUFI	−0.017	−0.135	−0.059	0.754	0.078	0.236	0.029
ZNFA	−0.417	−0.027	0.077	−0.289	0.379	−0.243	−0.068
ZFER	−0.135	−0.476	0.074	−0.342	0.231	−0.305	−0.124

　　從表5-8可以看出GDP在各公因子的載荷分別為−0.061、0.315、0.073、0.572、0.352、0.008、−0.049，可見公因子F2、F4、F5對經濟週期性波動的影響程度較大，且最大的為F4。另外，從旋轉後各因子所代表的經濟意義來看：①在公因子F4上有較高載荷的因素主要為資本形成總額增速、建築業增加值增速、貨幣供應量增速、實際利用外商直接投資額增速。這表明，改革開放以來影響中國經濟週期性波動的根源仍然在於投資的波動。但是，與改革開放前不同的是，改革開放以後投資的原動力和投資的形式發生了變化。具體而言，一方面，改革開放以後投資的驅動力逐步實現了由改革開放前的財政政策向貨幣政策的轉變；另一方面，改革開放以後的投資形式表現出了更加多元化的發展態勢，也就是說受益於改革開放紅利的釋放，投資形式實現了由單純依靠國內政府投資向依靠國內政府投資和利用外資的轉變。因此，同樣可將F4稱為投資因子。②在公因子F5上有較高載荷的因素主要為居民消費水準增速、實際利率水準以及進出口總額增速三個方面，且實際利率水準的影響為負向的。這一方面表明消費水準與利率之間是負向關係，另一方面也意味著進出口總額在一定程度上受到國內消費水準的影響，因此可將F5稱為消費因子。③在公因子F2上有較高載荷的因素主要為貨物運輸量增速和房地產業增加值增速，一定程度上表明改革開放以來隨著房地產業的迅猛發展，貨物運輸量也相應地得到了提高，且對經濟波動的影響也逐漸顯現。然而，雖然F2對於GDP增速的影響排在第三位，但是在F2上有較高載荷的因素的載荷相對較低，其中最高載為0.534，所以總體來看F2的影響並不大。

其次，通過因子分析中的迴歸方法同樣可以得出 7 個公因子的得分系數，進一步利用各公因子的得分系數分別乘以各指標標準化後的序列即可得到各公因子對應的得分序列。在此僅研究 F4 和 F5 兩個因子，結果如圖 5-10 所示。從圖中可以看出，公因子 F4 與 GDP 增速的波動趨勢的擬合程度高於 F5。此外，F4 即投資因素對 GDP 增速的拉動作用突出體現在 20 世紀 90 年代初期以及 2008 年全球經濟危機之後。而消費因素的影響作用則主要體現在 20 世紀 80 年代末到 2012 年，2012 年以後，F5 的得分較低，表明影響作用開始減小。

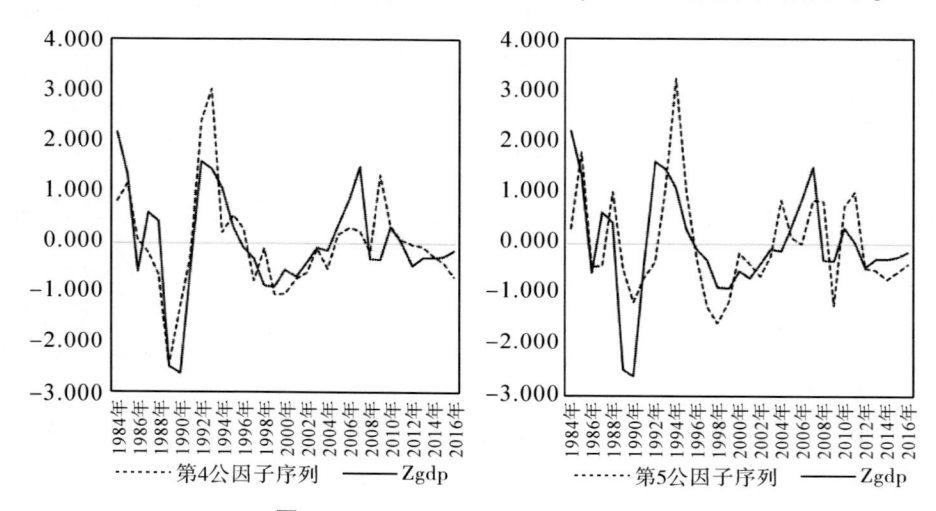

圖 5-10　公因子 F4 和 F5 的得分序列

5.1.3　新中國經濟週期演變影響因素的迴歸分析

考慮到時間序列數據可能存在著非平穩性，容易導致「偽迴歸」現象的出現，從而致使迴歸結果失真，首先需要對所考察的被解釋變量以及每一個解釋變量進行單位根檢驗。本書主要採用了 ADF 檢驗的方法，分階段地對 1953—2016 年、1953—1978 年、1984—2016 年三組數據中各指標序列的平穩性進行了檢驗。其中，1953—2016 年指標的檢驗結果如表 5-9 所示，1953—1978 年各指標均平穩[①]，1984—2016 年指標的檢驗結果如表 5-10 所示。需要說明的是，在表 5-9 與表 5-10 中，通過初步檢驗，經過 HP 濾波處理後的指標的週期成分均是顯著平穩的，因此囿於篇幅限制，表中未予呈現，而僅展示不具有週期屬性指標的檢驗結果。其中，在進行 ADF 檢驗之前，需要對序列

---

① 受篇幅限制，具體檢驗結果在此將不予呈現。

是否含有常數項或時間趨勢項予以設定，在此按照觀察序列原圖的方式判斷，1953—2016 年的指標中 TECH 序列、CORA 序列、DINST1 序列以及 DINST2 不含有常數項或時間趨勢項，而 INST1 和 INST2 含有常數項和時間趨勢項。以此為基準，根據表 5-9 中顯示的結果，TECH 與 CORA 為平穩序列，而 INST1 和 INST2 為一階單整序列。同理，1984—2016 年的指標中 CORA 序列、DCORA 序列、DTECH 序列、DINST1 序列、DINST2 序列不含有常數項或時間趨勢項，而 TECH 序列、INST1 序列、INST2 序列、TRST1 序列、TRST2 序列含有常數項和時間趨勢項。結果顯示，TRST1 與 TRST2 為平穩序列，而 DCORA、DTECH、DINST1、DINST2 為一階單整序列。

表 5-9　1953—2016 年指標數據的 ADF 檢驗結果

變量	T 統計量	概率值（P 值）	結論	
TECH	-4.325,1	0.000,0	平穩	I（0）
CORA	-2.218,7	0.026,6	平穩	I（0）
INST1	-2.824,6	0.194,2	非平穩	I（1）
DINST1	-5.723,2	0.000,0	平穩	
INST2	-2.264,5	0.446,5	非平穩	I（1）
DINST2	-3.203,6	0.001,8	平穩	

註：ADF 檢驗的原假設為存在單位根。

表 5-10　1984—2016 年指標數據的 ADF 檢驗結果

變量	T 統計量	概率值（P 值）	結論	
TECH	-2.265,5	0.439,6	非平穩	I（1）
DTECH	-5.757,3	0.000,0	平穩	
CORA	-1.581,2	0.105,7	非平穩	I（1）
DCORA	-4.734,5	0.000,0	平穩	
INST1	-0.354,6	0.984,6	非平穩	I（1）
DINST1	-4.437,8	0.000,1	平穩	
INST2	-1.070,3	0.918,1	非平穩	I（1）
DINST2	-3.333,8	0.001,6	平穩	
TRST1	-4.224,6	0.013,8	平穩	I（0）
TRST2	-3.680,6	0.038,5	平穩	I（0）

註：ADF 檢驗的原假設為存在單位根。

在此基礎上，同樣選擇表 5-1 中所呈現的部分指標分階段地對 1953—

2016年、1953—1978年、1984—2016年的數據對影響GDP增速波動的因素進行簡單多元線性迴歸分析。此外，為防止變量間存在著多重共線性問題而影響參數估計值的準確性，本書主要採用了逐步迴歸法以保證最終保留在模型中的解釋變量既是重要的，同時又不存在嚴重的多重共線性。分階段的迴歸模型分別見式（5.1.6）~（5.1.8）。

模型1（1953—2016年）：

$ZGDP = \partial + \beta_1 \times ZCON + \beta_2 \times ZCAP + \beta_3 \times ZPOP + \beta_4 \times ZSTO + \beta_5 \times DINST1$

$+ \beta_6 \times ZBUI + \beta_7 \times ZFIN + \beta_8 \times ZCOM$ (5.1.6)

模型2（1953—1978年）：

$ZGDP = \partial + \beta_1 \times ZCON + \beta_2 \times ZPOP + \beta_3 \times ZSTO + \beta_4 \times INST1 + \beta_5 \times ZBUI$

$+ \beta_6 \times ZFIN + \beta_7 \times ZCOM$ (5.1.7)

模型3（1984—2016年）：

$ZGDP = \partial + \beta_1 \times ZCON + \beta_2 \times ZCAP + \beta_3 \times ZPOP + \beta_4 \times ZPDR + \beta_5 \times ZSTO$

$+ \beta_6 \times DINST1 + \beta_7 \times DINST2 + \beta_8 \times ZEST + \beta_9 \times ZINR + \beta_{10} \times ZEXR$

$+ \beta_{11} \times ZCOM + \beta_{12} \times TRST1 + \beta_{13} \times TRST2 + \beta_{14} \times ZUFI$ (5.1.8)

根據表5-11所顯示的迴歸結果來看，與因子分析所得出的結論基本一致。首先，1953—2016年總體來看，影響GDP週期性波動的顯著因素表現為消費需求、投資需求、勞動力增速、存貨變動率、第二、三產業產值占GDP的比重、建築業產值增速以及財政政策幾個方面。其中，產業結構的變遷與經濟週期波動之間的相關性最強，然後是建築業增加值增速與投資需求。其次，1953—1978年影響GDP週期性波動的因素與模型1基本一致，且財政支出對經濟的影響程度最大，從而進一步表明改革開放前中國提高經濟增速的主要方式是政府的直接干預。再次，由模型3可以看出，受1978年實行對外開放政策的影響，1984—2016年影響中國經濟波動的因素在包括模型1中所呈現的國內因素的基礎上明顯增加了國際因素。

具體而言，模型3的結果與模型1、2的區別主要在於：一是改革開放以後人口撫養比與經濟波動的關聯性較為顯著，且表現為負相關。這也表明人口老齡化問題已經成為影響經濟增速的原因之一。二是改革開放以後產業結構的合理化水準對經濟增長產生了顯著的正向作用。三是利率、匯率對經濟波動的影響顯著。改革開放以後，隨著中國的財政政策、貨幣政策等政策工具的廣泛

運用，通過利率、匯率傳導機制影響經濟週期性波動的趨勢已經顯現。四是進出口貿易總額增速、利用外商直接投資、貨物與商業服務進出口總額比重以及初級產品與工業製成品進出口的比重等國際因素對經濟波動的影響分別在1%、1%、1%和5%的水準上顯著，且進出口貿易總額增速、利用外商直接投資正向影響GDP的週期波動，而貨物與商業服務進出口總額比重以及初級產品與工業製成品進出口的比重與GDP週期成分負相關，從而說明相對於貨物和初級產品的進出口而言，商業服務與工業製成品份額的增加更有利於推動經濟實現復甦和高漲。

另外，根據表5-11的迴歸結果同樣可以看出，第4章所呈現的無論是投資週期、存貨週期、建築週期、人口變化、產業結構變遷、政策週期、利率週期以及匯率週期等都是作為影響GDP週期性波動的因素而共同存在的，從而進一步說明，宏觀經濟的整體波動態勢是各種類型的週期相互疊加的最終反應。因此，這也就意味著，對於當前經濟週期所處階段的判斷以及未來經濟週期走勢的預測不能僅從一個維度或一部分維度出發，只有將影響總體經濟波動的所有因素進行綜合考慮，才有可能獲得準確的答案。

表5-11 分階段計量迴歸結果

變量	模型1 1953—2016年	模型2 1953—1978年	模型3 1984—2016年
ZCON	0.096,8** (0.047,7)	0.132,8** (0.046,5)	0.688,3*** (0.000,1)
ZCAP	0.231,9*** (0.005,7)		0.238,3** (0.021,5)
ZPOP	0.197,1*** (0.000,4)	0.238,4** (0.040,2)	0.525,6*** (0.000,6)
ZPDR			−0.165,9* (0.067,7)
ZSTO	0.124,3*** (0.008,8)	0.184,4** (0.013,5)	0.213,9*** (0.005,6)
INST1		0.048,6 (0.528,5)	
DINST1	0.575,6* (0.052,5)		3.264,7*** (0.000,0)
DINST2			0.669,6** (0.042,1)
ZBUI	0.231,7*** (0.003,5)	0.36*** (0.000,6)	
ZEST			−0.077,6 (0.439,2)
ZFIN	0.305,9*** (0.000,1)	0.469,7*** (0.000,0)	
ZINR			0.518,2** (0.020,5)

表5-11(續)

變量	模型1 1953—2016年	模型2 1953—1978年	模型3 1984—2016年
ZEXR			-0.361,5*** (0.003,3)
ZCOM	0.049,8 (0.273,3)	0.067,3 (0.299,1)	0.357,7*** (0.002,6)
TRST1			-0.244,3* (0.068,2)
TRST2			-0.644,1*** (0.000,2)
ZUFI			0.397,2*** (0.001,4)
常數項	-0.032,3 (0.438,4)	1.25E-16 (1.000,0)	-0.586*** (0.000,0)
殘差的ADF檢驗的P值	0.000,0	0.000,0	0.000,0
迴歸結果R²值	0.921,4	0.955,1	0.953,4
迴歸結果F統計量	79.108,9	54.709,1	24.868,7
迴歸結果P值	0.000,0	0.000,0	0.000,0

註：*、**、***分別代表10%、5%和1%的顯著性水準。括號內數字表示P值。由於模型2中投資與財政支出存在嚴重相關性，且保留財政支出變量能顯著提高迴歸結果的R²值，故最後僅保留ZFIN變量。

5.1.4 研究結論

根據本節的因子分析以及迴歸分析結果可知，新中國成立70年來，影響中國經濟週期性波動的首要因素在於投資的波動，而投資波動的變化主要體現在投資源動力、投資形式以及投資流向三個層面。具體來看，一是投資源動力方面，1953—2016年中國投資源動力總體上表現為財政政策的刺激，即主要通過財政支出的增加來引致更多的社會投資。分階段研究發現，改革開放之前的1953—1978年與更長時間段，即1953—2016年的總體表現基本吻合，但改革開放以後出現了轉變。1984—2016年投資源動力表現為財政政策與貨幣政策的雙重影響，且廣義貨幣供給量增速的影響逐漸增強；二是投資形式方面，改革開放之前的1953—1978年與更長時間段，即1953—2016年的投資形式基本相似，主要表現為國內投資。而改革開放以後，伴隨著對外開放水準的提高，投資形式逐漸趨於多元化，實際利用國外直接投資對經濟增速的影響逐漸顯現。三是投資流向方面，整體來看，1953—2016年投資最終主要流向了建

築業，而其中在改革開放以後投資在大部分流向建築業的同時也存在一部分流向了房地產業的現象，也就意味著房地產業對經濟波動的影響有所加深。另外，分階段研究還表明，改革開放以來消費水準成為影響經濟波動的第二大因素，而消費水準本質上又與利率水準和開放水準存在著很大關聯。同時，改革開放以後人口撫養比也成為影響經濟波動的新因素。總之，以上關於新中國成立以來經濟週期影響因素的研究結果，進一步印證了第3章提出的改革開放前經濟週期的類型主要表現為政治週期，而改革開放後則主要以經濟機制內部調節週期為主的推斷。

　　事實上，本節的研究工作只是從眾多影響經濟週期的因素中提取出了能夠有效量化的部分。而我們知道，這些方面的變化本質上是與新中國成立以來獨特的「制度+開放+創新」的發展模式密不可分的。特別是在以社會主義制度為根本前提的保障下，制度、體制、機制的變遷廣泛而持續地影響著中國的經濟增長。因此，下文將在理論與實證相結合的基礎上，主要從制度變革、對外開放以及技術創新三個維度出發，分別對這三者與中國經濟週期性波動的內在關聯進行進一步深入研究。

5.2　制度變遷與新中國經濟週期的演變

5.2.1　馬克思主義制度觀及其對發展的解釋

　　眾所周知，唯物史觀是馬克思畢生從事科學研究的重大理論成果，唯物史觀的發現不僅有力地揭示了「資產階級的滅亡和無產階級的勝利是同樣不可避免的」[1] 發展規律，同時也為解釋制度與增長的關係提供了科學指南。對於這一點，制度變遷理論的集大成者諾斯也承認：「在詳細描述長期變遷的各種理論中，馬克思的分析框架是最有說服力的，這恰恰是因為它包括了新古典分析框架所遺漏的所有因素：制度、產權、國家和意識形態……這是一個根本性的貢獻。」[2] 關於唯物史觀的精髓，馬克思在《政治經濟學批判》（序言）中曾有過以下經典表述：「社會的物質生產力發展到一定階段，便同它們一直在其中運動的現存生產關係或財產關係（這只是生產關係的法律用語）發生矛盾。於是這些關係便

---

[1] 馬克思，恩格斯. 馬克思恩格斯選集：第1卷 [M]. 北京：人民出版社，2012：413.
[2] 道格拉斯·C. 諾斯. 經濟史中的結構與變遷 [M]. 陳鬱，羅華平，等，譯. 上海：上海三聯書店，1994：68.

由生產力的發展形式變成生產力的桎梏⋯⋯無論哪一個社會形態，在它所能容納的全部生產力發揮出來以前，是決不會滅亡的；而新的更高的生產關係，在它的物質存在條件在舊社會的胎胞裡成熟以前，是決不會出現的。」①

由此可見，馬克思運用辯證唯物主義的基本原理不僅解釋了制度的形成，而且對制度變遷的原因及其與經濟社會發展的關係也做了充分的闡釋。一方面，馬克思所說的「現存生產關係或財產關係」以及「法律的和政治的上層建築」等實質上都是社會經濟制度的廣義表現。因而，同生產關係和上層建築的運動聯繫在一起的社會經濟制度的演進不僅受生產力發展的約束，而且與不同利益集團及階級矛盾的鬥爭密切相關。這同時也就進一步印證了恩格斯關於「社會階級的消滅是以生產高度發展的階段為前提的」② 觀點。另一方面，恩格斯在《反杜林論》中表示，「一切社會變遷和政治變革的終極原因，⋯⋯應當到生產方式和交換方式的變更中去尋找⋯⋯應當到有關時代的經濟中去尋找」③。因此，生產力與生產關係、經濟基礎與上層建築的辯證統一又表明了制度變遷的根源在於生產關係對生產力以及上層建築對經濟基礎的適應性方面。在一定社會發展階段，當社會制度能夠推動生產力發展、促進經濟增長時，說明這一制度是具有生命力的、是進步的。反之，當社會制度不能適應生產力的發展，成為經濟增長的桎梏時，則表明這一制度已經具備了變遷的可能性。這也就意味著，制度變遷的過程是生產力的張力和生產關係的適應能力之間的相互作用過程，而「一切劃時代的體系的真正的內容都是由於產生這些體系的那個時期的需要而形成起來的」④。

此外，從一般意義上來看，馬克思所闡明的制度與經濟增長或經濟週期的關係主要可歸結為兩點。一是制度的制定與完善能夠為經濟主體進行生產、交換、分配以及消費等提供一定的規則安排和利益保障，進而有利於各利益主體之間實現公平、有序的良性競爭。關於這一點，馬克思說道：「一切生產都是個人在一定社會形式中並借這種社會形式而進行的對自然的佔有。」⑤ 因而進一步證實了「人是最名副其實的政治動物，不僅是一種合群的動物，而且是只有在社會中才能獨立的動物」⑥ 的科學論斷。二是制度作用的發揮經常與生產力發展方式結合

---

① 馬克思，恩格斯. 馬克思恩格斯選集：第2卷 [M]. 北京：人民出版社，2012：2-3.
② 馬克思，恩格斯. 馬克思恩格斯選集：第3卷 [M]. 北京：人民出版社，2012：669.
③ 馬克思，恩格斯. 馬克思恩格斯選集：第3卷 [M]. 北京：人民出版社，2012：654-655.
④ 馬克思，恩格斯. 馬克思恩格斯全集：第3卷 [M]. 北京：人民出版社，1960：544.
⑤ 馬克思，恩格斯. 馬克思恩格斯選集：第2卷 [M]. 北京：人民出版社，2012：687.
⑥ 馬克思，恩格斯. 馬克思恩格斯選集：第2卷 [M]. 北京：人民出版社，2012：684.

在一起，通過改變生產要素的技術結合形式，推動資本有機構成的提高，從而促進經濟結構的優化和產業結構的變遷。因此，就這兩方面而言，下文中將要討論的改革開放與技術創新因素本質上都屬於制度變遷的範疇。

5.2.2 新中國成立以來的制度變遷歷程

新中國成立以來，儘管某一時期或某一階段的經濟週期類型主要體現為單個經濟週期類型，其週期形態的變化可能取決於該時期經濟系統內各要素的相互配置狀況。但是，從經濟週期形態（類型）的總體演變趨勢來看，則必然是由整個經濟體系的制度的演變（廣延性制度，包括產業結構調整、企業組織優化、技術結構變遷、國家宏觀經濟政策調控以及國際經濟環境變化等因素）所導致的。而且，事實上，在新中國 70 年的經濟發展過程中，制度的調整與變遷無時無刻不在進行。

首先，就改革開放之前的制度變遷而言。改革開放之前的 30 年中國制度改革主要包括三個方面。一是土地革命。1950 年通過的《中華人民共和國土地改革法》徹底改變了封建土地所有制關係，極大地解放了農業生產力，釋放了農業生產的活力。據相關資料顯示，土地改革之前，占全國總人口 52.37% 的貧雇農所佔有的耕地只有 14.28%，而土地改革之後短期內就上升到了 47.1%[①]。二是社會主義制度的建立。伴隨著 1953—1957 年社會主義改造的順利進行，中國完全實現了由新民主主義向社會主義的轉變。社會主義制度的確立為優先發展重工業的戰略舉措提供了保障，而這一發展路徑「直接影響和決定了中國在隨後幾十年中的經濟運行方式和發展軌跡」[②]。三是社會主義計劃經濟體制的建立。受馬克思主義理論的影響以及基於當時的社會發展背景，社會主義計劃經濟體制的確立為解決優先發展重工業與戰後初期資源匱乏之間的矛盾提供了良策。根據圖 4-13 所示，1960—1965 年中國重工業占工業總產值的比重高於輕工業占工業總產值的比重約 10 個百分點。

其次，就改革開放以後的制度變遷而言。顯然，改革開放本身作為一次重大的制度變革促進了生產力的發展，推動著改革開放 40 年的經濟發展不斷取得舉世矚目的成就。根據已有研究結果顯示，從總體上來說，中國的改革開放為經濟發展帶來了巨大的效益，中國的改革和 GDP 增長率之間存在著明顯的

---

① 吳承明，董志凱. 中華人民共和國經濟史（1949—1952）[M]. 北京：社會科學文獻出版社，2010：178.

② 鄭有貴. 中華人民共和國經濟史（1949—2012）[M]. 北京：當代中國出版社，2016：20.

「促進」而非「替代」關係①。具體而言，我們可將改革開放以後的制度變遷主要歸結為以下四個方面：

一是20世紀70年代末80年代初的農村生產制度變革。以家庭聯產承包責任制為基礎的統分結合的雙層經營體制不僅激發了農業生產的活力，而且再一次調動了廣大農民的生產積極性。根據林毅夫教授的測算，1978—1984年的6年時間內，中國投入增加對農業增長的貢獻率為45.79%，而在生產率對產出增長的貢獻（48.64%）中，制度改革對產出增長的貢獻約占46.89%②。二是從局部到全方位的對外開放。十一屆三中全會以來，對外開放作為一項基本國策，在漸進式改革邏輯的指引下，逐步實現了由局部到全方位、多層次、立體化的開放格局。新時代背景下，黨的十九大報告再次強調了「開放帶來進步，封閉必然落後」③的發展事實。三是社會主義市場經濟體制的確立。從中共十二屆三中全會提出要「發展社會主義商品經濟」到中共十四屆三中全會提出要「使市場在國家宏觀調控下對資源配置起基礎性作用」再到中共十八屆三中全會提出的「使市場在資源配置中起決定性作用」等一系列的體制轉變，充分釋放了市場活力，為新中國經濟增長帶來了巨大效益。四是社會主義基本經濟制度的確立。自黨的十五大將公有制為主體、多種所有制經濟共同發展的制度確立為社會主義初級階段的基本經濟制度以來，不僅保證了社會主義市場經濟體制的建立和運轉，而且進一步推動了國民經濟持續快速健康發展。

5.2.3 制度變遷對新中國經濟週期演變的影響

（1）制度變遷對新中國經濟週期演變影響程度的測算

在推動新中國成立70年來經濟增長能夠取得巨大成就的諸多影響因素中，中國獨特的制度因素絕對功不可沒，其作用應居於重要地位。然而，由於制度因素難以量化，長期以來對於制度與經濟增長關係的研究僅停留於理論層面。當然，也有國內外學者使用代理變量的方法來研究制度變遷對經濟增長的影響和貢獻。但是，正如侯為民所指出的，「使用代理變量的方法有著極大的局限性，因為代理變量僅是制度變革的外在表現，或者是制度變革造成的結果，而並不是制度變革本身。實質上，制度本身是一種質的規定性（即馬克思所說

---

① 陸暘，蔡昉. 從人口紅利到改革紅利：基於中國潛在增長率的模擬 [J]. 世界經濟，2016，39（1）：3-23.
② 林毅夫. 制度、技術和中國農業發展 [M]. 上海：上海三聯書店，2005：63.
③ 參見中共十九大報告。

的社會屬性），而不是量的規定性，因而對制度進行量化在實踐中是難以做到的」①。基於此，筆者擬參照常進雄、趙海濤（2016）②等對不可解釋變量進行分解的 Blinder-Oaxaca 方法，從投資、消費、開放程度等諸多因素中提取出制度因素。實證結果如表 5-12 所示。從分解結果中可以看出，制度因素能夠解釋 30.178,6%的經濟週期波動，這就進一步證明了制度變遷在新中國經濟發展過程中的重要性。

當然，需要說明的是，在制度所能解釋的 30%左右的經濟發展中，還包含著諸如技術創新、國家發展戰略的調整等因素所發揮的作用。在此一併將其歸於制度因素的原因在於，技術進步與制度變遷之間存在著系統耦合，技術進步要想發揮作用離不開完善的制度環境。而發展規劃和發展戰略本身就屬於廣義制度變遷的範疇。此外，上文已經提及，關於技術創新與制度變遷之間的內在關聯馬克思很早就已經做了科學論證。諾斯曾明確表示，「馬克思最早闡述了生產力與生產關係的相互關係，是將技術限制與制約同人類組織的局限結合起來所做的先驅性努力」③。因此，在生產力與生產關係的辯證關係的驅動下，技術水準的發展程度總是要與一定的社會制度形態相適應的。

表 5-12　制度因素對新中國經濟週期影響的分解結果

	總差異	特徵差異		係數差異	
		差異	百分比/%	差異	百分比/%
ZCON	0.123,98	-0.004,98	-4.013,6	0.128,96	104.013,6
ZCAP	0.928,86	0.816,47	87.900,7	0.112,39	12.099,3
ZPOP	0.411,29	0.223,81	54.417,1	0.187,48	45.582,9
ZSTO	0.416,3	0.198,93	47.784,3	0.217,37	52.215,7
DINST1	1.002,43	0.712,76	69.712,1	0.309,67	30.287,9
ZBUI	0.943,13	0.686,73	72.814,3	0.256,4	27.185,7
ZFIN	0.930,69	0.624,48	67.098,5	0.306,21	32.901,5
ZCOM	0.564,45	0.471,05	83.453,3	0.093,4	16.546,7
總計	5.341,13	3.729,25	69.821,4	1.611,88	30.178,6

---

① 侯為民. 技術進步、制度變革與經濟增長［M］. 北京：經濟科學出版社，2015：139.
② 常進雄，趙海濤. 所有制性質對農村戶籍勞動力與城鎮戶籍勞動力工資差距的影響研究［J］. 經濟學（季刊），2016，15（2）：627-646.
③ 道格拉斯·C. 諾斯. 制度·制度變遷與經濟績效［M］. 杭行，譯. 上海：上海三聯書店，1994：177.

(2) 制度變遷影響新中國經濟週期演變的主要途徑

事實上，制度對經濟週期波動的影響仍然可以用馬克思關於生產力與生產關係的相互作用來解釋，這一解釋主要體現在新舊制度的更替上。由於每一項新的制度都是從利於短期或者長期①經濟增長的角度出發制定的，因此在該制度的作用全部發揮出來之前，將對應著經濟的繁榮階段；而當該制度已經成為經濟進一步發展的桎梏，且社會正處於新的制度尚未完全建立的空檔期時，將意味著經濟進入衰退階段。歷史經驗已經充分證明，任何一項制度對經濟增長的影響都不是一蹴而就、立竿見影的，而是一個按照影響微觀、中觀、宏觀的邏輯路徑並最終反應於總體經濟波動的循序漸進的過程。

首先，從微觀層面來看，制度不僅與家庭、企業、政府的生產、交換、分配以及消費等過程息息相關，而且還影響著投資水準和投資結構以及勞動力的就業水準和就業結構。一方面，改革開放以前在以政治週期為主導的前提下，中國平均投資水準較低且波動性較大。然而，伴隨著改革開放進程的加快，中國實際固定資本形成總額平均增速由 1953—1977 年的 13.94% 增加到了 1978—2016 年的 17.51%②，且波動程度較改革開放前也有所降低。此外，改革開放後的投資結構也實現了由改革開放前的以政府投資為主向政府投資、社會投資以及利用國外直接投資的多元化投資模式轉變。另一方面，1978—1984 年中國城鎮登記失業率的大幅度降低與改革紅利的釋放也有很大關係。特別是基本經濟制度的確立，極大地促進了非公有制經濟的發展活力，提高了就業水準。2018 年 11 月 1 日，習近平總書記在民營企業座談會上的講話中明確指出，「民營經濟具有『五六七八九』的特徵，即貢獻了 50% 以上的稅收，60% 以上的國內生產總值，70% 以上的技術創新成果，80% 以上的城鎮勞動就業，90% 以上的企業數量」③。

其次，從中觀層面來看，制度不僅促進了產業結構的調整和優化，而且推動了產業佈局的合理化，使產業集聚和產業集中成為可能。一方面，如圖 4-13 所示，改革開放前優先發展重工業的戰略部署使得 1969—1978 年中國重工業占工業總產值的比重穩高於輕工業。改革開放以後，隨著市場經濟體制的確

---

① 在此，作者按照一項制度對於經濟增長所發揮的作用在時滯上的差異，將制度大致劃分為三類：一類是雖然短期可能限制經濟增長，但長期來看有利於經濟的可持續發展；另一類是儘管短期能夠有效提高經濟增速，但在長期視閾下，該制度並不是最優選擇；第三類是無論從短期還是長期來看，都有利於經濟發展。

② 根據圖 4-7 中的數據計算所得。

③ 參照習近平. 在民營企業座談會上的講話. http://www.xinhuanet.com/politics/2018-11/01/c_1123649488.htm.

立及國家對非公有制經濟的鼓勵、支持和引導，且由於大量非公有制企業以從事服務業為主，第三產業的發展水準極大地提高了。根據圖4-11所示，1978年以來中國第三產業增加值占 GDP 的比重持續上升，2012年已經超過了第二產業增加值所占比重。另一方面，受計劃經濟體制對生產要素集中管理的限制，以及傳統的地區分割的管理體制與戶籍制度的影響，資源優化配置難以實現，生產要素充分流動受阻，中國產業集中度較低、市場競爭能力薄弱、組織結構分散等現象凸顯。然而，改革開放以後經濟特區和經濟開發區的規劃建設以及價格制度、要素制度、戶籍制度等改革的順利實施，很大程度上提高了各區域的產業集中度，推動了產業集聚和產業集群的迅猛發展。

再次，從宏觀層面來看，制度變遷不僅有利於提高經濟增長速度，而且還能夠保證經濟發展質量。長期以來，為提高經濟總量增速，中國經濟的「三高」①式發展日趨危害到了自然環境與人民利益，致使20世紀90年代至今，中國經濟發展逐步進入了體制轉軌和增長方式轉換的「兩期疊加」階段。在這一發展背景下，從2003年中共十六屆三中全會提出五個統籌（統籌城鄉發展、統籌區域發展、統籌經濟社會發展、統籌人與自然和諧發展、統籌國內發展和對外開放）的發展理念，到2015年中共十八屆五中全會提出「創新、協調、綠色、開放、共享」的五大新發展理念，再到2017年十九大報告明確強調「大力推動高質量發展，建設現代化經濟體系」的戰略要求，可以說開啓了一場由中央層面主導的，為保證經濟長期可持續發展的制度變遷試驗。鑒於此，一方面，社會主義市場經濟體制的確立激發了全社會生產的積極性，推動了各地區經濟總量的提升；另一方面，由外延式擴大再生產到內涵式擴大再生產轉變的制度要求在一定程度上制約了傳統的粗放發展模式，「科學技術是第一生產力」的發展理念逐漸深入人心，從而有效促進了經濟發展質量的提高。

5.3 對外開放與新中國經濟週期的演變

5.3.1 馬克思的世界市場理論和開放發展觀

馬克思關於世界市場和對外開放理論的產生主要是基於對15~18世紀的

---

① 指高投入、高污染、高消耗。

近代經濟全球化趨勢的研究①。事實上，馬克思在開始進行政治經濟學研究之前就已經形成了完整的邏輯思路，而這一思路僅從馬克思的「六冊結構」計劃就可窺見一斑。馬克思在《政治經濟學批判》（序言）中曾明確指出，「我考察資產階級經濟制度是按照以下的順序：資本、土地所有制、雇傭勞動；國家、對外貿易、世界市場……關於自由貿易和保護關稅的辯論，是促使我去研究經濟問題的最初動因」②。由此可以看出，馬克思對資本主義經濟發展研究的出發點和最終落腳點都可以歸為世界市場的範疇。然而，儘管馬克思並沒有形成系統詳盡的世界市場理論體系，但是他現有的著作中已經充分包含了關於世界市場以及經濟全球化的內涵、形成以及發展等諸多觀點。

　　首先，馬克思對世界市場和全球化的內涵進行了充分的界定。在馬克思看來，世界市場和經濟全球化的類型主要表現為兩個對立面。一個是由資本主義國家推動的世界市場的形成和全球化；另一個是由社會主義國家推動的世界市場的形成和全球化。對於前者，馬克思指出，「資本的集中是資本作為獨立力量而存在所十分必需的。這種集中對於世界市場的破壞性影響，不過是在廣大範圍內顯示目前正在每個文明城市起著作用的政治經濟學本身的內在規律罷了」③。與此同時，馬克思對於資本主義國家在世界市場形成過程中的特定歷史階段所發揮的作用也給予了充分的肯定，認為「資產階級歷史時期負有為新世界創造物質基礎的使命」④。然而，儘管如此，馬克思最終還是強調「只有在偉大的社會革命支配了資產階級時代的成果，支配了世界市場和現代生產力，並且使這一切都服從於最先進的民族共同監督的時候，人類的進步才會不再像可怕的異教神怪那樣」⑤。也就是說，只有無產階級推動的世界市場的發展才能消滅「地域性的共產主義」⑥。

　　其次，馬克思對世界市場和全球化的形成原因進行了科學闡釋。馬克思指出，「只有對外貿易，只有市場發展為世界市場，才使貨幣發展為世界貨幣，抽象勞動發展為社會勞動……資本主義生產建立在價值上，或者說，建立在包含在產品中的作為社會勞動的勞動的發展上。但是，這一點只有在對外貿易和

---

　　①　顏鵬飛，劉昌明. 中國對外開放的思想淵源：馬克思的世界市場和經濟全球化理論（上）[J]. 當代經濟研究，2001（3）：43-47.
　　②　馬克思，恩格斯. 馬克思恩格斯選集：第2卷 [M]. 北京：人民出版社，2012：1-2.
　　③　馬克思，恩格斯. 馬克思恩格斯選集：第1卷 [M]. 北京：人民出版社，2012：862.
　　④　馬克思，恩格斯. 馬克思恩格斯選集：第1卷 [M]. 北京：人民出版社，2012：862.
　　⑤　馬克思，恩格斯. 馬克思恩格斯選集：第1卷 [M]. 北京：人民出版社，2012：862-863.
　　⑥　馬克思，恩格斯. 馬克思恩格斯選集：第1卷 [M]. 北京：人民出版社，2012：166.

世界市場的基礎上〔才有可能〕。因此，對外貿易和世界市場既是資本主義生產的前提，又是它的結果」①。這就說明資本主義要想進一步提高資本集中的規模，榨取更多的剩餘價值就必須以更大程度的開放和國際分工為基礎，而「分工的規模已使脫離了本國基地的大工業完全依賴於世界市場、國際交換和國際分工」②。此外，恩格斯在《共產主義原理》中也曾表示，「事情已經發展到這樣的地步：今天英國發明的新機器，一年之內就會奪去中國千百萬工人的飯碗。這樣，大工業便把世界各國人民互相聯繫起來，把所有地方性的小市場聯合成為一個世界市場」③。所以說，是機器大工業的發展為世界市場和全球化的擴張提供了物質條件，是對資本集中和資本集聚的渴望為世界市場和全球化的擴張提供了原動力。

再次，馬克思對世界市場和全球化的發展趨勢進行了合理的預判。馬克思和恩格斯根據對歷史史實的研究在《共產黨宣言》中，表示，「資產階級，由於開拓了世界市場，使一切國家的生產和消費都成為世界性的了……過去那種地方的和民族的自給自足和閉關自守狀態，被各民族的各方面的互相往來和各方面的互相依賴所代替了。物質的生產是如此，精神的生產也是如此」④。基於此，馬克思預言：「隨著貿易自由的實現和世界市場的建立，隨著工業生產以及與之相適應的生活條件的趨於一致，各國人民之間的民族分隔和對立日益消失。」⑤ 當然，作為唯物主義辯證法的創始人，馬克思充分地意識到了經濟全球化趨勢的兩重性，即經濟全球化在推動各國經濟增長與民族大融合的同時，也增加了經濟危機發生的頻率和影響程度。正如馬克思所說的，「危機之所以越來越頻繁和劇烈，就是因為隨著產品總量的增加，亦即隨著對擴大市場的需要的增長，世界市場變得日益狹窄了，剩下可供榨取的新市場日益減少了，因為先前發生的每一次危機都把一些迄今未被佔領的市場或只是在很小的程度上被商業榨取過的市場捲入了世界貿易」⑥。20世紀以來所爆發的規律性的且影響程度一次比一次深遠的世界性經濟危機就是對馬克思觀點的最有力的證明。

---

① 馬克思，恩格斯. 馬克思恩格斯全集：第26卷（第3冊）[M]. 北京：人民出版社，1974：278.
② 馬克思，恩格斯. 馬克思恩格斯選集：第1卷[M]. 北京：人民出版社，2012：246.
③ 馬克思，恩格斯. 馬克思恩格斯選集：第1卷[M]. 北京：人民出版社，2012：299.
④ 馬克思，恩格斯. 馬克思恩格斯選集：第1卷[M]. 北京：人民出版社，2012：404.
⑤ 馬克思，恩格斯. 馬克思恩格斯選集：第1卷[M]. 北京：人民出版社，2012：419.
⑥ 馬克思，恩格斯. 馬克思恩格斯選集：第1卷[M]. 北京：人民出版社，2012：359.

5.3.2 新中國成立以來在世界經濟中地位的轉變

首先，從國際貿易的視角來看。一方面，中國從占世界貿易總額不足2%的國家一躍成為世界第一大貿易國。圖5-11、圖5-12、圖5-13分別展示了歷年來中美兩國進出口貿易在世界貿易中所占比重的變化趨勢以及中國同主要經濟體之間的貿易額占比。從中可以看出：一是中美兩國進出口貿易總額占世界的比重差異在逐漸縮小，尤其是自中國加入WTO以後，貿易規模急遽增長，並於2013年超過美國成為世界第一大貿易國。二是中國進出口貿易增長幅度之所以如此巨大，主要源於進出口兩方面的同時增加。而能夠超過美國則要歸因於出口所占比重的提升。從2007年開始，中國出口貿易總額就已經超過了美國。三是據統計，在中國與世界六大洲之間的貿易總額占比中，中國與亞洲的貿易占比最高，1998年以來持續高於50%，其次分別為歐洲、北美洲、拉丁美洲、非洲和大洋洲①。此外，中國同主要經濟體之間的貿易規模也有所變化，2004年之前與中國貿易往來最大的國家是日本，而2004年之後則變成了美國。2016年，中國同美國的進出口貿易占中國總進出口貿易的14%，超過第二大貿易往來國（日本）7個百分點。

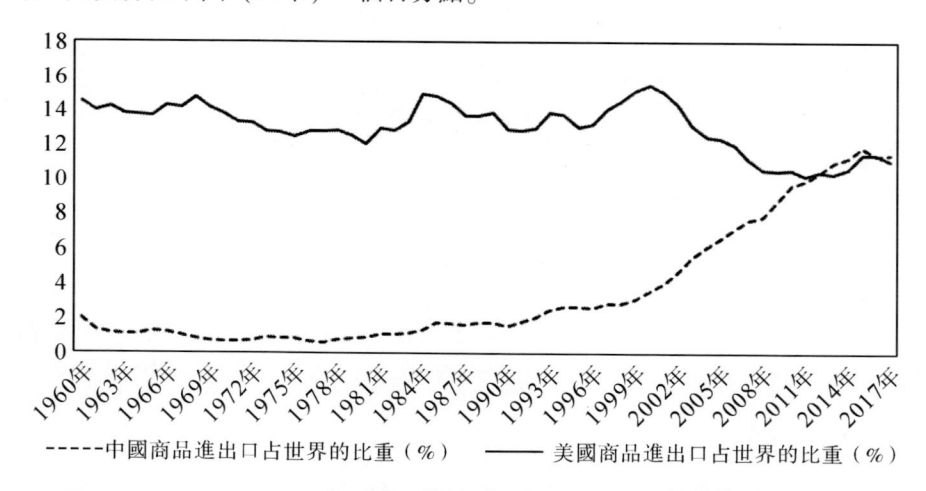

圖5-11　1960—2017年中美兩國進出口貿易總額占世界比重的變化趨勢對比

數據來源：世界銀行官方網站數據統計計算所得。

---

① 根據國家統計局官方網站數據計算所得。

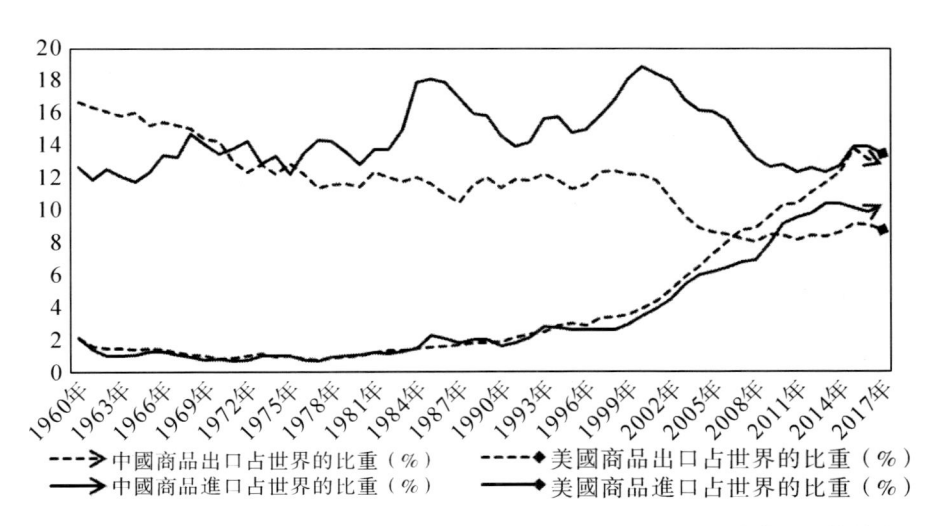

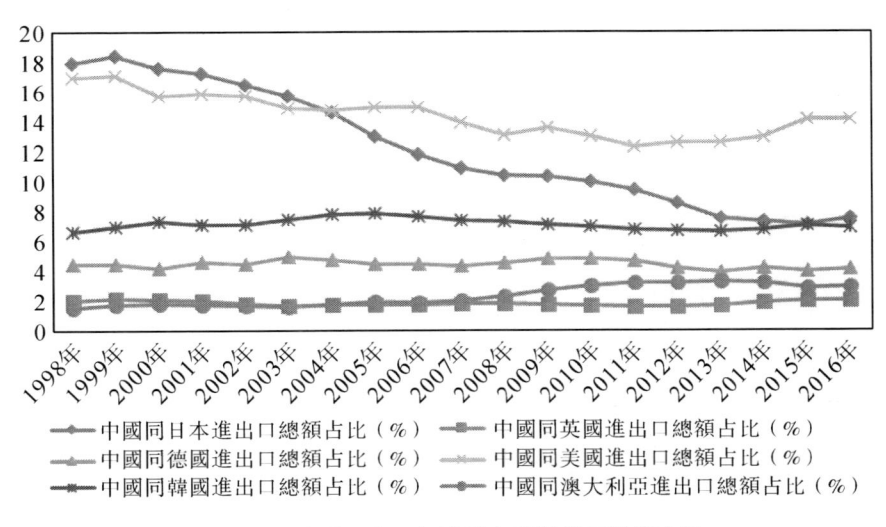

图 5-12　1960—2017 年中美两国进口和出口贸易总额占世界比重的变化趋势对比

数据来源：世界银行官方网站数据统计计算所得。

图 5-13　中国同主要经济体之间的贸易总额占比

数据来源：国家统计局官方网站数据统计计算所得。

另一方面，中国的贸易结构不断优化，特别是高科技出口份额增速显著。如图 5-14 所示，改革开放以来，中国主要以货物进出口贸易为主，相对而言服务贸易所占比重较低。二者比值的变化趋势进一步反应了长期以来货物出口增幅大於商业服务出口增幅，而货物进口增幅小於商业服务进口增幅。这就表

5　新中国经济週期演变的影响因素　193

明，未來一段時期增加服務貿易的出口將是優化開放結構的主要著力點。此外，圖5-15展示了世界部分國家高科技出口總額的變化趨勢。顯然，1992年以來中國作為後起之秀成功實現了從技術落後國向技術大國的轉變。2005年以後中國的高科技出口遠超美國，成為世界第一大高科技出口國。

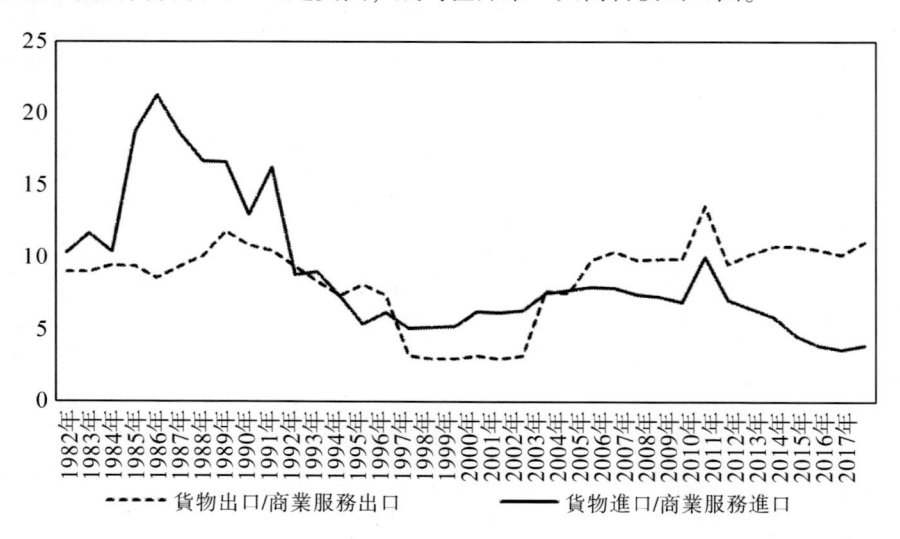

图5-14 1982—2017年中國貨物進出口與商業服務進出口比例的波動趨勢
數據來源：CEIC宏觀經濟數據庫統計計算所得。

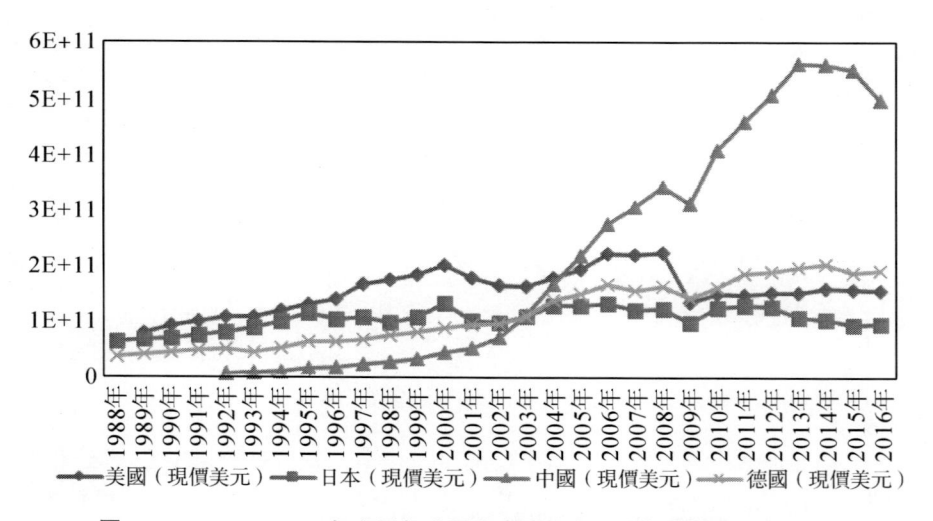

图5-15 1988—2016年世界部分國家高科技出口總額的變化趨勢對比
數據來源：世界銀行官方網站數據統計計算所得。

其次，從國際金融的視角來看。一方面，就國際投資而言。2007年中國實際利用外商直接投資金額為7,477,000萬美元，而對外直接投資淨額為2,650,609萬美元，前者約是後者的2.8倍。但是，2012年以來中國對外直接投資淨額增速明顯回升，逐漸超過了中國實際利用外商直接投資額。截至2016年對外直接投資淨額為19,614,943萬美元，約為中國實際利用外商直接投資額的1.6倍。另外，根據圖5-16顯示，2010—2014年中美兩國的外國投資淨流入占世界的比重已基本相同。但是，可能受中國經濟發展進入新常態的影響，2015—2016年中國吸引外商投資的能力有所降低。同時，這也成為推動中國增加對外直接投資的動力。另一方面，就國際儲備儲備而言。如圖5-17所示，1960年以來，中、美、日三國的總儲備量都呈現了不同程度的增加，其中中國的增加幅度最大。2014年中國的總儲備額分別相當於美國和日本總儲備額的9倍和3倍左右。當前，中國已是世界上第一大國際儲備國。

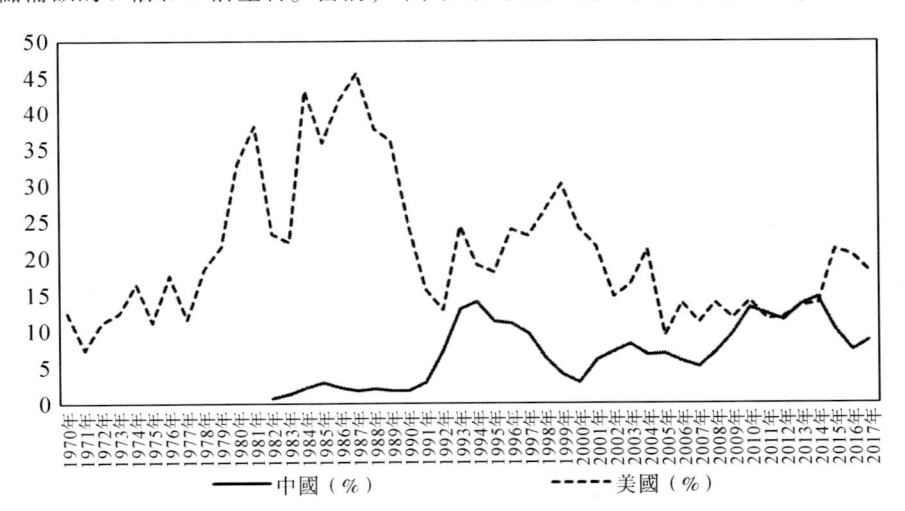

圖5-16　中美兩國的外國投資淨流入占世界比重的變化趨勢對比

數據來源：世界銀行官方網站數據統計計算所得。

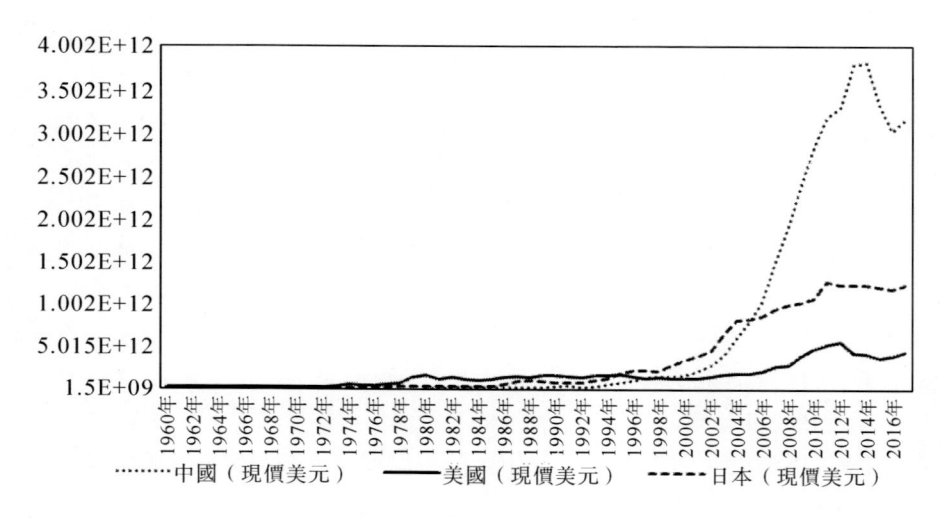

图 5-17　中國、美國、日本總儲備變化趨勢對比

數據來源：世界銀行官方網站數據統計計算所得。

註：總儲備包括持有的貨幣黃金、特別提款權、IMF 持有的 IMF 成員國的儲備以及在貨幣當局控制下的外匯資產。

5.3.3　對外開放對新中國經濟週期演變的影響

（1）中國與世界部分發達國家 GDP 增速的相關關係

根據以上分析，改革開放以來，對外開放程度的不斷提高，進一步加深了中國與世界發達經濟體之間的緊密聯繫，從而使得中國經濟週期與世界發達經濟體和區域經濟組織之間的經濟週期產生了明顯的協動性特徵。考慮到不同國家之間經濟週期的協動性和非協動性比較複雜，一方面，在長期的協動中可能存在著短期的非協動；另一方面，在長期的非協動中又可能存在著短期的協動。因此，本節擬對 1961—2017 年中國與美國、日本、英國三個經濟體的經濟週期的波動性及相互之間的協動性進行分階段研究。

首先，根據表 5-13 所示，1961 年以來各國在不同階段的經濟週期波動均存在異質性，且中國經濟的波動性變化最大。從表中可以看出，一是相比於美國、日本、英國而言，2008 年以前中國經濟的波動性最高，2008 年以後則轉而變成了最低；二是總體來看，只有中國經濟週期的波動性呈現了明顯的降低趨勢，而美國、日本、英國在 2008 年金融危機以後經濟波動性則顯著增加。由此表明，隨著世界發達經濟體進入國家壟斷資本主義的新時期，中國獨特的「制度+開放+創新」的發展模式逐漸表現出了優於資本主義國家的特徵。也正

是這一獨特的「中國模式」的推動促使中國經濟實現了改革開放後 40 年的蓬勃發展，並幫助中國盡早地順利擺脫了 2008 年金融危機衝擊造成的困局。

表 5-13　中國與世界部分國家 GDP 增速波動性的分階段變動情況[①]

階段	中國	美國	日本	英國
1961—1967 年	12.69	1.64	1.15	2.12
1968—1977 年	6.72	2.07	2.62	3.79
1978—1987 年	2.54	2.45	2.08	0.90
1988—1997 年	3.33	1.23	1.77	1.63
1998—2007 年	1.76	1.07	0.45	1.24
2008—2017 年	0.57	1.54	1.81	2.29
1961—2017 年	5.64	1.75	2.22	1.84

其次，由圖 5-18 同樣也可以看出，中國 GDP 週期性波動相對於美國、英國、日本更加劇烈的特徵事實。同時，也比較容易發現，中國與美國、英國、日本的經濟波動之間存在著一定的協動性，且存在明顯的階段性特徵。具體地，表 5-14 測算了中國與這三個國家之間 GDP 增速波動的趨勢程度。整體來看，1961—2017 年中國與美國、英國、日本經濟週期波動的相關性基本相同，維持在略高於約 0.2 的水準。而且改革開放以後，中國與這三個國家之間經濟的相關性顯著高於改革開放之前。此外，由於改革開放之前受政治週期的主導影響，中國與國外之間的經濟關聯程度較低，加之「二戰」以後西方國家經歷了一段時間較長的經濟復甦長週期，這一階段部分國家與中國經濟波動呈現出相關係數為負的情況也是合乎實際的。

[①] 波動性以標準差進行衡量。

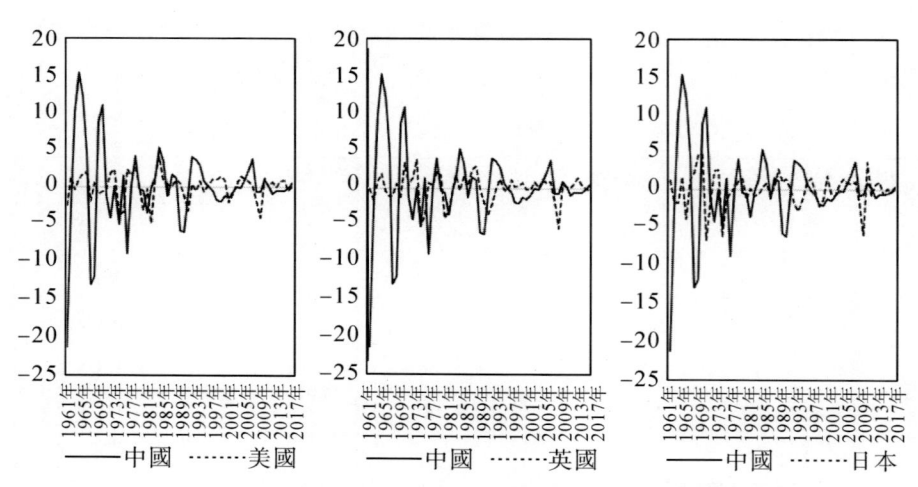

圖 5-18 中國與美國、英國、日本 GDP 增速週期成分波動趨勢對比

表 5-14 中國與世界部分國家 GDP 增速波動相關性的分階段變動情況

階段	美國	日本	英國
1961—1967 年	0.772,1	−0.421,2	0.496,9
1968—1977 年	−0.252,9	−0.250,9	0.144,5
1978—1987 年	0.630,3	0.414,1	0.511,4
1988—1997 年	0.221,3	−0.575,2	0.210,5
1998—2007 年	0.059,3	0.552,7	0.589,7
2008—2017 年	0.335,2	0.488,4	0.246,2
1961—2017 年	0.236,3	−0.201,5	0.210,7

（2）世界部分國家經濟週期波動對中國 GDP 增速的影響

首先，在進行建模之前，要對各國家 GDP 增速週期成分進行平穩性檢驗。由於 HP 濾波本身已經對原始數據進行了去趨勢處理，因此可直接進行無截距項和趨勢項的 ADF 檢驗。檢驗結果如表 5-15 所示。其中，CZGDP、AZGDP、BZGDP、JZGDP 分別代表中國、美國、英國以及日本的 GDP 增長率的 HP 濾波週期成分。根據表中結果可以看出，1961—2017 年 CZGDP、AZGDP、BZGDP 以及 JZGDP 均是平穩序列。

表 5-15 世界部分國家 GDP 增速週期成分的 ADF 檢驗結果

變量	ADF 檢驗 T 統計量	1%臨界值	5%臨界值	10%臨界值	P 值
CZGDP	-6.264,669	-2.606,911	-1.946,764	-1.613,062	0.000,0
AZGDP	-6.115,271	-2.607,686	-1.946,878	-1.612,999	0.000,0
BZGAP	-5.964,207	-2.609,324	-1.947,119	-1.612,867	0.000,0
JZGDP	-7.093,801	-2.607,686	-1.946,878	-1.612,999	0.000,0

其次，構造結構向量自迴歸（SVAR）模型。具體操作步驟：第一，根據 AIC 準則確定最優滯後階數為 6。第二，經過格蘭杰因果關係檢驗發現，當 BZGDP 作為被檢驗的因變量時，聯合檢驗的 P 值始終大於 0.05，一般而言，則認為英國的經濟週期波動對中國經濟的影響屬於外生的。造成這一現象的原因可能是隨著中國與其他國家貿易往來的日益頻繁，中國與英國之間的微弱經濟聯繫已經不足以影響中國的總體經濟運行。故在此只考慮 CZGDP、AZGDP、JZGDP 三者之間的內在聯繫。不包含英國在內的模型的最終格蘭杰因果檢驗結果如表 5-16 所示。所有聯合檢驗均小於 0.05，符合約束條件要求。第三，單位根檢驗如圖 5-19 所示，所有單位根的模都小於 1，表明模型滿足穩定性條件。

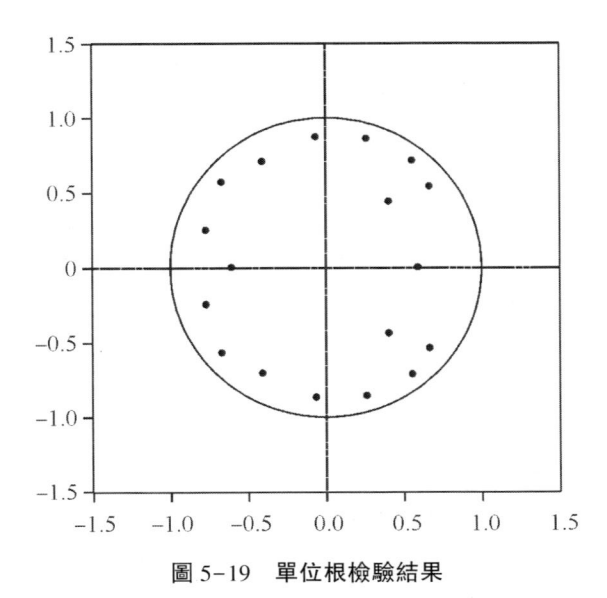

圖 5-19 單位根檢驗結果

表 5-16　格蘭杰因果檢驗結果

因變量：CZGDP			
不包括	χ^2統計量	自由度	P 值
AZGDP	17.935,09	6	0.006,4
JZGDP	17.304,75	6	0.008,2
聯合	25.934,71	12	0.011,0

因變量：AZGDP			
不包括	χ^2統計量	自由度	P 值
CZGDP	13.989,27	6	0.029,8
JZGDP	11.306,28	6	0.079,4
聯合	24.004,81	12	0.020,3

因變量：JZGDP			
不包括	χ^2統計量	自由度	P 值
CZGDP	18.801,46	6	0.004,5
AZGDP	4.647,180	6	0.589,8
聯合	22.907,35	12	0.028,5

基於以上分析，本書構建了包括 CZGDP、AZGDP、JZGDP 三個變量的 6 階結構向量自迴歸模型 SVAR（6），原始模型可表示為：

$$\Phi Y_t = \Gamma_1 Y_{t-1} + \Gamma_2 Y_{t-2} + \cdots + \Gamma_6 Y_{t-6} + u_t, \ t = 1, 2, \cdots, T \quad (5.3.1)$$

式中：

$$\Phi = \begin{pmatrix} 1 & -\beta_{12} & -\beta_{13} \\ -\beta_{21} & 1 & -\beta_{23} \\ -\beta_{31} & -\beta_{32} & 1 \end{pmatrix}, \ \Gamma_i = \begin{pmatrix} \gamma_{11}^{(i)} & \gamma_{12}^{(i)} & \gamma_{13}^{(i)} \\ \gamma_{21}^{(i)} & \gamma_{22}^{(i)} & \gamma_{23}^{(i)} \\ \gamma_{31}^{(i)} & \gamma_{32}^{(i)} & \gamma_{33}^{(i)} \end{pmatrix}, \ i = 1, 2, \cdots, 6,$$

$$u_t = \begin{pmatrix} u_{1t} \\ u_{2t} \\ u_{3t} \end{pmatrix}, \ Y_t = \begin{pmatrix} czgdp_t \\ azgdp_t \\ jzgdp_t \end{pmatrix}$$

由於在 SVAR 模型中可以得到正交化的脈衝回應函數，即可單獨考慮各個變量的衝擊對其他變量的影響。因此，我們對以上迴歸結果進行脈衝可得脈衝回應函數如圖 5-20 所示，並在此基礎上進行方差分解分析，結果如圖 5-21 所示。圖 5-20 中橫軸表示衝擊作用的滯後期間數（單位:年），縱軸表示實際

GDP的週期性波動的變化，實線表示脈衝回應函數，虛線表示正負兩倍標準差偏離帶。圖5-21中橫軸同樣表示滯後期間數（單位：年），縱軸則表示一國經濟波動對他國經濟發展的貢獻率（單位:%）。

從圖5-20中可以看出，中國同美國、日本之間經濟影響特徵並不相同。一方面，給美國和日本的經濟波動一個正的衝擊，在第1期均不會對中國的經濟波動產生影響，直到第2期才產生一定的正效應，之後影響逐漸減弱。這是因為中國的經濟發展很大程度上受益於「制度+開放+創新」的有效結合，特別是在中國特色社會主義制度的根本保障下，任何外部因素的不穩定影響都會得到一定的削弱。另一方面，一旦中國經濟增長出現了正向波動，很快就會產生外溢效應，帶動美國和日本的經濟發展。其中，美國在第2期達到最大值，日本在第1期便達到最大值。另外，從圖5-21中可以看出，美國和日本對中國經濟發展的貢獻率均在20%以內，且日本高於美國。而中國對美國和日本的經濟貢獻率則相對較高，尤其是中國對日本的經濟貢獻率最高可達30%。由此可見，中國的對外開放，不僅推動了中國的經濟發展，而且還促進了其他國家的經濟增長。因此，鑒於中國經濟發展的普惠性特徵，新時代繼續進一步加快對外開放的步伐勢在必行。

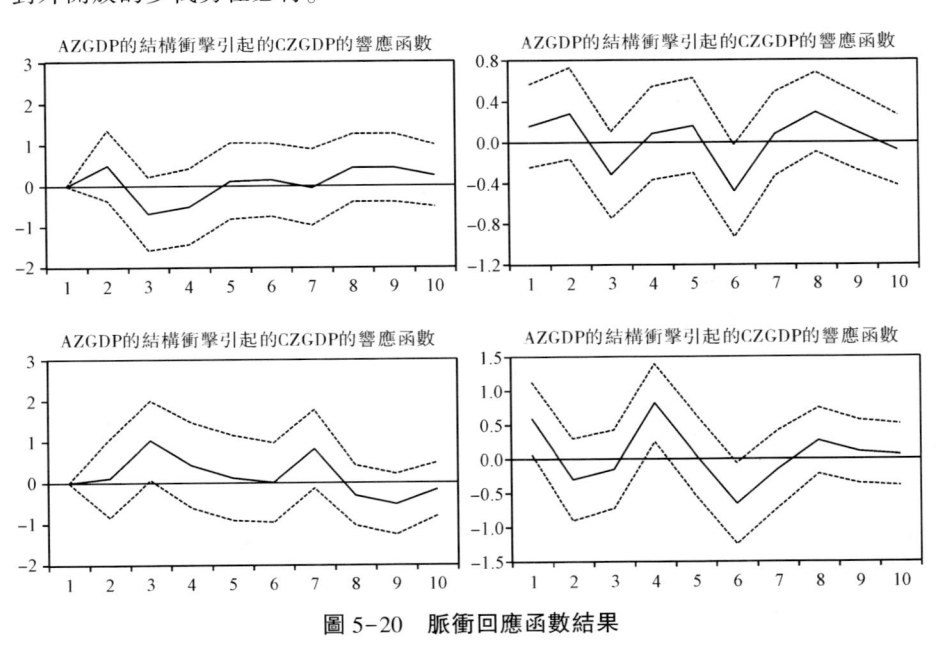

圖5-20 脈衝回應函數結果

圖 5-21　方差分解結果

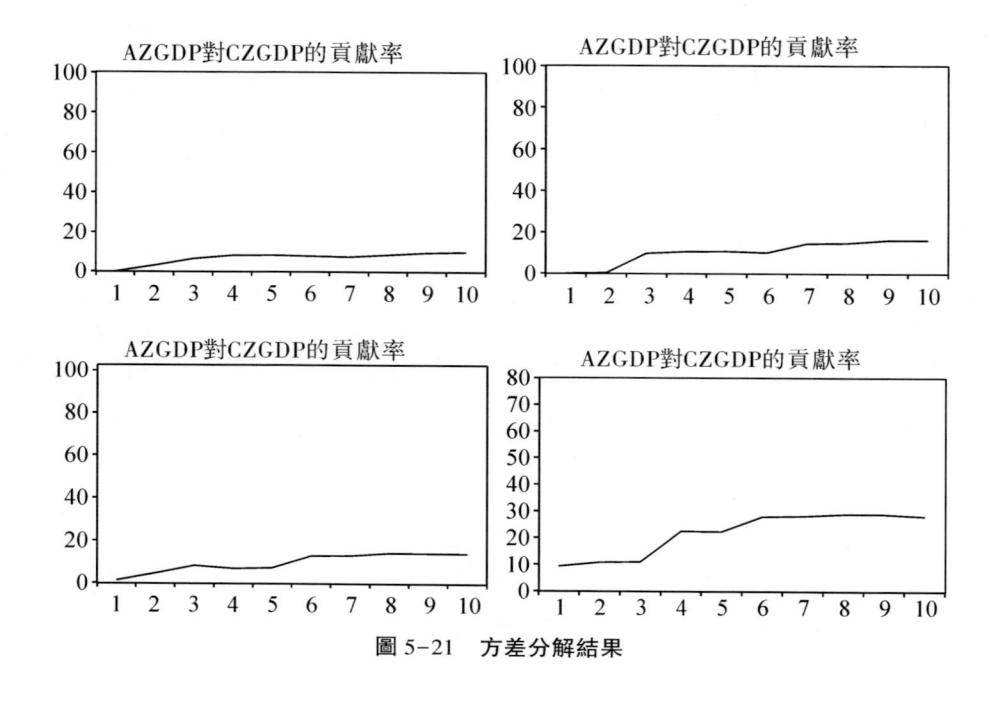

5.4　技術創新與新中國經濟週期的演變

　　宋玉華等在研究美國 20 世紀 80 年代所產生的新經濟範式的轉型和科技創新對經濟週期的影響時曾講道：「弗里曼（Freeman）等將技術創新分為四大類：漸進性創新、重大創新、技術系統的變革和技術——經濟範式的變革，……如同歷史上每一次技術——經濟範式轉型一樣，每一輪技術革命都會遇到週期性的下滑，但並不意味著此次技術革命的終結，而只是表現出增長的階段性。」① 也就是說，技術革命實質上是一場經濟革命，而「經濟革命是社會經濟系統自身逐步演進的產物。從表現形式上看，它是革命性的；就發生機制來講，它卻是漸進性的」②。這就意味著，技術革命對經濟週期的影響並非一蹴而就，而是通過與社會制度、意識形態、產業結構等多方面因素進行系統耦合併緩慢發揮作用的過程。

---

　　① 宋玉華. 世界經濟週期理論與實證研究 [M]. 北京：商務印書館，2007：438. 另外，關於四類技術創新的具體內涵，同樣可參照該書第 438 頁註釋部分，本書不再贅述。
　　② 宋玉華. 世界經濟週期理論與實證研究 [M]. 北京：商務印書館，2007：408.

5.4.1 馬克思的技術創新理論及其對經濟週期運行的解釋

事實上，早在19世紀40年代馬克思就已經開始了對技術創新與經濟增長之間關係的研究。僅從《資本論》的研究邏輯就可以明確地發現，技術創新範疇始終貫穿於馬克思經濟週期理論。

第一，勞動價值論中包含著技術創新。馬克思表示，「我們把勞動力或勞動能力，理解為一個人的身體即活的人體中存在的、每當他生產某種使用價值時就運用的體力和智力的總和」①，而在實際生產過程中，「智力同體力勞動相分離，智力轉化為資本支配勞動的權力，是在以機器為基礎的大工業中完成的……科學、巨大的自然力、社會的群眾性勞動都體現在機器體系中」②。從而表明，人力資本在生產中所發揮的作用同樣是以機器為載體的。

第二，剩餘價值論中包含著技術創新。正如馬克思所說的，「因為機器就其本身來說縮短勞動時間，而它的資本主義應用延長工作日；因為機器本身減輕勞動，而它的資本主義應用提高勞動強度；因為機器本身是人對自然力的勝利，而它的資本主義應用使人受自然力奴役；因為機器本身增加生產者的財富，而它的資本主義應用使生產者變成需要救濟的貧民，如此等等」③，進而也就使得「縮短勞動時間的最有力的手段，竟變為把工人及其家屬的全部生活時間轉化為受資本支配的增殖資本價值的勞動時間的最可靠的手段」④。由此可見，儘管技術創新對社會生產和經濟增長的促進作用毋庸置疑，但是一旦它成為資本主義剝削的工具，那麼後果則不堪設想。

第三，資本累積、資本循環、資本週轉理論中包含技術創新。馬克思在《資本論》第二卷中曾說過這樣一段話：「這種由一些互相聯結的週轉組成的長達若干年的週期（資本被它的固定組成部分束縛在這種週期之內），為週期性的危機造成了物質基礎。在週期性的危機中，營業要依次通過鬆弛、中等活躍、急遽上升和危機這幾個時期。雖然資本投入的那段期間是極不相同和極不一致的，但危機總是大規模新投資的起點。因此，就整個社會考察，危機又或多或少地是下一個週轉週期的新的物質基礎。」⑤ 這就自然地將固定資本更新與經濟週期的運行結合在了一起，即固定資本更新成為經濟週期的物質基礎，

---

① 馬克思. 資本論：第1卷 [M]. 北京：人民出版社，2004：195.
② 馬克思. 資本論：第1卷 [M]. 北京：人民出版社，2004：487.
③ 馬克思. 資本論：第1卷 [M]. 北京：人民出版社，2004：508.
④ 馬克思. 資本論：第1卷 [M]. 北京：人民出版社，2004：469.
⑤ 馬克思，恩格斯. 馬克思恩格斯選集：第2卷 [M]. 北京：人民出版社，2012：358.

而固定資本的更新在很大程度上推動並受制於技術創新水準。

第四，社會總資本再生產理論包含技術創新。馬克思曾指出：「隨著大工業的發展，現實財富的創造較少地取決於勞動時間和已耗費的勞動量……相反地卻取決於一般的科學水準和技術進步，或者說取決於科學在生產上的應用。（這種科學，特別是自然科學以及和它有關的其他一切科學的發展，又和物質生產的發展相適應。）」① 也就是說「生產過程可能擴大的比例不是任意規定的，而是技術上規定的」②。實際上，技術的發展不僅增加了社會擴大再生產的能力，而且還使得第一部類與第二部類之間的劃分界限逐漸趨於模糊。然而，儘管如此，馬克思的週期理論並沒有過時，技術創新對經濟週期波動的影響機制依然還在發揮作用。

第五，利潤和價格理論同樣包含著技術創新。馬克思（2004）在《資本論》中描述利潤率趨向下降規律時曾表明，「價格下降和競爭鬥爭也會刺激每個資本家通過採用新的機器、新的改良的勞動方法、新的結合，使他的總產品的個別價值下降到它的一般價值以下，就是說，提高既定量勞動的生產力……這樣，週期會重新通過」③。這也就意味著馬克思所說的「新一輪固定資本投資」實質上就是我們現在所理解的技術創新的過程。因此，儘管馬克思在其理論思想中沒有明確提出「創新」的概念，而是大量採用了「新機器」「新改良的勞動方法」「新結合」「技術進步」「生產工具的迅速改進」「科學的進步」等說法，但他無疑是將技術創新與經濟週期結合研究的鼻祖。

除了以上分析以外，馬克思還對技術創新所產生的效應進行了闡述。一是馬克思認為技術創新的發展推動了制度的變革。他認為，「隨著大規模勞動的發展，科學和機器在直接生產中的應用也發展了。一方面，現在形成為特殊生產方式的資本主義生產方式，創造出物質生產的已經變化的形態。另一方面，物質形態的這種變化又構成資本關係發展的基礎，所以資本關係的適當的形態是與勞動生產力的一定發展程度相適應的」④。二是恩格斯認為技術創新是導致相對人口過剩和經濟危機的主要根源。即「一方面是機器的改進，這種改進由於競爭而變成每個廠主必須遵守的強制性法令，同時就使工人遭到不斷的解雇：產生了產業後備軍。另一方面是生產的無限擴張，這也成了每個廠主必

---

① 馬克思，恩格斯. 馬克思恩格斯全集：第46卷下冊 [M]. 北京：人民出版社，1980：217.
② 馬克思，恩格斯. 馬克思恩格斯選集：第2卷 [M]. 北京：人民出版社，2012：91.
③ 馬克思，恩格斯. 馬克思恩格斯選集：第3卷 [M]. 北京：人民出版社，2012：284.
④ 馬克思，恩格斯. 馬克思恩格斯全集：第49卷 [M]. 北京：人民出版社，1982：95-96.

須遵守的強制性的競爭規律。這兩方面造成了生產力的空前發展、供過於求、生產過剩、市場盈溢、十年一次的危機、惡性循環」①。對於這一點，中國著名經濟學家劉詩白教授也有過論述，他指出，「現代經濟運行中需求不足問題在當代科技進步，科技生產力倍數提高，供給快速增長的背景下變得更加嚴峻和更難以解決」②。同時，又補充到，「科技進步並不必然帶來供給過剩，科技進步一方面帶來勞動生產率提高和總供給增大，另一方面也創造出對投資物品的追加的需求」③。

總之，正如馬克思所說，「機器除了有形損耗以外，還有所謂無形損耗。只要同樣結構的機器能夠更便宜地再生產出來，或者出現更好的機器同原有的機器相競爭」④，那麼它的價值也就「或多或少地貶值了」⑤。這也就預示著，在新一輪技術革命浩然來襲的發展背景下，中國在繼續摒棄故步自封的發展觀念的同時，仍要加大力度、加快步伐盡早實現自主創新的發展戰略。

5.4.2 新一輪技術創新革命的新特點

目前為止，在世界經濟發展的康德拉季耶夫長週期中已經大致包含了四次重大的技術革命，其中每一次革命都不同程度地影響著產業結構的變遷以及經濟的週期性增長。當前，伴隨著2008年金融危機以來世界各國為成功走出危機而進行的關於技術創新的嘗試與應用，新一輪技術創新革命業已悄然而至。特別是在中國，包括互聯網經濟、人工智能、生物新技術、共享經濟、大數據等在內的新的創新成果與組織營運模式應運而生，不斷推動中國以及全球進入「數字經濟」「知識經濟」與「創新經濟」時代。與此同時，相比較於其他幾次技術革命而言，新一輪技術革命無論是對國際生產力層面還是生產關係層面的影響都更加巨大、更加深遠。

一方面，新一輪技術革命進一步推動了產業結構的優化調整，使不同產業結構之間的類型劃分趨於模糊化。其一，諸如人工智能等新型機器設備的廣泛投入應用，勢必會導致如醫生、律師、翻譯等部分產業和職業逐漸退出歷史舞臺。同時，也會催生出一些新的、對人力資本要求更高的職業，包括培訓師、解析者、維護者等，從而推動產業結構向更高層次調整。其二，新的技術創新

---

① 馬克思, 恩格斯. 馬克思恩格斯全集：第19卷 [M]. 北京：人民出版社，1963：246.
② 劉詩白. 中國轉軌期經濟過剩運行研究 [M]. 成都：西南財經大學出版社，2000：16.
③ 劉詩白. 中國轉軌期經濟過剩運行研究 [M]. 成都：西南財經大學出版社，2000：17.
④ 馬克思. 資本論：第1卷 [M]. 北京：人民出版社，2004：465.
⑤ 馬克思. 資本論：第1卷 [M]. 北京：人民出版社，2004：466.

成果在提高勞動生產率的同時降低了企業營運成本，尤其是勞動力成本，從而有利於削弱西方發達國家勞動力成本偏高的劣勢，進而推動西方發達國家實施「再工業化」發展戰略。此外，近年來，面對製造業出現「空心化」問題以及經濟發展「脫實向虛」傾向嚴重的困擾，許多國家開啓了「製造業+服務業+高科技」的發展模式，由此促使了高科技服務業與服務型製造業的有機融合，一定程度上弱化了製造業與服務業之間的傳統差異，使產業界限日趨模糊。

　　另一方面，新一輪技術革命推動了相關制度法規的進一步完善。技術創新的發展在很大程度上需要一系列法律法規、體制機制作為保障。營造高質量的創新環境不僅有利於推動經濟發展，而且還能提高國際競爭力。然而，長期以來，中國關於保護技術產權、知識產權的相關制度相對於西方發達國家而言還較為落後，仍存在著很大的進步空間。但是，伴隨著新一輪技術創新浪潮的滾滾而來，近年來中國推行了諸多政策。例如，2016年11月29日，最高人民法院召開新聞發布會，發布了《最高人民法院關於充分發揮審判職能作用切實加強產權司法保護的意見》和《最高人民法院關於依法妥善處理歷史形成的產權案件工作實施意見》，提出了加強產權保護的十項司法政策，從而為優化良好的創新環境打下了堅實的基礎。

5.4.3　新時期技術創新對中國經濟週期的影響

　　一般常用的技術創新指標主要有R&D經費投入與人員數、專利、科技論文數以及高技術產品貿易額等。但是考慮到這些數據只是反應了技術創新活動的不同側面，不能準確衡量技術創新綜合過程對經濟週期的影響，因此，我們選擇用全要素生產率增長率的變化來表示技術創新的衝擊。

　　（1）全要素生產率的測算

　　本節對全要素生產率的測算，所選樣本包括中國除西藏、香港、澳門、臺灣以外的八大經濟區域，分別為東北地區（遼寧、吉林、黑龍江）、北部沿海地區（北京、天津、河北、山東）、東部沿海地區（上海、江蘇、浙江）、南部沿海地區（福建、廣東、海南）、黃河中游地區（山西、內蒙古、河南、陝西）、長江中游地區（安徽、江西、湖北、湖南）、西南地區（廣西、重慶、四川、貴州、雲南）、大西北地區（西藏、甘肅、青海、寧夏、新疆）。鑒於數據的可獲得性，時間跨度定為1997至2015年。其中GDP與固定資產投資額均為按相應指數折算後的實際值，資本存量的計算方法為永續盤存法，全要素生產率的計算採用數據包絡分析法，原始數據主要從《中國統計年鑒》及《中國國家統計局》獲得。最終測算結果如表5-17所示。

表 5-17　全要素生產率增長率計算結果　　　　單位:%

年份	全國	東北地區	北部沿海	東部沿海	南部沿海	黃河中游	長江中游	西南地區	大西北地區
1999	-0.73	7.04	-11.46	-4.39	1.17	3.16	8.01	13.47	8.40
2000	0.28	3.47	3.43	0.38	3.00	-11.79	2.63	-32.76	-7.62
2001	0.18	-1.93	-36.32	-4.42	-1.72	-36.12	-37.32	-66.98	-33.07
2002	0.64	-9.61	-45.44	-5.27	-5.99	-51.56	-56.18	331.62	-61.64
2003	0.91	-66.96	245.12	-53.83	-58.84	306.21	243.78	7.33	310.16
2004	0.09	70	-2.77	37.41	50	11.57	4.52	-59.60	1.94
2005	0.09	82.78	-1.87	84.06	73.73	-19.64	-1.40	-44.78	-1.12
2006	0.18	8.87	-68.91	4.55	-1.13	-72.48	-59.28	319.90	-58.47
2007	0.99	4.83	-6.14	-4.62	-1.52	0.48	-12.60	2.37	-3.52
2008	-2.32	-6.88	233.18	-5.50	-2.78	251.18	170.40	-70.43	138.14
2009	-0.09	-47.49	0.54	-48.32	-51.19	4.45	9.54	20.16	3.83
2010	1.28	-40.37	-8.36	-44.15	-46.74	-9.95	-3.91	184.20	-6.10
2011	-1.26	203.77	-64.78	249.34	283.79	-73.17	-64.93	-1.83	-57.64
2012	-1.1	1.09	109.81	5.69	1.27	150.80	74.52	-70.81	63.58
2013	-0.92	1.15	57.81	-6.54	4.88	58.53	57.52	104.20	39.28
2014	-1.40	-0.76	-5.04	-3.23	-2.93	7.67	6.98	48.48	-0.52
2015	0.57	-8.49	-8.76	-3.97	-10.59	-8.37	-8.21	4.62	-5.51

（2）技術創新與經濟週期波動的關聯性分析

考慮到灰色系統理論對少量信息和不確定性問題的應用研究具有較高的優越性，而且灰色預測能夠通過鑑別系統因素之間發展態勢的相異程度，對原始數據進行生成處理來尋找系統變動規律，使得預測結果能較好反應出各地區經濟發展質量的變化趨勢。因此，下文擬結合以上關於全要素生產率的測算結果，運用灰色系統理論的處理方法對全要素生產率增長率與 GDP 增長率之間的關聯性進行進一步研究。GTMS3.0 軟件的逐步關聯結果如表 5-18、表 5-19 所示。

表 5-18　全國及八大經濟區域全要素生產率增長率與經濟增長率波動的關聯度比較

區域	關聯度	排名	區域	關聯度	排名
東北地區	0.752, 1	1	黃河中游	0.542, 6	5
長江中游	0.622, 1	2	南部沿海	0.530, 5	6
大西北地區	0.609, 1	3	東部沿海	0.527, 6	7
西南地區	0.602, 4	4	北部沿海	0.526, 7	8
			全國	0.664, 4	

表 5-19　經濟週期不同階段全要素生產率增長率與經濟運行的關聯度比較

區域	繁榮階段	衰退階段	區域	繁榮階段	衰退階段
東北地區	0.821,4	0.557,1	黃河中游	0.611,5	0.568,5
長江中游	0.601,4	0.561,7	南部沿海	0.616,8	0.513,1
大西北地區	0.618,5	0.525,8	東部沿海	0.581,9	0.526,2
西南地區	0.589,9	0.545,6	北部沿海	0.524,4	0.531,9
			全國	0.673,5	0.712,4

　　一方面，從表 5-18 的關聯度測算結果及排名可以看出，全國及八大經濟區域全要素生產率增長率與經濟增長率的關聯度均超過了 0.5，說明中國的技術創新變化速率與經濟週期性運行之間著實存在著較強的關聯性。其中，東北地區全要素生產率增長率與經濟增長率的關聯性最強，為 0.752,1，超過了全國水準。相比較而言，沿海地區二者關聯度最弱，且彼此之間差距不大。造成這一現象的主要原因可從兩個方面進行分析。一是受中國各區域經濟增長方式的影響。東北地區曾一度作為中國的重工業發展基地，以優先發展工業和資源型產業為主要發展戰略。而中國沿海地區主要以發展勞動密集型產業為主，輕紡織業占工業生產的比重較大，並且兼顧第二、三產業發展。二是受技術創新激勵機制的影響。眾所周知，中國東北地區工業企業中國有企業佔有突出地位，而沿海地區由於市場經濟發展較為活躍，企業大多具有競爭性。熊彼特認為企業在一定程度上的壟斷性質對技術創新具有很大的促進作用，這不僅能給企業帶來許多政治傾斜，而且會使企業承擔更多的國家使命，從而有利於滿足企業技術創新的資金需求，增強技術創新的動力。

　　另一方面，從經濟週期運行的不同階段全要素生產率增長率與經濟運行的關聯度比較來看。表 5-19 的結果顯示，不論繁榮階段還是衰退階段，全要素生產率增長率與經濟運行的關聯度都在 0.5 以上，說明在整個經濟週期運行的各個階段，技術創新與經濟波動持續保持著較強的關聯性。其中，全國全要素生產率增長率與經濟運行的關聯度在繁榮階段低於衰退階段。然而，在包括全國在內的 9 個經濟區域中，有 7 個地區的全要素生產率增長率與經濟增長率的關聯度在繁榮階段明顯高於衰退階段，東北地區差距最為明顯。

　　（3）新時期技術創新對中國經濟週期性波動的影響

　　接下來，運用脈衝回應函數方法，從長期的角度再一次驗證中國技術創新對經濟週期性波動的影響關係。此處，分別用 ZGDP 表示 GDP 增長率的週期成分；用 ZTFP 表示全要素生產率增長率。樣本時間範圍依然為 1999 年至 2015 年，單位根檢驗表明兩個變量都是平穩序列。通過建立包括 ZGDP 和

ZTFP 兩個變量的 VAR 模型，給 ZTFP 一個正的衝擊，採用廣義脈衝方法得到 ZGDP 脈衝回應函數圖如圖 5-22 所示。其中，橫軸表示衝擊作用的滯後期間數（單位：年度），縱軸表示 GDP 增長率的回應。實線代表脈衝回應函數，虛線表示正負兩倍標準差偏離帶。

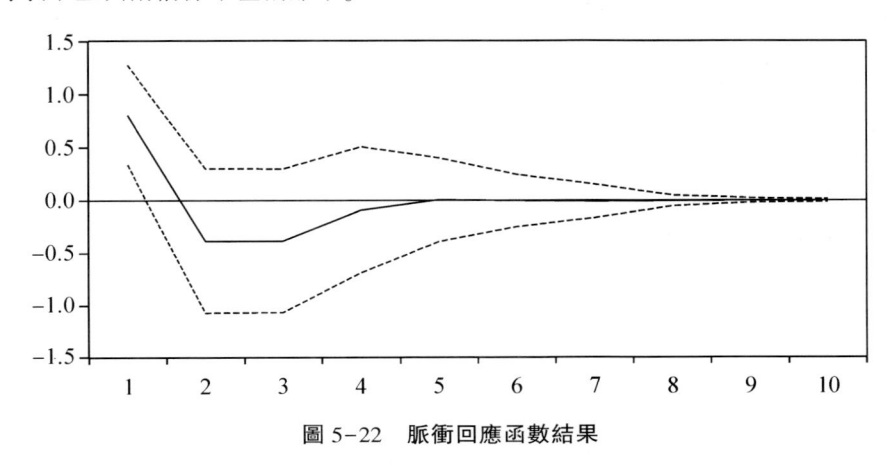

圖 5-22 脈衝回應函數結果

從圖 5-22 中可以看出，當在本期給全要素生產率增長率一個正的衝擊後，在第 1 期對全國 GDP 增長率將會產生最大的正向影響，之後這一正向影響逐漸減弱，直至對經濟增長產生一定的抑製作用後出現回升，到第 7 至 8 期逐漸趨於 0。這就表明，當新的技術創新活動開始的時候，不僅推動了新的機器設備的出現，而且還產生了不同於以往的產品類型和組織方式。從而使得消費者和企業家的需求都得到了一定程度的增加，由此便拉動了經濟的增長。

5.5 本章小結

本章主要實現了對新中國成立以來以及新時代影響中國經濟週期波動的外在表象因素與內在本質因素的研究。其中，研究發現外在影響因素主要在於投資的波動，而內在影響因素則根源於中國特色社會主義獨特的「制度+開放+創新」的發展模式。研究邏輯和具體結論如下：

首先，通過將影響中國經濟週期波動的所有因素劃分為國內因素與國際因素兩個方面，其中國內因素又包括需求因素、供給因素、政策因素以及包含制度變遷在內的其他因素；國際因素則包括國際貿易、國際投資與國際金融。然後選取了對應的 23 個指標分階段對影響新中國成立以來 1953—2016 年、

1953—1978年、1984—2016年經濟週期性波動的主導因素進行了因子分析和多元線性迴歸分析。分析結果顯示，新中國成立70年來，影響中國經濟週期波動的首要因素就在於投資的波動。而投資波動的變化又體現為投資源動力、投資形式以及投資流向變化三個方面：投資源動力實現了由財政政策主導向由財政政策和貨幣政策雙重推動的轉變，投資形式實現了由主要依靠國內投資向依靠國內投資和利用國外投資的多元化轉變，投資流向實現了由主要流向建築業到流向房地產業的轉變。

其次，考慮到制度因素難以量化研究的特徵，文中以馬克思主義制度觀及其對發展的解釋為理論出發點，結合新中國成立以來所經歷的主要制度變遷歷程，運用Blinder-Oaxaca分解方法，實現了關於制度因素對新中國經濟週期波動的貢獻度研究，並總結了制度變遷影響新中國經濟週期演變的主要途徑。研究的主要結論為：①制度與經濟週期的關係可以用馬克思的生產力與生產關係的相互作用來解釋，即在舊制度的作用完全消逝而新制度的作用發揮之前，可能伴隨著經濟的衰退。②新中國制度變遷主要體現為三個方面：一是土地制度的變革，包含1950年的土地革命與1978年的家庭聯產承包責任制；二是從局部到全方位的對外開放；三是社會主義市場經濟體制與基本經濟制度的確立與完善。1991年蘇聯解體表明計劃經濟模式不可取的同時，西方發達資本主義國家規律性的、一次比一次猛烈的經濟危機的爆發表明西方自由市場經濟的發展模式同樣不可取。而事實證明，只有中國特色社會主義市場經濟體制才是經濟穩定增長的根本保障。③計量研究表明制度因素大致能夠解釋新中國約30%的經濟週期波動，從而進一步證實了制度因素對中國經濟發展的重要性。④制度對經濟增長的影響並不是一蹴而就的，而是一個循序漸進的過程。

再次，鑒於改革開放以來中國所取得的舉世矚目的偉大成就，成功推動經濟週期實現了由古典型週期向增長型週期的轉變，文中同樣以馬克思的世界市場理論和開放發展觀為理論基礎，結合改革開放以來中國在世界經濟中地位的提升，著重討論了由開放所影響的中國與美國、日本等發達國家的經濟關係。研究發現：①馬克思關於經濟全球化包含由資本主義推動的全球化和共產主義推動的全球化的劃分和闡釋，對理解當前國際霸權主義、國際貿易保護主義和貿易摩擦愈演愈烈的事實具有重要作用。西方發達資本主義國家所推動的全球化只會使世界性經濟危機變得更加頻繁和劇烈。②隨著改革開放進程的不斷加快，當前中國已成為世界第一大貿易國、第一大高科技出口國和第一大國際儲備國。③美國和日本作為中國第一大和第二大貿易夥伴，與中國之間的經濟關聯日趨緊密。統計結果表明，美國和日本的經濟衝擊對中國經濟波動的影響相

比於中國經濟波動對美國和日本的影響較弱，且美國和日本對中國經濟的貢獻率均在20%左右，而中國對美國和日本經濟的貢獻率則相對較高。

最後，新時代背景下，伴隨著IT行業受上一輪技術創新的摩爾定律推動已經進入了應用高潮期，特別是電商、「互聯網+」、共享經濟等進入了蓬勃發展階段，新一輪技術革命的浪潮已經悄然而至。為此，文中基於馬克思的技術創新理論及其對經濟週期運行的解釋，並結合新一輪技術創新革命所呈現的新特點，研究了新時期技術創新對中國經濟週期的影響。研究表明：①馬克思關於技術創新的表述貫穿於馬克思經濟週期理論的始終。馬克思所闡明的技術創新成果的資本主義應用勢必成為資本主義剝削的手段的觀點，為新時代中國把握新一輪技術創新主動權提出了更高的要求。②新一輪技術創新推動產業結構深層優化，使產業劃分趨於模糊的同時，還具有縮短產業生命週期等特點，因此也進一步促使了相應的保障制度的制定與完善。③實證結果表明，中國技術創新變化速率與經濟週期運行之間存在著較強的關聯，且在繁榮階段比衰退階段關聯度更高。另外，技術創新對中國經濟增長的促進作用大概為期7~8年。

6　新時代中國經濟週期的演變趨勢

正如著名經濟學家威廉森（Williamson）所言，「經濟週期相當無規律，原因是它們不可預測；宏觀經濟預測在預測經濟週期盛衰的時間時經常舉步維艱。然而，就宏觀經濟變量的聯動而言，經濟週期又是相當有規律的，也就是說，這些變量以一種具有高度可預測的方式一起變化」[1]。這也就表明，適當的週期預測（特別是短期預測）是完全有必要的，不僅有利於為經濟主體掌握宏觀經濟運行的方向提供參考，而且能夠為相關政府部門制定正確的經濟政策提供一定的指導。但是，對於長期預測而言，在「制度+開放+創新」發展模式的根本作用下，則必須考慮到國家的長期發展戰略和發展規劃，也就是廣義的制度層面的影響。因此，本章的預測將主要包括兩個方面：一是基於第 5 章關於經濟週期影響因素研究框架而進行的短期預測，二是基於新時代經濟由追求高速增長向追求高質量發展轉變的新的路徑選擇和戰略要求而進行的長期預測。

6.1　新時代中國經濟週期演變的短期趨勢預判

本書在第 2 章中已經對現行經濟週期的衡量指標與預測方法進行了簡要綜述，其中應用最為廣泛的當屬景氣指數法與時間序列預測法。然而，考慮到這兩種方法均有利弊，因此本節將綜合運用景氣指數法中的合成領先指數法與時間序列預測法中的 ARMA 模型預測法，以提高預測結果的準確性與可信度。其中，在運用合成領先指數法之前首先用灰色系統理論中的 Verhulst 模型預測法對各週期類指標的短期變化趨勢進行預測。

6.1.1　基於 Verhulst 模型的各週期趨勢預測

（1）指標的選取

通過第 4 章和第 5 章對新中國成立以來中國各經濟週期類型的演變歷程和

---

[1]　斯蒂芬·D.威廉森.宏觀經濟學[M].3 版.郭砂旺,譯.北京:中國人民大學出版社,2010:56.

影響中國經濟週期波動因素的研究發現，長期以來，中國經濟運行中所呈現出的短週期、中週期、中長週期以及長週期規律較為明顯，且各類週期相互疊加共同影響著宏觀經濟的總體運行。基於此，本節將根據第 5 章中關於改革開放以來影響中國週期運行因素的指標的研究結果，從短週期中的存貨週期、房地產週期，中週期中的投資週期、建築週期、政策週期、國際經濟週期以及消費波動，中長週期中的產業結構變遷以及長週期中的人口與技術創新這 10 大類週期中選擇相應的具體 11 個指標的週期成分進行趨勢預測。這 11 個指標分別為工業企業存貨增速、房地產業增加值增速、全社會固定資產投資額增速、建築業增加值增速、財政支出增速、貨幣供應量增速、進出口總額增速、居民消費水準增速、第三產業增加值與第二產業增加值的比重、中年人口增速、全要素生產率增速。

（2）模型的選擇與構建

時間序列預測的本身就是要提取過去數據的發展規律來推測未來序列的變化趨勢，而灰色系統預測模型便是通過構建灰色模型發現並掌握系統發展規律，從而對系統的未來狀態做出定量預測的一種科學方法。灰色系統預測的主要特點在於：①它是把離散數據看作連續變量在其變化過程中所取得離散值，從而可利用微分方程式處理數據；②它並不直接對原始數據進行預測，而是通過由原始數據產生累加生成數，從而用所生成的序列構建微分方程模型以獲取序列變化規律。因此，灰色系統預測可以避免大量隨機誤差的出現。此外，之所以選擇 Verhulst 模型是因為該模型「主要用來描述具有飽和狀態的演化過程，如典型的 S 形過程」[①]，且具有預測精度高的特點。更為重要的是，在只有少量可觀測數據的情況下，這一模型仍然適用。基本 Verhulst 建模過程和原理如下：

假設原始時間序列 $X^{(0)}$ 為非負序列，其表達式為：
$$X^{(0)} = \{x^{(0)}(1), x^{(0)}(2), x^{(0)}(3), \cdots, x^{(0)}(n)\}$$
其中，$x^{(0)}(k) \geq 0, k = 1, 2, \cdots, n$。

相應的生成數據的序列為 $X^{(1)}$，即：
$$X^{(1)} = \{x^{(1)}(1), x^{(1)}(2), x^{(1)}(3), \cdots, x^{(1)}(n)\}$$
式中：
$$x^{(1)}(k) = \sum_{i=1}^{k} x^{(0)}(i), \quad k = 1, 2, \cdots, n \tag{6.1.1}$$

[①] 劉思峰，黨耀國，方志耕，等. 灰色系統理論及其應用 [M]. 北京：科學出版社，2015：198.

倘若 $Z^{(1)}$ 為 $X^{(1)}$ 的緊鄰均值生成序列,那麼 $Z^{(1)}$ 的表達式為:
$$Z^{(1)} = \{z^{(1)}(1), z^{(1)}(2), z^{(1)}(3), \cdots, z^{(1)}(n)\}$$
式中:
$$z^{(1)}(k) = 0.5x^{(1)}(k) + 0.5z^{(1)}(k-1), k = 1, 2, \cdots, n \quad (6.1.2)$$
$$x^{(0)}(k) + az^{(1)}(k) = b[z^{(1)}(k)]^{\partial} \quad (6.1.3)$$

式(6.1.3)稱為 $GM(1, 1)$ 冪模型,而當 $\partial = 2$ 即為灰色 Verhulst 模型。其中 a, b 是需要通過建模求解的參數,而如果 $\hat{a} = (a, b)^T$ 為參數列,且:

$$Y = \begin{bmatrix} x^{(0)}(2) \\ x^{(0)}(3) \\ \vdots \\ x^{(0)}(n) \end{bmatrix}, B = \begin{bmatrix} -z^{(1)}(2) & (z^{(1)}(2))^{\partial} \\ -z^{(1)}(3) & (z^{(1)}(3))^{\partial} \\ \vdots & \vdots \\ -z^{(1)}(n) & (z^{(1)}(n))^{\partial} \end{bmatrix} \quad (6.1.4)$$

則灰微分方程(6.1.3)的最小二乘估計參數列將滿足下式,即:
$$\hat{a} = (B^TB)^{-1}B^TY \quad (6.1.5)$$
$$\frac{dx^{(1)}}{dt} + ax^{(1)} = b[x^{(1)}]^2 \quad (6.1.6)$$

式(6.1.6)稱為灰色 Verhulst 模型的白化方程,亦為影子方程。

如上所述,則有 Verhulst 模型的時間回應序列為:

$$\hat{x}^{(1)}(k+1) = \frac{ax^{(1)}(0)}{bx^{(1)}(0) + [a - bx^{(1)}(0)]e^{ak}}, k = 1, 2, \cdots, n \quad (6.1.7)$$

(3) 預測結果與分析

考慮到灰色 Verhulst 模型對於預測典型的 S 形數據序列更為精準,因此,對除了第三產業增加值與第二產業增加值的比重之外的各變量均採取了首先對總量值的變化趨勢進行預測,之後再折算成增長速度的做法。最終表6-1顯示了運用GTMS3.0軟件對以上指標進行灰色系統預測的結果。另外,鑒於只有通過檢驗的模型才能證實預測結果的可信性,且「一般情況下,最常用的是相對誤差檢驗指標」[1],因此,根據劉思峰等(2015)[2] 提供的檢驗模型模擬精度的等級標準(見表6-2)來看,貨幣供應量增速、中年人口增速、全要素生產率增速的預測結果達到了一級精度,其他變量的預測值均在二級精度的範圍內。這也就意味著,所有預測值都通過了檢驗,均屬於可信預測。

---

[1] 徐建中, 趙忠偉. 經濟預測 [M]. 哈爾濱: 哈爾濱工程大學出版社, 2016: 198.
[2] 劉思峰, 光耀國, 方志耕, 等. 灰色系統理論及其應用 [M]. 北京: 科學出版社, 2015: 238.

表 6-1　灰色系統預測結果

指標	2016 年	2017 年	2018 年	2019 年	2020 年	平均相對誤差
工業企業存貨增速	4.045,3	5.225,3	1.007,3	0.586,5	0.391,9	0.015,5
房地產業增加值增速	15.562,9	17.002,3	7.780,9	6.816,3	5.939,1	0.047,9
全社會固定資產投資額增速	7.912,1	5.733,7	9.965,5	2.837,2	2.132,3	0.030,4
建築業增加值增速	6.597,5	12.043,8	9.384,7	3.855,1	3.142,3	0.036,9
財政支出增速	6.753,2	8.295,3	11.574,1	4.294,0	3.486	0.015,84
貨幣供應量增速	11.333,1	8.174	14.893,4	5.758,9	4.863,6	0.008,3
進出口總額增速	−0.862,1	14.19	−4.991,7	0.017,6	0.008,1	0.036,8
居民消費水準增速	9.733,5	7.596,9	11.775,6	4.612,6	3.876,5	0.012,5
第三產業增加值與第二產業增加值的比重	1.292,8	1.276,2	1.398,6	1.459,2	1.524,3	0.044
中年人口增速	0.442,8	0.360,3	0.334,4	0.318,4	0.303,2	0.005,9
全要素生產率增速	−1.447,4	−0.743,9	−0.797,5	−0.862	−0.918,3	0.006,9

註：（1）除全要素生產率增速外其他變量 2016 年和 2017 年的數據均為已知數據。（2）考慮到受 2008 年全球金融危機的影響，除中年人口增速不受影響外，大部分指標因危機影響於 2009 年進入了低潮，且後續發展趨勢與危機之前存在較大差異，因此除了在對中年人口數量進行預測時所選的過去時間的起止年份為 1978 年外，其他均為 2009 年。

表 6-2　灰色系統預測結果精度檢驗等級參照表

	一級	二級	三級	四級
相對誤差	0.01	0.05	0.10	0.20

　　根據表 6-1 的預測結果可以發現，2019 年和 2020 年中國大部分週期仍然面臨著下行的壓力，只有產業結構的變遷呈現出向好的趨勢。這一預測結果與第 4 章中關於新中國不同長度經濟週期演變歷程分析中所得出的部分結論基本一致。主要表現為：①新一輪存貨週期從 2014 年的峰值點開始到 2017 年再次達到峰值點共經歷了 3 年時間，基本符合第 4 章中歸納的改革開放後的存貨週期平均波動頻率為 3.4 年/次的特徵；②新一輪房地產週期從 2013 年的峰值點開始到 2017 年的峰值點共經歷了 4 年，與第 4 章所得出的改革開放後的房地產週期平均波動頻率為 3 年/次的特徵也基本吻合；③新一輪投資週期從 2009 年的峰值點開始到 2018 年的峰值點共經歷了 9 年，與第 4 章中所得出的改革

開放後的投資週期平均為 7 年的特徵基本相符；④新一輪建築週期的波幅僅為 6%左右，進一步印證了第 4 章關於未來建築業發展不會存在較大波動的觀點；⑤受 2018 年中美貿易爭端的影響，2018 年中國進出口著實存在出現負增長的可能性；⑥當前中國正處於第四輪（2012 年開始）產業結構變遷的中長週期內，第三產業增加值占 GDP 的比重仍將持續上升；⑦隨著「第一次人口紅利」的釋放，勞動力人口的增速放緩，但仍處於正向增長；⑧在資本、勞動等各方面面臨下行壓力的影響下，全要素生產率增速同樣呈現了一定的負增長趨勢。

6.1.2 基於景氣指數法的趨勢預測

（1）指標體系的構建

目前，中國現行的景氣指數主要是由中國信息中心構造的中經預警指數和中經產業景氣指數。其中，中經預警指數主要包括 10 個成分指標，分別為進出口貿易、金融機構各項貸款、工業生產、固定資產投資、社會消費品零售總額、工業企業利潤、城鎮居民可支配收入、商品房銷售額、居民消費價格指數和財政收入。而中經產業景氣指數則主要是針對重點行業領域進行的行業發展趨勢追蹤調查。由於後者只是關於個別行業的研究，缺乏全面性，因此，本節將在中經指數的基礎上，通過加入部分新的指標以期實現景氣指數的完善並提高預測結果的準確性。

此外，上文中關於經濟週期影響因素的長期判斷是基於各指標變量的年度數據進行的，而要考察短期內經濟波動態勢，則必須考慮到各經濟變量的時效性與及時性。所以，選擇相應的短期月度時間序列作為對照便顯得尤為重要。基於此，本節將依然按照圖 5-1 的整體框架，從反應宏觀經濟運行狀況的需求方面、供給方面、政策方面以及對外經濟方面選擇具體的 21 項短期指標數據。數據的選擇如表 6-3 所示。按照各指標的可獲得性和時間選取的統一性原則，將時間跨度確定為 2011 年 2 月—2018 年 11 月。

表 6-3　經濟景氣指標

需求方面	社會消費品零售總額增速、固定資產投資完成額增速、設備工器具購置固定資產投資完成額增速、第一產業固定資產投資完成額增速、第二產業固定資產投資完成額增速、第三產業固定資產投資完成額增速、製造業採購經理指數、非製造業商務活動指數、居民消費價格指數增速
供給方面	工業增加值增速、存貨增速、利潤增速、商品房銷售額增速、貨運量增速

表6-3(續)

政策方面	國家財政收入增速、國家財政支出（不含債務還本）增速、貨幣和準貨幣供應量增速
對外經濟方面	進出口總值增速、出口總值增速、進口總值增速、實際利用外商直接投資額增速

註：以上增速均為累計增長。

（2）指標類型的確定

要想對宏觀經濟運行的總體趨勢實現有效的預警，最為關鍵的一步就是要厘清各經濟景氣指標與宏觀經濟週期波峰、波谷的先行、同步與滯後關係。因此，本節的首要任務就是要對各指標進行先行指標、同步指標與滯後指標的劃分。具體劃分方法參照劉思峰（2015）[①]的做法。另外，由於長期以來工業增加值在中國宏觀經濟運行中處於關鍵地位，是同步指標的最佳選擇。因此，此處仍沿用絕大多數研究者的選擇，將工業增加值增速作為基準指標。具體操作過程同樣參照劉思峰的做法，即通過測算各指標在時間軸上向左和向右移動0~16個月後與工業增加值增速之間的灰色絕對關聯度，將關聯度最大時工業增加值增速的時間節點與其餘各指標的時間節點進行對照。其中，向左移動時月份為負值，向右移動時月份為正值，移動步長為L。測算結果如表6-4所示。

表6-4 各指標灰色絕對關聯度最大值對應的L

指標	L	關聯度	指標	L	關聯度
社會消費品零售總額增速	-8	0.995,9	利潤增速	-12	0.745,2
固定資產投資完成額增速	-13	0.866,8	商品房銷售額增速	-10	0.919,9
設備工器具購置固定資產投資完成額增速	10	0.861,3	貨運量增速	-3	0.999,2
第一產業固定資產投資完成額增速	-4	0.933,1	國家財政收入增速	-12	0.968,5
第二產業固定資產投資完成額增速	10	0.780,6	國家財政支出增速	10	0.880,8
第三產業固定資產投資完成額增速	-10	0.920,0	M2增速	-8	0.764,9
製造業採購經理指數	16	0.771,9	進出口總值增速	-15	0.897,8
非製造業商務活動指數	-1	0.898,0	出口總值增速	-15	0.942,6
居民消費價格指數增速	16	0.695,8	進口總值增速	-11	0.900,1
存貨增速	-16	0.978,7	實際利用FDI增速	-16	0.947,8

數據來源：國家統計局官方網站。

---

① 劉思峰，黨耀國，方志耕，等. 灰色系統理論及其應用［M］. 北京：科學出版社，2015：109.

根據以上結果可以看出，在所選擇的 20 項指標中同步指標共 2 項（分別為非製造業商務活動指數、貨運量增速），滯後指標共 5 項（分別為設備工器具購置固定資產投資完成額增速、第二產業固定資產投資完成額增速、製造業採購經理指數、居民消費價格指數增速、國家財政支出增速），而其餘 13 項指標均屬於先行指標，且先行時差為 10 個月左右。

（3）合成領先指數

根據上文得出的 13 項先行指標與當前經濟增速的先行時差，並結合各指標的變化趨勢（表 6-5）可以看出，每個指標的變化趨勢不盡相同。其中，總體處於上升態勢和下降態勢的指標個數基本均等。因此，有必要將 13 項指標合成領先指數以做出進一步預測。

表 6-5　各先行指標的變化趨勢

指標	時差	起始時間	先行趨勢
社會消費品零售總額增速	8 個月	2018 年 4 月	持續下降
固定資產投資完成額增速	13 個月	2017 年 11 月	先升後降再升（9 月開始觸底反彈）
第一產業固定資產投資完成額增速	4 個月	2018 年 8 月	總體下行（先降後升再降）
第三產業固定資產投資完成額增速	10 個月	2018 年 2 月	總體下降（10 月觸底反彈）
存貨增速	16 個月	2017 年 8 月	總體波動不大（先升後降再升再將）
利潤增速	12 個月	2017 年 12 月	先降後升再降（6 月開始持續下降）
商品房銷售額增速	10 個月	2018 年 2 月	先降後升再降（8 月開始持續下降）
國家財政收入增速	12 個月	2017 年 12 月	持續下降
M2 增速	8 個月	2018 年 4 月	總體上升（先升後降再升：8 月反彈）
進出口總值增速	15 個月	2017 年 9 月	總體上升（3 月後基本穩定）
出口總值增速	15 個月	2017 年 9 月	總體上升（3 月後基本穩定）
進口總值增速	11 個月	2018 年 1 月	基本保持穩定
實際利用 FDI 增速	16 個月	2017 年 8 月	持續上升

註：各指標先行趨勢的起始時間為從 2018 年 12 月往前遞推相當於先行時差的時間距離。

考慮到每一項指標對宏觀經濟預測的同等重要性，此處選擇均等賦權的方法將13項指標合成領先指數①，記為CLI。隨後，同樣運用測算灰色絕對關聯度的方法對CLI進行先行時間的確定，並以此為基礎預測短期經濟波動。最終，根據灰色關聯度測算發現，CLI領先工業增加值增速約11~15個月。這就表明，根據圖6-1顯示的CLI從2017年9月開始的領先波動進行推算，未來1年半左右的時間內，中國宏觀經濟運行在經歷短暫的回暖後，仍將繼續呈現出總體下行的趨勢。

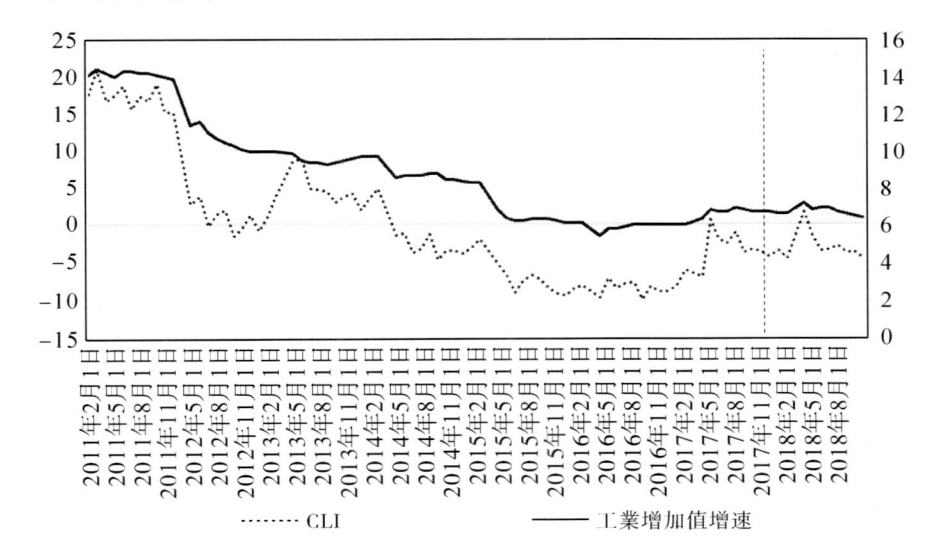

圖6-1　CLI與工業增加值增速波動趨勢對比

6.1.3 基於ARMA模型的總體趨勢預測

為了進一步證實未來中國總體經濟週期運行的趨勢，本節擬從GDP增速的自身變動規律出發，選擇時間序列預測法中的ARMA模型對1993—2017年實際GDP增長率的季度數據進行趨勢預測。考慮到GDP增長率序列本身的非平穩特性，我們採取一階逐期差分法，得到GDP增長率的1階差分，記為DGDP，並進行ADF檢驗，檢驗結果如表6-6所示，表明DGDP為平穩序列。隨後，我們通過對模型進行反覆估計，比較不同模型的變量對應參數的顯著性，並結合AIC準則來確定模型階數，最終將模型定為ARMA（2，7）模型，且由模型系數的T統計量及其P值可以看出，模型所有解釋變量的參數估計值

---

① 賦權之前首先對各指標數據進行了Z-score標準化處理，以消除量綱影響。

在 1% 的顯著性水準下均十分顯著。同時，估計結果的殘差序列經過檢驗並不具有自相關性。因此，我們用此模型進行靜態預測得出 2018 年第 4 季度和 2019 年第 1 到第 4 季度的 GDP 增長率預測結果分別為 6.724,828、6.556,004、6.657,716、6.593,943、6.672,687。由此一來可以進一步推算出 2018 年和 2019 年的 GDP 增速分別約為 6.7% 和 6.6%。這就意味著，與 2017 年 6.9% 的增速相比當前和未來短期內中國宏觀經濟運行仍然處於下行階段。

表 6-6　DGDP 的 ADF 檢驗結果

	T 統計量	P* 值
單位根檢驗	-9.705,381	0.000,0
臨界值（1%）	-2.588,059	
臨界值（5%）	-1.944,039	
臨界值（10%）	-1.614,637	

註：*表示麥金農（1996）單邊 P 值。

表 6-7　ARMA（2, 7）模型的估計結果

變量	系數	標準誤	T 統計量	P 值
AR（1）	-1.060,916	0.074,615	-14.218,59	0.000,0
AR（2）	-0.744,142	0.076,678	-9.704,770	0.000,0
MA（1）	1.290,492	0.045,974	28.069,77	0.000,0
MA（2）	0.997,913	0.048,902	20.406,22	0.000,0
MA（7）	-0.291,912	0.038,305	-7.620,814	0.000,0

6.1.4　短期趨勢預測結果分析

綜合以上分析，通過運用三種趨勢預測方法，從不同視角對未來短期中國宏觀經濟運行趨勢進行預測，發現每一種方法得出的結論基本一致，即短期中國經濟運行仍將呈現出一定程度的下行態勢。而且這一實證結果與大部分專家學者的預期基本相符。正如中國財政科學院院長劉尚希指出的，「2019 年中國經濟形勢肯定低於 2018 年，明年中國經濟增幅 6% 應該沒有問題，無論是目標還是結果，2018 年前高後低的走勢已成定局，這種下行趨勢會延續到 2019

年」①。然而，需要提及和明確的是，本節進行預測的目的僅在於較好地掌握未來短期經濟發展趨勢，而預測結果中所呈現的具體數據是否能夠變為現實很大程度上會受到各種不確定性因素，特別是政策因素和國際因素的影響。同時，也正是考慮到不確定性因素的存在，部分研究人員對近期中國GDP增速下行程度的預測結果表現出了較大的差異性。當然，這其中「只見樹木，不見森林」的分析方法頗多。因此，下文將遵循馬克思辯證唯物主義的基本方法，從「危」和「機」兩個方面對當前中國宏觀經濟運行所面臨的形勢進行簡要剖析。

一方面，當前中國宏觀經濟發展的總體下行壓力依然存在。2018年10月，國際貨幣基金組織將2019年中國經濟增速估值從6.4%調降至6.2%。緊接著，2018年12月20日，世界銀行公布的一份報告中指出，受中美貿易摩擦的影響，2019年中國經濟增長率同樣可能從最初預測的6.5%降至6.2%。這就意味著，關於中國經濟下行壓力的預測已基本達成共識。事實上，正如上文分析中已經說明的，當前中國經濟下行的主要根源在於當前中國正處於新制度尚未完全發揮作用的空檔期。這一時期，伴隨著中國經濟發展進入新常態，中國經濟運行的主要矛盾轉向了供給側，經濟增長方式正在實現由單純依靠勞動和資本投入增加的「新古典增長模式」向主要依靠技術創新的「內生增長方式」轉變。近三年來，落後產能的持續淘汰和新興產業培育存在時滯性的共同作用不可避免地造成了經濟週期的下行壓力，加之國際經濟環境的瞬息萬變和貿易保護主義傾向的抬頭，最終致使經濟發展不平衡、不充分、不協調成為現實。國家統計局的數據顯示，最終消費支出和資本形成總額對GDP增長的貢獻率分別從2016年的66.5%和43.1%降至2017年的58.8%和32.1%，下降幅度較大。此外，儘管貨物和服務淨出口的貢獻率出現了由負轉正的良好跡象，但貢獻率也僅為9.1%且具有很強的不穩定性。因此，作者認為，未來一段時期在加快推進各項經濟制度的制定和完善，積極引導國內消費和社會投資實現充分活躍的同時，仍然要以供給側結構性改革為主線。只有完全消除阻礙經濟增長的絆腳石，才能厚積薄發，盡快實現經濟增速的穩步提升。

另一方面，當前中國宏觀經濟發展面臨著前所未有的重要機遇。習近平總書記在2018年12月19日至21日的中央經濟工作會議中明確表示，「中國發展仍處於並將長期處於重要戰略機遇期。世界面臨百年未有之大變局，變局中

---

① 參照：《豬年展望：下行壓力不減中國經濟如履薄冰 明年GDP增速目標調降獲共識》，http://www.sohu.com/a/283320516_796605。

危和機同生並存，這給中華民族偉大復興帶來重大機遇」。作者認為，這一機遇可主要歸納為三點。①貫徹落實新發展理念，建設現代化經濟體系深入人心。2015年中共第十八屆中央委員會第五次全體會議首次提出要切實貫徹「創新、協調、綠色、開放、共享」的新科學發展理念，這一理念既符合社會主義建設規律和人類社會發展規律，同時也進一步證實了中國共產黨領導下的中國特色社會主義嚴格遵循經濟規律辦事的制度優越性。繼此之後，黨的十九大報告突出強調「建設現代化經濟體系是跨越關口的迫切要求和中國發展的戰略目標」，從而為順應中國特色社會主義進入新時代的新要求做出了重大決策部署。另外，從2018年已呈現的部分數據來看，高質量發展要求已初見成效。②「第二次改革開放」勢在必行。得益於改革開放的關鍵制度紅利，持續40年的高速經濟增長不僅深刻改變了中國，也深刻影響了世界。然而，當前站在新的雲譎波詭的國際經濟關係背景下，2018年4月10日，習近平總書記在博鰲亞洲論壇2018年年會開幕式上的講話中明確提出了「開放帶來進步，封閉必然落後」的開放基調，由此，新時代中國的對外開放勢必更加深入、全面，國際因素對中國經濟的拉動作用也將進一步增強。③新一輪技術革命已悄然而至，經濟結構優化升級正如火如荼。最為明顯的是十九大以後各地區的「搶人大戰」盛行一時，顯示了各地區對人才重視程度的提升。而且2018年中央經濟工作會議中明確提出了要「加快5G商用步伐」「推動先進製造業和現代服務業深度融合」的要求。從中可以看出，無論是國家之間還是區域之間，搶占新一輪技術革命制高點的競爭已經激烈展開。只有掌握了關鍵核心技術才能為保證經濟穩定增長吃下「定心丸」。

顯然，根據以上論述，面對當前危機參半的現實背景，未來短期經濟下行程度並不存在絕對的正確判斷，而如何切實做到規避風險、抓住機遇才是決定未來發展方向的關鍵。上文從三個視角總結的當前經濟發展所面臨的機遇也正好迎合了本書關鍵的研究結論，即「制度+開放+創新」的發展模式不僅是新中國成立70年來經濟總體呈現長期高速增長的寶貴經驗和獨特優勢，同時也將成為推動新時代經濟高質量發展的重要法寶。因此，只要做到積攢力量、動須相應，未來經濟發展回暖態勢指日可待。

6.2 新時代中國經濟週期演變的長期趨勢預判

上述研究已經充分表明，新中國成立近70年來的經濟發展過程中，保證經濟總量增速的提升作為一項制度規定長期以來都是國家和地區發展的首要目標。而在這一目標的推動下，政治週期、經濟機制內部調節週期以及創新週期的「三位一體」的時空轉換共同促成了宏觀經濟的週期性波動。然而，面對自2012年中國GDP增速出現的持續性回落，習近平總書記在2014年考察河南時明確指出：「中國發展仍處於重要戰略機遇期，我們要增強信心，從當前中國經濟發展的階段性特徵出發，適應新常態，保持戰略上的平常心態。」由此一來，關於「新常態」的科學論斷不僅揭示了新週期中國經濟的階段性特徵，而且指明了未來經濟發展方向從提升總量增速到提質增效的轉變。另外，考慮到當前中國的發展現狀，黨的十九大報告也明確表示中國特色社會主義邁向了新時代，經濟發展步入了由追求高速度增長轉變為追求高質量發展的攻關階段。為此黨中央提出了建設現代化經濟體系的戰略要求。隨後，中央經濟工作會議再一次強調了應將形成推動高質量發展的指標體系作為今後一個時期宏觀調控的根本要求之一。

毋庸諱言，新時代背景下，對經濟週期運行趨勢的考察必須突破「唯GDP論」的傳統思維方式。而如何構建系統完備的經濟發展質量評價指標以準確判斷經濟發展階段和發展態勢，已然成為新時代建設現代化經濟體系的題中應有之意。基於此，本節將從經濟發展質量的視角出發，在重構經濟週期衡量指標體系的基礎上，實現對新時期經濟週期發展趨勢的長期預判。

6.2.1 關於經濟高質量發展的研究現狀

根據現有代表性文獻來看，新時期有關中國經濟發展質量的研究焦點主要集中於兩個維度。一是經濟發展質量內涵的界定。林兆木（2018）指出，「中國經濟高質量發展，是能夠更好滿足人民日益增長的美好生活需要的發展，是體現創新、協調、綠色、開放、共享理念的發展，也應是生產要素投入少、資源配置效率高、資源環境成本低、經濟社會效益好的發展」[①]。對此，金培（2018）從經濟學基礎理論的視角做了系統研究，並認為在轉向高質量發展階

---

① 林兆木. 關於中國經濟高質量發展的幾點認識 [N]. 人民日報，2018（7）.

段的同時,「以交換價值所體現的市場經濟的工具理性機制仍然具有重要意義」①。也就是說,經濟發展方式的轉變並不是要求為追求質的提高而盲目捨棄量的增長,保證質與量的平衡才是可持續發展的本質規定。任保平和李禹墨（2018）同樣指出高質量發展的內涵是以總量為基準的、量與質相協調下的演進發展②。二是經濟發展質量評價體系的構建與測度。詹新宇、崔培培（2016）基於五大發展理念,使用主成分分析法對中國省域經濟發展質量進行了測度③。經濟質量研究課題組（2017）則從經濟運行、經濟結構、微觀活力及民生福利四個層面,採用算數平均的指數合成方法考察了中國省際經濟質量④。鄒一南等（2017）同樣從創新、協調、綠色、開放、共享五個方面構建了中國經濟發展方式轉變的指標體系,並綜合利用德爾菲法和熵值法進行了測算⑤。師博和任保平（2018）則通過構建增長的基本面和社會成果兩個維度的指標體系,運用均等權重法,實現了對中國省際經濟高質量發展的測度與分析⑥。

筆者看來,上述已有研究既豐富了經濟高質量發展的深刻內涵,又為構建符合新時代要求的經濟發展質量指標體系指明了方向,同時,也存在進一步完善的空間。①經濟發展質量內涵的認識不統一。隨著中國社會主要矛盾的轉化,發展不平衡不充分問題逐步凸顯。儘管貫徹新發展理念是未來中國發展的必然要求,但是我們認為,在社會主義初級階段,經濟總量的持續高速增長作為保證社會充分發展的源泉與維持經濟高質量發展的內在保障,依然不容忽視。②指標體系的構建不全面。當前關於現代化經濟指標體系構建的研究還較少,指標的選擇標準存在很大差異,要麼只注重新發展理念而忽略了經濟總量增長的作用,要麼考慮到了經濟總量增長而忽略了新發展理念的綜合影響。③測算方法缺乏客觀性。現有測算方法大都採用主觀評價的綜合分析法,權重的選擇過於主觀、隨機,缺乏客觀性。

---

① 金碚. 關於「高質量發展」的經濟學研究 [J/OL]. 中國工業經濟, 2018 (4): 5-18.

② 任保平, 李禹墨. 新時代中國高質量發展評判體系的構建及其轉型路徑 [J/OL]. 陝西師範大學學報（哲學社會科學版）, 2018 (3): 2-10.

③ 詹新宇, 崔培培. 中國省際經濟增長質量的測度與評價: 基於「五大發展理念」的實證分析 [J]. 財政研究, 2016 (8): 40-53, 39.

④ 經濟質量研究課題組, 孫志明. 中國省際經濟質量比較與評價研究 [J]. 經濟縱橫, 2017 (12): 44-49.

⑤ 鄒一南, 趙俊豪. 中國經濟發展方式轉變指標體系的構建與測度 [J]. 統計與決策, 2017 (23): 36-39.

⑥ 師博, 任保平. 中國省際經濟高質量發展的測度與分析 [J]. 經濟問題, 2018 (4): 1-6.

基於此，本節由單一的國民收入指標轉向綜合經濟指標，充分考慮將問題導向與目標導向相統一，結合經濟發展質量的深刻內涵，從經濟總量、創新、協調、綠色、開放、共享六個層面來實現對經濟發展質量指標體系的重構，以準確把握過去和未來一段時期中國省際和八大經濟區域經濟發展質量的變化特徵與趨勢，從而為推動新時代中國經濟高質量發展提供一定的幫助和指導。

6.2.2 新時代中國經濟發展質量的測度

（1）指標體系的重構

筆者分別構建了目標層、一級指標層、二級指標層、三級指標層四個層級作為中國省際經濟發展質量的指標評價體系。具體而言，目標層即為經濟發展質量綜合指數；一級指標層的設置考慮到經濟增長數量與經濟增長質量平衡協調發展的指導思想，故選取了經濟增長總量以及體現經濟增長質量的創新、協調、綠色、開放、共享6個指標；二級指標層包括11個指標，分別為體現經濟總量的經濟體的增長水準、消費水準、投資水準，體現創新的投入水準、產出水準、成果轉化水準，體現省際經濟協調發展的產業協調水準、城鄉協調水準，體現綠色發展的資源與環境狀況，體現省際開放程度的對外開放水準以及體現共享的人民生活水準；三級指標層的構建主要遵循科學性、可行性、可比性、層次性的基本原則，最終選取了16個指標，分別為地區生產總值增速、居民消費水準增速、資本形成率、R&D經費支出增速、專利申請授權量增速、技術市場成交額增速、第三和第二產業產值比、城鎮化率、城鄉居民收入比、煤炭消費量增速、工業二氧化硫排放量增速、工業廢水排放量增速、進出口總額增速、實際利用外商投資額增速、城鄉居民家庭恩格爾系數比、城鎮居民最低生活保障人數增速。具體指標體系見表6-8。

表 6-8　中國經濟發展質量指標體系

目標層	一級指標層	二級指標層	三級指標層	單位	屬性
經濟發展質量綜合指數	總量	增長水準	地區生產總值增速	%	正向
		消費水準	居民消費水準增速	%	正向
		投資水準	資本形成率（全社會固定資產投資/地區生產總值）	%	正向
	創新	創新投入	R&D 經費支出增速	%	正向
		創新產出	專利申請授權量增速	%	正向
		創新成果轉化	技術市場成交額增速	%	正向
	協調	產業協調	第三和第二產業產值比	%	正向
		城鄉協調	城鎮化率（城鎮人口/總人口）	%	正向
			城鄉居民收入比	%	負向
	綠色	資源與環境	煤炭消費量增速	%	負向
			工業二氧化硫排放量增速	%	負向
			工業廢水排放量增速	%	負向
	開放	對外開放水準	進出口總額增速	%	正向
			實際利用外商投資額增速	%	正向
	共享	人民生活水準	城鄉居民家庭恩格爾系數比	%	負向
			城鎮居民最低生活保障人數增速	%	負向

數據來源：通過國家統計局官方網站、各省（市、自治區）歷年統計年鑒、《新中國六十年統計資料匯編》《中國環境年鑒》《中國農村統計年鑒》《中國城市（鎮）生活與價格年鑒》以及《中國價格及城鎮居民家庭收支調查統計年鑒》直接獲取或計算所得。

（2）綜合指數的測算及說明

一般情況下，按權重賦值方式可將綜合指標評價法分為兩類，一類是主觀評價法，指通過對指標間的相對重要程度進行主觀判斷以確定權重的方法，包括主成分分析法、層次分析法、模糊綜合評價法等；另一類是客觀評價法，即根據指標的原始數據所呈現的具體差異進行賦權的評價方法，包括熵值法、標準差法、極差法以及均方差法等。顏雙波（2017）認為主成分分析法的使用不僅需要具備一定的約束前提，而且存在著所提取的主成分與實際意義相悖的

不確定性①，尤其在研究經濟發展質量問題時得出的結論有失偏頗。層次分析法在指標數據較多時，計算過程比較繁瑣，權重難以確定。而模糊綜合評價法的最大缺陷則在於對指標權重的確定主觀性太強，得出的結論很難讓人信服。因此，經過綜合比較，我們選擇了客觀評價法中的熵值法進行測算，具體過程依照王軍等（2013）②的做法進行。需要說明的是，在將數據進行標準化處理的過程中，為保證取對數的有效性且不影響最終計算結果，我們在原有公式上進行了改進，正向指標和負向指標的計算公式分別由式（6.2.1）、式（6.2.2）表示：

$$\chi_{ij} = \frac{X_{ij} - \min\{X_j\} + 0.01}{\max\{X_j\} - \min\{X_j\}} \tag{6.2.1}$$

$$\chi_{ij} = \frac{\max\{X_j\} - X_{ij} + 0.01}{\max\{X_j\} - \min\{X_j\}} \tag{6.2.2}$$

其中，i 代表年份，j 代表具體指標，X_{ij} 表示第 i 年第 j 項指標的數值，$\min\{X_j\}$、$\max\{X_j\}$ 分別表示所有年份中第 j 項指標的最小值和最大值，χ_{ij} 即為標準化後的指標值。

另外，從 1997 年黨的十三大提出要積極推進經濟增長方式的根本轉變到 2017 年黨的十九大特別強調重視經濟發展質量的提升，從 1997 年商品生產過剩的衰退階段到新常態背景下經濟過剩運行的再現，中國經濟發展業已經歷了一輪長達 20 年之久的中長週期波動。由此，基於在一輪相對完整的制度週期和經濟週期的視閾下能夠增強研究的價值，更好地體現增長速度與發展質量變化的差異性，筆者選擇 1998—2016 年的經濟數據進行考察，樣本涉及除西藏、臺灣、香港、澳門以外的 30 個省級行政區域，測算結果如表 6-9 所示。

表 6-9　各時期省級行政區域經濟發展質量綜合指數及排名

時期	1999—2000 年	「十五」時期	「十一五」時期	「十二五」時期	2016 年	均值
北京	0.409,3（1）	0.419,7（1）	0.473,3（1）	0.496,2（1）	0.531,1（1）	0.460,9（1）
上海	0.333,5（2）	0.343,2（2）	0.365,7（2）	0.370,2（3）	0.406,8（2）	0.359,4（2）
天津	0.276,8（3）	0.285,8（3）	0.333,0（3）	0.373,4（2）	0.363,4（4）	0.326,5（3）
海南	0.265,8（4）	0.251,0（5）	0.310,6（4）	0.356,0（4）	0.373,9（3）	0.305,2（4）
寧夏	0.244,9（8）	0.248,6（7）	0.275,8（5）	0.315,9（5）	0.359,4（5）	0.280,5（5）
浙江	0.262,1（5）	0.260,4（4）	0.267,9（9）	0.280,4（12）	0.299,0（9）	0.270,3（6）

① 顏雙波. 基於熵值法的區域經濟增長質量評價［J］. 統計與決策，2017（21）：142-145.
② 王軍，鄒廣平，石先進. 制度變遷對中國經濟增長的影響——基於 VAR 模型的實證研究［J］. 中國工業經濟，2013（6）：70-82.

表6-9(續)

時期	1999—2000年	「十五」時期	「十一五」時期	「十二五」時期	2016年	均值
吉林	0.241,7 (9)	0.242,7 (8)	0.290,8 (5)	0.279,7 (14)	0.300,1 (8)	0.269,4 (7)
內蒙古	0.249,5 (7)	0.249,4 (6)	0.271,9 (8)	0.290,9 (8)	0.287,9 (16)	0.269,3 (8)
遼寧	0.220,2 (14)	0.236,4 (11)	0.286,1 (6)	0.280,2 (13)	0.281,0 (18)	0.263,1 (9)
青海	0.254,4 (6)	0.232,9 (12)	0.234,4 (17)	0.305,9 (6)	0.349,4 (6)	0.262,5 (10)
江蘇	0.230,2 (13)	0.242,6 (9)	0.267,4 (10)	0.280,9 (11)	0.290,5 (13)	0.261,4 (11)
黑龍江	0.213,0 (15)	0.218,2 (16)	0.253,0 (13)	0.303,7 (7)	0.334,2 (7)	0.257,5 (12)
廣東	0.231,8 (12)	0.242,4 (10)	0.253,7 (12)	0.274,3 (16)	0.284,9 (17)	0.255,6 (13)
福建	0.240,2 (10)	0.223,7 (14)	0.257,1 (11)	0.274,4 (15)	0.279,6 (19)	0.252,0 (14)
湖北	0.232,2 (11)	0.223,9 (13)	0.245,0 (14)	0.272,0 (18)	0.278,5 (21)	0.247,1 (15)
重慶	0.202,2 (18)	0.219,8 (15)	0.243,5 (15)	0.283,7 (9)	0.291,6 (12)	0.246,2 (16)
新疆	0.207,2 (16)	0.214,5 (18)	0.227,5 (24)	0.281,2 (10)	0.297,3 (11)	0.240,4 (17)
山西	0.205,5 (17)	0.215,0 (17)	0.236,2 (16)	0.268,3 (19)	0.298,9 (10)	0.239,3 (18)
山東	0.194,8 (21)	0.196,7 (23)	0.233,4 (18)	0.259,7 (22)	0.274,2 (23)	0.228,5 (19)
陝西	0.192,2 (22)	0.193,9 (25)	0.227,7 (23)	0.259,3 (23)	0.275,9 (22)	0.225,8 (20)
湖南	0.189,5 (23)	0.197,1 (22)	0.231,3 (19)	0.252,4 (25)	0.260,1 (26)	0.224,6 (21)
江西	0.202,2 (19)	0.208,9 (19)	0.226,6 (25)	0.240,8 (27)	0.253,5 (27)	0.224,4 (22)
廣西	0.177,1 (26)	0.184,5 (27)	0.228,7 (21)	0.262,4 (21)	0.288,4 (15)	0.223,4 (23)
安徽	0.197,7 (20)	0.197,6 (21)	0.231,2 (20)	0.236,9 (28)	0.244,8 (29)	0.220,5 (24)
河北	0.180,7 (24)	0.192,5 (26)	0.222,2 (26)	0.246,1 (26)	0.264,5 (25)	0.218,3 (25)
貴州	0.168,8 (29)	0.199,8 (20)	0.208,1 (28)	0.255,3 (24)	0.239,1 (30)	0.216,2 (26)
四川	0.177,6 (25)	0.194,1 (24)	0.227,9 (22)	0.229,3 (29)	0.251,0 (28)	0.214,6 (27)
河南	0.172,4 (27)	0.166,7 (29)	0.212,5 (27)	0.263,2 (20)	0.269,3 (24)	0.212,6 (28)
雲南	0.135,3 (30)	0.159,3 (30)	0.202,2 (29)	0.273,7 (17)	0.288,6 (14)	0.207,5 (29)
甘肅	0.170,8 (28)	0.180,2 (28)	0.199,6 (30)	0.228,8 (30)	0.279,4 (20)	0.203,6 (30)
均值	0.222,7	0.228,0	0.258,1	0.286,5	0.303,2	

註：(1) 以上除2016年以外各段時期的綜合指數均為取均值後的結果。(2) 對於部分年份的缺失數據，本書根據數據序列的變化趨勢選擇線性差值法予以補充。(3) 本書最終計算結果均保留四位有效數字以便於排名。

根據表6-9綜合指數數據，我們可將中國省級行政區域經濟發展質量劃分為低、較低、較高、高四個等級①，各等級對應的指數區間依次為 $[\min\{\psi_p\}, 0.25]$、$(0.25, 0.3]$、$(0.3, 0.35]$、$(0.35, \max\{\psi_p\}]$。其中，$\min\{\psi_p\}$與$\max\{\psi_p\}$分別表示第p期所有綜合指數的最小值和最大值。由此可以發現，不僅不同地區的經濟發展質量存在顯著差異，而且部分地區在不同

---

① 這四個等級並不具有絕對性，只是相對而言的等級劃分。

時期的經濟發展質量等級也是一個動態變化的過程。因此，這就要求我們必須對不同時期各地區經濟發展質量進行系統詳盡的對比分析，從而全面把握長期以來中國轉變經濟發展方式的具體狀況。

6.2.3 中國經濟發展質量的評析

（1）中國省際經濟高質量發展不充分

首先，各省（市、自治區）經濟高質量發展不充分。對表6-9測算結果進行橫向對比可以看出，同一時期不同地區之間的發展水準參差不齊，差異較大。北京、上海、天津、海南持續位居前列，而河北、雲南、四川、甘肅等地發展質量則相對較低，造成這一現象的主要原因在於地區資源條件的稟賦差異與改革的先行性兩個方面。從縱向對比來看，1999—2000年、「十五」時期、「十一五」時期、「十二五」時期以及2016年屬於高質量發展的地區分別僅有1個、1個、2個、4個、5個，而處於較低和低質量發展階段的地區則分別有28個、28個、26個、23個、22個，雖然發展質量整體表現出逐年提高的趨勢，但增長速度始終非常緩慢，極端地表現在連續位列第1的北京與其他地區的綜合發展指數之間存在的明顯差距上。儘管這與北京長期首都功能定位密切相關，但仍然可以反應出其他地區的經濟發展質量尚存很大的提升空間。此外，我們運用極差法計算出各時期經濟發展質量綜合指數的離散程度並通過圖6-2進行趨勢對比，發現極大值與極小值均呈現出了逐漸上升態勢，進一步印證了隨著改革的深化，中國省際經濟發展質量在穩步提升。然而，極差值卻並未發生較大幅度的改變，也就意味著長期以來中國省際經濟發展質量的較大差異也並未發生可觀改變。

其次，區域之間經濟高質量發展不充分。從表6-10中中國八大經濟區域的發展質量綜合指數來看，1999—2000年和「十五」時期的所有區域全部處在較低質量發展和低質量發展階段。只是從「十一五」時期開始，隨著沿海地區城市化和工業化水準的提高，市場機制和政策環境的相對完善，外向型經濟的發達以及在國際產業分工中較強競爭力的展現，才逐漸出現了較高質量發展的地區。而只有2016年的北部沿海地區順利進入了高質量發展階段。但是，需要注意的是，從「十一五」時期到2016年躋身較高質量發展行列的地區由2個增加到了5個，充分表明當前中國各區域追求高質量經濟發展的戰略已初步得到了落實。同樣利用極差法對區域之間的綜合指數離散程度進行測算得出，表6-10所示的五個時期，各期綜合指數均值的最大值與最小值之間的差距分別為0.103,1、0.090,6、0.093,4、0.093,3、0.099。這表明長期以來，

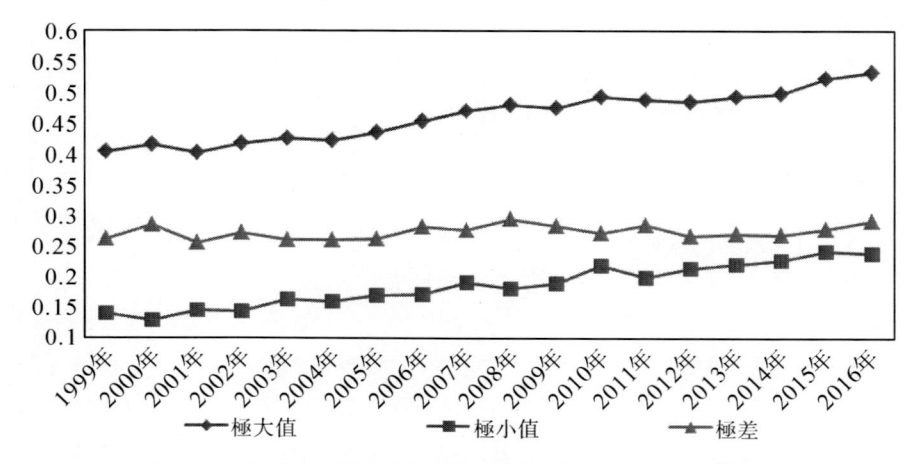

圖 6-2　各時期中國省際經濟發展質量綜合指數的離散程度

各區域之間經濟發展質量在呈現同步增長的同時，低質量發展區域始終存在著長足的上升空間，區域之間的差距依然沒有改變。

表 6-10　八大經濟區域經濟發展質量綜合指數及排名

	1999—2000 年	「十五」時期	「十一五」時期	「十二五」時期	2016 年	均值
北部沿海地區	0.265,4（2）	0.273,7（2）	0.315,5（1）	0.343,8（1）	0.358,2（1）	0.308,5（1）
東部沿海地區	0.275,3（1）	0.282,1（1）	0.300,3（2）	0.310,5（2）	0.332,1（2）	0.297,1（2）
南部沿海地區	0.245,9（3）	0.239,0（3）	0.256,7（4）	0.301,6（3）	0.312,8（4）	0.270,9（3）
東北地區	0.225,0（4）	0.232,4（4）	0.276,6（3）	0.287,9（4）	0.305,1（5）	0.263,3（4）
大西北地區	0.219,3（5）	0.218,9（5）	0.234,3（6）	0.282,9（5）	0.321,5（3）	0.246,7（5）
黃河中游地區	0.204,9（7）	0.206,3（7）	0.237,5（5）	0.270,4（6）	0.283,0（6）	0.236,8（6）
長江中游地區	0.205,4（6）	0.206,9（6）	0.233,5（7）	0.250,5（8）	0.259,2（8）	0.229,2（7）
西南地區	0.172,2（8）	0.191,5（8）	0.222,1（8）	0.260,9（7）	0.271,7（7）	0.221,6（8）
均值	0.226,7	0.231,4	0.259,5	0.288,6	0.305,5	

註：八大經濟區域的劃分標準依據 2005 年國務院發展研究中心發布的《地區協調發展的戰略和政策》報告。

再次，經濟高質量發展缺乏穩定性。縱向對比發現，部分地區經濟發展質量表現出總體上升態勢的同時，相對水準卻存在較大程度的波動，以東北地區最為顯著。東北地區經濟發展質量排名近年出現了落後的傾向。具體而言，吉林從「十一五」時期的第 5 名下降到了「十二五」時期的第 14 名，2016 年得益於創新成果轉化水準的大幅增加重新趨於正常水準；遼寧主要因資本形成率的降低從「十一五」時期的第 6 名下降到了「十二五」時期的第 13 名，2016 年繼續降至第 18 名；黑龍江則反而伴隨產業結構的升級推動經濟發展質量從

「十一五」時期的第13名上升到了「十二五」時期和2016年的第7名。另外，從地區之間的排名來看，排名呈現向前趨勢的有寧夏、青海、重慶、新疆、山西、廣西、河南、雲南、甘肅，逐漸趨於落後的包括內蒙古、福建、湖北、湖南、江西、安徽、四川、貴州，而北京、上海、天津、海南、江蘇、山東、陝西以及河北的排名則相對較為穩定。這說明在高質量發展的過程中，由於各地轉變經濟發展方式的速度存在差異，經濟發展質量的提升程度也不盡相同。

（2）中國省際經濟高質量發展不協調

首先，經濟高質量發展與經濟總量增長不協調。雖然從表6-11可知，在利用熵值法計算的一級指標層所占權重中，經濟總量占18.419%，超過了綠色、開放、共享三個指標。但是，各省（市、自治區）的經濟增長總量與經濟發展質量之間的變化趨勢並不呈現協同性特徵。從圖6-3中兩者均值的變動趨勢來看，1999—2000年二者呈反向變動，2000—2003年呈同向變動，2003—2006年呈反向變動，2006—2010年呈同向變動，2010—2016年呈反向變動。這充分證明隨著中國逐漸步入後工業化階段，數量擴張型的經濟增長方式已然成為經濟高質量發展的桎梏，從而為新時代中國政府提出新的發展理念提供了佐證。總體而言，在歷年地區生產總值均值的波動呈現一定的週期性波動態勢的同時，全國省際經濟發展質量綜合指數均值持續穩步上升，這也就意味著無論經濟增速處於衰退階段還是低潮階段，保證經濟發展質量的提高依然是切實可行的。

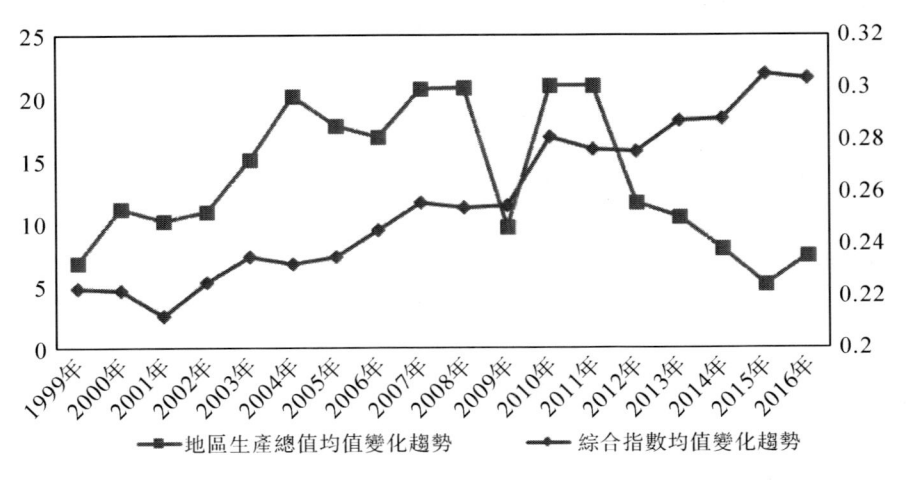

圖6-3 各時期中國省際經濟發展數量和質量的變化趨勢

其次，經濟高質量發展中五大發展理念不協調。表6-11顯示，在經濟發展質量的測算過程中，一級指標中五大發展理念所占權重由高到低依次為協

調、創新、開放、共享、綠色。其中，協調占全部份額的比重高達44.377%，創新和開放分別占22.702%和10.941%，而綠色與共享僅占3.561%。一方面，表明過去一段時期內「唯GDP論」的地區競爭模式促使了地方發展戰略向協調、創新、開放傾斜，無疑這三者是拉動地區經濟快速增長的最大動力。由於協調戰略的主動權基本掌握在地方政府手中，因此高效快速的協調增長捷徑備受地方政府青睞。然而，基於創新成果投入使用的長週期性以及對外開放的話語權一般掌握在中央政府手中，創新與開放所占比重稍低的事實也便無可厚非。另一方面，反應出中國傳統粗放式經濟增長的固有弊病，突出體現在地方經濟社會發展層面。以追求產值增長作為政績考核的評價形式致使絕大多數地方政府忽視了綠色發展與共享發展的重要性，極其缺乏保護資源環境和提高人民生活水準和生活質量的主動性和積極性。

再次，保證經濟高質量發展的具體層面存在不協調。①從總量發展來看，投資水準在全部指標中所占的比重為14.540%，遠遠高於增長水準與消費水準。這與中國傳統發展模式下地方政府盲目追加投資、以政府投資彌補社會投資空缺的投資事實完全吻合，這種畸形投資顯然不利於經濟質量的提升。②從創新發展來看，創新成果轉化明顯要比創新投入和創新產出所占比重高，且創新投入所占比重最低。主要歸因於從創新投入到創新成果得以應用的時間跨度一般長於地方政府官員的任期。從而再一次證明了在地方政府眼中即期利益始終高於長遠利益的現實。③從協調發展來看，儘管產業協調與城鄉協調所占份額相當，但是，在城鄉協調發展過程中，加快推進城鎮化建設遠比降低城鄉居民收入差距受地方政府重視，城鎮化率的提高與城鄉收入差距的擴大並存。④從綠色發展來看，工業化進程的加快導致的二氧化硫排放量的增加是限制中國綠色發展的罪魁禍首，也是霧霾產生的首要原因。⑤從開放發展和共享發展來看，實際利用外商投資額增速所占比重高於進出口總額增速所占比重，城鄉居民家庭恩格爾系數比所占份額大於城鎮居民低保人數增速所占份額，同樣體現了發展的不協調。

表 6-11 熵值法測算省際經濟發展質量各指標層所占權重　單位:%

一級指標層	二級指標層	三級指標層
總量（18.419）	增長水準（1.780）	地區生產總值增速（1.780）
	消費水準（2.099）	居民消費水準增速（2.099）
	投資水準（14.540）	資本形成率（14.540）
創新（22.702）	創新投入（3.170）	R&D 經費支出增速（3.170）
	創新產出（5.742）	專利申請授權量增速（5.742）
	創新成果轉化（13.790）	技術市場成交額增速（13.790）
協調（44.377）	產業協調（24.736）	第三、二產業產值比（24.736）
	城鄉協調（19.641）	城鎮化率（14.728）
		城鄉居民收入比（4.913）
綠色（1.462）	資源與環境（1.462）	煤炭消費量增速（0.236）
		工業二氧化硫排放量增速（1.056）
		工業廢水排放量增速（0.170）
開放（10.941）	對外開放水準（10.941）	進出口總額增速（4.478）
		實際利用外商投資額增速（6.463）
共享（2.099）	人民生活水準（2.099）	城鄉居民家庭恩格爾系數比（1.946）
		城鎮居民低保人數增速（0.153）

一級指標層左側總標註：經濟發展質量綜合指數（100）

（3）中國省際經濟高質量發展不平衡

首先，中國省際地區之間經濟高質量發展不平衡。如表 6-9 所示，從「十五」時期到「十二五」時期，隨著科學發展觀的提出與貫徹落實，中國省際經濟發展質量有了長足的進步，特別是「十二五」時期提高幅度最大。其中，從較高質量發展提升到高質量發展的有天津、海南，由較低質量發展提升轉變為較高質量發展的有寧夏和黑龍江，由低質量發展提升到較低質量發展的有湖北、重慶、新疆、山西、山東、陝西、湖南、廣西、貴州、河南、雲南，而青海則直接由低質量發展跨越到了高質量發展階段。其他地區儘管發展質量所屬等級未發生改變，但經濟質量發展指數除吉林和遼寧出現下降以外均有所

上升。然而，儘管如此也無法掩蓋甘肅、四川、河北、江西、安徽等部分地區長期處於低質量發展階段的客觀事實。尤其是安徽，受投資動力不足與城鎮化率較低等多重因素的制約一直未走出低質量發展的困境。

其次，中國區域之間經濟高質量發展不平衡。表6-9中的數據顯示，中國省際經濟發展質量呈現了一定的空間集聚效應。受先天具備的優越開放條件以及完善的市場環境、創新環境、投融資環境與政策環境的影響，沿海地區經濟發展質量明顯高於內陸地區，東北地區的經濟發展質量僅次於沿海地區的空間佈局。同時，我們也應該清醒地認識到，儘管「十二五」時期內陸地區的經濟發展質量出現了大範圍提升，大西北地區與西南地區經濟發展質量呈向好態勢，但東北地區和長江中游卻逐漸趨於落後，發展不平衡問題在短期內依然無法得到有效解決。

再次，中國區域內部各省（市、自治區）之間經濟高質量發展不平衡。區域內部高質量發展不僅不具有帶動效應，反而呈現出明顯的分離現象。如北部沿海區域中，北京、天津已經進入了高質量發展階段，而河北、山東的發展質量屬於低質量發展級別，尤其是河北長期維持在全國倒數第5名左右；南部沿海區域中海南自「十二五」時期就跨入了高質量發展的行列，而福建和廣東長期處於較低質量發展階段；東部沿海地區江蘇、浙江與上海的差距也較大；「十二五」時期東北地區經濟發展質量的分離現象則最為明顯；大西北地區中新疆和甘肅屬於低質量發展地區，且甘肅的發展質量一直處於全國末位，而青海和寧夏卻表現出了向好態勢；黃河中游地區中的山西、陝西、河南均處於低質量發展階段，儘管河南發展質量近期有所提高，但與內蒙古的發展質量仍存在很大差距；西南地區中四川、貴州、雲南長期處於低質量發展區間，並且貴州的發展質量排名繼續呈現後退的趨勢，而重慶、廣西、雲南的發展質量在「十二五」時期和2016年出現了明顯的好轉。綜合來看，發展戰略的差異與產業結構的升級速度以及要素配置的優化程度是導致區域內部省份之間經濟發展質量高低背離的主要原因。

6.2.4 新時代中國經濟高質量發展的長期趨勢預判

（1）情景設置與預測方法選擇

黨的十九大報告明確指出，從黨的十九大到黨的二十大，是實現「兩個一百年」奮鬥目標的歷史交匯期，在這期間，中國省際經濟發展質量的優劣程度與發展走向是決定能否成功跨越關口的關鍵。為此，我們擬在上文研究的基礎上，通過設置兩種不同的發展情景進行模擬預測。

情景1：根據熵值法測算出的客觀權重，並假設未來依然遵循該經濟高質量發展模式，從而對「十三五」時期和「十四五」時期經濟發展質量綜合指數進行預測。

情景2：採用主觀評價的均等賦權法，並假設未來將按照各經濟層面統籌均衡的發展模式，從而對「十三五」時期和「十四五」時期經濟發展質量綜合指數進行預測。

考慮到灰色系統理論對少量信息和不確定性問題的應用研究具有較高的優越性，而且灰色預測能夠通過鑑別系統因素之間發展態勢的相異程度，對原始數據進行生成處理來尋找系統變動規律，使得預測結果能較好反應出各地區經濟發展質量的變化趨勢。我們分別對四種灰色GM（1，1）模型進行模擬預測後發現，原始差分GM（1，1）模型的模擬精度最高，故選擇原始差分GM（1，1）模型對「十三五」時期、「十四五」時期中國省際經濟發展質量綜合指數進行預測具有一定的合理性。因此，基於以上兩種情景，利用1999—2016年的綜合指數數據作為原始數據，運用GTMS3.0軟件進行原始差分GM（1，1）預測，結果如圖6-4所示。

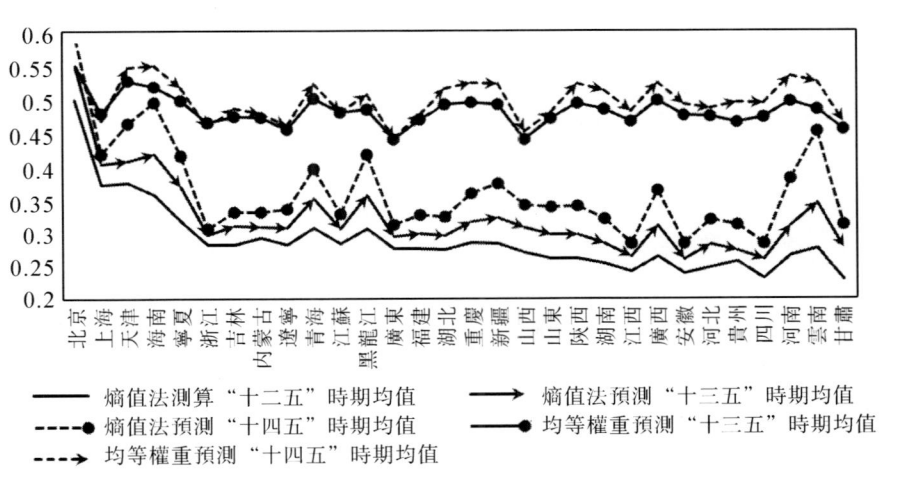

圖6-4　不同情景下中國省際經濟發展質量綜合指數預測

（2）新時代中國省際經濟發展質量展望

首先，新時代中國省際經濟高質量發展呈向好趨勢。通過圖6-4可以看出，無論在何種發展情景下，中國省際經濟發展質量在「十三五」時期與「十四五」時期都將呈現出向好趨勢，且情景2的發展模式最優。一方面，根據情景1的預測結果，從「十三五」時期開始處於低質量發展水準的地區將

會消失，且相比較「十二五」而言，雲南、寧夏將進入高質量發展階段，處於較高質量發展階段的省級行政區域增加了遼寧、河南、新疆、內蒙古、重慶、吉林、湖南、江蘇以及廣西 9 個。而進入「十四五」時期，處於高質量發展階段的省級行政區域共有 12 個，處於較高質量發展階段的共 15 個，僅有四川、安徽、江西依然處於較低發展階段。另一方面，根據情景 2 的預測結果，如果將經濟指標賦予均等權重，新時代中國省際經濟發展質量將全部進入高質量發展階段。這也就意味著新時代統籌各經濟層面協調發展是保證中國省際經濟質量高速提升的重要前提。

其次，新時代中國省際經濟高質量發展的異質性依然存在。從情景 1 和情景 2 的預測結果來看，一是從「十二五」時期到「十四五」時期，各地區經濟高質量發展的穩定性仍然具有一定的差異。上海、浙江、廣東、江西等地的經濟發展質量提升緩慢，而天津、青海、黑龍江、新疆、廣西以及雲南等地的高質量發展勢頭則相對較為迅猛。二是各地區經濟高質量發展的不充分與不平衡現象將依然存在。採用極差法測算出「十三五」時期和「十四五」時期經濟發展質量綜合指數的極大值和極小值之間的差距分別為 0.286,6、0.307,72。由此與以往階段相比，如果繼續按照情景 1 中的經濟質量發展模式，將導致省際高質量發展差距逐漸拉大的態勢。北京、上海、天津、雲南的發展質量遠高於江西、安徽、四川、甘肅等地的顯著特徵並沒有得到較大改變。

再次，全面統籌均衡的發展方式將有利於緩解新時代省際經濟增長質量差異。根據情景 2 的預測結果，即使按照情景 2 的發展模式同樣存在與情景 1 的發展模式相似的發展不穩定、不充分、不平衡問題。但在情景 2 的發展模式下，以上問題將得到較大程度的緩解。一是儘管部分地區的高質量發展速度仍不穩定，但增長幅度的差異並不十分明顯；二是通過計算，「十三五」時期和「十四五」的極差值分別為 0.110,3、0.109,9。可以初步判斷，情景 2 中的發展模式將有助於縮小省際經濟高質量發展的差距，從而表明採取對各項發展指標進行均等賦權的統籌發展方式是保證新時代實現省際經濟質量全面發展的關鍵措施和有力保障。

6.3　本章小結

馬克思曾在 19 世紀中葉就已經預言：「直到現在，這種週期的延續時間是

十年或十一年，但絕不應該把這個數字看成是固定不變的。」① 他根據所研究的資本主義生產的各個規律得出明確的結論，「這個數字是可變的，而且週期的時間將逐漸縮短」②。時至 21 世紀，回顧資本主義 200 多年的發展歷史可以基本明證，馬克思的觀點是科學辯證的。事實上，作者認為，對於社會主義中國的經濟週期演變規律的總結及趨勢預測同樣應該秉持馬克思辯證唯物主義的方法論，從發展與聯繫的不同方面進行綜合系統分析。基於此，本章對新時代中國經濟週期演變的短期和長期趨勢做了初步預測。所得結論可歸納為兩點：

首先，就基於經濟週期影響因素研究框架的短期預測而言。本章第一節通過綜合運用灰色系統理論中的 Verhulst 模型預測法、景氣指數法中的合成領先指數法以及時間序列預測法中的 ARMA 模型預測法對短期中國各類經濟週期的演變趨勢以及 GDP 自身的波動趨勢進行研究，發現短期內中國宏觀經濟波動仍然處於繼續衰退的態勢。但是，經濟表象的下行壓力並不能成為對未來經濟運行持過度悲觀態度的托詞。因為我們完全有理由相信，也完全能夠體會到當前中國正在面臨著重大戰略機遇，即在貫徹落實新發展理念，建設現代化經濟體系的新制度要求的初步形成和初見成效，更加堅定「第二次改革開放」的信心和決心以及新一輪技術革命浪潮的滾滾向前的推動下，中國獨特的「制度＋開放＋創新」的發展模式必將再放光芒。

其次，就基於新時代經濟由追求高速增長向追求高質量發展轉變的新的路徑選擇和戰略要求所進行的長期預測而言。本章第二節從總量、創新、協調、綠色、開放、共享六個維度對中國省際經濟發展質量指標體系實現了重構，並採用熵值法測算了 1999—2016 年中國省際經濟發展質量綜合指數。結果表明，以往時期中國省際經濟發展質量在逐步上升的同時存在著發展不穩定、不充分、不協調、不平衡等異質性問題。另外，運用熵值法與均等賦權法分別對「十三五」時期與「十四五」時期省際經濟發展質量的變動趨勢進行預測對比，發現新時代中國省際經濟發展質量在呈現出向好趨勢的同時，儘管省際間異質性仍將存在，體現統籌發展的均等賦權方式仍將利於差異的有效緩解。這就充分表明在新時代背景下，應將控制經濟總量相對增速作為保證經濟高質量發展的基本前提，並在切實改變地方官員晉升考核機制的基礎上，充分實現創新、協調、綠色、開放、共享的統籌發展。

---

① 馬克思，恩格斯．馬克思恩格斯全集：第 23 卷［M］．北京：人民出版社，1972：695.
② 馬克思，恩格斯．馬克思恩格斯全集：第 23 卷［M］．北京：人民出版社，1972：695.

7 國際逆週期經濟政策的經驗借鑑

自馬克思關於資本主義經濟危機的理論誕生之日起,西方資本主義國家所爆發的破壞力一次比一次嚴重的經濟危機無時無刻不在有力地證實著馬克思的先見之明。特別是「第二次世界大戰」以後,伴隨著各國經濟發展模式的轉變,經濟危機也表現出了許多新的形式和新的特徵。這不僅催生了各種各樣的新理論,同時也為各國制定完善的逆週期經濟政策提出了更高要求。其中關於不同的週期理論在本書第 2 章中已經進行了系統綜述。因此,本章將首先著重分析「第二次世界大戰」以後美國、英國、日本三個代表性發達國家逆週期經濟政策的演變歷程及其對中國未來逆週期政策體系構建的啟示。其次,將對中國改革開放以來自身的逆週期政策演變歷程做出歸納總結,並從中獲取有益的經驗。

7.1 國際逆週期經濟政策的演變歷程

7.1.1 美國逆週期經濟政策的演變歷程

(1) 大危機時期的經濟政策

1929—1933 年美國發生的週期性資本主義經濟危機,不僅對美國而且對整個世界的經濟運行產生了持久、深刻、巨大的影響。時任美國總統的胡佛借鑑了「自由放任主義經濟學」的基本觀點,採用傳統的自由放任政策,主張盡可能地減少政府對經濟運行的干預,從而進一步加重了危機的影響。直至 1933 年羅斯福上臺,推行新政以提供失業救濟和復甦經濟,加之凱恩斯的政府干預主義的盛行,經濟危機的陰霾才漸行漸遠。

其中羅斯福新政的主要核心為救濟、復興和改革,具體措施可歸納為四個方面。首先,貨幣政策方面。為了拯救銀行業的頹勢,羅斯福最初對銀行業採取了停頓整治的措施,不僅委託各聯邦儲備銀行按照各銀行資產狀況發行了

30億美元新鈔，而且還對許多無償付能力的非健全銀行進行了淘汰和處理，僅1933年3月13日—15日就淘汰了近萬家銀行。與此同時，為了強化對金融和銀行市場的管理，還通過了著名的格拉斯-斯特高爾法。其次，財政政策方面。1933年通過的羅斯福關於財政支出的節約法效果顯著，共縮減政府開支近5億美元。而且，羅斯福還主張實行擴張性的財政政策，一是通過增加政府公債發行量、提高政府轉移支付力度、積極扶持基礎設施建設等方式擴大了財政支出；二是通過減少稅收和稅費優惠等措施鼓勵和刺激社會投資與居民消費，以拉動總需求的回暖復甦。再次，產業政策方面。「百日新政」期間，美國還先後頒布了《農業調整法》和《全國工業復興法》，這兩部法律不僅為工農業生產營造了公平有序的競爭環境，而且還將市場價格控制在穩定的範圍之內。最後，社會政策方面。政府在建立急救救濟署、幫助困難人口渡過難關的同時還通過了《社會保障法》，進而完善了社會保障體系。

大危機時期的「羅斯福新政」既幫助美國經濟走出了蕭條，同時也開啓了資本主義國家干預經濟發展的新篇章，自此美國進入了國家壟斷資本主義時期。繼羅斯福之後，20世紀80年代之前的歷屆美國政府無一例外沿用了國家干預主義的經濟思想，以至於在大危機之後的40餘年中儘管美國經濟運行仍然危機頻發，但卻保持了相對高速的增長。直到20世紀70年代左右發生的兩次世界石油危機以及「滯漲」現象的出現，凱恩斯主義和「羅斯福新政」的影響才逐漸淡化。

（2）滯漲時期的經濟政策

1973年和1978年美國分別爆發的兩次嚴重的石油危機不僅引發了經濟的大幅衰退，而且還催生了一種新的經濟形態——「滯漲」的出現，如圖7-1所示，1974年、1979年、1980年和1981年美國通貨膨脹率分別達到了11.05%、11.25%、13.55%和10.33%的高值。最初，時任美國總統的尼克松為了應對石油危機繼續沿襲了凱恩斯主義的擴張性刺激政策。雖然通過採用擴張性的貨幣政策和財政政策，經濟增速有所回升，但是通貨膨脹率卻進一步惡化，於是又被迫採取了財政和貨幣雙重緊縮的政策以抑制通脹。到了1977年卡特總統執政時期，通脹壓力並沒有好轉，反而呈現了持續上升的態勢。

直至1981年里根總統上臺以後實施的「徹底經濟革命」，才逐漸扭轉了美國經濟的頹勢。里根政府經濟政策的理論基礎主要來源於供給學派。在供給學派看來，美國產生「滯漲」的根源在於供給方面的生產要素投入不充分和勞動生產率低下，而並非需求側的動力不足。正因為如此，「他上臺提出的『經濟復興計劃』，被他的擁護者吹捧為自20世紀30年代羅斯福執政以來美國

政府政策的『一次急遽的方向性轉變』」①。然而，事實上，儘管里根政府打著「批判」凱恩斯主義的旗號，試圖遵循供給學派的理論，採取「降低個人所得稅的邊際稅率以刺激投資，降低公司最高所得稅稅率來刺激經濟增長，同時削減社會福利支出，減少對市場的干預，重組美國經濟結構，為高科技領域新技術革命創造良好的環境」②等措施使美國漸進地擺脫了「滯漲」的局面，但「實際上卻並未與凱恩斯主義分道揚鑣……里根政府的經濟政策依然是財政上的空前膨脹同貨幣上的時緊時鬆、緊中有鬆相結合的混合政策」③。

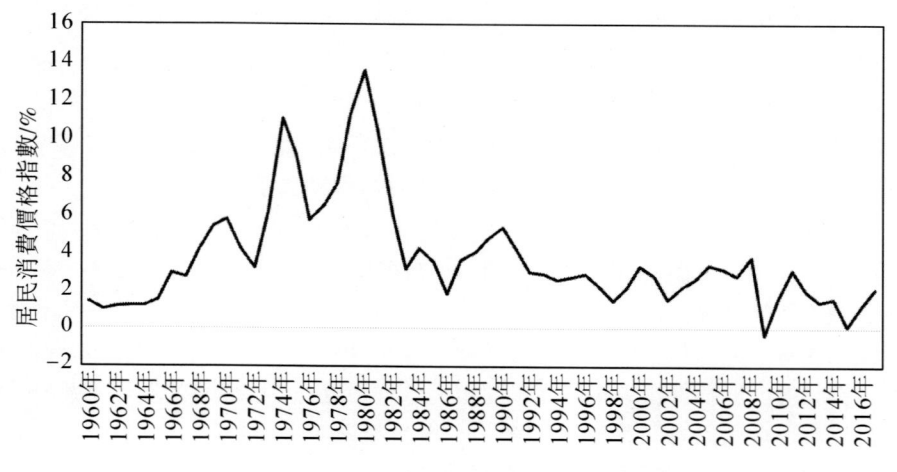

圖 7-1 1961—2017 年美國通貨膨脹波動歷程

數據來源：CEIC 宏觀經濟數據庫統計計算所得。

（3）互聯網泡沫危機時期的經濟政策

21 世紀剛開端，美國就遭遇了互聯網經濟的泡沫破滅，這次危機同樣對美國甚至全世界的經濟運行產生了重要影響。時任美國總統的克林頓引用新凱恩斯主義的思想創建了所謂的「克林頓經濟學」，即重新恢復了政府干預經濟的能力。一方面，短期內通過增加財政赤字的擴張性刺激方式激活經濟，增加就業。另一方面，長期內通過減少赤字，增加政府公共投資，以拉動總需求並維持就業的持續穩定增長。在這一前提下，為挽救互聯網泡沫破滅所引起的經

---

① 薛伯英. 戰後美國政府「反週期」的經濟政策初析 [J]. 世界經濟，1984（6）：20-27.
② 孫瑾. 經濟週期測度與逆週期經濟政策效應研究 [M]. 北京：經濟科學出版社，2013：67-68.
③ 薛伯英. 戰後美國政府「反週期」的經濟政策初析 [J]. 世界經濟，1984（6）：20-27.

濟衰退，「美聯儲在很短的時間內將聯邦基金利率從高於 6% 的水準調低至 1%」①。另外，2001 年 3 月 8 日美國政府還通過了「十年內減免個人所得稅 9,580 億美元」的刺激計劃。然而，「9/11」事件增加了經濟復甦的難度，為此布什政府再一次被迫提出了新的刺激計劃，即 2003 年、2004 年、2005 年預計分別向市場注入 510 億美元、430 億美元和 290 億美元。但是，值得深思的是，儘管上述一系列政策短期內對經濟的恢復起到了一定的推動，但同時卻為以後的更深層次的危機埋下了伏筆。這是因為大幅度降低利率造成了房地產市場的畸形化膨脹，而且微觀主體對政府干預的信心過強引致了頻頻發生的過度投機現象。種種跡象都預示著一旦貨幣政策趨緊，房地產泡沫便不堪一擊的悲觀事實。

（4）金融危機時期的經濟政策

2006 年春季開始逐步顯現的美國次級房屋信貸危機通過一系列連鎖效應引發了席捲美國、歐盟、東南亞和日本等世界絕大部分金融市場的金融危機，成為繼大蕭條時期以來影響最為猛烈的世界性經濟危機。如圖 7-2 所示，受金融危機的影響，2006 年以來美國的 GDP 增速持續下滑，2009 年達到最低值 -2.78%。直至政府加大干預力度，才使得宏觀經濟於 2010 年基本恢復正向增長。美國政府此次的救市措施大致可從三個方面加以概括。

第一，金融援助計劃。2008 年 9 月 19 日，美國國會制訂並通過了一項關於住房抵押債券收購的方案，計劃收購總值達 7,000 億美元。緊接著，同年 10 月 13 日美國政府就公布了擬向遭遇危機重創的部分銀行註資 2,500 億美元以用於購買各金融機構無表決權股票的計劃，從而試圖通過減少金融機構持有的不良資產，保證金融機構具有充足的資本維持正常營運。其中，花旗銀行、摩根大通、美林公司等 9 家銀行得到了重點扶持。同時，政府還向保險業和汽車業注入了大量資金並為其提供了政府擔保②。對於這一措施，有學者認為，雖然美國 7,000 億的救助計劃著實增加了市場信心，但是由於這筆資金的具體流向缺乏有效的監管，因此效果並不如預期顯著③。

第二，財政政策刺激。為了應對次貸危機的影響，美國政府仍然採用了財政政策手段，從三個層面制訂了相應的激勵計劃。一是推出短期經濟刺激方案。2008 年 2 月美國政府出抬了規模 1,460 億美元的財政刺激法案。此後，隨

---

① 孫瑾. 經濟週期測度與逆週期經濟政策效應研究 [M]. 北京：經濟科學出版社，2013：69.

② 孫瑾. 美國應對金融危機的貨幣政策效果分析 [J]. 上海金融，2010（4）：69-70.

③ 孫瑾. 美國應對金融危機的貨幣政策效果分析 [J]. 上海金融，2010（4）：69-70.

著奧巴馬政府上臺，於 2009 年 2 月又通過了《復興和再投資法案》，這一新的法案同時包含了規模達 7,870 億美元的一攬子經濟刺激方案。二是推進金融改革並保障就業提升。受短期刺激方案的影響，美國經濟開始出現回暖，相應政策也逐漸轉向了經濟運行的具體方面。2010 年 7 月 21 日由奧巴馬簽署通過的《多德-弗蘭克華爾街改革和消費者保護法》為美國金融監管體系制定和完善提供了一個全新的框架，不僅能夠降低系統性風險的發生概率，而且還有利於防範危機對金融市場的衝擊。此外，美國政府還採取了「通過向小企業提供貸款援助和稅收減免，增加對教育、清潔能源項目和交通基礎設施建設投資，通過推動出口增長、重振美國製造業等多種渠道促進就業」[1] 等措施。三是推動財政政策逐漸趨於穩定。2011 年 8 月，美國政府頒布的《2011 年預算控制法案》標誌著美國國會已經意識到了政府預算赤字過高及債臺高築所隱含的潛在危機。2013 年美國的財政政策開始趨緊，不僅上調了薪資稅率，而且還制訂了全面降低政府開支的計劃。

第三，貨幣政策刺激。貨幣政策同樣主要體現為三個方面。一是降低聯邦基準利率。次貸危機發生以後，美國政府多次運用了大幅降低聯邦基準利率的方法，使得聯邦基準利率從 2007 年 9 月的 5.25%一路下調至了 2008 年 12 月接近 0 的水準，且這一水準保持了近四年時間。然而，受供房貸款來源與供求格局以及信心預期等因素制約，美聯儲的降息舉措對此次危機的治理效果不是很明顯[2]。二是調整匯率政策以降低貿易逆差。調控美元匯率是美國歷屆政府在不同經濟週期階段所實行的一貫做法。通常在經濟繁榮階段強行使美元處於升值態勢，而在經濟衰退階段則相應迫使美元處於貶值狀態，從而達到有效調節貿易差額與赤字成本的雙重目標。據相關學者統計，2009 年第一季度美元對其他國家的匯率從開始大幅下滑，直到 2010 年第二季度隨著經濟復甦有所回升，但是第三季度開始又呈現下跌趨勢。2011 年由於歐洲主權債務危機升級，美元相對而言更加堅挺，從 2011 年下半年到 2012 年上半年被迫處於升值趨勢[3]。三是實施量化寬鬆（QE）和國債扭曲操作（OT）等非常規貨幣政策，向市場注入流動性，以降低長期利率水準。所謂量化寬鬆政策是指在市場低利率水準下進行的，通過購買國債等中長期債券以實現間接增加貨幣供給的

---

[1] 吳潤生，姚淑梅，李大偉，等. 金融危機以來發達國家宏觀調控的經驗及借鑑 [J]. 宏觀經濟管理，2013（10）：86-88.

[2] 孫瑾. 美國應對金融危機的貨幣政策效果分析 [J]. 上海金融，2010（4）：69-70.

[3] 孫瑾. 經濟週期測度與逆週期經濟政策效應研究 [M]. 北京：經濟科學出版社，2013：62.

政策干預方式。次貸危機以後，美國政府在將長期低利率作為調控目標的前提下，開啓了四輪量化寬鬆政策。其中，第一階段（QE1）的主要著力點在購買國家擔保的問題金融資產。2008年11月25日，美聯儲宣布將購買機構債和MBS的聲明就意味著首輪量化寬鬆政策已經開始。截至2010年4月28日首輪量化寬鬆政策結束，美聯儲總共購買了約1.725萬億美元資產。第二階段（QE2）開啓於2010年11月4日並於2011年6月結束。在此期間，政策的主要實施方向是購買美國國債。美聯儲通過倒買倒賣的方式，將購買的國債轉手賣給其他國家並套現成美元，從而進一步增加了準備金規模。第三階段（QE3）開啓於2012年9月14日，由聯邦公開市場委員會宣布每月將採購400億美元的抵押貸款支持證券（MBS）。第四階段（QE4）開啓於2012年12月13日，美聯儲宣布將每月採購450億美元國債以替代扭曲操作。此外，如果將上一輪（QE3）每月400億美元的額度計算在內，那麼，美聯儲每月資產採購總額可達850億美元。與此同時，美聯儲持續將利率水準鎖定在了0到0.25%的低位沒有改變。

總體上，根據圖7-2所示，20世紀60年代以來，伴隨著宏觀經濟的週期性波動，代表貨幣政策變化的M2增速與代表財政政策變化的政府支出增速同樣表現出了一定的週期性波動特徵。如果從貨幣政策與財政政策的協動關係來看，1961—1966年二者的協動性較弱，且主要表現為貨幣政策的變動；1966—1972年兩者的協動性最強，即呈現為「同擴張、同緊縮」的態勢；1972—2008年兩者的協動性較強，且1972—1994年財政政策約領先貨幣政策1年左右，而1994—2008年貨幣政策約領先財政政策約1年；2009—2017年，二者又表現出了同1966—1972年相似的「同擴張、同緊縮」的變化趨勢。因此，縱觀美國在歷次危機期間所實行的經濟政策容易發現，財政政策和貨幣政策長期以來都是美國政府調控經濟的最有力工具，且每次都是將這兩者搭配使用，只是搭配的具體方式存在著差別。

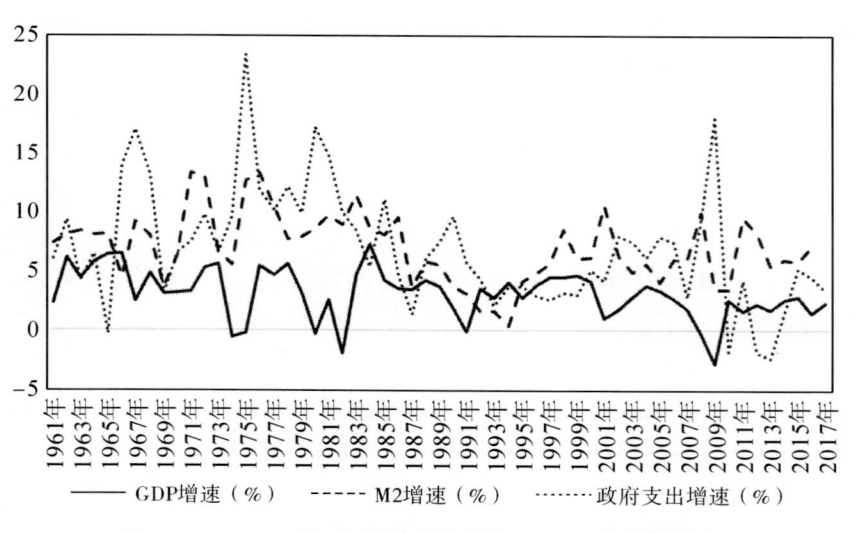

図 7-2　1961—2017 年美國財政政策與貨幣政策演變歷程

數據來源：CEIC 宏觀經濟數據庫統計計算所得。

7.1.2　英國逆週期經濟政策的演變歷程

　　英國作為曾經的「日不落」帝國，「第二次世界大戰」以後的經濟發展可謂一波三折。戰後初期，受「馬歇爾計劃」的影響，歐洲各國紛紛踏上了復興之路。但是相對於其他國家而言，英國的發展速度則明顯偏慢。圖 7-5 顯示，1961—2017 年的 57 年裡英國共出現了 7 次經濟負增長的情況，且戰後經濟長期面臨著高通貨膨脹率與高失業率的雙重折磨。從圖 7-3 中可大致看出，1955 年 1 月到 2018 年 10 月英國的居民消費價格指數持續攀升，而且儘管失業率在波動中呈現出下降勢態，但一直高於 4%，特別是 20 世紀 80 年代月度平均失業率高達 10% 以上。面對早期的經濟「滯漲」現象，英國政府也出抬了許多政策，但成效並不顯著。同時，也正像波特所說的，「猛藥通常來自新政府」[1]，直至撒切爾夫人上臺以後所採取的一系列激進式改革才逐漸推動英國經濟出現了轉變。

---

[1]　邁克爾·波特. 國家競爭優勢（下冊）[M]. 李明軒，邱如美，譯. 北京：中信出版社，2012：27.

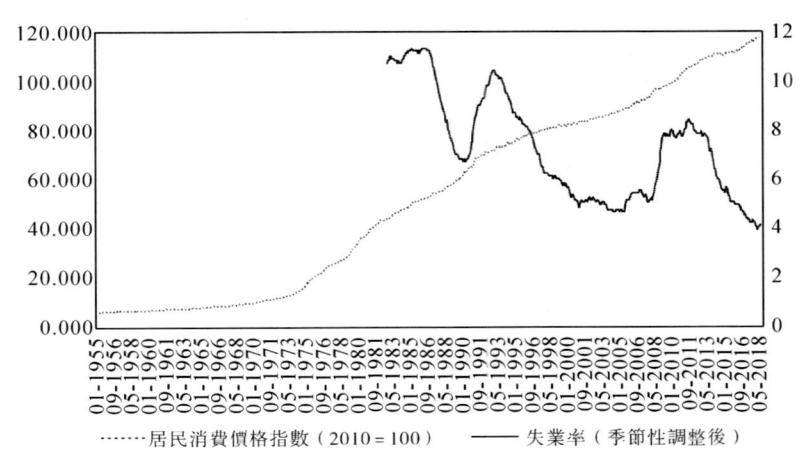

图 7-3 「二戰」以來部分時間段英國月度通貨膨脹與失業變動情況

……居民消費價格指數（2010=100）　——失業率（季節性調整後）

數據來源：CEIC 宏觀經濟數據庫統計計算所得。

（1）2008 年國際金融危機之前的撒切爾改革

1979 年撒切爾夫人臨危受命，面對經濟增速下滑、國有企業效率低下、產業缺乏競爭力、勞資關係緊張、政府債臺高築以及凱恩斯主義政策失靈等一系列發展困境，撒切爾政府以新自由主義經濟學派的觀點作為理論基礎，開啓了新一輪「撒切爾改革」之路。改革的具體內容可歸納為四個方面。

第一，「撒切爾政府的施政重點是教育改革」①。撒切爾夫人執政後立刻對英國的教育狀況進行了調查評估，發現英國的教育教學體系存在質量水準低下、結構畸形化等嚴重問題。基於此，撒切爾政府在克服重重阻力後於 1987 年頒布了《教育改革法》。這一法案涉及普通教育、高等教育、成人及繼續教育領域。在普通教育方面，一是實行全國普通教育統一教學計劃，對全國各校的課程設置、教學內容以及課程進度等實行統一管理；二是增加中小學教育的課時，並注重綜合素質的培養；三是大力普及中小學計算機教育。在高等教育方面，一是推動高等教育朝著全方位、多層次的完整體系發展，分類別、按比例地培養高、中、低三種技術人才；二是努力提高高等院校的教育教學質量，政府在給予一定財政扶持的同時加強監督管理；三是建立完善的教育評估體系，優化教育管理制度；四是鼓勵開展「學生貸款計劃」，為學生順利完成學業提供福利保障。在成人和繼續教育方面，一是積極為成人提供接受教育的機

---

① 邁克爾·波特. 國家競爭優勢（下冊）[M]. 李明軒，邱如美，譯. 北京：中信出版社，2012：28.

會和場所，實現成人教育形式的多元化；二是引導中學畢業後不能接受大學教育的青少年參加繼續教育，並在 740 所院校中設置了繼續教育課程①。

第二，「私有化是撒切爾經濟改革的核心內容」②。按照新自由主義經濟學的基本觀點，為了充分釋放市場經濟活力並激發市場競爭，撒切爾政府將改革的方向牢牢地聚焦在了國有資產私有化問題上。一方面，通過將國有企業或者混合所有制企業的股票進行公開發售，鼓勵私營企業增加持股比例；另一方面，對於規模較小且盈利能力不足的國有企業，政府主張採取兼併或收購的方式直接將其出售給私營企業。此外，為了實現「大眾資本主義」，還鼓勵國有企業將股份優先出售給企業內部的職工和管理人員。總體來看，英國的私有化改革歷程可分為三個階段：一是 1979—1983 年的嘗試階段，這一階段的私有化主要以競爭性行業為主；二是 1984—1987 年的加速實施階段，這一階段私有化的重點逐漸轉向了電信和天然氣等自然壟斷行業；三是 1987—1990 年的逐步深化階段，私有化的範圍不僅擴展到了公用事業部門，而且還波及相關政府單位的改革。

第三，降低稅率、縮減開支以更好激發社會投資。長期以來，英國試圖通過實行高稅率的稅收政策以增加政府收入的舉措被著名的「拉弗曲線」所證偽。因此，撒切爾政府反方向行之，採取了降低稅率的政策。其中包括相繼出抬的調降個人所得稅的基本稅率和最高稅率，提高個稅起徵點，降低投資收入附加稅稅率，提高投資收入稅起徵點以及降低公司稅稅率等諸多舉措。據統計，1990 年英國的公司稅稅率以及小企業的公司稅稅率分別從 1982 年的 52% 和 40% 下降到了 35% 和 29%，而且公司稅的起徵點也從 20 萬英鎊提升到了 22.5 萬英鎊③，從而增加了市場投資的活力。此外，受經濟增速下滑的影響，英國歷來的高福利政策也出現了轉變，撒切爾政府在不得已的情況下制訂了控制政府開支的計劃。該計劃實施的重點，一是將市場化改革引入社會保障領域，特別是在養老金、公共住房以及醫療保健等方面進行市場化的制度改革；二是降低社會保障方面的管理成本和補助申請成本，盡量提高社會補助的申領效率；三是盡可能削減政府不必要的開支和補貼。

第四，實行單一貨幣政策，提高勞動力市場競爭力。撒切爾時期盛行的貨

---

① 楊義萍. 撒切爾政府的教育改革政策 [J]. 西歐研究，1990（3）：55-59.

② 李罡. 論英國的結構改革與經濟增長—對撒切爾結構改革及其影響的再解讀 [J]. 歐洲研究，2015，33（2）：60-80，6-7.

③ 李罡. 論英國的結構改革與經濟增長—對撒切爾結構改革及其影響的再解讀 [J]. 歐洲研究，2015，33（2）：60-80，6-7.

幣政策主要是新自由主義學派的代表人物弗里德曼等所主張的單一規則的貨幣政策，即在弗里德曼等人看來，財政赤字和通脹的唯一根源在於凱恩斯主義的擴張性財政政策的衝擊，只有控制貨幣供應量增速才是宏觀調控最有效的措施。因而，從圖7-5中可以看出，受新自由主義學派的政策影響，英國從20世紀70年代末到90年代初的M2增速波動十分劇烈，一度從1987年的89.3%降低到了1992年的-28.6%。另外，面對失業率居高不下的窘境，1979年撒切爾夫人上臺後立即就對工會實施了改革。一方面，通過完善法律制度將工會的權利「關在了制度的籠子裡」，不僅限制了工會權利的進一步膨脹，而且還釋放了勞動力市場的活力。另一方面，撒切爾政府還完善了工資制度，打破了以前的固定工資制，實行了利潤共享的工資制度，從而穩定勞資關係。

綜上所述，撒切爾改革的一系列舉措不僅幫助英國恢復了經濟發展，基本擺脫了長期滯漲的尷尬局面，而且還為後來的歷屆政府搭建了宏觀經濟調控的框架，並為以後的改革提供了有益的經驗。繼撒切爾之後上臺的梅杰政府、布萊爾政府以及卡梅倫政府都不同程度地延續了撒切爾夫人的私有改革方案。如圖7-3和圖7-5所示，撒切爾執政期間，英國失業率從1983年的10.7%降到了1990年的6.7%，GDP增速從1980年的-2.03%增加到了1988年的5.75%，並且之後的1992—2007年英國實現了長達15年的高速穩定增長。

（2）2008年國際金融危機之後的經濟改革

無論是2008年的國際金融危機還是2009年開始凸顯的歐洲主權債務危機，都無一例外地將英國的經濟發展再一次帶入了崩潰的邊緣。在此背景下，2010年卡梅倫臨危受命，開啓了英國政府的新一輪改革之路。卡梅倫政府很大程度上遵循了撒切爾夫人的改革邏輯，著重從四個方面推行了改革。

首先，實行短期經濟刺激計劃以防止宏觀經濟全面崩潰。圖7-5顯示，2009年英國的GDP增速一度下滑到了-4.19%。基於此，英國政府採取了一系列的財政和貨幣政策。一方面，根據英國下議院環境審計委員會2008年的預算前報告，「將2010—2011年度30億英鎊的財政資金預支出轉移到2009—2010年和2008—2009年度，用於住房、教育、交通和其他建設項目，以支持全國的產業與就業」①，而且，其中約1/6的份額被用在了環境保護方面。由此可以看出，英國政府走出了一條「低碳型經濟復甦」的綠色發展道路，政府許諾在3年之內帶動社會投資金額增加至500億英鎊。另一方面，金融危機

---

① 參照英國下議院環境審計委員會2008年預算前報告：經濟衰退時期的綠色財政政策. http://www.parliament.uk/eacom/.

爆發之初，英國央行就通過向政府購買國債的方式向市場注入了 2,000 億英鎊的巨資。但是，據圖 7-5 所示，雖然 2010 年英國財政支出增速和 M2 增速實現了同步增長，但 2011 年很快又呈出現了同步下降的趨勢。對此，英國央行從量化寬鬆政策效果的顯現存在滯後性的角度做出瞭解釋。

其次，繼續進一步加大政府開支的削減力度，特別是減少無謂的社會福利開支成本。金融危機和歐債危機後，整個歐元區包括其中的各成員國幾乎同時採取了削減政府開支的措施。尤其是英國，「從 2013 年 4 月起推行了幾十年來最大規模的福利制度改革」①。通過圖 7-4 可以看出，2011 年歐元區、法國、德國、英國政府開支占 GDP 的比重均呈現了不同程度的下降，且長期來看英國的下降力度最大，並處於持續下降的態勢。具體而言，英國的福利改革大致包括四個方面：一是實行「通用福利制度」，即在保證被救助者所獲得的福利總額低於再就業的收入水準的前提下，將各種類型的津貼和稅費減免進行統一支付以降低福利金發放的成本，並激發失業者的就業積極性。二是制定最高家庭救濟金限額制度，並對殘疾人救濟金的領取進行嚴格審核。據有關資料顯示，從 2013 年 4 月份開始，隨著最高限額與規範殘疾人救濟金領取規定的實施，約 5 萬個家庭與 67 萬殘疾人受到了影響。三是徵收「臥室稅」，以實現對住房資源的優化配置。四是對移民享受福利待遇進行嚴格審查，規範移民的判斷標準。

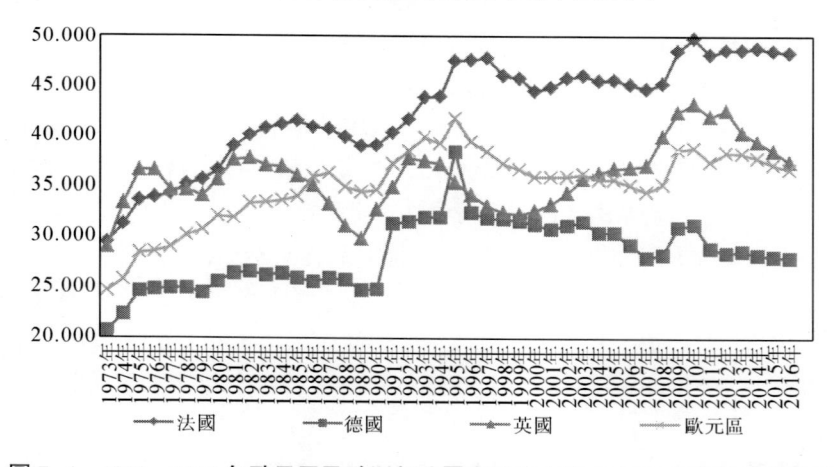

圖 7-4　1972—2016 年歐元區及歐洲部分國家政府支出占 GDP 比重的變化趨勢
數據來源：CEIC 宏觀經濟數據庫統計計算所得。

---

① 李罡. 論英國的結構改革與經濟增長：對撒切爾結構改革及其影響的再解讀 [J]. 歐洲研究，2015, 33 (2)：60-80, 6-7.

再次，進一步加快推進私有化改革進程。最具有代表性的就是2013年7月英國政府針對皇家郵政集團所採取的私有化措施，一方面將公司近90%的股份拿到倫敦證券交易所公開發售，以敦促私營企業通過增加股權的方式獲得集團的控制權。另一方面將其餘的10%的股份以3年內不能出售作為條件無償派發給了集團內部的職工[①]。

最後，推進金融業改革，保障金融業穩定發展。全球金融危機爆發以後英國國際金融中心的地位開始動搖，金融業發展危機四伏。為此英國政府以「金融穩定、嚴格監管、權益保護」作為出發點和立足點，開啓了一輪新的金融改革歷程。起初通過建立銀行業獨立委員會（ICB）對英國銀行業的發展現狀和存在的問題以及潛在危機進行了研究，之後於2013年12月在ICB研究結果的基礎上頒布了金融服務法案。這一法案所遵循的改革原則主要體現在三個方面：一是降低金融風險。該法案的突出特點就是在金融監管層面實現了由傳統「混業」監管到「分業」監管的轉變，儘管提高了監管成本，但卻大大降低了金融風險。二是提供良好的競爭環境。為了進一步激發銀行業的競爭活力，提高金融業的運行效率，英國政府不僅限制了銀行規模的擴張，同時還降低了銀行業的准入門檻。三是特別保護消費者的權益不受侵害。為了盡可能消除客戶與銀行之間存在的信息不對稱問題，法案明確規定銀行有義務向客戶說明每一項產品的收益與風險。

縱觀英國戰後的改革歷史可以發現，從「自由放任」的改革態度到「激進式」的改革模式再到以保障經濟穩定為目標的改革原則，無不體現了英國經濟改革措施是在不斷摸索和實踐中產生的。然而，值得注意的是，儘管不同時期凱恩斯主義的政策思想在英國改革歷程中的地位有所差異，但從具體的改革措施來看，依然存在著政府干預以及財政政策和貨幣政策的影子。根據圖7-5顯示，尤其是「二戰」以後的20世紀，英國的M2增速和財政支出增速的波幅存在著明顯的「此消彼長」特徵。此外，2008—2012年M2增速和財政支出增速的同升同降進一步表明為了擺脫金融危機，英國同步使用了財政政策和貨幣政策。

---

① 李罡. 論英國的結構改革與經濟增長：對撒切爾結構改革及其影響的再解讀[J]. 歐洲研究，2015, 33（2）：60-80, 6-7.

······ M2增速（%）　　——— GDP增速（%）　　---- 財政支出增速（%）

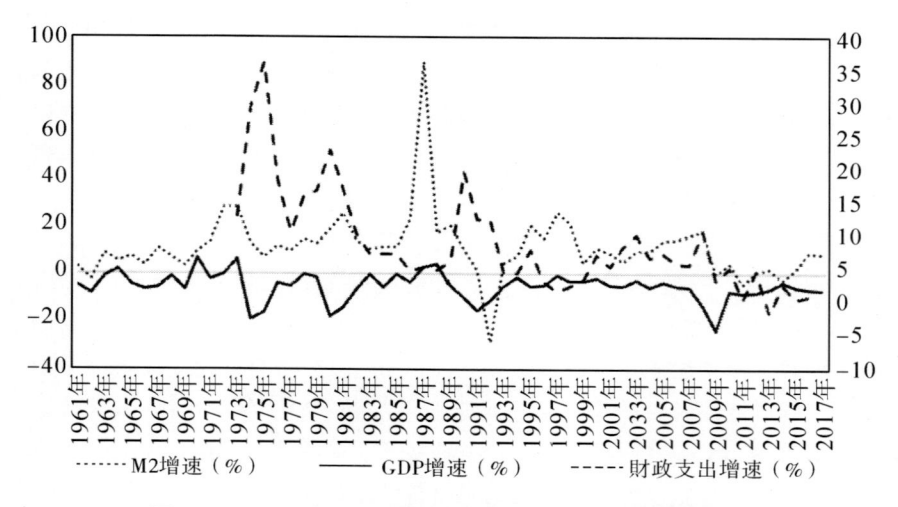

圖 7-5　1961—2017 年英國財政政策與貨幣政策演變歷程
數據來源：CEIC 宏觀經濟數據庫統計計算所得。

7.1.3　日本逆週期經濟政策的演變歷程

長期以來，很多人都將「二戰」後日本的繁榮與衰退歸因於日本的產業政策和產業優勢。然而，正如波特所言，「日本事實上是非常兩極分化的：一方面它擁有全世界競爭力最強的產業和企業……而另一方面，日本的大部分產業不僅達不到世界強國的標準，甚至落後於這些標準甚多。這兩類產業表現出天壤之別的矛盾現象」①。這就表明，除產業政策以外，日本經濟的發展同樣要依賴於政府其他政策的推動。因此，關於「二戰」以後日本政府干預經濟運行的政策措施應該從制定產業政策、財政政策、經濟計劃以及貨幣政策等幾個方面進行綜合考慮。其中，經濟計劃對協調社會各利益集團和階層之間的關係，減少企業盲目生產以及降低經濟危機衝擊的強度具有重要作用②。

（1）「二戰」結束之後的經濟政策

「二戰」後，日本經過近十年的戰後恢復，基本於 20 世紀 50 年代中葉就開始進入繁榮發展的新時期。同時，伴隨著日本著名經濟學家下村治通過實證

---

①　邁克爾·波特. 國家競爭優勢（上冊）[M]. 李明軒, 邱如美, 譯. 北京：中信出版社, 2012：359.

②　張季風. 用馬克思主義經濟理論解析戰後日本經濟週期波動 [J]. 日本學刊, 2018 (2)：1-31.

分析論證了日本完全有能力開啓一段「歷史勃興期」①，1960年12月日本政府制訂並頒布了「國民收入倍增計劃」，即力圖用十年的時間實現實際國民收入翻一倍的目標。這一計劃不僅為之後十年的經濟發展提供了指導，而且還對具體實施方案做出了詳細說明。其中，最為典型的就體現在積極活躍的資本累積和資本創造機制上（如圖4-26所示，日本的資本勞動比至今仍居世界前列）。日本政府一方面為向銀行和證券公司等金融機構儲蓄的客戶提供減稅政策，另一方面又將儲蓄通過低利率貸款給鋼鐵、造船等重工業部門，從而刺激了投資的擴張，拉動了經濟增長。根據圖7-8可以看出，在資本擴張的有力推動下，20世紀60年代日本實現了GDP平均增速為9.44%的高速增長。

　　然而，好景不長，隨著1973年10月17日第一次石油危機的爆發，日本的經濟發展開始面臨日元升值、增速下行、通貨膨脹以及國際收支失衡的「四重壓力」。為了擺脫這一困境，日本政府採用「自動化提高生產率、向更精致化的產品環節轉型，以及國際化生產作業」②的措施，為提高日本產業的長期競爭優勢打下了基礎。20世紀80年代初期，日本全國上下形成了「科學技術立國」的思潮，不論是人力資本的培訓，還是科技研發的投入短期內都出現了明顯的改善。期間，政府層面不僅鼓勵傳統產業的轉型升級，而且大力扶持新興產業的培育和發展，特別是提倡對新能源的開發和利用。因此20世紀80年代日本的產業結構發生了重要變化，一是傳統重工業的增速放緩，二是技術密集型產業蓬勃發展。從圖4-29來看，1981年以來日本的R&D投入占GDP的比重持續居於世界第一的位置，20世紀80年代和90年代日本高科技出口占製成品出口的比重也僅次於美國。當然，即便如此也並沒有推動日本經濟增速重返20世紀60年代的輝煌，1973—1990年日本GDP增速平均水準為4.29%。而且，圖4-71中數據的計算結果顯示，1980—1990年日本的實際固定資本形成總額依然保持著5.52%的高位增速，這一增速造成的虛假繁榮使越來越多的資本流向了股市和房地產市場，從而也為20世紀90年代泡沫經濟的破裂埋下了危機的種子。

---

① 下村治.經濟大國日本的選擇（日文版）[M].東京：東洋經濟新報社，1972：195.
② 邁克爾·波特.國家競爭優勢（上冊）[M].李明軒，邱如美，譯.北京：中信出版社，2012：366.

（2）泡沫經濟破滅後的經濟政策

通常人們將1990—2010年稱為日本經濟「失去的20年」[1]，造成這一現象的導火索主要是20世紀90年代日本經歷的泡沫破裂和亞洲金融危機的雙重衝擊，經濟徹底跌入了一蹶不振的狀態。為了挽救頹勢，日本政府採取了一系列寬鬆的貨幣政策和財政政策。

從貨幣政策來看。一是採取了零利率的貨幣政策。1990年面對泡沫破滅危機的影響，日本政府試圖通過下調貼現率和短期利率增強社會投資者信心，但受到了市場悲觀預期的干擾，成效並不明顯，整個社會最終陷入了「流動性偏好陷阱」。二是實行了量化寬鬆的貨幣政策。根據圖7-8所示，雖然2000年GDP增速出現了回升，但2001年很快又出現了下行。為此，日本政府被迫採取了新一輪的量化寬鬆政策。2001年3月19日日本銀行宣布將實行量化寬鬆的貨幣政策，進一步降低利率，直至2006年結束，從而推動經濟從2002年開始進入復甦階段。從圖7-8的數據計算結果來看，2003—2007年日本GDP的平均增速為1.69%，擺脫了負增長的局面。

從財政政策來看。囿於日本財政赤字的巨大壓力，日本對擴張性財政政策工具的使用相對比較謹慎。一是採取了由擴張向緊縮轉變的財政政策。泡沫經濟破滅之初，為了促使貨幣政策能夠落到實處，日本政府從降低稅費、增加公共開支等方面實行了寬鬆的財政政策，但不僅沒有達到預期效果，反而加重了政府的債務負擔。據統計，1999年日本政府的債務總額占GDP的比重高達130%[2]。面對兩難境地，政府當局迫不得已將財政政策轉向了緊縮型。「1997年，日本政府宣布將消費稅由3%提高至5%，並實施緊縮財政和壓縮赤字的方案」[3]，從而使得宏觀經濟進一步走向了惡化。二是實行由緊縮向擴張轉變的財政政策。1997年年底，日本政府放棄了緊縮型的財政政策，轉而開啓了以減少所得稅為代表的擴張性財政政策。之後，財政政策的力度不斷加大，根據圖7-8所示，1999年財政支出增速達到了37.75%的「二戰」後最高水準。

---

[1] 範立夫，王永桓，周繼燕. 日本經濟「失去的二十年」及政策啓示 [J]. 金融縱橫，2018 (7)：95-100. 註：此處關於泡沫經濟破滅後日本經濟究竟經歷了「失去的10年」還是「失去的20年」學術界說法不一。

[2] 範立夫，王永桓，周繼燕. 日本經濟「失去的二十年」及政策啓示 [J]. 金融縱橫，2018 (7)：95-100.

[3] 範立夫，王永桓，周繼燕. 日本經濟「失去的二十年」及政策啓示 [J]. 金融縱橫，2018 (7)：95-100.

（3）2008 年國際金融危機之後的經濟政策

2009 年受國際金融危機的影響，日本經濟增速一度下跌到了-5.42%的歷史最低點。基於此，日本政府開啓了規模龐大的短期經濟刺激計劃。此次政府救助的重點主要在於，「分 3 次提出了總額為 75 萬億日元的應對方案用於穩定民生、開發新能源技術和安定金融市場」①。其中具體包括 12 萬億日元的財政專項支出和 63 萬億日元的金融救助支出。

一方面，根據圖 7-6 顯示的政府專項支出結構來看，用於醫療、就業、購房減稅等方面的專項支出占比最高，達 5.2 萬億日元；而節能和新能源技術開發投資占比次之，為 2.3 萬億日元。事實上，日本之所以將改善民生作為此次危機救助的發力點，主要是基於日本勞動者收入占 GDP 比重下降趨勢明顯，而企業利率占 GDP 比重反而逐年增加，這同時也就意味著在社會保障方面存在著很大的提升空間。另一方面，從圖 7-7 中金融救助的投資結構來看，政府為中小企業提供貸款或貸款擔保所占比重最高，達 47%；而向特定金融機構提供的貸款擔保的占比次之，為 32%。由此可見，為了應對金融危機，日本政府劃撥了 30 萬億日元用於激發中小企業的發展活力，這一舉措不僅為中小企業的發展增強了信心，避免了大量企業的倒閉，同時也成功規避了銀行壞帳、呆帳的出現，穩定了金融市場。總之，上述一系列財政刺激計劃的貫徹落實，使得日本經濟短期內表現出了復甦跡象，2010 年日本 GDP 增速達到了 4.19%的高位。然而，由於此次政府救助具有很強的政策傾向性，導致經濟回暖的韌勁不足，加之地震、海嘯以及核泄漏的種種打擊，很快日本經濟又呈現了負增長的態勢。

2012 年安倍政府執政後，面對日本經濟持續低迷的局面，提出了「重振日本」的口號，並推行了以「安倍經濟學」為指導的一系列經濟政策，成功實現了「安倍經濟學景氣」②。中國著名日本經濟研究專家崔岩教授曾將「安倍經濟學」的主體內容歸結為「三支箭」，並將這一政策的實施分為兩個階段：2012—2015 年為第一階段，2015 年之後為第二階段。其中，第一階段的「三支箭」，即「『大膽的貨幣政策』、機動的財政政策和喚起民間投資的增長戰略」③，表明第一階段安倍政府的政策重心在於需求側，試圖通過需求的改

---

① 李宏舟. 日本應對金融危機的政策及其評價 [J]. 現代日本經濟，2009（4）：6-10.
② 崔岩. 安倍執政五年的日本經濟：持續緩慢上行與政策調整 [J]. 日本研究，2018（1）：1-9.
③ 崔岩. 安倍執政五年的日本經濟：持續緩慢上行與政策調整 [J]. 日本研究，2018（1）：1-9.

善以實現經濟的穩定復甦。第二階段的「三支箭」，即「勞動與社會保障改革、人才培育革命和生產率革命」，意味著第二階段安倍政府將政策重心轉向了供給側。

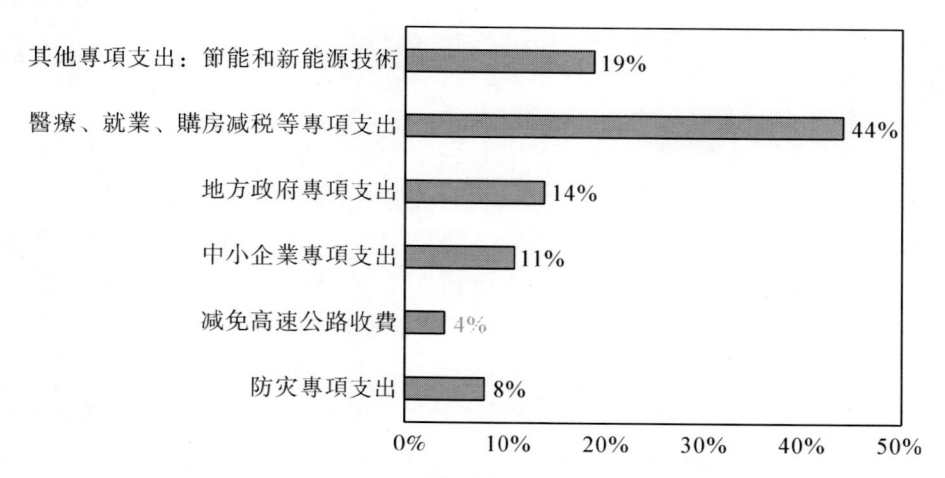

圖 7-6　日本政府財政專項支出投資比重

數據來源：李宏舟. 日本應對金融危機的政策及其評價 [J]. 現代日本經濟，2009（4）．

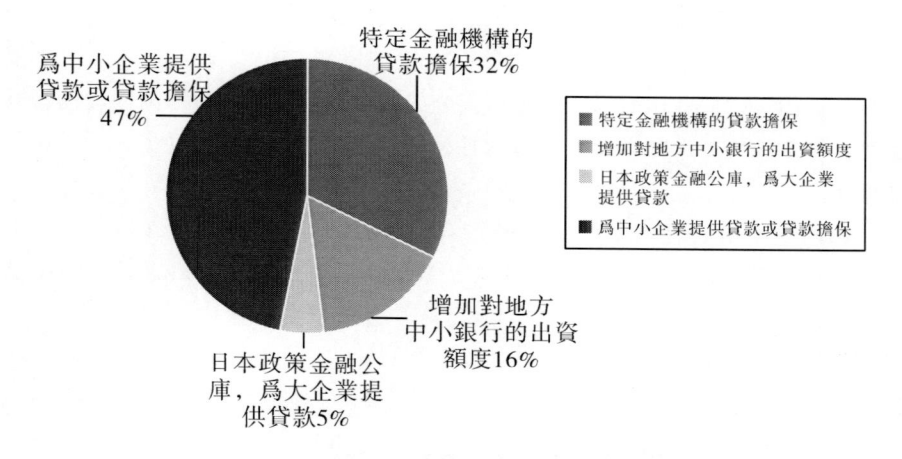

圖 7-7　日本政府金融救助措施投資比重

數據來源：李宏舟. 日本應對金融危機的政策及其評價 [J]. 現代日本經濟，2009（4）．

從 2012—2015 年的第一階段的政策措施來看。一是 2013 年由安倍政府組織成立的所謂「黑田日銀」，標誌著日本「大膽的貨幣政策」的開始。日本政府以「質化和量化的異維度的寬鬆貨幣政策」為政策方向，以控制通脹率、實現經濟穩定為目標，不僅將基礎貨幣供應量從每年的 60 萬億日元提升到了

70萬億日元，而且還將長期國債的購買量增加了50萬億日元。另外，還採取了加大風險性資產的購買量並延長購買國債期限等一攬子配套的寬鬆貨幣政策。二是面對自然災害與危機的多重影響，日本政府頂著財政赤字的巨大壓力於2013年實行了「機動的財政政策」。此次政府扶持的力度高達39.8萬億日元，包括20.3萬億日元的政府支出以及13.1萬億日元的後續補充預算等。同時，此次財政支出的主要著力點涵蓋了災後重建、激發社會投資、推動區域增長、穩定外匯市場等諸多方面。三是2013年日本政府提出了「日本復興戰略」，旨在改善國民和企業對經濟增長的預期，激發社會活力，從而實現經濟復甦的目的。該戰略的內容與財政政策和貨幣政策的最大區別就在於涉及了供給側方面的改革。作為一系列經濟政策能夠有效貫徹落實的輔助，日本政府對人力資本培育和技術創新水準提出了更高的要求。

從2015年至今的第二階段的政策措施來看。2014年面對經濟形勢的好轉與財政赤字壓力升級，日本政府採取了提高消費稅的措施。這一舉措致使GDP增速又一次出現了下降。這就表明靠需求的短期增長來拉動經濟存在著一定的脆弱性和不可持續性。基於此，安倍內閣推行了新一輪改革。而事實上此次改革基本可以看作對「日本復興戰略」的進一步延伸和具體化，也就是從調整供給的角度來尋求新的突破。一是2016年日本政府出抬了「日本一億人總活躍計劃」，規定要以改革勞動方式和收入分配制度為核心，充分激發國民和企業參與社會經濟發展的積極性，保障勞動者的合法權益。為此，安倍政府在提倡同工同酬、適度降低勞動時間、鼓勵下崗職工再就業的同時，還在幼兒和老年人的服務保障方面提供了政策扶持。二是與撒切爾夫人的教育改革方案如出一轍，安倍政府提出「人才培育革命」後，給予教育領域大幅度的政策傾斜，對幼兒教育、小學、初中、高中以及高等教育等各層次的教育均進行了一系列的改革。這些舉措不僅降低了家庭的教育負擔，而且還為經濟的長久發展培養了產業後備軍。三是2017年制定了「未來投資戰略2017」，試圖抓住新一輪技術革命的重要機遇，努力實現生產率的倍增。其中包括2020年生產率增速達2%，2020年設備投資比2016年增長10%，2018年之後工資收入增加3%等具體目標。

綜上所述，日本戰後經濟復興的政策既有財政政策和貨幣政策的需求側短期刺激，同時也包含著以提升人力資本和技術創新水準為核心的供給側的長期激勵。根據圖7-8所示，1971—1998年日本的M2增速與財政支出增速波動性較弱，基本呈現了遵循其自身變化規律的下降趨勢，直到20世紀末和21世紀初才有了顯著變化，之後M2增速基本趨於穩定，而財政支出增速與經濟增速

則表現出了一定的協動性。由此來看，日本對於財政政策和貨幣政策的逆週期政策的使用還是比較謹慎的。

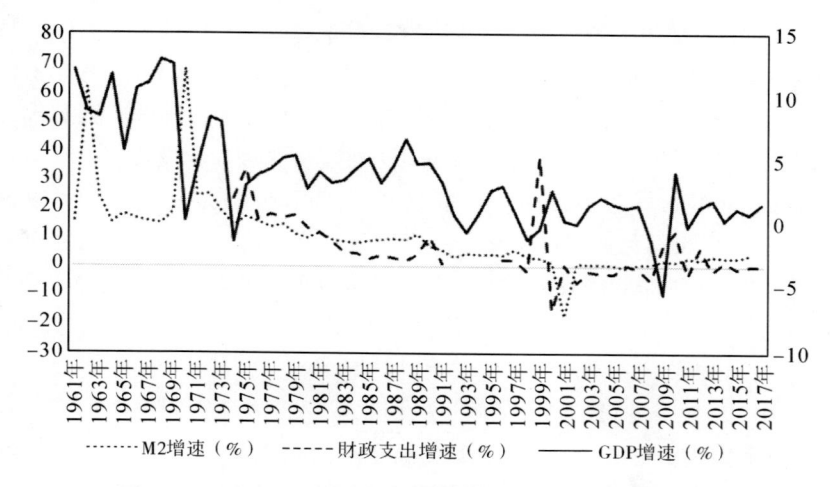

图 7-8　1961—2017 年日本財政政策與貨幣政策演變歷程
數據來源：CEIC 宏觀經濟數據庫統計計算所得。

7.1.4　中國逆週期經濟政策的演變歷程

上文分析中已經論證了中式週期的演變機制根源於「制度+開放+創新」的「三位一體」的時空轉換。事實上，縱觀新中國成立以來面對各種經濟發展困境而實行的一系列逆週期政策，同樣也是以發揮「制度+開放+創新」的優勢而進行的。首先，制度優勢是新中國逆週期政策得以順利實施的最突出特徵。在中國共產黨的英明領導下新中國 GDP 平均增速實現了 8.4%，特別是改革開放以來的平均 GDP 增速高達 9.59%[①]，取得了舉世矚目的偉大成就。而且「以公有制為基礎的體制特徵決定了政府能夠通過國家強控制力，集中力量辦大事，在市場經濟中發揮重要作用」[②]。其次，對外開放的偉大抉擇不僅為經濟提速增加了機遇、打開了空間，而且還為逆週期政策提供了更多的選擇。改革開放以來中國運用調控匯率、國際收支以及關稅等措施來穩定經濟的方式越來越靈活。再者，新中國成立以來的經濟發展還得益於「引進式」技術創新

[①] 8.4%是由 1953—2017 年每年的 GDP 增速平均計算得來，而 9.59%是由 1978—2017 年每年的 GDP 增速平均計算得來。

[②] 陳璋，唐兆涵. 試論改革開放以來中國經濟增長與宏觀經濟管理模式特徵：兼論供給側結構性改革的意義 [J]. 經濟學家，2016（10）：5-12.

和「自主式」技術創新的雙重作用。一方面，經濟增長初期中國通過從海外購買專利、引進設備和投資，彌補了技術落後的不足；另一方面，根據圖4-34、圖4-36、圖4-39所示，2008年國際金融危機以後，中國專利和商標申請量以及高科技產品出口比例驟增，已經顯著超越了美國和日本的水準，這就預示著中國自主創新的發展戰略已經初見成效。

另外，從中國經濟發展的歷史進程來看，改革開放之前由於受「政治週期」的主要影響，儘管GDP增速著實表現出了一定的週期性，但是逆週期經濟政策卻並不明顯。而且從圖7-11也可以看出，改革開放之前中國財政支出增速與GDP增速之間具有高度的協同性。也就是說，改革開放之前的逆週期政策相對單一，僅以控制財政支出為主。基於此，下文將著重梳理改革開放以後中國逆週期經濟政策的演進過程。此處，按照王一鳴（2018）的做法，將改革開放後中國宏觀逆週期經濟政策的演變大致劃分為三個階段：第一階段，1978—1996年以抑制通貨膨脹和經濟過熱為主要目標；第二階段，1997—2012年以應對國際各方面的危機衝擊為主要目標；第三階段，2013年至今以新時代應對經濟發展新常態為主要目標[1]。

（1）第一階段：1978—1996年的經濟政策

通過圖4-2展現的1951年以來中國CPI增長率的波動情況容易發現，改革開放初期（1978—1996年）中國平均CPI增長率高達8.23%，顯著高於改革開放之前（1951—1977年）的1.44%和1997—2016年的1.93%。特別是1988年、1989年、1993年、1994年和1995年的CPI增長率均超過了10%。基於此，政府先後進行了三次較大規模的貨幣和財政雙趨緊的政策調整。

其中，第一次調整發生在20世紀80年代中期。該時期受各地區「GDP競爭錦標賽」所導致的投資過熱使「1984年，銀行信貸總額比上年增長28.8%，現金（M0）發行比上年增長49.5%」[2]。為此，在經過熱烈的討論之後國家於1985年開啓了一輪財政、貨幣雙向緊縮的政策調控。第二次調整發生在20世紀80年代後期。1986年的緊縮政策在控制了通脹的同時也抑制了經濟的增長，因此中央銀行又不得不放鬆了對信貸投放的控制，由此一來，貨幣的擴張與原材料價格的上漲形成合力進一步推動了通貨膨脹的形成。這一次政府被迫採取了一系列「硬著陸」的措施，包括強力降低固定資產投資規模、對原材

---

[1] 王一鳴. 改革開放以來中國宏觀經濟政策的演進與創新［J］. 管理世界，2018，34（3）：1-10.

[2] 王一鳴. 改革開放以來中國宏觀經濟政策的演進與創新［J］. 管理世界，2018，34（3）：1-10.

料價格實行最高限價、提高存款準備金率和利率以及控制信貸規模等。然而，從效果來看，儘管控制了通脹的惡化但也嚴重打擊了市場信心，為之後的經濟低迷付出了代價。第三次調整發生在20世紀90年代初期。1992年鄧小平的南方談話為建立社會主義市場經濟吃了「定心丸」，社會投資一簇而起，貨幣供給量驟然增加，從而又一次引發了嚴重的通貨膨脹。面對壓力，1993年政府頒布了《關於當前經濟情況和加強宏觀調控的意見》，分別為金融市場、外匯市場、房地產市場等制定了相應的經濟緊縮政策。因此，得益於這些配合措施的綜合影響，通貨膨脹得以控制，經濟最終恢復了穩定增長。

（2）第二階段：1997—2012年的經濟政策

根據表3-4所示，1992年開始中國由「短缺經濟」時期進入了「過剩經濟」時期，供求失衡體現出了有效供給不足和有效需求不足的新特徵。上一輪的信貸刺激導致了大量低效產能的湧現。與此同時，1998年的亞洲金融危機和2008年的全球金融危機進一步引致中國經濟出現了不同程度的衰退。因此，這一期間主要以擴張性的宏觀經濟政策為主。

根據圖4-2所示，伴隨著1998年亞洲金融危機的衝擊，中國的通貨膨脹率在出現大幅度下降的同時，失業率的上升態勢開始愈加明顯。此外，從圖4-3中的國際貿易視角來看，1998年中國進口總額占GDP的比重明顯下滑。同時，按照圖4-7、4-10的波動趨勢，關於1998年的經濟運行有兩個情況值得注意：一是GDP增速和固定資本投資增速延續了之前的下行趨勢，並非出現突變；二是貨物運輸量增速處於上升趨勢並沒有受到影響。因此筆者認為，1998年的經濟下行與其說是危機衝擊的結果，不如看作是一種週期性衰退。這一背景下，政府採取了積極的財政政策和穩健的貨幣政策以擴大國內需求。一方面，政府通過發行國債來籌集財政資金，為激發中小企業積極參與基礎設施建設投資注入了活力。另一方面，為了增加貨幣供應量，中央銀行不斷下調準備金率和利率。但從圖7-11中M2增速變化情況來看，本輪貨幣政策力度適中，貨幣增速並不明顯。同時，為了恢復進出口貿易，國家還對部分商品的出口退稅率進行了調整。另外，這一階段也進行了供給側的改革，並主要體現在國有企業改革方面。1998年初中央下發了《國務院關於紡織工業深化改革調整結構解困扭虧工作有關問題的通知》，不僅促成了紡織業產值由降轉升，而且還帶動了農副食品加工業與紙製品業等輕工業的發展（圖4-14）。隨後，1999年7月又頒發了《關於實施債權轉股權若干問題的意見》，從而促進了國有大中型企業的改革與調整。總體來看，本輪逆週期政策成效顯著，尤其是扭轉了企業的虧損局面。圖4-13顯示，1998年也成為重工業和輕工業產值明顯

背離的時間節點（即起點）。

2001年中國加入WTO以後，經濟再一次開啓了高速增長模式。隨著黨的十六大提出要在2020年實現GDP比2000年翻兩番的目標，以及十六屆三中全會《關於完善社會主義市場經濟體制若干問題的決定》的通過，全社會掀起了新一輪投資熱潮，低水準重複建設現象開始重現。同時受加入WTO影響，出口份額大幅增加，經常帳戶和資本帳戶表現出了「雙順差」的特徵和擴大的趨勢，由此導致了外匯儲備規模膨脹，致使央行不得不採取購買外匯的措施，從而進一步增加了貨幣供給量，推動了投資的高漲。在此背景下，如圖4-7所示，2003年中國實際固定資本形成總額增速達到了20.77%，同期全社會固定資產投資中建築安裝工程增速和設備工器具購置增速分別達到了25.8%和28.3%（圖4-8），而M2增速高達19.24%，並最終導致了需求拉動的通貨膨脹。之後，為緩解通脹壓力，政府實行了穩健的財政政策和適度緊縮的貨幣政策。一方面，逐漸減少長期建設國債的發放力度，國債發行規模從2002年的1,500億元分別縮減到了2004年的1,100億元和2005年的800億元。另一方面，「2007年年中又將穩健的貨幣政策調整為適度從緊的貨幣政策」[1]，從圖7-11也可以看出，2007年M2增速出現了短暫的下降。

2008年國際金融危機不僅對發達國家的經濟產生了重創，也對新興經濟體以及部分發展中國家的經濟發展造成了一定影響。如圖7-11所示，金融危機打破了中國為期8年的持續經濟增長，2008年和2009年的實際GDP增速由2007年的14.2%分別降至了9.7%和9.4%。此外，進出口總額也出現了不同程度的下滑。為了防止經濟的進一步衰退，強化內需對經濟增長的拉動作用，政府採取了又一輪的經濟刺激計劃，具體體現為積極的財政政策和適度寬鬆的貨幣政策。2009年政府出抬了總額共計4萬億元的財政刺激和累計9.6萬億元的貨幣刺激計劃。一是財政政策方面，從圖7-9中可以看出，財政刺激計劃中用於鐵路、公路、機場以及電網建設投資的份額達45%，用於災後重建的投資份額達25%，而且還將大量資金投向了基礎設施建設和保障民生等領域。由此可見，金融危機後中國的財政刺激計劃與美國大蕭條時期的財政政策存在著異曲同工之妙。二是貨幣政策方面，為了保證貨幣信貸能夠實現平穩增長，2008年下半年中央銀行對基準利率進行了五次下調，而且還四次下調了存款準備金

---

[1] 王一鳴. 改革開放以來中國宏觀經濟政策的演進與創新［J］. 管理世界，2018，34（3）：1-10.

率①。基於一系列配套措施的落地，2010年實際GDP恢復了10.6%的高增長水準，實際固定資本本投資增速也增至了13.85%。

然而，值得注意的是，2009年的一系列短期政策刺激計劃儘管為挽救經濟衰退做出了巨大貢獻，但是，從圖7-9可以看出，投資於科技創新、經濟結構調整以及醫療衛生和文化教育事業的份額相對較低，並沒有很好地拉動國內需求的穩定提升。與此同時，如此大規模的投資刺激又一次引發了重複建設、產能過剩、政府債務驟增等連鎖反應，「產能過剩開始從工業消費品領域逐漸深入到工業投資品領域」②。另外，過度投資還促使實際信貸規模達到了近18萬億元，不僅產生了流動性過剩，而且還引致了後來的資產價格泡沫壓力。

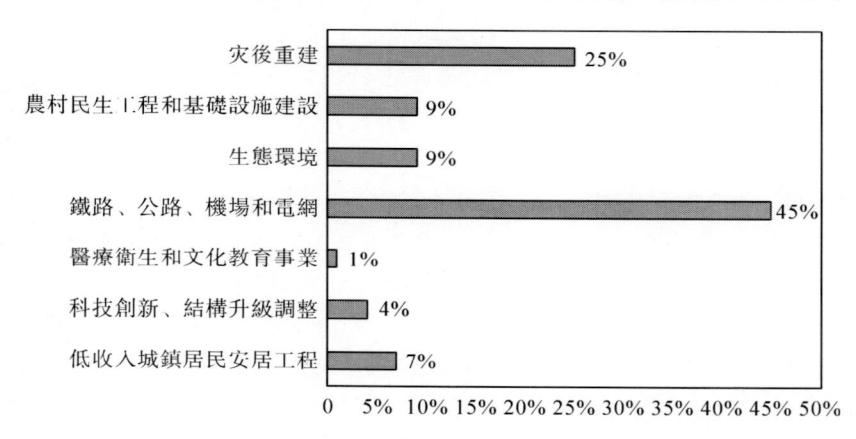

項目	比例
災後重建	25%
農村民生工程和基礎設施建設	9%
生態環境	9%
鐵路、公路、機場和電網	45%
醫療衛生和文化教育事業	1%
科技創新、結構升級調整	4%
低收入城鎮居民安居工程	7%

圖7-9　國際金融危機後中國財政刺激計劃的比例分配

數據來源：季鑄. 2009—2010年中國經濟分析展望報告［J］. 中國對外貿易，2010 (3).

（3）第三階段：2013年至今的經濟政策

2013年伴隨著中國宏觀經濟增長由總量供需失衡轉變為結構性失衡，中國經濟發展開始正式步入了「新常態」。這也就標誌著傳統的粗放型經濟發展模式已經不適應新的國情，供給側結構性的矛盾凸顯逐漸推動中國向高質量發展階段轉變。2013年11月中共十八屆三中全會通過的《中共中央關於全面深化改革若干重大問題的決定》中明確提出了要「使市場在資源配置中起決定

---

① 李利平. 中國應對金融危機的凱恩斯主義政策效力分析［J］. 改革與戰略，2011, 27 (11)：28-30.

② 王一鳴. 改革開放以來中國宏觀經濟政策的演進與創新［J］. 管理世界，2018, 34 (3)：1-10.

性作用和更好發揮政府作用」的重要論斷，不僅為更好釋放市場活力提出了要求，而且也為制度的進一步完善提供了方向。2015年習近平總書記在中央經濟工作會議上明確強調：「推進供給側結構性改革，是適應和引領經濟發展新常態的重大創新。」① 從此，圍繞以「三去一降一補」為重心的供給側結構性改革在全國範圍內展開。

　　具體來看，一是去產能。針對鋼鐵和煤炭行業的產能過剩問題，政府通過嚴格審核，篩選出了一批僵屍企業和虧損企業。政府依據市場化原則，鼓勵有能力的企業採取兼併重組的方式予以消化。二是去庫存。面對房地產行業的高庫存現象，政府主張因地制宜。一方面，對於人口流入量比較大且房價上漲速度過快的一、二線城市，通過提高土地利用率的方式，盤活閒置和低效用地，以適當增加土地供給量。另一方面，對於人口流出比較嚴重的三、四線城市，鼓勵進城務工人口購買商品房。三是去槓桿。這一舉措的關鍵點在於減少企業的不良資產，降低企業的高槓桿率。為此，政府推行了一系列的債務重組和處置措施，允許採用市場化債轉股的方式，實現資產證券化。四是降成本。中央和地方政府分別對公共資源價格以及各項稅費等關乎企業營運成本的方面進行了調整，尤其是在推出「營改增」改革方案的同時不斷進行簡政放權，從而降低了企業的制度性交易成本。五是補短板。供給側結構性改革的主要落腳點就在於尋找新的增長動能，為此黨的第十八屆五中全會明確提出了「創新、協調、綠色、開放、共享」的五大新發展理念，以彌補粗放型經濟增長方式所忽略的重要經濟增長點。

　　總之，根據以上分析來看，改革開放以來面對宏觀經濟的數次衰退，中國採取了多種逆週期調節政策，其中既有包含財政政策和貨幣政策的短期需求側的政策刺激，同時也有供給側結構性改革。如圖7-10所示，從1984年開始中國的財政支出由中央和地方各占50%逐漸轉向了主要以地方為主，2011年地方政府的財政支出占比達到了84.9%。而且從圖7-11中可以看出，財政政策相對於貨幣政策見效更快，貨幣政策效果一般存在數月至1年的滯後期。另外，近三年的供給側結構性改革，不僅有效緩解了供需失衡，而且還明顯降低了結構性矛盾，推動中國經濟實現了多方面的向好發展。

---

　　① 中共中央文獻研究室. 習近平關於社會主義經濟建設論述摘編 [M]. 北京：中央文獻出版社，2017.

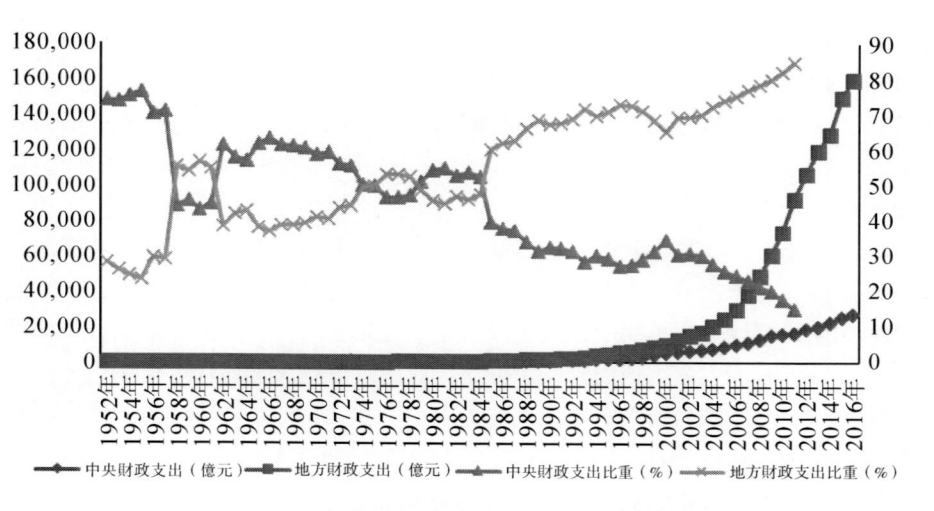

图 7-10 新中國成立以來財政支出波動趨勢

數據來源：國家統計局官方網站數據整理。

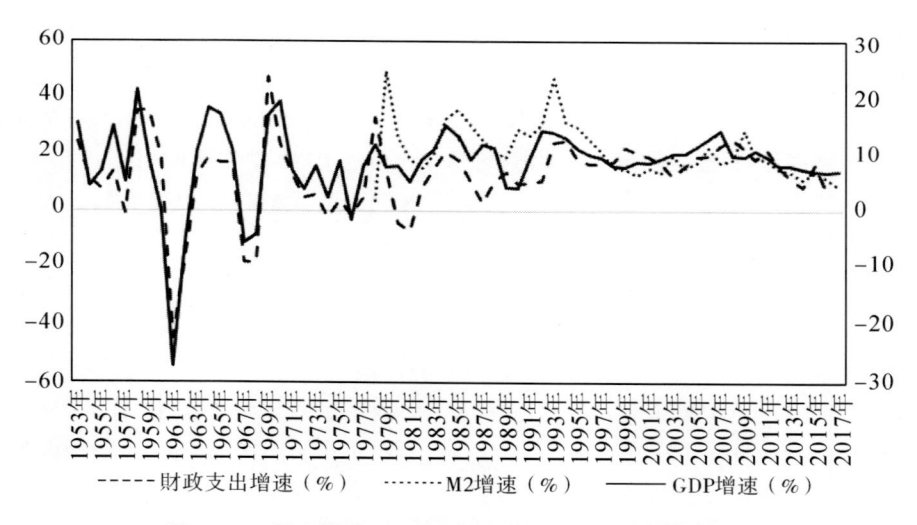

图 7-11 新中國成立以來財政政策與貨幣政策演變歷程

數據來源：國家統計局官方網站數據整理。

7.2 國際逆週期經濟政策的經驗借鑑

7.2.1 政府有效干預是實施逆週期經濟政策的首要前提

綜合上述分析，無論是美國、英國還是日本的逆週期政策的實施都是以提高經濟增速、改善人民生活條件作為根本目標的，而實現這一目標的首要前提就是政府能夠有效參與逆週期政策的制定與實施過程。一是從美國的逆週期政策來看。大危機時期美國總統胡佛採用的自由放任的經濟政策不僅加重了危機的影響，而且還造成了社會的動盪。之後「羅斯福新政」的出抬雖然推動美國走向了國家壟斷資本主義，但是由此開啓的國家干預政策卻為經濟走出蕭條做出了巨大貢獻。後來，無論是里根政府推崇的「徹底經濟革命」「克林頓經濟學」還是奧巴馬政府和特朗普政府所實行的經濟政策都有政府不同程度干預經濟發展的影子。二是從英國的逆週期政策來看。「二戰」以後受「馬歇爾計劃」的影響，英國經濟出現了多次的負增長現象。為此，政府當局也曾採取了數十年的自由放任態度，但是非但沒有使經濟出現好轉，反而帶來了失業率長期居高不下、產業競爭力日趨衰退等一系列惡果。直至撒切爾改革的出現，才扭轉了頹勢，並為以後的歷屆政府搭建了國家宏觀調控的框架，為改革提供了經驗。三是從日本的逆週期政策來看。「二戰」以後日本始終保持著國家干預經濟發展的傳統，從「二戰」結束後「經濟中心主義道路」的確定，到泡沫破滅後的「零利率政策」與緊縮型財政政策，再到2009年規模龐大的短期經濟刺激計劃以及安倍政府「重振日本」口號的提出，無不表現出日本政府參與經濟調整的決心和力度。

因此，西方發達國家逆週期政策的動態變化已經告誡我們，對於任何時期而言，放任自流的經濟政策都是行不通的。實際上，縱觀中國的逆週期政策的演變歷程可以發現，「穩定壓倒一切」和中國共產黨的領導是新中國成立以來能夠實現經濟高速發展的主要經驗之一，這同時也是導致制度因素成為中國獨特的「制度+開放+創新」發展模式關鍵一環的主要原因，而要充分發揮制度因素的決定性作用就必須允許政府對經濟社會運行進行干預。特別是2008年面對國際金融危機和汶川地震的雙重衝擊，中央政府迅速從年初的「雙防」

調控目標轉向了年中的「一保一控一調」和年末的「一保一擴一調」①，逆週期政策也由積極的財政政策和穩健的貨幣政策轉向了更加積極的財政政策和適度擴張的貨幣政策。從而不僅實現了經濟的迅速回暖復甦，同時也維護了社會安定。此外，經濟新常態以來，面臨部分產業產能嚴重過剩、房地產高庫存風險、企業槓桿率居高不下等問題，政府審時度勢提出了供給側結構性改革的方案，為新時代推動高質量發展奠定了堅實基礎。

當然，需要明確的是，政府干預經濟運行存在一個適度的問題，也就是要正確處理好政府與市場的關係。正如部分學者所言，「在中國特色社會主義市場經濟不斷完善的過程中，政府作為最大的資源配置主體，能否發揮其積極作用，會對市場經濟發展產生重要的影響」②。但是，同時也要認清，政府與市場關係並不存在「普世模式」。一方面，橫向對比來看，囿於不同國家和地區的發展背景和發展特徵，各地區的最優政府與市場邊界可能存在著異質性。另一方面，縱向對比來看，同一個國家在不同的發展階段也可能存在政府與市場關係類型③的動態演變和相互轉化。因此，就新時代中國的改革而言，應在繼續保持政府干預經濟運行的前提下，辯證厘清政府與市場的邊界，始終以實現社會主義本質要求為根本目標，繼續朝著解放生產力、發展生產力、消滅剝削、消除兩極分化，最終達到共同富裕的方向而共同努力。

7.2.2　需求側的短期刺激計劃需根據國情度身訂造

通過上述分析容易發現，不論是美國、英國、日本還是中國，在實施逆週期短期需求調節政策的過程中均存在一個共同現象，即伴隨著政策的貫徹落實，儘管短期內會使經濟運行達到反週期的目標，但是由於政策干預存在過激的現象，很有可能又激發經濟運行出現新矛盾，達到另一個極端，也就是所謂的「一鬆就熱、一緊就冷」現象較為突出。

一是從美國需求側的政策效果來看。即便是效果顯著的羅斯福新政也由於政策的時滯性而造成了較長時期的負面影響④。到了20世紀70年代，應對「滯漲」的一系列刺激政策雖然使經濟增速有所回升，但卻加重了通貨膨脹的

---

① 其中，「雙防」是指防止經濟過熱和防止通貨膨脹；「一保一控一調」是指保增長、控物價、調結構；「一保一擴一調」是指保增長、擴內需、調結構。

② 石濤．政府和市場關係類型、歷史演變及啟示 [J]．上海經濟研究，2018（12）：26-33．

③ 通常將政府與市場關係分為四種類型，即「強政府強市場」「強政府弱市場」「弱政府強市場」「弱政府弱市場」。

④ 孫瑾．經濟週期測度與逆週期經濟政策效應研究 [M]．北京：經濟科學出版社，2013：67．

壓力，直至里根政府提出「徹底經濟革命」才逐漸擺脫了「滯漲」現象，但同時卻引致了 21 世紀之初的互聯網泡沫危機。為了挽救泡沫破裂對經濟增長的危害，克林頓和布什政府先後採取了不同程度的經濟刺激計劃，短期內恢復了經濟增長，同時也造成了房地產行業的畸形化以及過度投機的肆虐，直到 2008 年爆發了次貸危機。然而，由於泡沫危機後美國近乎實行了零利率的政策，導致針對此次危機所採取的貨幣政策的操作空間很小，效果也並不明顯。二是從英國需求側的政策效果來看。以撒切爾夫人實行的激進式改革為例，儘管改革幫助英國恢復了經濟發展，基本擺脫了長期停滯的尷尬局面，但同時也「不僅擴大了收入差距，而且加重了實體經濟與虛擬經濟的失調」[①]。從而印證了馬克思關於資本主義資本累積的一般規律，即隨著資本累積的不斷擴張，資本主義國家收入差距將呈現嚴重的兩極分化趨勢。三是從日本需求側的政策效果來看。「二戰」結束後由日本政府推動的積極活躍的資本累積和資本創造機制一度造成虛假繁榮的景象，促使資本越來越多地流向了股市和房地產市場，直至 20 世紀末泡沫破裂，政府又採取了「零利率政策」和新一輪的量化寬鬆政策，進而使得宏觀經濟繼續走向了惡化。此外，2008 年國際金融危機以後，受財政承受能力的限制，日本的財政政策實施空間相對狹小，一定程度上也成為日本謹慎使用財政政策工具的主要原因。

　　因此，通過對部分發達國家逆週期政策效應的歷史考察來看，需求側的短期經濟刺激計劃需根據國情度身訂造，也就是說，財政政策與貨幣政策的配合使用應量力而行。正如林躍勤所言的「推行財政政策的出發點不單是短期宏觀穩定、保持經濟總量的繼續維持高增長，還應有其長期戰略目標，即促進經濟結構調整和增長方式轉變，從一定意義上講，後者更具戰略層面的意義」[②]。而對於國際金融危機時中國所採取的刺激政策的效果，中國部分學者也做了詳細的研究。李立平通過對 2008 年國際金融危機前後的中國宏觀經濟運行中存在的問題進行對比研究，發現「中國政府應對金融危機的凱恩斯主義政策並沒有針對經濟中存在的問題採取有效的解決辦法」[③]。當然，這一觀點主要是基於國際金融危機後中國的一系列救市措施並沒有較好帶動居民消費的提升和

---

① 魯保林.「里根革命」與「撒切爾新政」的供給主義批判與反思：基於馬克思經濟學勞資關係視角 [J]. 當代經濟研究，2016（6）：35-42, 97.
② 林躍勤. 應對全球金融風暴衝擊的財政政策新選擇 [J]. 經濟研究參考，2009（9）：19-24.
③ 李利平. 中國應對金融危機的凱恩斯主義政策效力分析 [J]. 改革與戰略，2011，27（11）：28-30.

民營企業經營的改善而提出的。此外，劉偉則認為金融危機時期中國在市場失衡與歐美國家存在著本質差別的前提下，卻採取了與歐美國家相一致的宏觀調控政策。所以「由於實際舉措與失衡的特性不吻合，便使政策干預所取得的反失衡的效應不十分顯著」①。基於以上分析，筆者認為，無論是財政政策還是貨幣政策的制定都應從供給與需求、短期與長期以及微觀與宏觀等多個層面進行全方位考慮，並必須以供給側結構性的改革作為配套措施，才能實現經濟的長足發展。

7.2.3 供給側結構性改革是實現經濟長期可持續發展的關鍵選擇

「供給和需求是一個硬幣的兩面，片面強調需求側管理或供給側管理都是不可取的」②。然而，長期以來，考慮到供給側結構性改革的效果反應到經濟運行上可能存在一定的滯後性，需要一個從量變轉為質變的過程，部分國家的政府當局不願從供給側入手來調整宏觀經濟。但這並不能改變供給側改革是實現經濟長期可持續發展關鍵選擇的客觀事實。

一是從美國供給側的改革歷程來看。首先，大危機時期的《農業調整法》和《全國工業復興法》的頒布，不僅穩定了市場價格，而且還為工農業生產營造了良好的制度環境。其次，里根經濟學所涉及的削減社會福利支出、降低稅收以及「在價格、工資、勞動、環保、安全生產、商品檢驗、貿易、金融等經濟領域的各個方面制定了大量的限制性法令和規章」③ 等措施，降低了企業生產成本，極大地調動了企業生產的積極性和創新活力。再次，為應對國際金融危機影響，奧巴馬政府推行的如減稅計劃、科技創新計劃以及再工業化發展戰略無疑為美國率先擺脫危機困擾起到了重要作用。二是從英國供給側的改革歷程來看。「二戰」結束後，撒切爾政府的改革措施可以說主要集中於供給側。一方面，教育方面的系統化改革作為撒切爾政府的施政重點，不僅改變了英國教育質量不高的狀況，還為經濟長期發展提供了源源不斷的人力資本。另一方面，撒切爾政府通過降低稅率、縮減政府開支、解除政府管制、完善工資制度以及大面積私有化等方式，進一步為企業生產提供了便利條件，激發了市場的充分競爭，為擺脫「滯漲」泥潭做出了突出貢獻。此後，金融危機時期，卡梅倫政府同樣遵循了撒切爾改革的基本思路，仍將改革重心放在了供給側。

---

① 劉偉. 中國應對金融危機的宏觀經濟政策演變及特點 [J]. 中共中央黨校學報，2015，19（2）：5-14.
② 林毅夫. 供給側結構性改革 [M]. 北京：民主與建設出版社，2016：117.
③ 林毅夫. 供給側結構性改革 [M]. 北京：民主與建設出版社，2016：119.

三是從日本供給側的改革歷程來看。上文已經提到，日本對財政政策和貨幣政策的使用相對於其他發達國家而言比較謹慎，而主要是以供給側改革為主，並且突出體現在「科學技術立國」的發展戰略上。「二戰」以後，日本政府就開始以培養人才和振興科學技術為重點，不斷加大人力資本培訓力度，短期內實現了科研投入的顯著提升。此外，日本政府還致力於推動傳統產業的優化升級以及大力培育新興產業，從而顯著提高了產品的國際競爭優勢。時至今日，安倍政府的「新三支箭」政策仍然秉持著這一改革理念。

新時代背景下，中國經濟發展步入「三期疊加」的新常態，中央政府不遺餘力地開啓了一輪供給側結構性改革。正如習近平總書記指出的，「放棄需求側談供給側或放棄供給側談需求側都是片面的，二者不是非此即彼、一去一存的替代關係，而是要相互配合、協調推進」①，這就表明，供給側結構性改革已然成為中國逆週期政策的關鍵選擇。而且，必須認識到，「供給側結構性改革並不是簡單地摒棄宏觀需求管理，因為需求側與供給側是平衡經濟增長的兩翼，二者缺一不可」②。從中國當前的經濟發展形勢來看，一方面，短期面臨著產能過剩、庫存過多、槓桿率過高等問題，同時，中國正處於全面脫貧攻堅的關鍵時期。另一方面，長期內要想成功實現社會主義現代化強國的奮鬥目標，就必須成功跨越「五個轉換」③ 階段。而無論是基於短期還是長期的發展規劃，都應以需求側和供給側的政策協調配合為基礎。因此，總體來講，供給側結構性改革對經濟長遠發展具有重要意義。

7.2.4 推進高質量發展是提升國家競爭優勢的必由之路

黨的十九大明確提出，中國經濟由高速增長階段轉向了高質量發展階段。這就意味著，未來中國經濟發展的目標、結構、動力和機制都將發生系統性轉變。根據上文分析，從美國、英國以及日本等發達國家「二戰」後所推行的經濟政策同樣可以看出，國外關於提升人力資本、推進技術創新、加大環境保

---

① 《習近平在省部級主要領導幹部學習貫徹黨的十八屆五中全會精神專題研討班上的講話》（2016 年 1 月 18 日），人民網 2016 年 5 月 10 日，cpc. people. com. cn/n1/2016/0510/c64094-28337020. html.

② 丁任重，李標. 供給側結構性改革的馬克思主義政治經濟學分析 [J]. 中國經濟問題，2017（1）：3-10.

③ 「五個轉換」是指經濟格局由「供給短缺型」向「需求不足型」轉換，生產方式由勞動密集型向資本—技術—知識密集型轉換，產業結構由「二三一」向「三二一」轉換，發展動力由投資驅動向技術和創新驅動轉換，經濟體制由「半市場經濟」向「全市場經濟」轉換。（參見方福前. 中國經濟正在進行五個轉換 [J]. 人民論壇，2015（502）.）

護力度、鼓勵新能源產業開發以及保障民生等關乎高質量發展的諸多領域早已做出了努力，並取得了顯著成效，從而為中國今後的高質量發展提供了很多經驗。事實上，新時代中國建立現代化經濟體系，推進經濟高質量發展的戰略是符合當前中國所面臨的時代背景和發展要求的。總體來看，中國現階段主要面臨著三大發展機遇。

首先，中國正處於產業結構調整的重大機遇期。如圖 4-11 和圖 4-17 所示，2012 年以後中國第三產業增加值占 GDP 的比重已經超過了第二產業，服務業發展水準穩步提升，產業結構開始步入了有規律的調整階段，合理化程度不斷提升。當前，在中國已經成為世界製造業大國的背景下，服務業重心已經出現了向包括信息服務、研發設計等生產性服務業和包括教育、娛樂、文化等社會服務業轉變的勢頭。因此，只要實現製造業優勢與服務業的深度融合，必然會提升行業競爭力。其次，中國正處於以 AI 技術、大數據以及生物智能為代表的新一輪科技革命的浪潮之中。顯然，與以往幾次技術革命不同，中國在部分領域早就成為本輪技術革命的先行者，以移動支付、網購、共享單車以及高鐵為代表的「新四大發明」就是最典型的例子。相信中國只要能夠充分利用好世界上最大的消費市場這一獨特規模優勢，形成完整的產業體系，必將提高內需對經濟增長的貢獻率。再次，中國正處於新型城鎮化的大力推進以及城市群和大都市圈的蓬勃發展階段。黨的十八大以來，國家對新型城鎮化的建設相當重視，尤其是隨著 2014 年國務院頒布的《國家新型城鎮化規劃（2014—2020）》的貫徹落實，中國城鎮化水準和質量均有了顯著提升，2016 年中國城鎮常住人口已經達到了總人口的 57.35%。此外，近年來中國的人口流動也出現了一定的結構性變化，大都市圈的擴張進程正在推進，以京津冀、長三角、珠三角最為突出。由此引發的新的消費理念和消費需求同樣也會為經濟增長提供不竭動力。

因此，筆者認為，新時代背景下推進高質量發展實屬提升國家競爭優勢的必由之路。黨的第十八屆五中全會上習近平總書記明確提出了創新、協調、綠色、開放、共享的五大發展理念，以推進新時代經濟發展的質量變革、效率變革和動力變革。當然，變革並不會一蹴而就。按照馬克思辯證唯物主義的分析方法，機遇和挑戰總是相伴而生。諸如地方政府唯 GDP 論政績的傳統觀念、要素市場充分流動的地方壁壘、金融風險難以防控、產權制度不夠完善等一系列問題的解決仍然需要一定時間。

7.3 本章小結

2018年12月19日至21日,面對危和機同生並存的經濟發展新局勢,中央經濟工作會議明確指出,「宏觀政策要強化逆週期調節,繼續實施積極的財政政策和穩健的貨幣政策」,同時會議認為「中國經濟運行主要矛盾仍然是供給側結構性的,必須堅持以供給側結構性改革為主線不動搖」①。由此可見,一方面,國家層面對經濟運行的週期性下行壓力非常重視,並將逆週期調節作為今後政策制定的核心;另一方面,中國的逆週期調節政策手段逐漸開始趨於多元化和協同化,不僅注重短期政策與長期政策的協調配合,而且還比較注重需求側與供給側的協同推進以及微觀層面和宏觀層面的雙重干預。因此,本章基於當前國內逆週期經濟政策制定與實施的當口,首先對「二戰」以後美國、日本、英國三個代表性發達國家的逆週期經濟政策的演變歷程進行了梳理,再對改革開放以來中國自身的逆週期政策的演變歷程做了歸納,最後通過對比分析,總結出了新時代中國逆週期經濟政策制定所能借鑑的經驗。

本章梳理了各國逆週期政策的演變歷程。①美國逆週期經濟政策經歷了從「自由放任」到「國家干預」的轉變,主要以財政政策和貨幣政策的需求側短期刺激為主,且大多表現為「同擴張、同緊縮」的特徵。由於美國是市場經濟比較發達的國家,政策滯後性較短,所以短期政策效果較為顯著。但儘管如此,仍然不能擺脫「一鬆就熱、一緊就冷」的惡性循環。②英國逆週期經濟政策經歷了「自由放任」到「激進式」改革的過程,同樣存在著國家干預,而且改革措施主要變現為供給側和需求側的雙向推進。但是,由於英國逆週期政策的實施力度較大,一定程度上起到了反作用,從而降低了政策效果。③日本的逆週期政策始終是在國家主導下進行的。從「國民收入倍增計劃」到「重振日本」等口號的提出,日本的經濟政策中既存在像「零利率貨幣政策」這樣的偏激措施,同時也包含著諸如勞動與社會保障改革、人才培育革命和生產率革命等供給側的改革。而且,近幾年受財政壓力過大的影響,日本經濟改革的著力點主要聚焦於供給側。④從中國逆週期經濟政策的演變歷程來看,新常態以前中國應對經濟波動的政策工具主要體現為需求側的財政刺激,當時供

---

① 參照:《中央經濟工作會議在北京舉行 習近平李克強作重要講話》http://www.npc.gov.cn/npc/xinwen/syxw/2018-12/23/content_2067586.htm.

给侧的改革（特别是国有企业改革方面）相比较於当前的供给侧结构性改革而言，力度并不是很大。

  本章通过对比分析，总结出了新时代中国逆週期经济政策制定所能借鉴的四点基本经验。①政府有效干预是实施逆週期经济政策的首要前提。历史事实已经充分表明，美国、英国及日本等西方发达资本主义国家，采取自由放任政策只会使经济波动愈演愈烈，只有政府进行有效干预才是经济尽快平稳走出危机的首要途径。同时，还要注意到，政府干预存在一个适度的问题，政府干预并不代表政府可以胡乱作为，而应该在统筹全局的前提下，明确政府与市场的边界，既要发挥政府的「看得见的手」的政策制定和监管作用，也要充分调动市场的「看不见的手」的活力和积极性。②需求侧的短期刺激计劃需根据国情度身订造。从美国、英国、日本以及中国过去面对危机所实施的经济刺激政策来看，都或多或少存在著强势熨平经济週期的现象。这些措施尽管短期内可能取得良好的成效，但是从长远角度来看，可能会引发一系列不良反应。最为显著的一点是，为了挽救经济衰退很多国家政府都不惜大肆举债。这不仅容易引发债务危机，而且还可能造成面对下一次危机无计可施的局面。③供给侧结构性改革是实现经济长期可持续发展的关键选择。尽管供给侧改革的作用发挥存在著一定时期的滞后效应，可能不被部分国家政府所青睐。但凡是供给侧改革都对长期经济增长起到了重要的推动作用，这已成不争的事实。所以，当前中国必须继续进一步增强供给侧结构性改革的信心和决心。④推进高质量发展是提升国家竞争优势的必由之路。不管是政府的干预，还是需求侧或供给侧的政策刺激和扶持，最终目的都是实现经济的高质量发展。经济发展的阶段性特徵已经昭示粗放式发展早已成为过去式，新发展理念逐渐深入人心，「数量追赶」向「质量追赶」的转变已成大势所趋。

8　新時代優化逆週期政策的對策建議

一般情況下，經濟週期理論在澄清經濟週期性波動的事實與解釋經濟週期性波動的原因方面通常處於積極主動的地位。然而，在運用經濟週期理論對經濟週期性波動進行預警與防範方面，則經常處於消極被動的狀態。從中國近幾年的逆週期政策實施效果來看，儘管短期內取得了一定的效果，但是，「『微刺激』效果下降，而『強刺激』帶來了嚴重的後遺症，導致這種狀況的關鍵原因是政策框架在整體上出了問題」[①]。當前，在多種背景性因素的交織影響下，面對短期經濟下行壓力明顯、長期高質量發展「危和機」同生同存的局勢，習近平總書記在 2018 年 12 月 19 日至 21 日的中央經濟工作會議上明確指出，「宏觀政策要強化逆週期調節」。這就充分表明了未來一段時期構建系統完備的逆週期政策體系的重要性和緊迫性。

8.1　新時代逆週期政策的優化思路

上文已經對新中國成立以來經濟週期演變的機制、歷程、因素和趨勢進行了詳細研究，研究結果突出表現在四個方面。一是中國獨特的「制度+開放+創新」的發展模式，內在規定了經濟週期類型演變經歷了一個從政治週期到經濟機制內部調節週期再到創新週期的動態轉換過程，制度的演進為對外開放和技術創新提供了保障，而對外開放和技術創新又進一步對制度變革提出了更高的要求。二是從短期、中期、中長期以及長期的週期演變歷程來看，都具有較強的規律性，而且中週期的波動頻率較傳統中週期平均 7~9 年的時間跨度呈現縮短趨勢。此外，伴隨著四次產業結構的調整，都帶來了平均 GDP 增速的顯著提升。三是從實證分析的角度對影響新中國經濟週期演變的因素進行研

[①] 曹遠徵，於春海，閻衍. 新常態下中國宏觀經濟政策框架的重構[J]. 經濟理論與經濟管理，2016（4）：5-24.

究發現：①新中國成立 70 年來，影響中國經濟週期性波動的首要因素在於投資的波動，且投資波動又表現為投資源動力、投資形式以及投資流向的變化；②制度因素大約能解釋新中國約 30% 的經濟週期波動；③美國和日本對中國經濟的貢獻率大致在 20% 左右，而中國對美國和日本的經濟貢獻度更高；④中國技術創新與經濟增速之間存在較強關聯，而且在繁榮階段比在衰退階段的關聯度更高。四是雖然短期內中國仍然面臨著嚴峻的經濟下行壓力，但長期實現創新、協調、綠色、開放、共享統籌發展的可能性很大。

　　以上四點結論，可以為中國今後的逆週期政策提供一些有針對性的幫助。①對應於第一條結論可以得出，制度變革、對外開放和技術創新的辯證統一關係要求在制定逆週期政策時，一方面要以改革和完善制度作為首要目標，充分發揮制度對開放和創新的推動作用；另一方面則要注重開放和創新對制度的反向影響，一旦經濟增長出現問題就要適時地尋找制度的缺陷與不足，並重新度量制度的落實是否到位。②對應於第二條結論可以得出，一是要充分正視中國中週期波動頻率縮短的趨勢，既要提高逆週期經濟政策的時效性，同時也要注重週期的規律性，「強刺激」政策的採用需慎重考量。二是要充分利用好產業結構調整對經濟增長的正向影響以及「第二次人口紅利」釋放等國內正在發生的機遇性轉變，有效抓住質量變革、效率變革和動力變革的著力點。③對應於第三條結論可以得出，一是既然長期以來投資波動是影響中國經濟波動的首要因素，那麼未來時期仍需將擴大投資作為拉動經濟增長的動力之一。但是，這裡所說的「擴大投資」並不是指投資規模，而是指投資結構和投資流向。要盡量避免傳統依靠政府投資拉動的單一投資模式，不僅要調動國內社會投資和國外直接投資的積極性，而且還要對投資流向實施有效監管。二是在「中式週期」獨特的「制度+開放+創新」的發展模式下，要進一步加大開放力度和自主創新能力，明確國際地位，增強在國際競爭中的信心，努力擴大多邊合作的範圍和領域。④對應於第四條結論可以得出，新時代由「數量追趕」向「質量追趕」的高質量發展要求已然內在地包含了前三條所得出的結論，而前三條結論只是將改革的重心更加具體化和方向化了。此外，這也就意味著，新時代在做好以上三個基本方面的同時，只要切實做到控制經濟總量增速，認真貫徹落實新發展理念，就必然取得可觀的成效。

　　綜上所述，中國現階段經濟發展過程中存在的諸多問題，採取行之有效的改革已迫在眉睫，關鍵在於如何統籌總量增長與質量提升。對此，筆者認為，

新時代背景下應該重拾「把改革當作一種革命」①的精神。中國作為社會主義國家，以公有制為主體、多種所有制經濟共同發展的基本經濟制度為改革的順利實施提供了根本保障。因此，堅定改革定力、增強改革勇氣，才是推動社會進步的唯一路徑。然而，改革的推進首先需要充分發揮中國特色社會主義的制度優勢，進一步推進各項制度的逐步完善。當前的改革必須堅決破除「以總量增長為主、質量提高為輔」的思想，將統籌數量增長與質量提升，以總量增長帶動質量提升，以質量提升彌補增長不足作為後續改革的基本原則。具體改革邏輯如圖 8-1 所示。一方面，要注重控制總量增速，優化經濟結構，在繼續深化供給側結構性改革的同時，保證投資需求與消費需求、國內需求與國外需求的協調共進；另一方面，要認真貫徹落實新發展理念，建立現代經濟體系，努力構建囊括創新發展、協調發展、綠色發展、開放發展以及共享發展的全方位發展路徑。

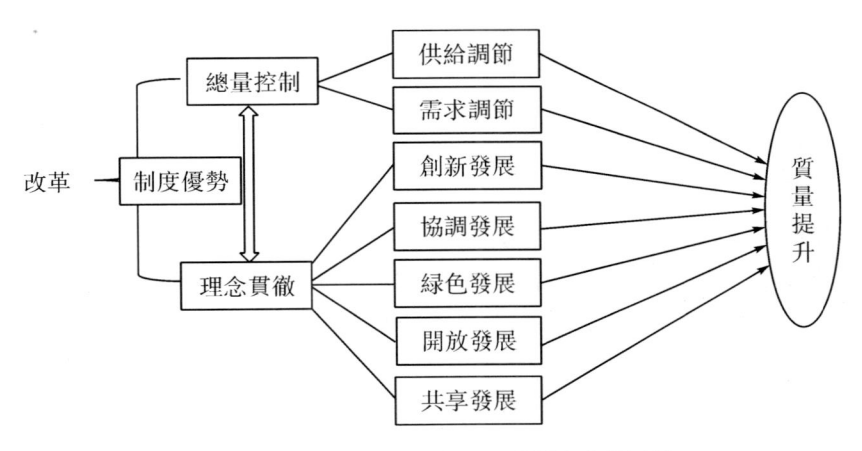

圖 8-1　新時代提升經濟發展質量的改革邏輯

8.2　新時代優化逆週期政策的對策建議

8.2.1　新時代中國經濟高質量發展的基本前提是控制總量增速

通過上文分析得知，得益於中國獨特的「制度+開放+創新」的發展模式，傳統「數量追趕型」經濟增長方式著實為新中國成立 70 年來的經濟增長做出

---

① 鄧小平. 鄧小平文選：第 3 卷 [M]. 北京：人民出版社，1993：82.

了巨大貢獻，但同時也帶了一些消極影響。而且，新時代追求經濟高質量發展的戰略要求與經濟總量增加之間並無必然聯繫，而傳統唯 GDP 論的政績考核機制限制了地方政府的發展視野，尤其阻礙了內陸地區經濟發展質量向沿海地區靠攏的積極性。另外，鑒於當前不容樂觀的宏觀經濟形勢，政府、企業、家庭等各類經濟主體對市場運行的預期並不良好，從而可能會對投資及消費的走勢產生不利影響。為此，全社會必須正視經濟由高速增長向中高速增長轉變的客觀趨勢，政府相關部門也應該採取有效措施以實現經濟增長模式的良好過渡。

首先，從國家層面而言，一是要充分發揮中國特色社會主義的制度優越性。中國作為世界上為數不多的社會主義國家之一，制度優勢是我們能夠在激烈的國際競爭中取得重要位置的關鍵法寶，特別是中國共產黨的領導，為中國經濟平穩增長提供了根本保障。所以，堅持「從嚴治黨」，著力培養忠誠、有擔當的高素質黨員幹部同樣也是新時代解決新問題、新情況的首要任務和基本要求。二是要完善法律制度和行政規定，進一步做到簡政放權。要想實現市場經濟在資源配置中的決定性作用，最根本的前提就是要保證市場經濟運行的法制化。在此前提下，盡量簡化審批程序，減少審批環節，將市場的權力盡可能歸還給市場，真正將市場化、法制化落到實處。三是應該加快建立能夠反應社會綜合發展水準和發展質量的指標體系，轉變政府職能，增強地方領導幹部的科學發展觀意識，將考核標準從偏重經濟指標改為涵蓋新發展理念的綜合性指標。這既是建立現代經濟體系的本質要求，也是保障改革順利推進的根本前提，如果疏漏了這一點，一切改革措施都將是隔靴搔癢。

其次，要繼續創新宏觀調控模式，完善經濟穩定政策，穩預期的同時提升市場信心。當前，面對錯綜複雜的國際、國內形勢，政府應該繼續努力創新宏觀調控模式。一方面，要繼續加大結構性調控力度。既要積極實行結構性減稅政策，從保護實體經濟的角度出發幫助中國製造業擺脫面臨的困境，盡快出抬針對企業、勞動者和消費者的差異性減稅政策。而且，還要將保障民生作為積極財政政策的主要著力點，保證教育、醫療等公共事業能夠正常開支。同時也要建立健全差別準備金動態調整機制以實現逆週期調節作用。另一方面，要努力實現短期調控與長期調控的良性結合，在保障經濟短期平穩發展的同時要增強宏觀調控的前瞻性和協調性，財政政策和貨幣政策要與產業政策和貿易政策相匹配，以有效實現宏觀調控模式的機制化。財政政策方面，在採用相機決策財政政策的同時，要有效控制汲水政策和補償政策的力度，既要避免「微刺激」的無效性，也要注意「強刺激」的危害性。貨幣政策方面，要加快推進

金融體制改革。當前的首要任務是建立健全系統性風險預警指數體系和境外投資風險防控機制，在此基礎上抓住新一輪技術革命的機遇，實現區塊鏈、人工智能、金融創新的有機融合，以充分發揮科技對金融業改革的引領作用。

再次，要繼續深化供給側結構性改革，深入推進「三去一降一補」。供給側結構性改革作為一項長期任務，不可能畢其功於一役。當前，我們仍然要繼續深入推進「三去一降一補」。一是要實現新一輪供給側結構性改革與宏觀調控政策、創新驅動以及產業結構優化升級的協調配合，提高供給側結構性改革對需求側變化的適應性和靈活性。二是要努力化解當前中國各類債務的償還壓力：①要對國有企業投資體系和利潤使用進行戰略性定位改革，在壓縮國有企業經營性、競爭性領域支出的同時，加大推進企業的改革力度，繼續清理「僵屍企業」；②要繼續大力推進地方債置換工作，減輕地方政府的利息負擔，以緩解地方償債壓力。三是要進一步促進經濟發展脫虛向實，降低企業成本，提高實體經濟的投資收益率，從而分散人們的投資行為，以化解房地產及金融行業存在的泡沫風險。

最後，突出消費導向，保證投資需求與消費需求、國內需求與國外需求協同並進。早在世紀之交，劉詩白就指出「艱難的體制轉軌（以及增長方式轉換）中出現的基本消費群體收入增長滯後問題，是消費弱化的根本原因」[1]，現在依然如此。由就業、醫療、教育、住房以及收入分配等體制改革的相對滯後產生的抑制即期消費的聚合負效應，是導致新時期有效需求不足的關鍵。消費帶動投資、內需補充外需作為今後的主要改革邏輯，應該著重從三個方面進行：①在逐步提高居民收入在國民收入分配中的比重的同時，加大政府的社會保障投入和公共服務支出，只有消除了人們未來消費上升的預期，才能增強消費積極性。消費得到了振興，民間投資才能得到有效啟動。②轉變外貿增長方式，明確各地方企業在產業轉移中的優劣勢，取長補短，增強國際競爭力，保障對外貿易和國際收支平衡。③提倡、引導合理消費和健康消費，將資源環境承載力納入衡量消費是否合理的指標體系。

8.2.2 新時代中國經濟高質量發展的根本遵循是深入貫徹新發展理念

新時代，追求經濟高質量發展的號角已經吹響，從國家層面到地方政府直至社會公民都應強化對轉變傳統發展觀念的認識，認真貫徹落實新發展理念，為建立現代經濟體系貢獻力量。本書通過運用熵值法對涵蓋經濟發展總量、創

---

[1] 劉詩白. 中國轉軌期經濟過剩運行研究 [M]. 成都：西南財經大學出版社，2000：136.

新發展、協調發展、綠色發展、開放發展以及共享發展各個維度發展指標的以往省際數據進行綜合指數測算發現，1999—2016 年，中國省際經濟發展質量在穩步上升的同時存在著發展不充分、不協調、不平衡問題。但是，從初步預測結果來看，未來時期中國整體經濟發展質量將逐步提升的態勢早已清晰可辨。

（1）新時代中國經濟高質量發展的創新之路

正如邁克爾·波特在《國家競爭優勢》一書中所說的，「一時的國家困境，往往會轉化為一股創新求變的力量」①。技術創新是一項長期工程，只有堅持把技術創新作為加快轉變經濟發展方式的重要支撐，堅定實施科教興國戰略、人才強國戰略，才能取得經濟發展方式的實質性轉變。以往時期，部分地區在注重技術創新成果轉化的同時輕視創新投入，尤其以四川、青海、廣西、山西、海南、吉林、遼寧以及黑龍江最為明顯。而根據丁任重等（2018）② 的研究結果，東北地區、大西北地區以及西南地區的創新水準與經濟增長的關聯性很強。因此，著重提高這些地區的技術創新優勢，實現縮小經濟發展質量差距勢在必行。另外，中國大部分省份還存在著嚴重的創新效率低下現象，要積極鼓勵、倡導向創新效率較高地區學習，特別是要向北京、上海、天津、重慶、江蘇、湖北等地學習先進創新模式和管理經驗，以全要素生產率的提高作為實現創新發展的根本目標。

總體來看，要繼續推進創新驅動戰略，有效發揮創新推動經濟高質量發展的重要作用。當前，各地「搶人大戰」潮流的湧現充分證明了地方政府發展觀念的深刻轉變。國家應努力把握機遇，營造公平、良好的創新環境，分區域、分城鄉、分產業、有針對性地制定相應政策。此外，倡導創新驅動，還要以企業的技術創新為重點，以體制機制創新和內部管理創新為輔助，完善創新體系，充分激發企業的創新活力。第一，從國家層面而言，要借鑑西方國家的做法，盡快出抬一系列創新扶持政策，鼓勵實現產學研三位一體的創新模式。同時，要重視對「高精尖」人才的培養，保障人才的供給與合理分配。而且，還要加強對知識產權的保護力度，建立有效的信用監管機制，並盡可能地降低維權成本。第二，就地方政府層面而言，要充分重視小企業在縮短技術創新和推廣之間的時間間隔的重要作用，鼓勵、支持風險投資性質的知識密集型小企

---

① 邁克爾·波特. 國家競爭優勢（上冊）[M]. 李明軒, 邱如美, 譯. 北京：中信出版社, 2012：249.

② 丁任重, 徐志向. 新時期技術創新與中國經濟週期性波動的再思考 [J]. 南京大學學報（哲學·人文科學·社會科學）, 2018, 55（1）：26-40, 157-158.

業的創建。第三，就企業層面而言，一方面要從業務領域尋求突破創新，積極拓展新的業務範圍，創新經營模式；另一方面要從生產領域出發，加快先進機器設備的研發與應用，以提高企業的生產效率，增加企業的核心競爭力。

（2）新時代中國經濟高質量發展的協調之路

首先，要積極推動區域協調發展戰略，形成全國統一大市場。宣曉偉（2017）[①] 指出，從中央和地方關係的角度來分析中國區域協同發展，能有效解決長期以來中國地方自主權限不足與中央約束能力有限的癥結。我們同樣認為，只有厘清中央與地方關係才能充分釋放地方政府的自主權和競爭活力，明確中央與地方之間的職權界限，既要充分發揮中央的主導作用，又要調動地方政府的積極性。一是中央要在保障區域間公平競爭、人口正常流動與中央轉移支付準確使用等宏觀調控方面下功夫，政策傾斜應遵循「因地制宜、有的放矢、補偏救弊」的原則，避免統包統攬與盲目資金支持。二是地方政府要積極推進區域經濟合作，堅決破除以往的地方保護壁壘，建立完善的市場經濟制度，自覺遵守市場競爭秩序，通過發揮比較優勢彌補現實不足。另外，高質量發展地區應主動承擔起互利共享的責任，強化區域內部省域之間的高質量發展帶動效應，有效解決區域之間與區域內部發展不充分、不平衡、不協調問題。

其次，要逐漸實現產業協調發展，促進產業結構優化升級。一方面，要繼續堅持改造傳統農業，盡快實現農業全面現代化。正如舒爾茨所言：「土地的差別並不是足以解釋農業生產趨勢的變量……解釋農業生產差別的關鍵變量是人的因素，即農民所獲得的能力水準的差別。」[②] 當前應著重把培育農村仲介組織，提高農民的組織化程度作為工作重點，在保障分散農戶的合法權益的同時，充分利用農村仲介組織的技術與資源，加大對農民的教育、培訓，分離出有能力的農民實行規模生產，提高農業生產效率。二是要加快發展戰略性新興產業和支柱產業，確保新一代信息技術產業能夠成為中國產業結構優化升級的中堅力量。三是要進一步促進服務業優化升級。一方面，要大力發展生產性服務業，依靠創新驅動提高生產性服務業的附加值；另一方面，要不斷滿足生活性服務業的發展要求，通過市場機制的調節作用保障生活性服務的有效供給。另外，還要加強對房地產行業泡沫問題的防範與治理，政府中期內可實行適度緊縮的貨幣政策，抑制資產價格的過度膨脹，並嚴格土地管理制度，增加土地的有效供給。

---

① 宣曉偉．中央地方關係的調整與區域協同發展的推進［J］．區域經濟評論，2017（6）：29-39．
② 舒爾茨．改造傳統農業［M］．北京：商務印書館，2016：16．

再次，要穩妥推進城鄉協調發展，貫徹落實鄉村振興戰略。一方面要加快推進城鄉融合步伐。從現有數據來看，2016年中國甘肅、廣西、貴州、雲南、四川、河南、新疆的城鎮化水準依然相對較低，與北京、上海、天津相差40個百分點，與廣東、福建、江蘇等地相差也有20個百分點。這表明大部分地區的城鎮化水準仍有很大的提高空間，推進城鎮化進程不可懈怠。其一，要繼續積極發展城市群，保障城市群內部要素資源合理配置，發揮「以點帶面」的聯動效應。其二，隨著農地「三權分置」日臻完善與農地非農化興起，確保非公有制經濟的健康發展是保證農村剩餘勞動力自主擇業和自主創業的前提。其三，要加快破除城鄉二元經濟結構的進度，盡快推行全國統一的戶籍管理制度，既要為城鄉居民營造平等的就業環境，也要讓農民享受到城鎮化發展的裨益。另一方面，要形成科學合理的城鎮化發展格局。不少地區城鎮化水準雖然較高，但城鄉收入差距依然較大。行政區劃的形式改變並不能從根本上解決城鄉差距問題，必須以提高人民切身利益為出發點和落腳點，制定完善的發展規劃。

（3）新時代中國經濟高質量發展的綠色之路

黨的十九大報告再次強調「必須樹立和踐行綠水青山就是金山銀山的理念，堅持節約資源和保護環境的基本國策，像對待生命一樣對待生態環境」。但是，長期以來，基於多重因素，生態經濟、綠色經濟、循環經濟、低碳經濟等發展要求始終沒有得到地方政府的足夠重視，從而造成了積重難返的局面。對此，在新時代背景下，我們應該明確改革的邏輯，抓住改革的重點，加大改革的力度。首先，要加快落實將綠色發展理念納入地方官員晉升考核機制，並賦予適當的權重。同時，充分利用地方政府的決策權、執行權與監督權，完善有利於能源資源的節約和生態環境保護的法律法規，雙管齊下，共同推動全社會樹立綠色發展意識。其次，要充分認識到發展綠色經濟是一項長期系統工程，改革要循序漸進，通過主要矛盾的解決來緩解次要矛盾的影響。

當前，筆者認為，應該重點突出創新發展對綠色發展的引領和帶動作用。正如馬克思所言，「科學的進步，特別是化學的進步，發現了那些廢物的有用性質」。[①] 因此，我們應借助新一輪技術革命的浪潮，一方面，在綜合考慮各地區資源稟賦與環境承載力的基礎上，通過制定完善的綠色科技投入和成果轉化扶持政策，著力形成具有低能耗、低污染、高效率的綠色產業鏈；另一方面，加快實現有助於節能減排、新能源和可再生能源高效利用的核心技術攻

---

① 馬克思. 資本論：第3卷 [M]. 北京：人民出版社，2004：115.

關，尤其是地方政府需根據當地高校辦學特色，以公開、公平、公正的招標形式吸引社會各界參與綠色科技投資，形成產學研一體化。此外，從發展生態經濟的維度，繼續加大退耕還林、退牧還草、退田還湖的補助力度，加強森林資源的保護和再培育，全面實施排污費徵收管理，並相應提高徵收標準。從發展循環經濟的維度，要規範 ISO14000 環境管理體系認證的程序，為高污染行業的從業者提供清潔生產的教育和培訓，一律採取持證上崗。從發展低碳經濟的維度，抓好試點、樹立典型、加強宣傳，既要保證生產、生活及消費方式向低碳化轉型，也要嚴格限制高耗能、高污染產品的進口。

(4) 新時代中國經濟高質量發展的開放之路

中國 40 年改革開放的成功經驗告訴我們，始終不渝走和平發展道路、奉行互利共贏的開放戰略無疑是中國經濟社會取得歷史性轉變的重要法寶。然而，當前面對雲譎波詭的國際政治經濟形勢和貿易保護主義抬頭的趨勢，如何選擇對外發展道路的問題再一次擺在了中國面前。筆者認為，新時代背景下更應該繼續擴大開放，主動開放，進一步彰顯出中國堅定推行新一輪更大力度改革開放的決定和意志。正如習近平總書記在博鰲亞洲論壇 2018 年年會開幕式上所指出的：「未來中國經濟實現高質量發展也必須在更加開放條件下進行。這是中國基於發展需要作出的戰略抉擇，同時也是在以實際行動推動經濟全球化造福世界各國人民。」①

繼續堅持對外開放，統籌用好國際國內兩個市場、兩種資源。當前，要以「一帶一路」發展倡議為契機，抓住沿線各國的資源稟賦特點，擴大開放的空間和範圍，積極推進各國之間的交流與合作。一方面，要進一步強化經濟政策、基礎設施、多邊貿易、資金融通以及產業結構優化等方面的協調配合，在國際比較和競爭中尋找經濟可持續發展的新動能。同時，要繼續廣泛開展教育、科技、文化、旅遊、衛生、環保等領域的合作，努力實現互利共贏。另一方面，要努力培育國際經濟競爭新優勢，統籌用好國際國內「兩個市場、兩種資源」。截至目前，中國已基本形成了「1+3+8」共 12 個自貿區的格局，今後，需進一步加大制度改革力度，在形成對外開放新體制上邁出新步伐，加快形成對外開放戰略新佈局，努力推動全球經濟治理體系趨向合理、完善。另外，從國內各區域的開放進程來看，要在鞏固東部沿海地區對外貿易核心地位的基礎上，繼續提高中部對外開放水準，並協同加快西部對外開放的步伐，以

---

① 參見：《習近平在博鰲亞洲論壇 2018 年年會開幕式上的主旨演講》，http://news.sina.com.cn/o/2018-04-10/doc-ifyuwqez8123281.shtml。

實現從局部開放向全面開放的轉變。

(5) 新時代中國經濟高質量發展的共享之路

增進民生福祉是發展的根本目的。從「十五」時期到「十三五」時期，儘管中國城鄉居民收入差距整體呈現出了波動下降的態勢，但不同地區的差距水準仍然參差不齊，貴州、雲南、陝西、甘肅、青海的城鄉差距最為顯著。當前，在全面建成小康社會的決勝期，應舉全國之力，以精準脫貧、精準扶貧為契機，一鼓作氣，解決區域整體貧困與城鄉差距問題。

首先，建立系統完善的反應人民生活水準與生活質量的綜合指標體系，且基於不同地區起點不同的客觀考慮，建議以增速代替總量作為評判標準。其次，要繼續深化收入分配制度改革，規範收入分配秩序，明確按勞分配與生產要素按貢獻分配的具體途徑，在提高城鄉居民整體收入水準的基礎上力爭有效緩解和縮小收入差距。一是要調節過高收入。在壟斷行業的過高收入逐漸得到控制的同時，將重點轉向打擊由非法收入引起的過高收入，確保收入來源正規化。二是要保護合法收入，尤其是保護農民和中等收入階層的合法收入。既要加快建立農產品的市場價格體制，增強政府轉移支付的針對性和高效性，也要在完善工資標準的基礎上，提高收入透明度。再次，要繼續深化社會保障體制改革，強化各級地方政府對發展社會事業的重視度，努力實現教育、科技、文化、醫療衛生等領域的協調發展。要做到這一點，當務之急是建立健全符合社會主義市場經濟體制要求的多元化的資金籌措機制，吸引社會投資基礎設施建設和社會保障事業。

8.3 本章小結

首先本章通過對全書的研究結論進行詳細梳理，得出了新中國經濟週期演變過程中存在的主要問題，從而根據這些問題指出了相應的解決方案。同時發現，不論是需求側的具體改革措施，還是供給側結構性改革的推行，最終目標都是為實現經濟高質量發展服務的。其次，本章主要就新時代如何統籌總量增長與質量提升提出了相應的改革思路：①應將控制總量相對增速作為保證經濟高質量發展的基本前提，重點在於改變地方官員的晉升考核機制，創新宏觀調控模式，促進經濟結構優化，努力實現全面統籌發展。②要把握新一輪技術革命的關鍵機遇，提升自主創新能力，推動核心技術研發實現重大突破。③要積極推進區域協調、產業協調、城鄉協調發展，遵循「因地制宜、有的放矢、

補偏救弊」的原則，提高政策的針對性。④要堅持走資源節約型、環境友好型的綠色發展道路，提高綠色發展在綜合指標體系中所占的權重，深化地方政府的環保意識。⑤要更加積極主動地擴大改革開放力度，發揮比較優勢，提高外資的使用效率，充分實現互利共贏的本質目標。⑥要始終堅持以人為本的發展理念，縮小居民收入差距，增強地方政府對提高人民生活質量的重視度，廣泛吸引社會投資。

9 總結與研究展望

9.1 全書總結

新中國成立以來，不論是計劃經濟體制時期，還是計劃與市場並存的「雙規期」以及市場經濟由「起基礎性作用」向「起決定性作用」的轉變新時期，始終蘊含著經濟的週期性波動。特別是經濟新常態以後，關於中國經濟是否屬於週期性下行的爭論層出不窮。為此，本書堅持以馬克思辯證唯物主義的研究範式為根本方法論原則，以新中國社會主義經濟週期的演變為研究對象，試圖通過為新中國經濟週期演變機制構建一個理論分析框架，來厘清新中國經濟週期演變的內在邏輯；通過對新中國社會主義經濟週期的演變歷程進行全面系統梳理和國際比較，以發現中國經濟週期演變的一般性與特殊性規律；通過對影響新中國經濟週期演變的因素進行實證研究，以挖掘導致中國經濟週期性波動的來龍去脈和內在本質；通過對新時代中國經濟週期演變的趨勢進行科學預測，以為更好地防範和熨平週期做好充分準備；通過對中國及西方部分發達國家的逆週期政策演變歷程進行對比，以為新時代中國逆週期政策體系的構建提供經驗借鑑。基於此，筆者在進行了一系列詳細研究之後，主要得出了以下五個方面的結論。

第一，新中國經濟週期的演變機制主要體現為「三位一體」的時空轉換。筆者以改革開放為分水嶺將社會發展階段劃分為 3 個大階段和 13 個小階段，並與經濟週期階段進行匹配，發現新中國成立以來中國經濟社會發展階段的變化與經濟週期的演變表現出了鮮明的耦合性，且由改革開放前的「基本耦合」轉變為了改革開放後的「完全耦合」。進一步通過對新中國歷來經濟數據與經濟社會發展現實進行考察，總結了新中國成立以來經濟發展目標的轉變以及宏觀經濟的總體表現，認為新中國經濟週期的演變機制主要體現為「三位一體」

的時空轉換，即政治週期、經濟機制內部調節週期以及創新週期三種經濟週期類型統一於新中國經濟社會發展全過程的同時，又突出表現為從改革開放前的政治週期為主導到改革開放後經濟機制內部調節週期為主導再到新時代以創新週期為主導的內在演變規律——「中式週期」演變規律。

第二，新中國經濟週期的演變與西方發達國家經濟週期演變之間既存在一般性也具有特殊性。一般性著重體現在無論是中國還是西方發達國家的經濟週期中都包含有短週期、中週期、中長週期以及長週期四種類型，這四種週期的共同作用形成了宏觀經濟週期的演變。而且，短週期主要表現為存貨週期和房地產週期，中週期主要表現為固定資本投資週期（中週期的波動頻率呈現縮短趨勢），中長週期主要表現為產業結構的調整，長週期主要表現為技術革命和人口變化。特殊性則主要體現在中長週期以及長週期的演變特徵和演變趨勢上，例如，新中國成立以來的四次產業結構的調整，都帶來了平均GDP增速的顯著提升。而伴隨著「第一次人口紅利」作用的日益消退，「第二次人口紅利」——「高精尖」人才的作用開始逐漸增強。此外，20世紀90年代以後中國科技創新水準顯著提升的同時也存在著創新結構畸形化等問題。

第三，新中國經濟週期演變的影響因素既有國內因素，也有國外因素，既包含需求側因素，也包含供給側因素，但總體體現為「制度+開放+創新」發展模式的綜合作用。筆者從實證分析的角度對影響新中國經濟週期演變的因素進行研究發現，①新中國成立70年來，影響中國經濟週期性波動的首要因素在於投資波動，而投資波動的變化又體現為投資源動力、投資形式以及投資流向變化三個方面：投資源動力實現了由財政政策主導向由財政政策和貨幣政策雙重推動的轉變；投資形式實現了由主要依靠國內投資向依靠國內投資和利用國外投資的多元化轉變；投資流向實現了由主要流向建築業到流向房地產業的轉變。②分階段研究表明，改革開放以來消費水準成為影響經濟波動的第二大因素，而消費水準本質上又與利率水準和開放水準存在很大關聯。同時，改革開放以後，人口撫養比也成為影響經濟波動的重要因素。③制度因素大約能解釋新中國約30%的經濟週期波動，而且制度變革主要按照影響微觀、中觀、宏觀的邏輯路徑並最終反應於宏觀經濟的波動。④美國和日本對中國經濟的貢獻率大致為20%，且日本高於美國。而中國對美國和日本的經濟貢獻度更高，尤其是中國對日本的經濟貢獻率可達30%。⑤中國技術創新與經濟增速之間關聯較強，而且在繁榮階段比在衰退階段的關聯度更高。另外，技術創新對中國經濟增長的促進作用大概為期7~8年。

第四，新時代雖然短期內中國仍然面臨著嚴峻的經濟下行壓力，但長期實

現創新、協調、綠色、開放、共享統籌發展的可能性很大。一方面，筆者通過綜合運用灰色系統理論中的 Verhulst 模型預測法、景氣指數法中的合成領先指數法以及時間序列預測法中的 ARMA 模型預測法對短期中國各類經濟週期的演變趨勢以及 GDP 自身的波動趨勢進行研究，發現短期內中國宏觀經濟波動仍然處於繼續衰退的態勢。另一方面，從總量、創新、協調、綠色、開放、共享六個維度對中國省際經濟發展質量指標體系實現了重構，並採用熵值法測算了 1999—2016 年中國省際經濟發展質量綜合指數。結果表明，以往時期中國省際經濟發展質量在逐步上升的同時存在著發展不穩定、不充分、不協調、不平衡等異質性問題。另外，運用熵值法與均等賦權法分別對「十三五」時期與「十四五」時期省際經濟發展質量的變動趨勢進行預測對比發現，新時代中國省際經濟發展質量在呈現出向好趨勢的同時，儘管省際異質性仍將存在，但體現統籌發展的均等賦權方式將利於差異的有效緩解。

　　第五，新時代中國逆週期政策的選擇與運用必須從中國國情出發。筆者通過對「二戰」以後美國、日本、英國三個具有代表性的發達國家以及中國改革開放以後的逆週期經濟政策的演變歷程進行梳理發現，一是政府適度、有效干預是實施逆週期經濟政策的首要前提，任何自由放任的經濟政策只會使經濟波動愈演愈烈。二是需求側的短期刺激計劃需根據國情度身訂造。長期以來，大部分國家需求側的刺激計劃都未能完全擺脫「一鬆就熱、一緊就冷」的惡性循環，因此實施相機決策的穩健經濟政策有助於經濟的長期健康發展。三是供給側結構性改革是實現經濟長期可持續發展的關鍵選擇。儘管由於供給側改革的作用發揮存在著一定時期的滯後效應，可能不被部分國家政府所青睞。但凡是供給側的改革都對長期經濟增長起到了重要的推動作用已成不爭的事實。四是推進高質量發展是提升國家競爭優勢的必由之路。不管是政府的干預，還是需求側或供給側的政策刺激和扶持，最終目的都是實現經濟的高質量發展。經濟發展的階段性特徵已經昭示出粗放式發展早已成為過去式，新發展理念逐漸深入人心，「數量追趕」向「質量追趕」的轉變已成大勢所趨。

9.2　研究展望

　　正如托馬斯·皮凱蒂所說「我的所有結論本質上都略顯牽強，應該受到質疑和爭論。社會科學研究的目的不在於製造數學上的確定性，而在於讓形形

色色的觀點得到開放而民主的討論」①。筆者雖然對新中國成立以來經濟週期的演變機制、因素和趨勢進行了一定的研究，但是筆者深知自身的能力和時間有限，不能也完全不可能實現關於經濟週期方面的全面系統研究。在此，筆者將在對本書存在的不足進行說明的基礎上，對未來經濟週期方面的主要研究方向提出幾點拙見。

第一，馬克思主義經濟週期理論的學習和研究方面還存在著很大的進步空間。無論是從馬克思的「六冊結構」計劃還是現存的馬克思主義經典著作中都可以發現，馬克思主義經濟週期理論的內涵博大精深。僅從《資本論》的研究內容來看，勞動價值論、剩餘價值論、資本累積理論、資本循環理論、資本週轉理論、社會總資本再生產理論以及利潤和價格理論無不蘊含著深刻的經濟週期思想。但是，遺憾的是，囿於研究時間短暫，筆者只能對《資本論》《馬克思恩格斯選集》以及《馬克思恩格斯全集》的部分卷集進行粗淺的閱讀和理解，從而也就制約了本書的理論研究深度。儘管如此，筆者依然立志在今後的學術生涯中繼續從事馬克思主義經濟週期理論的研究，且研究點試圖聚焦於三個方面：一是馬克思主義經濟週期理論中關於經濟週期與金融週期的關係及其在當代的發展與運用，二是馬克思主義經濟週期理論中關於經濟週期與生產週期的關係及其在當代的發展與運用，三是馬克思主義經濟週期理論中關於世界經濟週期演變規律的解釋及其在當代的發展與運用。

第二，新中國以及西方發達資本主義國家的經濟週期演變過程仍然存在著許多規律尚待挖掘。筆者在研究新中國經濟週期演變歷程與國際比較時，曾耗費相當長的時間查閱了大量的相關資料和歷史數據，通過對數據資料進行整合分析發現，西方發達國家與中國的經濟週期性波動還存在著很多有意義的可能未被研究的現象。舉例來說，一方面，19世紀以來西方發達資本主義國家的經濟週期波動表現出了很強的規律性特徵，不論是政府更迭還是戰爭衝擊都不能消除這一規律，而關於造成這一現象的根源的討論仍然沒有休止。而且，筆者初步發現，各個國家均存在著22年左右的中長週期，且該週期與庫茲涅茨的為期15~25年的建築週期雖然在時間跨度上相吻合，但卻具有本質的差別。也就是說，關於發達國家經濟運行中所表現出的中長週期特徵有待進一步深入研究。另一方面，新時代背景下，中國從微觀層面到中觀和宏觀層面都在發生著許多微妙的變化，比如勞動力群體已經開始了由數量占優向質量占優的轉變，技術創新結構的畸形化逐漸開始好轉，每次產業結構的大調整都會帶來平

---

① 托馬斯·皮凱蒂. 21世紀資本論 [M]. 巴曙松，等譯. 北京：中信出版社，2014：589.

均 GDP 的顯著提升等。如何正確認識並有效利用這些變化，都需要一個系統詳細研究的過程。

第三，新中國經濟週期演變的實證研究能力尚需進一步加強。筆者在研究過程中借鑑了一些西方經濟學中常用的數量分析方法，諸如 HP 濾波、主成分分析、因子分析、多元線性迴歸分析、Blinder-Oaxaca 分解、SVAR 模型、脈衝回應、方差分解、灰色系統分析、數據包絡分析、Verhulst 模型、ARMA 模型、熵值法等。但是由於能力所限，仍然有較多高深的問題不能付諸計量分析工具予以解決。比如說，對於 GAMS 以及 MATLAB 等軟件的運用尚不熟練。此外，筆者認為，要想更好地實現對經濟週期的研究，努力加強跨學科的學習與交流至關重要，特別是經濟學、數學與物理學相關知識的綜合運用才是能夠最有效解決經濟週期研究的關鍵。事實上，很多物理學上的分析方法（如濾波分析法）都可以應用於經濟學的研究，只是還有很多沒有被發現。因此，今後時期，伴隨著混沌理論與超復數等許多新理論和新思維方式的湧現，能否將它們及時有效地應用於經濟週期的研究，不僅關係著週期理論的研究深度，而且也影響著中國經濟學在世界經濟中的話語地位。

第四，新時代中國經濟週期的衡量指標有待重構。筆者在本書的寫作過程中就曾萌生過一個想法，認為在新中國成立 70 年的歷史進程中，中國的國情已然發生了很大變化，傳統的單一 GDP 增速衡量指標已經不能符合時代要求。一方面，改革開放以來，1978 年到 1979 年 GDP 從 3,678.7 億元增至 4,100.5 億元，增量僅為 421.8 億元，而 2016 年到 2017 年 GDP 從 743,585.5 億元增至 827,121.7 億元，增量為 83,536.2 億元，相當於 1979 年的 198 倍[①]。也就是說，雖然經濟增速出現下滑，但經濟總量的增長規模卻十分龐大，所以衡量經濟形勢不能一味地只關注增長率而忽視了絕對量的增加。然而，遺憾的是，筆者在嘗試將增速與增量合成同一個指數時，囿於知識匱乏，因不能實現數學模型與經濟學解釋的良好結合而失敗。另一方面，新時代的高質量發展戰略也對週期衡量指標的重構提出了更高的要求。筆者雖然已經實現了對省際經濟發展質量衡量指標的初步構建，但是受限於部分數據的可獲得性，仍然還有一些重要的指標出現了遺漏。因此，隨著數據的逐步更新和完善，新時代中國經濟週期的衡量指標依然還有很大的研究空間。

---

① 數據來源於國家統計局官方網站。

致謝

當始之時，萬日尚似甚遠，近成之日，五年仍若一瞬。白駒過隙，年復一年，以夢為馬，不負韶華。五年一劍，只為今朝。驀然回首，在這五年的學習生活中，正如《尚書·君陳》中所雲：「惟日孜孜，無敢逸豫。」憶數載伏案苦讀，挑燈夜戰，始終堅信天道酬勤，功不唐捐，志之所向，金石為開。當前，值此萬物競長、陌上花開之際，五年的碩博連讀生涯也即將接近尾聲，心中的留戀與感激之情不禁油然而生。憶昔撫今，我所取得的每一絲進步都離不開恩師、同學、朋友以及家人的悉心指導和無私幫助。

首先，我要感謝我的博士導師丁任重教授。正所謂「不計辛勤一硯寒，丹心熱血沃新花」，三年來，丁老師為我的學習和科研傾註了大量的心血和精力。恩師治學嚴謹、博學多識、眼界開闊、思維縝密，通過定期與同學們開展學術交流，不斷地為我們傳道、授業、解惑。在我進入博士學習階段的初期，就在丁老師的細心指導和幫助下，選擇了合適的研究方向並確定了畢業論文的題目，這也是我之所以能夠按時完成畢業論文的關鍵所在。隨後，在論文的撰寫過程中，丁老師持續不厭其煩地幫我完善研究框架、研究思路和研究內容，每一次指導都讓我豁然開朗，受益匪淺。丁老師對待學術的嚴謹態度時刻感染並激勵著我。同時，正是得益於恩師的諄諄教誨，讓我增強了追求學術至上的熱忱和信心，而且更讓我明確了「經世濟民，共擔當！孜孜以求，興國邦！」的宏願。為此，在今後的科研工作中，我一定不忘初心、腳踏實地、倍加努力，希望用「更上一層樓」的方式來報答丁老師的培養之恩。

其次，我還要誠摯地感謝我的碩士導師蓋凱程教授。時至今日，回想起五年前我只身一人來蓉讀研的場景依然歷歷在目。當時的我不僅經歷著初次離鄉背井的辛苦，而且對於學術研究也是毫無頭緒。正是此時，蓋老師良師益友般的關懷對我的生活和學習給予了極大的鼓勵和引導。還記得在讀研期間的第一堂課上，蓋老師幽默風趣的授課方式、精益求精的治學態度以及平易近人的交流方式便深深地感染了我。在之後的學習生活中，蓋老師不僅在科研方面不斷

循循善誘，一步一步地引領我步入了學術殿堂，同時在生活和為人處事方面也為我樹立了榜樣。此外，在博士畢業論文的撰寫過程中，蓋老師也從政治經濟學的專業視角為論文的修改提供了一些有益的建議和幫助。因此，千言萬語也道不盡我對老師的感激之情，唯有「習其道也，學其言語」，紮實工作，奮發向上，以報答老師的師承之恩。

再次，我要感謝我的同門師兄師姐師弟師妹們以及在我求學過程中給予巨大幫助的同學和朋友們。他們的陪伴不僅幫我有效緩解了巨大的科研壓力，而且還為枯燥的博士生活增添了無數色彩。感謝李標師兄、陳姝興師姐、齊子豪師兄以及周永昇師弟等同門對我學習生活的關心和支持。同時，也要感謝李錕、高超、張焱、謝玉奇、邊雲形等曾經在很長一段時間裡陪伴和鼓勵我的摯友們，那些三五知己圍爐而坐，小酌三杯淡酒兩盞清茶，漫談東西南北世事變幻的美好時刻，依然讓我記憶猶新，那時的你們真的特別「可愛」。另外，還要感謝吳軍博士、繆鷺江博士、陳泳宏博士、屈毅博士等西南財大的博士同學們以及籃球愛好者們，你們不僅是我的最佳球友，同時也是與我分享人生感悟、尋求共同進步的最佳密友。然而，天下終究沒有不散的筵席，正所謂「海闊憑魚躍，天高任鳥飛」，在此衷心地期盼大家能夠在今後的時光中越飛越高、越走越遠。

最後，我更要感謝的是我的父母和家人。我最感謝的是我的父母，是他們用博大的胸懷與深沉的愛包容了我的一切優點與缺點，慷慨地送給我一個屬於自己的空間，讓我能夠伸展雙臂，擁抱自己追求的生活。失意之時，是你們的鼓勵使我勇氣倍增，動力十足；成功之時，是你們的笑容彰顯了你們由衷的欣慰。你們的物質支持和精神慰藉是我努力學習、順利畢業的堅強後盾。但是，男子漢大丈夫定當橫行天下，難免不能時刻陪伴在你們身旁，每思至此，輾轉反側，愧疚之心無以言表。「誰言寸草心，報得三春暉」，為了報答含辛茹苦養育我的父母，我一定百尺竿頭更進一步，傾盡一切來回報父母的恩情。

言辭有盡，敬謝無窮。新起點孕育新希望，新徵程譜寫新篇章。路漫漫其修遠兮，吾將上下而求索。回首往昔，感慨萬千；立足今日，信心百倍；展望未來，無限陽光。再次以虔誠之心，對恩師、摯友以及家人表示衷心的感謝，並致以崇高敬意和美好祝福，願諸位幸福安康，萬事順意！

徐志向

2019 年 3 月於西南財大柳林明辨園

新中國經濟週期的演變：機制、因素和趨勢研究

作　　者：徐志向 著	**國家圖書館出版品預行編目資料**
發行人：黃振庭	新中國經濟週期的演變：機制、因素和趨勢研究 / 徐志向著 . -- 第一版 . -- 臺北市：財經錢線文化，2020.11 面；　公分 POD 版 ISBN 978-957-680-477-9(平裝) 1. 經濟發展 2. 景氣循環 3. 中國 552.2　　109016753

作　　者：徐志向 著
發 行 人：黃振庭
出 版 者：財經錢線文化事業有限公司
發 行 者：財經錢線文化事業有限公司
E-mail：sonbookservice@gmail.com
粉 絲 頁：https://www.facebook.com/sonbookss
網　　址：https://sonbook.net/
地　　址：台北市中正區重慶南路一段六十一號八樓 815 室
Rm. 815, 8F., No.61, Sec. 1, Chongqing S. Rd., Zhongzheng Dist., Taipei City 100, Taiwan (R.O.C)
電　　話：(02)2370-3310
傳　　真：(02) 2388-1990

總 經 銷：紅螞蟻圖書有限公司
地　　址：台北市內湖區舊宗路二段 121 巷 19 號
電　　話：02-2795-3656
傳　　真：02-2795-4100
印　　刷：京崢彩色印刷有限公司（京峰數位）

─ 版權聲明 ─────────

本書版權為西南財經出版社所有授權崧博出版事業有限公司獨家發行電子書及繁體書繁體字版。若有其他相關權利及授權需求請與本公司聯繫。

定　　價：600 元
發行日期：2020 年 11 月第一版
◎本書以 POD 印製

官網

臉書